抗日战争专题研究

张宪文 朱庆葆 主编

第五辑
战时政治
与对外关系

美洲华侨与抗日战争

潮龙起 著

江苏人民出版社

图书在版编目(CIP)数据

美洲华侨与抗日战争/潮龙起著. —南京:江苏人民出版社,2021.7(2025.8 重印)
(抗日战争专题研究/张宪文,朱庆葆主编)
ISBN 978-7-214-26144-1

Ⅰ.①美… Ⅱ.①潮… Ⅲ.①华侨-抗日救国-史料-研究-中国 Ⅳ.①K265.06

中国版本图书馆 CIP 数据核字(2021)第 077825 号

书　　名	美洲华侨与抗日战争
著　　者	潮龙起
责任编辑	金书羽　孟　璐
装帧设计	刘荨荨
责任监制	王　娟
出版发行	江苏人民出版社
地　　址	南京市湖南路 1 号 A 楼,邮编:210009
照　　排	江苏凤凰制版有限公司
印　　刷	苏州工业园区美柯乐制版印务有限责任公司
开　　本	652 毫米×960 毫米　1/16
印　　张	30.75　插页 4
字　　数	352 千字
版　　次	2021 年 7 月第 1 版
印　　次	2025 年 8 月第 2 次印刷
标准书号	ISBN 978-7-214-26144-1
定　　价	118.00 元

(江苏人民出版社图书凡印装错误可向承印厂调换)

教育部哲学社会科学研究重大委托项目
2021年度国家出版基金资助项目
南京大学"双一流"建设卓越计划项目
"十四五"国家重点出版物出版专项规划项目

合作单位

南京大学　北京大学　南开大学　武汉大学

复旦大学　浙江大学　山东大学

台湾中国近代史学会

学术顾问

金冲及　章开沅　魏宏运　张玉法　张海鹏
姜义华　杨冬权　胡德坤　吕芳上　王建朗

编纂委员会

主　　编　张宪文　朱庆葆

副 主 编　吴景平　陈红民　臧运祜　江　沛　宋志勇　王月清
　　　　　　　张　生　马振犊　彭敦文　赵兴胜　陈立文　林桶法

常 务 编 委　洪小夏　张燕萍　刘　颖　吕　晶　张晓薇

审稿委员会

　　主　任　马　敏　陈谦平

　　副主任　叶美兰　张连红　戚如高　王保顶　王卫星　姜良芹

　　委　员　关　捷　郑会欣　何友良　田　玄　刘金田　朱汉国　程兆奇
　　　　　　　黄正林　李继锋　马俊亚　李　玉　曹大臣　徐　畅　齐春风

总　序

张宪文　朱庆葆

日本侵华与中国抗日战争是近代中国最重大的历史事件。中国人民经过14年艰苦卓绝的英勇奋战,付出惨重的生命和财产的代价,终于取得伟大的胜利。

自1945年抗日战争结束至2015年,度过了漫长的70年。对这一影响中国和世界历史进程的重大事件,国内外历史学界已经做过大量的学术研究,出版了许多论著。2015年7月30日,在抗日战争胜利70周年前夕,中共中央政治局就中国人民抗日战争的回顾和思考进行集体学习,习近平总书记发表重要讲话,指示学术界应该广为搜集整理历史资料,大力加强对抗日战争历史的研究。半个月后,中共中央宣传部迅速制定抗日战争研究的专项规划。8月下旬,时任中共中央宣传部部长刘奇葆召开中央各有关部委、国家科研机构和部分高校代表出席的专题会议,动员全面贯彻习总书记的讲话精神,武汉大学和南京大学的代表出席该会。

在这一形势下,教育部部领导和社会科学司决定推动全国高校积极投入抗战历史研究,积极支持南京大学联合有关高校建立抗战研究协同创新中心,并于南京中央饭店召开了由数十所高校的百余位教授、学者参加的抗战历史研讨会。台湾也有吕芳上、陈立文等十多位教授出席会议，共同协商在新时代深入开展抗战历史研究的具体方案。台湾著名资深教授蒋永敬在会议上发表了热情洋溢的讲话。经过几个月的酝酿和准备，南京大学决定牵头联合我国在抗战历史研究方面有深厚学术基础的北京大学、南开大学、武汉大学、复旦大学、浙江大学、山东大学及台湾学者共同组建编纂委员会，深入开展抗日战争专题研究。中央档案馆和中国第二历史档案馆也积极支持。在南京中央饭店学术会议基础上，编纂委员会初步筛选出130个备选课题。

南京大学多次举行党政联席会议和校学术委员会会议，专门研究支持这一重大学术工程。学校两届领导班子均提出具体措施支持本项工作，还派出时任校党委副书记朱庆葆教授直接领导，校社科处也做了大量工作。南京大学将本项目纳入学校"双一流"建设卓越计划，并陆续提供大量经费支持。

江苏省委、省政府以及江苏省委宣传部，均曾批示支持抗战历史研究项目。国家教育部社科司将本项研究列为哲学社会科学研究重大委托项目，并要求项目完成和出版后，努力成为高等学校代表性、标志性的优秀成果。

本项目编纂委员会考察了抗战历史研究的学术史和已有的成果状况，坚持把学术创新放在第一位，坚持填补以往学术研究的空白，不做重复性、整体性的发展史研究，以此推动抗战历史研究在已有基础上不断向前发展。

本项目坚持学术创新，扩大研究方向和范围。从以往十分关注的九一八事变向前延伸至日本国内，研究日本为什么发动侵华战争，日本在早期做了哪些战争准备，其中包括思想、政治、物质、军事、人力等方面的准备。而在战争进入中国南方之后，日本开始逐步将战争引出中国国境，即引向广大亚太地区，对东南亚各国及东南亚地区的西方盟国势力发动残酷战争。研究亚太地区的抗日战争,有利于进一步揭露日本妄图占领中国、侵占亚洲、独霸世界的阴谋。

本项目以民族战争、全民抗战、敌后和正面战场相互支持相互依靠的抗战整体,来分析和认识中国抗日战争全局。课题以国共两党合作为基础,运用大量史实,明确两党在抗日战争中的地位和作用,正确认识各民族、各阶级对抗日战争的贡献。本项目内容涉及中日双方战争准备、战时军事斗争、战时政治外交、战时经济文化、战时社会变迁、中共抗战、敌后根据地建设以及日本在华统治和暴行等方面,从不同视角和不同层面,深入阐明抗日战争的曲折艰难历程,以深刻说明中国抗日战争的重大意义,进一步促进中华民族的伟大复兴。

对于学界已经研究得甚为完善的课题,本项目进一步开拓新的研究角度和深化研究内容。如对山西抗战的研究更加侧重于国共合作抗战;对武汉会战的研究将进一步厘清武汉会战前后中国政治、经济、社会的变迁及国共之间新的友好关系。抗战前期国民党军队丢失大片国土,而中国共产党在十分艰难的状况下,在敌后逐步收复失地,建立抗日根据地。本项目要求对各根据地相关研究课题,应在以往学界成果基础上,着力考察根据地在社会改造、经济、政治、人才培养等方面,如何探索和积累经验,为1949年后的新中国建设提供有益的借鉴。抗战时期文学艺术界以其特有的文化功能,在揭露日军罪行、动员广大民众投入抗战方面,发挥了重要作用。我们尝试与艺术界合作,动员南京艺术学院的教授撰写了与抗日战争相关的电影、美术、音乐等方面的著作。

本项目编纂委员会坚持鼓励各位作者努力挖掘、搜集第一手历史资料,为建立创新性的学术观点打下坚实基础。编纂委员会要求全体作者坚决贯彻严谨的治学作风,坚持严肃的学术道德,恪守学术规范,不得出现任何抄袭行为。对此,编纂委员会对全部书稿进行了两次"查重",以争取各个研究课题达到较高的学术水平,减少学术差错。同时,还聘请了数十位资深专家,对每部书稿从不同角度进行了五轮审稿。

本项目自2015年酝酿、启动,至2021年开始编辑出版,是一项巨大的学术工程,它是教育部重点研究基地南京大学中华民国史研究中心一直坚持的重大学术方向。百余位学者、教授,六年时间里付出了艰辛的劳动,对抗战历史研究做出了重要贡献!编纂委员会向全体作者,向教育部、江苏省委省政府以及各学术合作院校,向江苏凤凰出版传媒集团暨江苏人民出版社,向全体编辑人员,表示最崇高的敬意和诚挚的感谢!

目　录

导论 ……… 001

第一章　近代美洲侨情概述 ……… 008

第一节　华人移民与美洲华侨数量及结构 ……… 008

一、华人移民与美洲侨社的形成 ……… 009

二、美洲华侨人口数量与结构 ……… 015

第二节　近代美洲的排华风暴 ……… 022

一、排华运动的兴起与排华法的制定 ……… 022

二、近代美洲的排华暴行 ……… 030

第三节　近代美洲华侨的经济生活 ……… 034

一、美加华侨的经济生活 ……… 036

二、拉丁美洲华侨的经济生活 ……… 045

第四节　近代美洲华侨社会文化生活 ……… 048

一、华侨社团 ……… 049

二、华文学校 ……… 067

三、华文报纸 ……… 070

第二章　美洲华侨与中国局部抗战 077

 第一节　美洲侨社对九一八事变的反响 077

 第二节　援助马占山将军 092

 第三节　驰援十九路军抗战 097

  一、声援、抨击与呼吁 097

  二、成立新的救国团体 102

  三、捐款捐物，开展抵货运动 106

 第四节　接济东北义勇军 113

 第五节　声援长城抗战 119

 第六节　华北事变与美洲华侨的抗日救亡运动 124

 第七节　拥护抗日民主运动 133

 第八节　中国各界人士赴美之宣传 138

第三章　美洲华侨与全面抗战 146

 第一节　救亡组织的创建 146

 第二节　华侨动员 162

  一、国民政府对美洲华侨之宣传 163

  二、美洲侨社的内部宣传 176

 第三节　捐款捐物 188

  一、捐款种类与方式 189

  二、捐赠主体 197

  三、捐款纠察与惩罚 202

  四、数量统计 206

 第四节　抵制日货 208

第四章　民族主义话语与抗战时期华侨祖国认同的构建 ……… 212

第一节　领土主权：构建华侨对祖国的国家认同 ……… 213

第二节　共同命运：构建华侨与中华民国的命运共同体 ……… 226

　　一、帝国主义侵略与近代祖国及华侨的悲惨命运 ……… 227

　　二、华侨命运与祖国抗战的关系 ……… 230

第三节　血缘纽带：增强华侨对中华民族的骨肉亲情 ……… 239

第四节　历史纪念：构建华侨对祖国的集体记忆 ……… 248

第五节　文化纽带：增强华侨对祖国的精神归属 ……… 257

第五章　美洲华侨与战时国民外交 ……… 269

第一节　美洲华侨开展国民外交的背景 ……… 269

　　一、日本在美国的舆论宣传及中国政府外交之选择 ……… 270

　　二、国民政府及美洲侨社的指导 ……… 273

第二节　从事国际舆论宣传 ……… 279

　　一、创办报刊，出版图书 ……… 279

　　二、致电总统、游说政府 ……… 282

　　三、发表演讲 ……… 287

　　四、举行游行示威 ……… 290

　　五、协办旧金山世界博览会 ……… 298

第三节　"一碗饭"运动 ……… 300

　　一、第一次"一碗饭"运动 ……… 301

　　二、第二次"一碗饭"运动 ……… 308

　　三、第三次"一碗饭"运动 ……… 312

第四节　阻运军用物资赴日 ……… 317

第六章　美洲华侨的航空救国运动 ……… 325
第一节　美洲华侨航空救国运动缘起 ……… 325
一、孙中山与美洲航空救国运动的兴起 ……… 325
二、南京国民政府对海外航空救国的宣传和支持 ……… 329
三、美洲华侨航空救国意识的觉醒和发展 ……… 333
第二节　美洲华侨航空救国运动的主要内容 ……… 337
一、成立航空救国团体 ……… 338
二、创办华侨航空学校 ……… 340
三、筹款购机 ……… 347
四、回国服务 ……… 352
第三节　美洲华侨航空救国运动的作用 ……… 357
一、为中国抗战输送大量航空人才 ……… 358
二、改善中国空军装备 ……… 361
三、加强中国空军的战斗力 ……… 363

第七章　美洲洪门与祖国抗战 ……… 366
第一节　抗战时期国民政府对美洲洪门的侨务工作 ……… 366
第二节　美洲洪门对中国抗战的贡献 ……… 374
一、组织动员洪门会员乃至华侨支援祖国抗战 ……… 374
二、为祖国抗战捐款捐物 ……… 393
三、坚持民主团结抗战，反对专制分裂投降 ……… 402

第八章　战时美洲华侨的救乡运动 ……… 410
第一节　战时广东侨乡的战祸与灾荒 ……… 411

第二节 战时广东侨乡的救灾动员 ……… 415
  一、广东侨乡官民的华侨动员 ……… 416
  二、广东侨乡官民动员华侨的叙事逻辑与话语表达 ……… 423
第三节 美洲华侨救乡运动的情形、机制和成绩 ……… 426
  一、组织动员 ……… 426
  二、思想动员 ……… 430
  三、募捐方式与机制 ……… 436
  四、募捐成绩 ……… 444
第四节 美洲华侨救乡运动之实效与评价 ……… 447

结语 ……… 453

参考文献 ……… 458

索引 ……… 468

后记 ……… 476

导 论

20世纪三四十年代日本帝国主义发动的侵华战争,致使中华民族危机空前严重。为救亡图存,全国各党派各族人民团结一致,奋力抵抗日本侵略。华侨虽身处异国他乡,但仍是中华民族的一部分,也是国民一分子。在祖国生死存亡的紧要关头,在全国各族人民同仇敌忾、视死如归的精神感召下,在南京国民政府及社会各界的有效动员下,华侨也本着"国家兴亡,匹夫有责"之义,纷纷投入到这场声势浩大的抗日救国运动中,或捐款捐物,或抵制日货,或开展航空救国,或从事国际宣传,为祖国抗日战争的最后胜利,乃至世界人民反法西斯战争的胜利,作出了重要贡献。

抗日战争是海内外华人的共同记忆,华侨援助祖国抗战是华侨爱国主义的重要表现,因而也成为侨史学界比较关注的问题。改革开放以来,国内外关于华侨抗战的研究硕果累累,既有涉及全世界华侨抗战的专著,也有若干专题研究。就本书所关注的美洲华侨抗战来说,最近几十年来,也有几本中英文专著出版,如美国华人学者于仁秋的《救国自救:纽约华侨衣馆联合会简史,1933—1950's》,运用报刊、衣联会档案及访谈资料,对20世纪三四十年代纽约华侨衣联会维护华侨权益,支持祖国抗日战争的"救国自救"

运动,进行了深入的描述和分析。① 美国华人学者黄玉智(Kevin Scott Wong)则利用英文报纸、有关档案及访谈资料,较为深入地考察了美国华侨既援助祖国抗战又支持美国作战的方式,服务于美军驻华第十四航空队的士兵与军官关系,种族隔离与族群荣耀,美国人的民族主义与美国华侨爱国主义的关系问题。② 李春辉、刘伯骥、麦礼谦、黎全恩等学者有关美洲国家华侨史的著作,也有专门章节论及美洲华侨对中国抗战的支持。

近年来,一些学者利用南京国民政府乃至广东、福建等侨务大省的相关档案资料,研究南京国民政府及地方政府的侨务政策、难侨救济等,取得了不少成果,但以美洲华侨为主体,研究其对祖国抗战的贡献,仅利用国内出版的报刊资料,而对英文资料,特别是来自侨社本身的报刊及档案资料利用不多,则是研究的一大局限。国外学者则由于语言文化的障碍,多利用当时的英文报刊、相关档案资料,而对华侨自身的资料则关注不够,特别是对美洲华侨报纸资料挖掘不多。

笔者近年通过对中美两国的档案馆、图书馆等相关机构资料及网络资源的广泛搜集,已掌握不少美洲华侨抗战史料,特别是笔者于2013年及2016年两次前往美国华侨史料最为集中的加州大学伯克利分校族裔研究系图书馆及东亚图书馆等,进行五个月的资料收集,为本书的写作打下了史料基础。概括来说,本书主要有以下几个方面资料:

第一,国内的侨刊乡讯。抗战时期,国民党海外部、南京国民政府侨务委员会、外交部等部门,以及广东地方政府相关机构为动

---

① 于仁秋:《救国自救:纽约华侨衣馆联合会简史,1933—1950's》,香港:三联书店有限公司2003年版。
② Kevin Scott Wong, *Americans First: Chinese Americans and the Second World War* (Cambridge, MA: Harvard University Press, 2005).

员华侨抗战,创办了《华侨半月刊》(1932—1937)、《海外月刊》(1932—1935)、《华侨动员》(1938—1940)、《华侨先锋》(1938—1948)、《现代华侨》(1940—1948)等 30 余种侨刊。这些侨刊刊登了大量的涉侨言论、侨务政策、祖国抗战形势、华侨动态等,对于本书研究中国政府的华侨动员、海外侨情等,有较高的史料价值。

广东侨乡民间创办了不少侨刊乡讯,特别是在美洲华侨的故乡——台山、开平等地,宗族、村镇、学校等机构和相关人士创办了不少这样的刊物。侨刊乡讯是由华侨捐资、在侨乡编辑出版,并寄往海外侨胞的一种"集体家书",以保持海内外同胞之间的信息互通和感情联络,其目的在于维系以血缘和地缘关系为基础的、流散在世界各地同胞之间的凝聚力,重塑侨胞的故乡意识和责任。自 1909 年创刊的《新宁杂志》出版后,广东许多县、区、乡、族等相继效仿,在华侨资助下,面向海外侨胞,纷纷办起了乡刊、族刊。抗战前,仅台山全县已有 63 种杂志、族刊。① 这类资料对考察华侨与家乡的联系和互动等方面具有一定的史料价值。

第二,美洲侨社的华文报刊及相关侨团的档案资料。抗战时期美洲华侨所办的报纸有国民党海外部旧金山总支部的《少年中国晨报》、国民党芝加哥支部的《三民晨报》等,左翼进步人士创办的纽约《先锋报》《美洲华侨日报》等,美国洪门创办的报纸则有《公论晨报》、《世界日报》(该报与宪政党合办)等,加拿大洪门创办的温哥华《大汉公报》,政治上相对中立的有旧金山《中西日报》等。这些报纸的发行量不一,多者有 8 000 份,少者只有 3 000 份。② 战

---

① 参见《台山县华侨志》,江门:台山侨务办公室 1992 年编印,第 207 页。
② 驻金山总领事馆:《三藩市中国城之概况》,《外交部公报》1934 年第 7 卷第 11 期,第 41—42 页。"三藩市"即旧金山。

时的华侨报刊多刊登有关抗战的社论,国内相关部门及使领馆等的通告、文告及主要官员的抗战言论。美洲各国华侨救国会、各侨团的抗日宣传、抗日动态,以及相关组织的章程、宣言、议案、决议和正式的公告或启事,在当时的华侨报纸上都有登载,其史料价值很大。另外,抗战时期一些侨团的档案、特刊、征信录等,也是研究华侨抗战的重要史料。

从研究视角来看,研究美洲华侨抗战,需要关注当时美洲华侨援助祖国抗战所面临的国际环境,以及华侨自身所处的社会环境。本书力图全面把握国际学术界的前沿理论和研究动态,深刻把握抗战时期不断变化的世情、国情和侨情,将战时华侨援助祖国抗战置于中国、华侨居住国、日本这三方互动的大环境下,同时注意到美洲国家华侨、当地族群及日侨等多族群关系,还要注意到侨社内部复杂的社会政治生态、对华侨援助祖国抗战的影响等。由于美洲华侨所处的洲情、国情不同于南洋地区,其侨情也有一定差异,尤其是在抗战时期,其对祖国抗战贡献的方式,也有其自身的特点,如航空救国运动、国民外交运动等。当然洪门组织在南洋大部分地区遭到殖民政府严禁时,美洲洪门则势力较大,其对祖国抗战的贡献也值得关注。

需要说明的是,抗战期间,从法律身份和居住状态来说,由于当时美洲国家的排华政策及中国政府采用的血统主义国籍法,华人移民多为保留中国国籍的"华侨",但文中有时也用"华人"来指称这一群体,这更多是强调其族裔属性,而非法律身份,特别是在英文文献中,或在种族关系互动的语境中多采用这一概念。另外,本书中一些地名为当时华侨习惯采用的指称,且是对当地语言的粤语音译,如美国加州屋仑(现中国大陆称为奥克兰)、罗省(洛杉矶)、舍路(西雅图)、砵仑(波特兰)、积彩(底特律)、必珠卜(匹兹堡)、市作顿(斯托克顿),加拿大的云高华(温哥华)、域多利(维多利亚)、满地可(蒙特利尔)等,有些地名,可能还有多种名称,如墨西哥的索诺拉(Sonora)州,又称顺省、顺奴来等,主要是当时中国对外国地名没有采用统一的译名。这些地名有些出现在引文中,有些则为当时华侨救国团体的专有名称,不易改动,但在一般情况下则采用现行通用的中文译名,并在第一次出现时用括号加注。书中人名原文为字母拼写的,译成中文时一律为音译。

本书主要研究内容为1931年九一八事变起至1945年抗战结束止美洲华侨对中国抗日战争的贡献,分为以下八章。

第一章概述美洲华侨历史发展的脉络,包括华人移民美洲国家的规模和结构,移民的成因和主要方式,美洲国家排华法的制定与排华运动的兴起,特别是20世纪前期美洲华侨的经济生活与社会状况,主要社团组织和文化机构。

第二章考察九一八事变至七七事变期间,随着日本帝国主义对中国东北、华北的不断入侵,中华民族危机日益加深,美洲华侨以空前的爱国热忱投入到祖国的抗日战争中,纷纷成立救国团体,揭露日本侵华真相,反对国民党政府的不抵抗政策,及时报道中国抗战消息,呼吁国际友邦主持正义、制裁日本的侵略暴行,并在财力和物力上援助马占山将军、十九路军等前线抗敌将士,拥护国内学生和救国人士的抗日民主运动。

第三章考察七七事变爆发至1945年抗战结束期间美洲华侨的抗日救国运动,包括美洲各地华侨抗日救国团体的成立,国民政府及美洲侨社内的救国团体、华侨报纸对华侨的抗战动员,华侨捐款捐物的种类、方式、数量等,以及华侨的抵制日货运动。

第四章从情感和思想层面考察中国民族主义话语与美洲华侨祖国认同的建构。九一八事变,特别是七七事变后,随着中华民族危机的不断加深，以南京国民政府为主体的社会各界为寻求救亡图存之道，努力争取海外华侨支持，积极通过侨刊乡讯、华文报刊、侨社公共活动等方式阐发民族主义，一方面利用领土、主权、人民三位一体的民族国家理论，揭露日本帝国主义对中国领土主权的侵略和对人民生命财产的侵害，积极构建华侨与中华民国的命运共同体意识；另一方面又运用华侨与祖国间存在的血缘、历史、文化等纽带，塑造华侨的祖国认同，将离散在世界各地的华侨整合到抗战建国的民族复兴大业中来，夯实华侨抗战的情感和心理基础。

第五章考察全面抗战时期美洲华侨开展国民外交的情形，首先论述美洲华侨开展国民外交的背景，以及国民政府就国民外交的重要性、任务和目的、方式和路径等所给予华侨的指导；其次叙述华侨开展国民外交的具体行动，包括创办报纸杂志、致电总统和游说政府、发表宣言和演说、举行游行示威、协办博览会等，用这些方式开展国际舆论宣传。最后两节以美国华侨开展国民外交的典型个案，即"一碗饭"运动与纠察废铁赴日运动，来说明美国华侨开展运动时所表现的组织纪律性和同仇敌忾的民族精神，以及运动对美国社会所造成的广泛舆论影响。

第六章分析美洲华侨航空救国运动的兴起、发展及其对祖国抗日战争的贡献，特别考察了华侨航空救国团体的组建、航空学校的兴办、华侨捐款购机运动的开展、航空人才的培养，及航校学生回国服务等。美洲华侨航空人才回国参战，为捍卫我国领土和领空打击侵华日军作出了重大贡献。

第七章探讨抗战时期随着国内外抗日形势的发展，美洲洪门在国内社会名流和国民政府积极有效的侨务工作下，以民族利益为重，本着救国救乡的宗旨，抛弃过去对政府的成见，组织动员洪门成员乃至整个华侨社会支援祖国抗战，为祖国抗战捐款捐物，坚持民主团结抗战,反对专制分裂投降,对中国抗战作出了一定贡献。

第八章考察抗日战争时期日军侵袭广东沿海地区所实施的种种暴行,给广东侨乡造成的巨大损失,以及美洲华侨所开展的大规模救乡运动。为动员美洲华侨踊跃捐款捐物、开展救乡运动,侨乡官民积极行动起来,通过各种渠道向侨胞寄发信函、侨刊乡讯等,或派专员赴美洲募捐。美洲侨社认识到"救乡即是救国",纷纷成立各种救亡组织,向侨胞募捐。广大华侨在救亡团体的有力动员下,痛感日军侵略之残暴、侨乡民众生活之凄惨,慷慨解囊。美洲华侨一系列的救乡行动对于缓解家乡灾情起到了一定的效果,但并不能从根本上解决侨乡的灾荒。挽救侨乡,仅仅依赖华侨的捐款是不行的,还必须对中国政治进行彻底的改革。

第一章　近代美洲侨情概述

华人移居海外,古已有之,然大规模迁徙则始于鸦片战争之后。清康乾年间人口的不断增长及其所造成的人口压力、鸦片战争后外国资本主义的入侵,致使中国自给自足的小农经济逐渐解体,破产及失业民众日益增加,东南沿海人民更是难以营生。因此,他们不得不远渡重洋,异地求生,形成了国人向海外大规模移民的浪潮。19世纪中叶,世界华侨数量约150万人,高度集中于南洋。19世纪中叶以后,大规模华工出国,极大地改变了世界华侨分布的状况,美洲、大洋洲和欧洲都出现大小不一的华侨社区。

第一节　华人移民与美洲华侨数量及结构

华人移民美洲是中国与美洲国家内推外拉的合力作用下的结果。美洲华侨的移民方式、人口和社会经济特征,其在美洲的职业与经济状况,以及美洲排华法对华侨移民和生存适应的影响,都是制约美洲华侨经济社会发展的重要因素,也是考察美洲华侨援助中国抗战的起点。

一、华人移民与美洲侨社的形成

中国人移民美洲始于16世纪,主要是西班牙殖民者通过"马尼拉大帆船"将"马尼拉华人"从南洋运至墨西哥和秘鲁,但为数不多。19世纪前期,随着世界市场对拉丁美洲甘蔗、鸟粪、棉花等原料需求的不断增加,当地种植园主、矿场主及外国资本家急需大量的廉价劳动力,而此时奴隶贸易又遭废止,欧洲列强遂将注意力转到华人身上。英国、葡萄牙等国的特许公司利用契约劳工制度直接从中国将劳动力运入其殖民地,通常是将招募的华工先集中在澳门等地,再运往拉美各殖民地,以躲避清政府的禁令。根据陈泽宪的统计,在1800—1850年间,共有42 000名华人抵达古巴、秘鲁和西印度群岛。① 1845年到1874年是苦力贸易极为猖狂的30年,几乎所有资本主义国家都参加了这一血腥贸易。大量华工被运往拉美各地,成为大庄园、种植园和矿场的劳力。估计这一时期大约有50万华工被运往拉丁美洲。② 这些契约华工主要分布在古巴、秘鲁等地,从事种植、采矿等,没有人身自由。他们因无法与当地人沟通,生存状况一直艰难。契约期满后,他们或续签合同,或流落城镇,或当自由工,或成为推销商品的小贩。1874年契约华工制废除后,一些契约华工选择定居在拉美各地。这批早期定居者不熟悉当地语言文化,多从事种植、餐饮、商业和洗衣业,仅以生存糊口为目标。

1890年至1930年出现华人抵达拉丁美洲的第二次移民潮。期间,未受兵乱之苦的拉丁美洲经济发展迅速,华人入境的条件相

---

① 参见陈泽宪:《十九世纪盛行的契约华工制》,《历史研究》1963年第1期,第176—177页。
② 李春辉、杨生茂主编:《美洲华侨华人史》,北京:东方出版社1990年版,第474页。

对宽松。特别是在1914至1918年第一次世界大战期间,各交战国需要各种生活和战略物资,拉美许多国家向交战双方提供工矿原料和农牧产品,经济发展迅速,迫切需要大量劳力,多数国家放松了对华人入境的限制。因此,拉美各国在这一时期吸引了大批华人。①

如果说,早期拉丁美洲的华侨多以苦力贸易方式前往,属于被动性移民,那么,北美华侨多以自由移民方式前往,属于主动性移民。1848年1月,加州发现黄金的消息震动了美国,也震动了世界,数以万计的人为了追逐黄金梦纷至沓来。这一消息很快沿着贸易路线从加州传到中国。加州淘金热的到来,助推了华人对外移民的一波新热潮。1848年2月,即加州发现金矿消息传出的第二个月,两名中国男子及一名女子乘坐美国鹰号(American Eagle)帆船,从广州横渡太平洋,抵达旧金山市,成为最早登陆并留居在"金山"的华人。接下来的两年中,又有几百名华人前来金山,他们几乎全都是从香港、澳门和广州周围的华南地区而来。② 在接下来的一个世纪里,北美依然是中国,特别是珠江三角洲民众移民的主要目的地。

早期北美华侨,除少数商人或技工外,多为普通农民。他们用各种办法获得船票,有的卖掉田地、耕牛等作为路费,有的则以其家属作担保向亲友借贷。当时船费每人约需50美金,且须自备路

---

① Li Anshan, "Survival, Adaptation, and Integration: Origins and Evolution of the Chinese Commmunity in Jamaica (1854—1962)," in Andrew Wilson (ed.), *The Chinese in the Caribbean* (Princeton: Markus Wiener, 2004), p. 57.

② 参见陈依范著,郁怡民、郁苓译:《美国华人》,北京:工人出版社1985年版,第13—14页。

上吃的粮食。① 而很多人则必须借助中间人的"协助"才能出国。"协助"的方式大致可分为两类——赊票制和契约制。赊票制是华侨经纪人给华工支付盘缠,待到达目的地后,华工在经纪人的安排下工作,用工薪所得归还欠款。赊单工的主要组织者是设在旧金山的华侨会馆,这些会馆的权利控制在富商手中。作为赊单制出洋的主持者,他们派员携款回国,为美国各公司招募华工,并租用美国船只运送。② 据载,早在1852年,旧金山的华侨会馆就安排了一笔20万美元的巨额资金,用于劳工招募。③

早期美洲华侨以血缘、地缘等为纽带,以人员往来、书信联系、侨汇和商贸等方式建构的跨国网络,对华人移民美洲起到了很大作用,特别是在19世纪80年代后,美洲一些国家相继颁布和实施排华法案,严格界定华商身份,禁止普通华人入境,对华工返国而又入境的条件进行严格规定。海关官员更是对入境美洲的华人百般刁难和严格审查,导致一般中国人望而却步。但是,即使在实施排华法案期间,华人仍源源不断地移居美洲。④ 这主要归功于海内外华人所共同构建的跨国网络,正是依赖这种网络,移民所需要的资金和信息才得以解决。

清代广东地区具备发达和成熟的宗族制度,很多村庄就由一

---

① 美国三邑会馆史编委会编:《旅美三邑总会馆史略(1850—2000)》,旧金山:美国三邑会馆1999年刊印,第35页。

② 李春辉、杨生茂主编:《美洲华侨华人史》,第85页。

③ 参见 Herbert Asbury,"The Chinese and The Hoodlums," *The Barbary Coast*: *An Informal History of the San Francisco Underworld* (New York: Alfred A. Knopf, Inc., 1933)。

④ 关于1882年至1932年间华人每年入境美国的人数,可参见 Judy Yung, *Unbound Feet*: *a Social History of Chinese Women in San Francisco* (Berkeley: University of California Press, 1995), pp. 294 – 295。

两个宗族组成,这种血缘宗亲网络为珠江三角洲地区民众持续出国提供了便利。通常情况下,海外宗族成员是需要旅费出国者的主要求助对象。而当出国者在国外致富后,也会将其积攒的资金汇给国内需要资金出国的宗亲,并且为新来的移民提供食宿,帮助其寻找工作,解决移民在异地他乡遇到的各种问题。如来自开平的张思逸,以他在美国开设的中药店和农场等经济实体,设法资助了家族中多达 40 多名成员来到美国。①

地缘网络对移民的帮助也较大。珠江三角洲地区民众有很多同乡在美洲,或有衣锦还乡的归侨,因此,他们往往比其他地方民众有更多的机会,通过赊单制获取贷款而出国。1877 年 2 月公布的美国国会参众两院调查中国人入境问题联合特别委员会报告书中,就有这样一位商人的证词:

> 我本人曾经调查过中国人出洋时所使用的各种契约。我知道来此地的中国人当中有很大一部分人,至少是半数以上,出国时都和他们本国人立有契约。和他们立约的本国人,不是从美国回去的,就是和美国方面有联系的有钱人。有些来到此地的中国人,在美国待了几年,积攒了三五百元现钱,就能够带这点钱回家招到十个或十二个中国人随他同来美国。他们在这样做的时候得到此地的六大公司(即华人会馆)及其在中国的代理人,以及中国方面的苦力捐客的支持帮助。这些人联合起来所形成的压力,足以保证苦力在此地乖乖履行契约。②

---

① Haiming Liu, *The Transnational History of a Chinese Family: Immigrant Letters, Family Business and Reverse Migration* (New Brunswick: Ringers University Press, 2005), p. 2.
② 陈翰笙主编:《华工出国史料汇编》第 1 辑(三),北京:中华书局 1985 年版,第 307—308 页。

事实上，从早期美洲华侨的定居格局和就业模式就能看到，以血缘和地缘为纽带的社会网络对华侨影响很大。如在20世纪初，美国加州休松镇（Suisun）附近的华农多是香山县（民国后改为中山县）隆都人，加州汉福特镇（Hanford）华侨多是番禺人，芝加哥华侨多为台山梅姓族人，而亚利桑那州菲尼克斯的华侨多为开平邓姓族人。四邑人多前往美国大陆，香山人则大多移民夏威夷。19世纪，旧金山的进出口商行多为三邑人经营；20世纪初，旧金山华侨牛肉店的老板和工人多为南海九江人，渔场员工多为香山隆都人，旧金山半岛的菊花种植工多为香山黄梁都人。①

从广东到旧金山的航程是随着航道和季节的不同而有长短变化的。19世纪40年代，投入到珠江三角洲到旧金山航线运营的帆船，走完全程需要五六十天时间。19世纪50年代，美国商人将飞剪船投入这一航线，最快时30多天就走完整个航程。1867年1月，中美两国之间开通了汽轮。太平洋邮船公司投入使用的第一艘轮船"科罗拉多号"，从旧金山到香港，全程花了31天。② 总之，近代以来随着交通技术的发展，中美两地间的航程也在逐渐缩短。

华人初到美洲，人地生疏，举目无亲，言语不通，为了抱团取暖、守望相助，他们必须聚集起来。随着19世纪后期华侨人数的增多，以及美洲各地排华运动的盛行，很多华侨向城市迁徙。在美国，到19世纪60年代，随着淘金潮的减退，华侨开始流动到矿区附近的城镇。19世纪70年代，铁路修建完工后，不少华侨开始到铁路沿线的城镇

---

① 麦礼谦：《从华侨到华人：二十世纪美国华人社会发展史》，香港：三联书店有限公司1992年版，第26页。四邑，即指台山、新会、开平、恩平四县，属于珠江三角洲西部外侧。此四县方言属广州语系，但在发音上又与正宗的广府话有区别。
② Gunther Barth, *Bitter Strength: a History of the Chinese in the United States, 1850—1870* (Cambridge: Harvard University Press, 1964), pp. 58 - 59.

中谋生,也有些华侨开始迁徙到美国中部、美国南部、美国东部等地的大城市寻求发展。这样,随着华侨从乡村向城镇的聚集,规模不一的"华埠""中国城"或"唐人街"也先后在这些城镇渐渐出现。随着19世纪七八十年代美国排华浪潮的高涨,以及华侨的东迁,纽约、费城、波士顿、芝加哥、华盛顿等中东部城市的唐人街也如雨后春笋般出现。① 从1885年至1922年,加拿大的一些城市也出现了较大的唐人街,如维多利亚、温哥华、卡尔加里、多伦多、蒙特利尔等。②

唐人街的建筑一般按中国建筑风格建造,有些建筑材料还从中国运来。这些店铺通常挂起闪烁的金字招牌,高悬红灯笼、红绸缎来吸引路人目光,成为中国元素的一种标志和象征。

由于当时华侨大都来自珠江三角洲农村地区,他们身上都带有中国传统文化的因子,而这种文化因子是他们在长期处于小农经济下从事生产和生活的过程中形成的。费孝通先生在《乡土中国 生育制度》中曾精辟地指出中国乡土文化的精髓:"以农为生的人,世代定居是常态的,迁移是变态的";"大多的农民是聚村而居";"乡土社会在地方性的限制下成了生于斯、死于斯的社会。常态的生活是终老是乡";"这是一个'熟悉'的社会,没有陌生人的社会";在一个熟悉的社会中,人们会得到"从心所欲而不逾规矩的自由";在乡土社会里"从熟悉得到信任""心安"。③ 实际上,中国封建社会从基层组织到上层的国家机器,以及维系这种统治系统的儒家伦理就是建立在小农经济的乡土文化之上。由于晚清侨民多为

---

① 彼得·邝:《新唐人街:当代美国华人社区》,北京:世界知识出版社2002年版,第17页。
② 黎全恩、丁果、贾葆蘅:《加拿大华侨移民史(1858—1966)》,北京:人民出版社2013年版,第239页。
③ 费孝通:《乡土中国 生育制度》,北京:北京大学出版社1998年版,第7—11页。

贫穷农民和小商人,他们到了美洲,大多也是从事采矿、筑路、种植及餐馆、杂货店、洗衣馆等小本营生等职业。在一个举目无亲,周围全是不同肤色、不同语言和不同风俗的陌生社会中,华侨为了适应新的生活环境,往往要构建或寻找一种熟悉的社会环境,使其心理上能将侨居地生活与故土衔接起来,因此,他们往往抱成一团,依照故土时的生活经验,建立具有浓郁中国乡土文化色彩的唐人街。对此,华裔美国学者陈依范指出:"移民们在到达新大陆后,很快就发现自己置身于他们在故乡就已习惯了的亲密关系——家族、宗族、州县、方言集团、行会和会馆之中。这种熟悉的物质环境和文化具有很大的重要性:铺面敞开的商店,中国烹调的香味,广东面孔与服装,中国的举止与言谈。总之,是一个远离家乡的家:十九世纪五十年代的唐人街。"①

可见,美洲各地的唐人街是移民依据其在本土的经验建立的,一方面,它们为华侨在美洲谋生创造了一种适应性的社会环境;另一方面,这种社会环境也在一定程度上强化了移民对乡土文化的认同。对于身处异乡的华侨,早期唐人街是一个重构集体记忆和一种熟悉的生活方式的地方,是连接故乡与"新世界"的一个通道,是进行娱乐和其他社会活动的中心。乡里乡亲聚集在一起,熟悉的语言、饭菜和娱乐更能抒解他们内心的孤独感和思乡情。特别是对只身在陌生郊区工作的侨民来说,唐人街为他们提供了好像回到家乡一样的短暂安慰。

二、美洲华侨人口数量与结构

晚清中国驻外使领馆人员以及到海外侨社游历的人士曾留有

---

① 陈依范:《美国华人》,第 33 页。

笔记、报告等,记录了当时美洲华侨的人口数量和地理分布。南京国民政府成立后,海外侨胞对中华民国的建立贡献很大,因此政府非常重视华侨事务,先后制定了很多护侨政策,并设置专门机构,即国民党海外部和国民政府侨务委员会来统筹全国侨务工作,并对海外侨情进行了大规模的调查与统计。据1934年《时事月报》所述,侨务委员会通过各驻在地使领馆向散居海外华侨各埠进行详密调查,结果统计华侨总数为7 838 895人。①

表1-1 20世纪30年代美洲国家华侨人数统计表

国别	人数	调查时期
美国	74 954	1930
加拿大	42 100	1931
墨西哥	25 000	1930
秘鲁	5 704	1932
智利	2 700	1931
巴西	820	1931
阿根廷	600	1930
哥伦比亚	1 000	1933
委内瑞拉	2 826	1929
佐治市(乔治敦)	2 300	1930
握地孖拉(瓜地马拉)	3 000	1931
萨尔瓦多	1 000	1933
尼加拉瓜	1 000	1933
巴拿马	4 400	1933
古巴	35 000	1932

---

① 萧吉珊:《我国海外华侨总数之调查(侨情)》,《时事月报》1934年第11卷第3期,第87页。

续表

国别	人数	调查时期
多明各（圣多明各）	400	1932
占尾架（牙买加）	1 000	1930
檀香山	27 179	1929

资料来源：《海外各地华侨人数比较表》，《侨务月报》1935 年第 2 卷第 5 期，第 107 页。檀香山当时为美国属地，故单列，下同。

上述美洲各国华侨人数合计为 230 983 人，其中人数较多的国家和地区有美国（74 954）、加拿大（42 100）、古巴（35 000）、檀香山（27 179）、墨西哥（25 000）等。

国民参政员、旅美华侨统一义捐救国总会主席邝炳舜于 1941 年参考各方调查加以核对，及根据各地救国社团之报告与报章记载，估计全美洲侨胞总数约为 22.5 万人。其中美国最多，计 8 万人。加拿大次之，共 4 万人。墨西哥曾有三四万人，而因排华风潮，及经济凋敝，华侨回国或迁往他国者不少，留下的华侨仅有 1.5 万人左右。中美洲约有 7 000 人。西印度各属共约 3.8 万人。南美洲 1.5 万人，以秘鲁人数最多，约 0.45 至 0.5 万人。智利、巴西、阿根廷、哥伦比亚、厄瓜多尔等国，均不及千人。委内瑞拉、圭亚那、英属佐治市均约 2 000 余人。檀香山约 2.7 万余人。至于男女数之比例，男子占五分之四以上，妇女不及五分之一。因男子多在国内结婚，而各国多不准携妇女、妻子入境，故妇女人数远较男子为少。①

旅美华侨在美国制定排华法前的 1880 年，人数达 105 465 人，到 1920 年时因受排华法影响，人口降至低谷，只有 61 639 人。根

---

① 邝炳舜：《美洲华侨概况及抗战以来爱国运动报告书》（1941 年春），美国加州大学伯克利分校族裔研究系图书馆麦礼谦档案室藏，AAS ARC 2010/1，Carton 14。

据美国1930年人口普查统计,美国华侨为74 954人,多数居留加利福尼亚州、纽约州、伊利诺伊州等。①

表1-2 1920年至1930年美国华侨人口区域分布表

区域	1920年	1930年
太平洋各省	34 265	41 631
中大西洋各省	8 812	14 005
中部之东北各省	5 043	6 340
山麓各省	4 339	3 252
新英格兰各省	3 602	3 794
南大西洋各省	1 824	1 869
中部之西北各省	1 678	1 738
中部之西南各省	1 534	1 582
中部之东南各省	542	743
全美	61 639	74 954

资料来源:林蔚《留美华侨概况》,《华侨半月刊》1935年第63期,第7—8页。

以城市为统计单位,据美国1930年人口普查数据,华侨人口较多的城市有旧金山(16 303人),纽约(8 414人),奥克兰(3 048人),洛杉矶(3 009人),芝加哥(2 757人)。华侨男性有59 802人,女性为15 152人。② 据邝炳舜所载,美国华侨之分布,大约旧金山及西部太平洋岸一带占半数,约4万人,美中芝加哥五六千人,美东多集中于纽约,仅纽约一市即有2.5万人。③

早期赴美华侨,绝大多数来自以广州为中心的珠江三角洲地

---

① 《旅美华侨人数之新统计》,《华侨周报》1933年第25期,第47页。
② 林蔚:《留美华侨概况》,《华侨半月刊》1935年第63期,第8页。
③ 邝炳舜:《美洲华侨概况及抗战以来爱国运动报告书》(1941年春),美国加州大学伯克利分校族裔研究系图书馆麦礼谦档案室藏,AAS ARC 2010/1,Carton 14。

区。中国第一任驻美公使陈兰彬于1878年在其《使美纪略》中对美国华侨的来源地有较为翔实的记载：在美华人男女共计十四五万人，华侨设有六大会馆，"一曰三邑，系南海、番禺、顺德、三水、清远、花县等县所设，商民约一万二千；一曰阳和，系香山、东莞、增城、博罗等县所设，商民约一万二三千；一曰冈州，系新会、四会、鹤山等县所设，商民约一万五六千；一曰宁阳，系新宁（1914年后改称台山）一县所设，商民七万余；一曰合和，系新宁余氏一姓合恩平、开平两县所设，商民约四万；一曰人和，系新安、归善、嘉应等州县所设，商民约数千"①。尽管陈兰彬记载的赴美华侨人口数量偏多，但也大致反映他们的来源地构成。实际上，直到1965年，仍有"美国华人半台山"一说，所以台山话成为美国华侨社会通行的语言。

旧金山唐人街是近代美洲最大之华埠，也是美洲侨社的枢纽。旧金山华侨大半来自广东省之15县，而台山、开平等7县侨民人数较多，各设有会馆，由各会馆组成一全体华侨会馆，名为中华总会馆。宁阳总会馆是台山县侨民总机关；冈州总会馆是新会与鹤山县侨民总机关；阳和总会馆是中山、东莞、博罗、增城等县侨民机关；肇庆总会馆是开平、恩平、英德、高要、清远、阳春、三水、新兴、广宁、云浮、德庆、罗定等县侨民机关；三邑总会馆是番禺、顺德、南海、花县侨民机关；合和会馆是台山、开平、恩平一部分侨民机关；人和总会馆是宝安、赤溪、潮梅及东江各县侨民机关。此等会馆之中，以宁阳与肇庆势力为最大，因该两机关统辖侨民最多。② 上述这些地缘性会馆基本反映旧金山华侨的来源地结构。

---

① 福建师范大学历史系华侨史资料选辑组编：《晚清海外笔记选》，北京：海洋出版社1983年版，第121—122页。
②《美国金山华侨之概况》，《国外情报选编》1936年第130期，第11—13页。

中国赴美留学生除早期的留美幼童外，1905年仅106人，至1918年达1 500人，1932年为1 256人，其中男性为1 109人，女性为147人，他们大都为国内大学毕业后赴美攻读研究生，读本科课程的大学生不过百余人，且大半是美国土生的华侨青年。留美中国学生就读人数较多的美国大学有哥伦比亚大学（152人），加利福尼亚大学（122人），密歇根大学（82人），纽约大学（48人），芝加哥大学（44人），南加州大学（40人）。留美学生所学专业有农科、会计、化学、工程、教育、商科等。①

1928年6月，檀香山官报记载，夏威夷全境人口共348 767人，其中华人共25 310人，美籍华人占15 058人，非美籍华侨占10 252人，其分布如下：檀香山正埠13 383人，火奴鲁鲁市3 547人，夏威夷县2 649人（其中希炉埠662人），架剌窝县23人，道威县1 810人，茂宜县2 095人，其他地区1 803人。②

加拿大华侨主要分布在加拿大东、西、中三部，以加西的哥伦比亚省（华侨时称"卑诗省"）最多，特别是温哥华市，当全盛时（1925年以前）计有万余人，维多利亚亦有4 000人左右。此外安大略省多伦多市亦逾5 000，蒙特利尔与温尼伯则各有3 000余人，其他如新西敏则有千余人，卡尔加里与埃德蒙顿则各有八九百人左右。自1925年以后，因迭遭加拿大政府苛例的对待，更加以1929年世界经济不景气的影响，全加华侨人数大为减少。③就加拿大华侨来源地来说，这与美国大体相同。直到抗战结束前，绝大

---

① 林蔚：《留美华侨概况》，《华侨半月刊》1935年第63期，第12—13页。严格来说，留学生不属于华侨，但两者在居住、文化等方面有很多相似之处，且有些留学生毕业后选择在当地就业，就转换为华侨身份。
② 李众荣：《檀香山华侨近况报告》，《华侨周报》1932年第1卷第1期，第2页。
③ 蒋展民：《坎拿大概况与华侨》，《华侨半月刊》1935年第66—67期，第46页。

部分加拿大华侨来自珠江三角洲地区,其中又以四邑、三邑及中山县为主。加拿大维多利亚大学黎全恩教授根据1892年至1915年间维多利亚中华会馆捐款存根进行统计,在6 155张存根中,34%来自台山,18%来自新会,16%来自开平,9%来自番禺,7%来自中山,5%来自恩平。就加拿大华侨人口自然结构来说,1921年全加共有男性华侨37 163人,女性华侨2 424人,男女比例为15∶1,男女比例严重失调。①

华人移民墨西哥主要有以下四种方式:由古巴、秘鲁两国之契约华工期满脱身,自由谋生而来者;由美国迁徙而来者;墨西哥招来之华工;历年自来之华侨。20世纪20年代,旅墨华侨人数约在三万人左右,其主要居住地如下:参迫古埠(坦皮科,Tampico)及其附近各处华侨,有一万人以上;顺奴来、新那罗(新那罗亚,Sinaloa)及太平洋沿岸共有8 000人;未市卡利(墨西卡利,Mexicali)有5 000人;米利达(梅里达,Merida)及答巴秋拉(塔帕丘拉,Tapachula)两处有4 000人。其他散处小埠者,约有5 000人。居住在墨西哥城的华侨不过五六百人。墨西哥华侨,"都系粤籍,而粤籍中又以台山县人居大多数;次开平;次南海、新会;次香山、恩平"。②

古巴侨民多属粤籍,其中台山县人最多,7 445人,次为新会,3 621人,开平1 541人,其他为中山、恩平、南海、番禺诸县。古巴华侨与当地人结婚者为数不少。所生子女,因受母亲影响及教育之故,脑中只知有古巴,不知有中国。其生活方式与语言文字完全古巴化。③

---

① 黎全恩、丁果、贾葆蘅:《加拿大华侨移民史(1858—1966)》,第217—225页。
②《墨西哥华侨营业情形》,《钱业月报》1922年第2卷第8期,第25—29页。
③ 雷孝敏:《中南美洲侨情及其改进(一)》,《华侨先锋》1945年第7卷第1期,第21页。

智利华侨分居各埠数目以意基忌(伊基克,Iquique)为最多,约千余人;亚里加(阿里卡,Arica)及晏埠(安托法加斯塔,Antofagasta)次之,各约200余人;智京又次之,约百余人;法尔巴来索(瓦尔帕莱索,Valparasio)、达打及独角比耶各埠,则各约数十人等。①

第二节　近代美洲的排华风暴

19世纪中后期,随着美洲华侨的增多,一些排华分子污蔑华侨是劣等民族,生活习性和行为举止怪异,只会争夺白人劳工的饭碗,并且冥顽不化,到处叫嚣"中国佬滚出去!"他们处心积虑地剥夺华侨在美洲经济领域可能获得的机会,目的是将他们逐出美洲。在他们的鼓动下,一些地方政府通过了很多歧视和排斥华侨的法律条规。美洲排华运动始于加州,但很快蔓延到美国全国乃至加拿大等国家,这些国家相继制定排华法案,禁止华工移民,限制华侨经济,剥夺华侨政治与文化等权利。一连串排华法案对华侨社会造成了很大危害。

一、排华运动的兴起与排华法的制定

美洲国家排华运动始于美国。华人来美的最初几年,待遇还好。加州白人以尊敬和友善的态度对待这些远道而来的华侨,华侨也通过参加一些公共活动表达他们对此礼遇的感谢。然而,善待华侨的日子没有维持多久。早在淘金热期间,加州华侨已遭受美国种族主义者的欺凌甚至残杀。1853年4月,加州州长毕格勒

---

① 孙海筹:《智利华侨概况及党务情形》,《海外月刊》1933年第15期,第1页。

(John Bigler)在一次特别演讲中,侮辱华侨为契约苦工,要求州议会禁止其继续来美。

由于华侨要价低廉,工作出色,深受雇主欢迎;相应的,雇主们则不愿雇佣索价高昂、工作效率相对较低的白人劳工。这样,白人劳工就把与资方的矛盾归结到华工身上,认为是这批外来的"劣等种族"抢了他们饭碗。他们嫉妒和讨厌华工,甚至用暴力驱赶华工离开碰巧发现的含金量丰富的矿穴。他们污蔑华人对美国社会没有任何益处,诽谤华人将金钱寄回中国、不在美国消费、从中国进口米食等生活用品,都是损害美国的行为。在各地的城镇集会、矿工集会以及立法会议上,种族主义者把华工丑化到了无以复加的地步。在一份矿区采矿委员会所发表的关于矿区少数民族问题的报告中,有这样一段文字:"华人是美国社会与道德的一大祸害——他们是社会颜面上的疥癣,是国家肌体上的脓疮——一句话,令人厌恶。"①

从1867年开始,加州的政治和经济形势发生急剧变化,工会在加州历史上第一次控制了两大政党。1866年至1867年的冬天,旧金山工人受到东部工人运动的影响,组织了数次暴动。很明显,暴动的原因仅是为了争取缩短工时,但排华鼓动者却把暴动完全归咎于华人。事实上,华人从事的几乎全是严重缺乏劳力的工种,没有对白人工人造成太大竞争压力。

在经济、政治和文化等多重因素的相互作用下,加州当局先后制定了一系列歧视华人的法案和条例。1850年,加州议会订定苛例,规定凡华人以开矿为生者须领有执照,每月交执照费20美元。

---

① [美]麦美玲、迟进之著,崔树芝译:《金山路漫漫》,北京:新华出版社1987年版,第43页。

19世纪五六十年代,加州地方政府制定华人子弟不得就读公立学校、华人不得拥有房产、不准向华人颁发商业执照等歧视性法规;1870年又制定人行道条例,禁止挑担者在人行道上通行;1875年又制定立方空间条例,要求住房中每人所占的居住空间不得少于500立方英尺;同年《旧金山反蓄辫法》通过,迫使许多被捕华人剪掉辫子。在加州和美国西部的其他地区,《反种族通婚法案》宣布华人与白人通婚属于非法。①

1873年爆发的经济危机严重冲击了美国的金融、铁路公司、轻工业、农业等各大行业,同时,旱灾、股灾和房地产贬值等导致经济低迷、社会萧条和失业率激增,引发工厂和矿山的罢工风潮,进而引发了整个社会的大恐慌。有些美国资本家乘机挑拨白人劳工和华工的关系,造谣说白人劳工被解雇,是因为华工抢了他们的饭碗,企图把劳资矛盾转嫁到华工身上。美国的民主党与共和党在总统竞选中,居然也把排华列入竞选纲领。一般美国人轻蔑华人,呼华人为"苦力"(Coolies)、"约翰支那人"(John Chinaman)、"清克"(Chink)、"异教徒"(heathen)等。清代华人头上留有辫子,拖在身后,被美国人讥笑为"猪尾巴"。当时加州一家报社的社论形容华人:"半人半魔,吃老鼠,衣着破烂,不懂法律,吸鸦片,廉价劳工,吮吸内脏。"《纽约日报》警告说:"西部各州正在变成中国的殖民地。"②

总之,反华宣传成了当时美国各大报刊每日的主题。"中国佬必须滚开"的叫嚣充斥整个加州,并向全美蔓延,这引起了美国国

---

① John Soennichsen, *The Chinese Exclusion Act of 1882* (Santa Barbara, Calif.: Greenwood, 2011), pp. 60-61.
② 陈依范:《美国华人》,第159页。

会的关注。在太平洋沿岸各州排华分子的强烈要求下,国会于1876年及1877年对加州的华人问题进行了调查。多数调查报告都断定,华人不可能与白人同化,加州的白人人数有被华人超过的危险,所以应该与中国政府改订移民条约,限制华人进入美国。

这些排华言论被报纸、期刊等各种媒体不停地报道,投机政客也在各种场合重复这些论调,误导美国公众对华人形成了一种普遍流行的错误看法。在各种排华势力的推动下,1882年,美国国会通过排华法令。该法令的主要内容是:法令生效后十年内禁止华工入美;1880年11月7日前即居美国并获得海关证明文件的华工暂时出境后,准予重入美国;持有中国政府颁发的英文证件,依约说明的非劳工身份的人员,准予进入美国;非正当途径入美之华人,将依照美国法院之裁判驱逐出境;州立法院和联邦最高法院今后不得允许华人归化为美国公民。① 此法令成为美国移民史上的分水岭,标志着美国传统的自由移民政策的终结。这种绝非友善的排华法令,不但阻碍了华侨归化成美国人,而且迫使他们逃亡到附近的唐人街聚集,以便从中寻求安全和支持,以维持生计。但是,他们也因此更加孤立,更难融入美国的主流社会。

1884年,美国政府针对中国海员在美国港口弃职离港、华人在过境美国途中失踪、华人在加拿大和墨西哥边境偷渡、来自其他国家的小贩假装成商人等情况,特制定排华法修正案。修正案将华人视为一个种族,而不管华人的出生地如何,因此,该修正案把排华法的实施范围扩大到来自任何口岸的华人,且对"商人"一词进行了严格界定。1888年10月,美国通过《斯科特法案》(The Scott

---

① 刘伯骥:《美国华侨史》,台北:黎明文化事业股份有限公司1976年版,第540—541页。

Bill),宣布 1882 年后办理的回美证件无效。这一法案的颁布实施,致使 2 万名回国华人不能回到美国,而不管他们在美国是否拥有家庭或财产。① 1892 年,美国政府又通过《基里法案》(Geary Act),将禁止华工入境期限再次延长十年,并规定华侨必须持有居留证,否则将被驱逐出境。1894 年,美政府与清政府签订华工条约,规定在十年内不准华人入境,但归国华侨如有妻室、子女、父母任何一人在美国居住的,或有 1 000 美元以上财产在美者,可准予回美。该约十年为期,期满得再延长十年。1904 年,美国国会竟在一个有关拨款的一般法案中硬行塞进一条规定,把排华法无限期延长。② 1924 年,美国国会通过的移民法规定,无论美籍华人的妻子还是华商妻子均不得来美,并规定将全世界分为三大区。依此移民法,中国被列入无资格区。华人中受影响最大者,为土生华人之妻。根据该法律,华人生长于美国,如在中国结婚,其配偶则无权入境美国。③

这样,在华人移民的头几十年中,美国政府已经建立了一套管理和控制华人的系统,限制华人入境,严禁在美华人入籍,并在法律、政治和社会经济等方面,强加给华人各种歧视性和不平等的约束。

19 世纪 60 年代以来,加拿大华侨的境况也与美国华侨相似。在金矿区,不时发生华侨被白人矿工开枪打死的事件。至 19 世纪 70 年代英属哥伦比亚殖民地加入加拿大联邦后,在报刊和政客的煽动下,排华气氛愈演愈烈,各种辱华和排华的事件层出不穷。

---

① 陈依范:《美国华人》,第 181 页。
② 李春辉、杨生茂主编:《美洲华侨华人史》,第 217—218 页。
③ 陈翰笙主编:《华工出国史料汇编》第 7 辑,北京:中华书局 1984 年版,第 13 页。

1872年,哥伦比亚省立法机构通过了《选民资格和登记法》,剥夺了华侨的选举权。1878年,加拿大联邦选举时,维多利亚出现了一个反华组织——工人互保会,其目标是保护哥伦比亚省的工人阶级,利用合法手段制止华人的涌入。1883年5月,哥伦比亚省立法机关认为在该年的惠灵顿罢工事件中,华工破坏白人工人罢工运动,道德败坏,并传播疾病,危及当地社区,于是出台了防止华人获得皇家土地、防止华人移民及监管华人的三个法案,不断加大排华的力度。① 1885年7月,加拿大联邦政府在哥伦比亚和东部支持排华舆论人士的压力下,通过了限制华人入境的新移民法,主要内容是:每个原籍中国人在进入加拿大时,应在港口或其他入境地点缴纳人头税50加元,外交人员、留学生、商人除外。这是加拿大政府第一个针对一个特定族裔、并以种族偏见为基础的法案,违背了加拿大建国精神。从客观效果来说,该法案的实施确实限制了华人入境,因为当时华工平均月工资为25加元,每年为300加元,而他们一年的衣食住行等各种开支为257元,实际所得只有43元,因而50元的人头税让他们无法承受。在接下来的几十年中,加拿大政府在强大的反华浪潮中不断增加人头税,1900年增至100元,1903年增至500元,而且以当时排华的广度和深度,反华浪潮渗透到就业、教育等各个领域,严重影响了加拿大侨社的生存和发展。②

节节攀升的人头税并没能完全阻止华人的入境,而一战之后加拿大经济受到重创,白人反对亚裔移民情绪高涨。在这种情况下,1923年加拿大国会通过《中国移民法》,全面禁止华人入境,法案细则共有43条,因此被华人称为"四三苛例"。这一系列排华法

---

① 黎全恩、丁果、贾葆蘅:《加拿大华侨移民史(1858—1966)》,第101—108页。
② 黎全恩、丁果、贾葆蘅:《加拿大华侨移民史(1858—1966)》,第127—158页。

的制定与施行,对加拿大华侨社会产生严重影响,致使华侨人口减少,华裔学生入学困难,唐人街逐渐萧条,华人难于谋职。①

华侨前往墨西哥之初,因中墨条约关系,其待遇尚属宽大,华侨来往,均能自由。其后受美国排华法影响,墨西哥政府也对境内华侨大加排斥,"始则借口中墨商约期满,拒绝新客入口,继则派警擅往各华侨商店,借检查护照为名,实行敲索,偶一不遂,即科以偷关入境之罪,置之于狱,不加审问,驱逐回国",华侨在当地的财产商业,均被没收。1929 年以来,因世界经济不景气,华侨工商业凋零,而墨西哥颁布之苛例又层出不穷,如"吾侨之商店或产业公司,应雇佣役,百分之八十,须雇墨人,否则被其勒令停止",华商"所贩售之什货丸药,又借口不合卫生,尽量销毁,或征以最高税率,阻其推销。复以华商之牌税、印花、什捐等滥行增加,以挫侨商营业之发展。至如新设商店,则又借口中墨商约期满,遭其峻斥,于是旧商遭挫,新商无法添设,侨商前途,因以锐退矣"。②

巴拿马也在此时期制定移民苛例,禁绝华人入境,后在 1922 年经中国公使交涉,虽准许入境,但每人须科税 200 美金。驻香港的巴拿马领事,则又多方留难,签证手续费竟达 200 元至 500 元之多。巴拿马当局还不时检查华侨居留证。每次风潮发生,华侨须捐资延请律师驳例,或运动议员协助抗议,破费金钱动辄数万。哥斯达黎加也效法美国,颁布对华移民律,不许再有华人入境,但华侨为提挈其子弟谋生起见,仍设法运动,受尽苦楚。尼加拉瓜禁止华人入境,只准其出境,不许复入,故华侨之数日渐减少。华侨为嗣续计,就与当地女子结婚,比例高达 90%。1931 年尼加拉瓜发

---

① 李东海:《加拿大华侨史》,台北:中华大典编印会 1967 年刊印,第 355—365 页。
② 梁作民:《墨西哥之排华》,《海外月刊》1933 年第 10 期,第 37—39 页。

生排华风潮,政府制定严厉的排华法,凡华裔均不得居留,华侨开设之商店,雇佣尼国人数须占十分之七。①

1929年世界经济危机爆发后,古巴政府也颁布移民法,限制华人入境,以维持其本国农工生活。自此之后,古巴华侨有出不能再入,间有正式商人,经过种种困难手续,始能获得回古巴的执照,但也是寥若晨星。因古巴经济萧条,华侨多失业返国,居留者日见减少,由七八万降而为三四万。加以苛捐百出,中古向无商约订立,华侨身家性命财产,难以保障。②

多米尼加是加勒比海上的一个岛国,华侨时称之为多明尼加。20世纪30年代初,该国政局动荡,新党摄政以来,处心积虑,大兴排华之风,"野蛮无道,勒诈之举丛生,要我华人新旧客入口,收美金三百元。现居留者,每年一律收一百元,限期缴纳,否则将财产没收充公,并加以惩罚,处以徒刑",致使该国华侨处境艰难。③

危地马拉有华侨千人,向皆安分营商,绝少违犯居留国法律,唯当地政府以华侨向无使领条约为之保障,既严禁华侨入境,复取缔华侨居留资格,移民苛例,应有尽有。1932年8月公布的取缔黄种或蒙古种人苛例38条,其中以第三条补注新册之繁难手续(往外交部注册时,需要国籍证明书及由其祖国重要官员所发之凭据,本国市政厅之居留纸、入境时间证明、现住址证明等),第六条补注新册之费用(每张须缴具罚款美金500元),及第三十二条对华侨贸易之限制,最为苛酷。④

萨尔瓦多(华侨时称"汕化那国")华侨,向以经商为业,对于当

---

① 何伯祥:《中美洲华侨概况》,《侨务月报》1933年第1期,第45—52页。
② 胡维汉:《古巴华侨概况》,《海外月刊》1932年第1卷第2期,第36—37页。
③ 《旅多明尼加华侨之呼吁》,《世界日报》,1932年8月14日。
④ 《掘国取缔黄种人之苛例》,《世界日报》,1932年10月5、6、7、8日。

地法律,绝对服从,刻苦耐劳,尤富于冒险性,故每凡建业,外人辄生欣羡。1931年汕人由羡生妒,由妒生恨,于是组织排华机关,号召土商,联名向政府请愿,要求驱逐华侨出境,没收华侨资产,征收华侨商业苛税,每月每间200元,继由总统阿劳霍(Arturo Araujo)签字实施。①

二、近代美洲的排华暴行

美洲国家排华风潮最为猖獗者首推美国。在反华团体的煽动下,19世纪后期美国发生了一系列驱逐、劫掠、杀害华侨的排华事件。具代表性的有洛杉矶惨案、旧金山骚乱、丹佛惨案、石泉大屠杀、西雅图事件和塔科马事件等。暴力排华由加州发展到西部诸州,由分散、零星、无组织的暴力排华事件,发展为集中、广泛、有组织的暴力排华运动。白人劳工是暴力排华的主力,劳动骑士团在暴力排华运动中起了组织和领导作用。美国白人种族主义者在没有经过任何法律程序的情况下,就可以肆意驱逐、殴打甚至杀害华侨,抢劫、焚烧华侨财物。在排华最猖狂的年月,华侨受到了各种虐待,生命财产毫无保障。在旧金山、纽约、芝加哥等城市的大街上,有成群结队的美国人对华人投掷石头、污泥,甚至拳打脚踢。有些小城市的排华活动更为猖獗,成群结队的美国流氓、恶棍,专门抢劫华人的洗衣馆、小商店,甚至假用官吏名义向华人勒索,骗取财物。

排华最凶暴者,当属以排斥华人为目的的加州沙地党。1877年,加州经济衰退,美国工人生活艰苦。华侨勤俭节约,生活成本低,对工资待遇的要求不像白人那样高,又无家眷相随,故美国资

---

① 《中美洲汕国华侨之近况》,《世界日报》,1932年11月27日。

本家喜用华工,致使白人就业机会减少,因此招致白人工人对华工的嫉恨,为沙地党排华提供了机会。沙地党首领叫坚尼(Danis Kearney),原籍爱尔兰,所谓"沙地",原是坚尼组织的工人联合会所,位于加州西部。1877年,加州发生工人罢工事件,坚尼煽动加州工人,以打倒资本家及华工为口号,以谩骂为能事,骗取普通劳工的支持,势力大增,于是以坚尼为首的加州工人党成立,其标榜的政纲之一就是排华。坚尼每次公开演讲结束时,都振臂高呼"中国佬必须滚出去"的口号。①

以1882年的排华法为标志,美国从地方到联邦的一系列排华行径逐渐达到高潮。排华法实施后,社会上的排华暴力事件合法化,驱逐、迫害和屠杀华人的暴力事件不仅更加频繁,而且规模愈来愈大。粤督张之洞在1886年致书总理各国事务衙门及驻美使臣时,讲到了出洋粤民所经受的焚、劫、杀、逐等种种迫害,以及他们在美生活之艰辛。

美国政府实施的排华法一直延续到1943年为止。排华法旨在限制华人赴美,排斥在美华人,禁止华人归化入籍,结果使美国华侨人数不断减少,华侨社区萎缩,华侨的就业、生活及子女的教育都受到很大影响。由于种族主义者的迫害,他们被逼离开各大行业和工厂,离开城镇和乡村,逃到大城市的外国人聚集区,从此渐渐发展出了唐人街,而华侨村落开始衰败。到1910年,已有75.9%的华侨在城市居住。②

1910年至1917年墨西哥内战期间发生的排华风潮及其后制定的排华法,对墨西哥华侨影响很大:"侨胞在墨之命运,便受若辈

---

① 陈翰笙主编:《华工出国史料汇编》第7辑,第11—12页。
② 麦礼谦:《从华侨到华人》,第79页。

生番野兽摧残殆尽。其略具资产者,尚可购买归舟,彼妙手空空之失业侨众,被其驱挞之下,惟有东逃西窜,苟迟延不决,生命亦受其贼害,其遭遇之惨,诚令人不忍书也。"①1919年,墨西哥发生大规模排华风潮。墨西哥华侨代表廖元煌、朱然等人写信给国内华侨联合会,痛述墨国排华情形以及对华侨造成的巨大创伤:墨国朝野,"上下一心,官民一致,视我如鱼肉,杀我如鸡豚。一夜之焚掠,达数十家,一日之死亡至数十口,赤身牵去,不见回家,孩童哭泣,闻声立遭枪决。彼都人士有'杀一个少一个,墨西哥免华祸'之谣"②。顺奴来等省政府在华侨遭受迫害时,不仅不按中墨两国条约之规定施行保护,反而多加刁难,寻找各种借口关闭华人店铺并没收财产,限制华人可营业的种类,准许墨西哥人随意终止与华人的合同而不受任何处罚等。③

墨国华侨主要集中于顺善两省,当全盛时期,华侨人数共有一万余名,经营大小商店共有4 000余间,所耕农园,亦有千余个,牧场七八所,统计资产值银一亿余元。墨国20世纪30年代的排华浪潮致使墨国侨情发生较大变化。自墨国前总统解野氏于1931年授命其党羽遍设排华机关以来,华侨农商各业概被摧残,财产损失以数千万计,华侨被迫远走他方者,亦达十分之九。所余诸侨,其行动失去自由,谋生均感道绝。但排华党人绝华侨生计犹未已:"有时闯入侨居,横施拳打脚踢;有时强加人罪,从而没收财产;有时党人强迫屋主,下令逐客;有时上峰纵容差役,无辜囚人,甚至夜间拘人,胆敢破门入屋,殴打狠凶,绝不以人类见怜。最伤心者,当

---

① 梁作民:《墨西哥之排华》,《海外月刊》1933年第10期,第37—39页。
② 《墨西哥华侨之呼吁》,《申报》,1919年8月24日。
③ 李淑苹、姚元湾:《1917—1921年墨西哥排华风潮探析》,《东南亚研究》2015年第4期,第61—62页。

吾侨无辜被拘拨之时,一毫俱被搜清,衣服铺盖不准携带。"①

1932年5月,墨西哥华侨写信给《公论晨报》,倾诉其在墨国所遭受的非人待遇。该信指出,1931年7月,顺善两省突起排华,其残酷手段前所未有,故两省之华侨商业尽被其摧残,两省之华侨田园亦尽被其收没,墨侨经此创巨痛深,犹欲茹苦含辛以冀将来有一线恢复之望,但时经半载,此风不特不息,反有甚于当初之势,故迫得走至美墨界边偷关入美,欲冀其拨回祖国,另作良图。"岂料甫经抵步之日,惨遭顺奴来省那卡利埠野蛮之市长,半夜下令挨户搜查,银两及贵重物件洗掠一空,行同盗贼,仍滥拘入狱,天明押出扫街,两日之后,始得释放。当其扫街也,日无一餐之食,夜无半榻之宿,而做工稍不力者,即施重刑。"②

秘鲁也在一战后发生大规模排华风潮。1922年9月、10月间,秘国政界要人屡次推倒执政当局,"借口于政府之擅许华人入境,危害民生为词,各党报又复推波助澜,众议员罅拿打氏提议废除中秘商约案,旋即通过";11月间,有两批华人各一百多人乘船抵秘,"均携有正式护照登航,时已在驻秘领事处图押",手续齐全,登岸时,"均被阻止登岸,报界鼓吹,议员附和,秘政府恐地盘之动摇,徇党意而蔑公理,拒绝登岸"。③

古巴政府鉴于1929年世界经济危机后,需要维持本国农工生活,遂颁布移民苛例,比之各国,有过之而无不及。自此之后,古巴华侨有出不能再入,间有正式商人,经过种种困难手续,始能出得回古之执照者,亦寥若晨星。加以苛捐百出,中古向无商约订立,

---

① 《墨国顺善两省华侨之苦况》,《世界日报》,1933年3月28日。
② 《墨国难侨之血泪书》,《公论晨报》,1932年5月13日。
③ 《秘鲁华侨之呼吁》,《申报》,1923年4月27日。

华侨之身家性命财产,绝无保障。华侨之被人谋害者,数见不鲜。①

萨尔瓦多民俗狂悍异常,排华之心尤烈。华侨业农及经商者往往为土人戕害丧命或放火焚烧,铺户全家成为灰烬者,时有所闻。此种惨案,该地政府,不特无法破获,且将死者财产没收。②

厄瓜多尔华侨遭当地土人排斥,生存也较为艰难:华人"既达彼地,又在外人铁蹄践踏之下,笞之挞之,一任人之喜怒,禁例森严,时新月异,不平待遇,愈演愈甚。报界则横加蜚语,大倡黄祸,土人乘机暴动,群起排华,以致狂风骇浪,吼地而来,恶雾愁云,掀天而起。斯时也,买舟归国,虽乘博望之槎,抢地呼天,莫鼓张仪之舌"③。

可见,20世纪二三十年代,美洲华侨大都遭遇居住国法律之排斥,以及各种排华暴乱之冲击,生命财产毫无保障,损失严重,生存艰难。在此排华风潮之下,一些华侨设法打道回府,从而导致美洲侨社渐趋萎缩。

第三节 近代美洲华侨的经济生活

从近代美洲华侨的谋生手段来看,19世纪五六十年代,北美华侨多聚集在西部矿区,以开采金矿为主;到了19世纪六七十年代,矿区淘金已无利可图,他们开始转行他业。19世纪60年代中后期,大部分华侨开始离开矿区,而集中在铁路沿线,建筑铁路。到19世纪70年代,正值西部农业开发之际,需要大批人力,所以华侨得以参与垦荒、兴修水利、种植葡萄、捕鱼等业。排华法案颁布后,

---

① 胡维汉:《古巴华侨概况》,《海外月刊》1932年第1卷第2期,第37页。
② 何伯祥:《中美洲华侨概况》,《侨务月报》1933年第1期,第50页。
③ 《厄瓜多中华总商会来函照录》,《公论晨报》,1931年9月21日。

华侨为了守望相助，联卫共济，又集中到城市居住，并从事轻工业及餐饮、洗衣等各种服务业。而 19 世纪中叶，拉丁美洲华侨主要从事工农业生产，到 1874 年至 20 世纪后，华侨的主要营生是经商，也有经营工厂和农场。笔者根据旧金山华侨黄金（Wong Kin）于 1913 年编写的一份《万国寄信便览》中的记载，统计出当时美洲各国华侨职业分布情况大致如下：

表 1-3　近代美洲各国华侨行业分布情况

行业 国家	杂货	洗衣/制衣	餐馆/旅馆	中药	鞋靴	漆器	其他
美国	1 459	573	369	154	30	73	222
加拿大	267	75	33	13	6	5	50
墨西哥	211	46	67	8	1	3	—
古巴	51	11	3	—	—	2	10
秘鲁	273	18	15	14	33	2	60
智利	8	1	—	—	—	—	2
中美洲国家	503	61	6	3	—	3	11
总计	2 772	785	493	192	70	88	355

数据来源：Wong Kin, *International Chinese Business Directory of the World*（《万国寄信便览》, International Chinese Business Directory Co, INC, 1913）。应指出的是，《万国寄信便览》所录机构信息不全，实际数字远大于表中所列数字。

从上表中可以看出，美洲华侨行业中，杂货店是最多的，达 2 772 家；其次是洗衣与制衣，达 785 家；再次是餐馆与旅馆，达 493 家。其他的行业还有中药店、漆器等。

据邝炳舜 1941 年所载，美洲华侨之一般经济地位，类属工人及中小商人阶级，鲜有大企业及大商人。生活之凭借，端赖劳力，胼手胝足，以获温饱。其能在竞争剧烈之西方社会中生存者，以具有勤苦耐劳、忠诚笃实之特性。谋生之方法，多系以较贱之工值，为较长及较辛苦之工作,盖非此难以与西人竞争而获得栖枝也。①

以下分两大地区来论述近代美洲华侨的职业结构和经济生活。

一、美加华侨的经济生活

早期北美华侨主要是来美加两国西部金矿淘金。加州发现黄金的消息传到中国后,华人开始源源不断地前往加州。早期加州华侨主要从事金矿开采。据1855年10月萨克拉门托的《每日联合报》估计,太平洋沿岸的36 557名华人当中,有20 000人在加州开采金矿。据旧金山华商的估计,1862年在48 391名华人当中,有30 000人在金矿上劳动。根据美国人口普查局1870年的统计,在当时美国的全部矿工中,华人占到11%强。而在西部各州,其所占比例更加可观:俄勒冈州为61.2%,蒙大拿州为21%,爱达荷州为58.6%,加州为25%。②

在矿区,华人虽然遭遇到种种不友善不公平的待遇,但当美洲西部相继发现新的金矿后,他们仍然纷纷涌到新的矿区。这些新矿区主要在俄勒冈西南部(19世纪50年代中期)、英属哥伦比亚(19世纪50年代后期)、哥伦比亚河流域上游(19世纪60年代早期),甚至远至南达科他的布莱克山(19世纪70年代中期)。如此,华人就散布到美国西北和加拿大西岸的矿区。到了19世纪70年代末,在西部淘金的华侨逐渐减少。有些华侨淘金发了小财,有些靠为矿区服务开始发迹,但更多的华侨依然辛辛苦苦挣钱度日。

---

① 邝炳舜:《美洲华侨概况及抗战以来爱国运动报告书》(1941年春),美国加州大学伯克利分校族裔研究系图书馆麦礼谦档案室藏,AAS ARC 2010/1,Carton 14。
② Dusanka Miscevic and Peter Kwong, *Chinese Americans: The Immigrant Experience* (Southington: Hugh Lauter Levin Associates, 2000), pp. 62 - 63.

他们或积攒些钱财,启程回国,或转而投入到其他行业,日夜辛苦劳作,梦想早日实现"金山梦"。

19世纪中后期,金矿的发现有力地推动了北美西部经济的开发和发展,但中部的崇山峻岭以及广袤的平原却成了西部与经济发达、人口稠密的东部地区经贸往来的天然屏障。而要促进东西部经济的交流和发展,修建铁路成为加速西部开发的先决条件。到19世纪60年代,因南北战争的需要,美国联邦政府在1862年通过修建大陆铁路的法案,鼓励私企投资,兴建由美中到加州的铁路。该路段由中央太平洋铁路公司和联合太平洋铁路公司共同承办。这段铁路干线,东起内布拉斯加,西至加利福尼亚西海岸,联邦政府给予两家公司极优惠的条件,除赠予铁路沿线大片土地外,还按一定标准给以补助。由于华工吃苦耐劳,任劳任怨,工价低廉,故铁路公司后来雇用大量华工。1864年,中央太平洋铁路建设的中国劳工共有4 000人,而白种工人只有1 000人。1865年,华工在太平洋铁路建设中表现良好,故中央太平洋公司在广州特设办事处,专门从事招募工作。这条铁路在建设高潮时,华工占到筑路工人的90%,约9 000人。[1] 参加筑路的华工,富有组织性,工作效率高,耐力极佳。

1871年英属哥伦比亚地区加入加拿大联邦,联邦政府为便于西部开发,希望修建一条横贯加拿大的铁路。1881年后大量华工参与铁路建设,华工人数在随后的两年中达到高峰。据1885年皇家委员会华人移民报告书记载,在铁路修建的四年中,共有17 000

---

[1] 黄安年:《中央太平洋铁路的建成与在美华工的贡献》,《河北师范大学学报(哲社版)》1999年第2期,第100页;[美]麦美玲、迟进之:《金山路漫漫》,第19页。

名华人到达加拿大,其中大约 6 500 人直接参与铁路建设。①

　　北美洲西部土壤和气候特别适宜培育小麦、玉米、棉花、甘蔗、麻类及各种水果。这里一方面土地极多,沼泽遍布,灌木丛生;另一方面,人力又非常缺乏,因此,当时的农业是一种粗放式耕作。境内的大片涝洼地,成为农业发展的一个难题。华侨从事加州农业开发始于 19 世纪 60 年代,他们大多来自中国农村,有着丰富的农作经验,因而成为加州开垦荒田、排水灌溉、开渠修坝和栽种谷物、花卉、水果的能手,这是华工比白人工人更为优越的一点。一位雇佣华工的经纪人说,华工占全体农工的八分之七,但每月工资平均为 20 元,而且不供应伙食,而白人每月工资 30 元,又需供应伙食。华工大多勤劳、可靠、认真、诚实、性情温和、干净整洁,在白人不肯接受的食宿条件下,可以把生活安排得很好。② 正是由于华工的辛勤耕作,加州大片荒地变成了良田,整个加州成了一个美丽的大花园、大果园,一个玉米满仓的福地。

　　加拿大华侨从事农业者,全在哥伦比亚省。据 1925 年该省农业署调查,华侨在该省内自置耕地达 5 660 余英亩③,租耕地则达 11 087 英亩,其中三分之二以上作种植菜蔬之用,三分之一用为种马铃薯及果类,其他也有建筑暖房以培瓜菜者,加以土肥地沃,故出品甚丰。1925 年以前,加西蔬菜市场几全为华侨所占,当时经营农业者多获厚利,但后因日本移民从事该业也不少,加之市场衰落,华侨农业获利已大不如前。④

---

① 简许邦:《加拿大华侨概况》,台北:正中书局 1989 年版,第 14 页。
② Mary Coolidge, *Chinese Immigration* (New York: Henry Holt and Company, 1909), p. 382.
③ 1 英亩约合 4 046.86 平方米。
④ 蒋展民:《坎拿大概况与华侨》,《华侨半月刊》1935 年第 66—67 期,第 48 页。

随着19世纪后期北美排华运动的高涨，华侨渐向唐人街聚集，他们的职业也转向洗衣业、餐饮业、零售业、家政业等服务性行业。华侨服务业兴起的另外一个因素是，在排华时期，为避免与白人劳工直接竞争而发生冲突，很多华人选择餐饮业、洗衣业等出卖体力的服务业工作。在传统社会中，这些职业一般属于女性的就业范围。这些工作需要长时间地辛苦劳作，而且没有任何社会地位，因此，白人男性对此不屑一顾。但由于受到种族歧视，很多华侨只能从事这些传统上一般由女性从事的职业。1914年间，美西华侨主要经营商业贸易、洗衣馆、餐馆等。以工职言，最多为厨房工及酒吧工，渔业者次之，经营耕菜园及槐花园者又其次之。美东华侨除华商外，主要食力于洗衣馆及杂碎餐馆。而洗衣馆之多者，又以纽约为最，波士顿次之，盖此间华人洗衣馆，多以电机器代劳，故获利颇易。杂碎馆之多者，又以芝加哥为最，在芝一带约有百余家。其中琼彩楼，在芝城中心点，其建筑费达美金13万元，以星期六一日之进数计，往往达1 000元以上。以工职言，亦多食力于洗衣馆及杂碎馆。① 根据1930年美国人口调查数据，华侨从事以下职业人数较多：个人及家庭工作类（包括佣人与洗衣工人，28 602人），经商类（8 055人），工业制造类（3 562人），农事类（3 279人）。② 加拿大华人移民的动因、职业变迁基本与美国相似。③ 檀香山华侨25 000余人，计学童7 700余人，六岁以下儿童约5 000人，充中西学校教职员者共178人，商人及伙计约5 000人，佣于西人铺户者不详，其余为妇女及未分类者。④

---

① 《民国三年之美洲华侨说》，《大汉公报》，1915年1月1日。
② 林蔚：《留美华侨概况》，《华侨半月刊》1935年第63期，第9—10页。
③ 黎全恩、丁果、贾葆蘅：《加拿大华侨移民史(1858—1966)》，第7页。
④ 《檀香山之近状及华侨概况》，《外交部公报》1929年第2卷第7期，第123页。

唐人街内最早的生意,便是服务侨胞的饭馆。中国饭菜使得远离乡土的淘金客略解乡愁,其可口的味道和便宜的价格也为白人淘金者青睐,中餐馆就这样在美国各地流行起来。① 20 世纪 30 年代,旧金山有 6% 的华裔成年男子从事餐饮业,而在东部沿海城市此比率则高达 20%—25%。到 20 世纪 40 年代末,美国大陆有大约 4 300 家中餐馆。②

早期的华人餐馆主要有两种形式,一种是自己出资经营,经营者既是老板又是侍者;一种是合资开办,分工合作,共同经营。1896 年,李鸿章巡美,因嗜食杂碎故,始有杂碎(Chop Suey)餐馆之名。③ 20 世纪上半叶,随着美国城市的繁荣发展,社会娱乐生活的多元化,华侨餐馆也与时俱进。一些华人又在美国大都市创设可容纳千余座位的大型夜总会式餐馆,招来中、上阶层的西人。这些夜总会型的餐馆有声有色,饮誉一时,较著名的有密尔沃基的"琼彩楼"、底特律的"东星楼"、费城的"东亚楼""金门楼"和"黄球楼"、纽约市的"陈利楼""陈市楼""映市楼"和"远东楼"。④

加拿大华侨也有很多从事餐馆业。据载,这些"餐馆业多为专做外人生意,规模甚大,分布范围广,像蒙特利尔、多伦多等处,各有华侨餐馆百余间,中等城市如温地辟、卡尔加里,也各有数十家。这些餐馆多合股经营。其资本之大小,视其所需要为定,平均约在千元以外,以至二三万元"⑤。

排华运动开始后,洗衣业逐渐成为美国华侨最普遍的职业之

---

① 刘海铭:《美国华人餐饮业及其文化认同》,《华侨华人历史研究》2008 年第 1 期。
② 麦礼谦:《从华侨到华人》,第 85、393 页。
③ 刘伯骥:《美国华侨史》,第 312 页。
④ 麦礼谦:《从华侨到华人》,第 85—86 页。
⑤ 蒋展民:《坎拿大概况与华侨》,《华侨半月刊》1935 年第 66—67 期,第 47 页。

一,是华侨生计的主要来源。19世纪七八十年代,旧金山至少有1 000家洗衣店。而在中部的芝加哥,随着19世纪70年代华侨的到来,华侨洗衣馆数量也在不断增长,到19世纪90年代,达300家;到20世纪20年代后期,衣馆数量达到高峰,约为700家。① 根据全美1900年的人口普查报告,有四分之一的华人从事洗衣业;1920年美国的普查报告显示,洗衣业仍是美国华人最为重要的职业。② 而根据抗战时期华侨捐款名单统计的纽约及其邻近地区华侨人数,18岁以上的男人有33 000多人,加上妇女儿童,估计总数是4万多人。1933年,即纽约华侨衣馆联合会成立前后,纽约华侨中从事洗衣业的约有17 000人,占华侨人数中的大部分,洗衣馆约有8 000间。由此可见,洗衣业为华侨最为重要的职业,尤其是在美东地区。③ 加拿大华侨从事洗衣业也较为普遍:洗衣馆范围,"则不限于东西中,且所需之资本亦较轻,故华侨业此者人数殊不少。普通洗衣馆多为二三人合伙,其获利之厚薄,视其工作之忙否,因此业全靠汗血易来利益故也"④。

华人洗衣店普遍是小本经营,投资额一般为数百到三四千美元不等,大半是亲属合伙,也有个人经营。华侨洗衣业的工作方式很长时期以来都是手洗、手熨,招牌上一般都标明"手工洗衣"。第一次世界大战以后,有些采用简单的机器,有些城市出现了规模比

---

① Siu, Paul C. P., *The Chinese Laundryman: a Study of Social Isolation* (New York: New York University Press, 1987), p. 37.
② 王秀惠:《种族歧视与性别:二战前美国大陆男性华人之经历》,台北:允晨文化实业股份有限公司2006年版,第70页。
③ 曾然:《纽约华侨洗衣业情况》,广州市政协学习和文史资料委员会主编:《广州文史资料存稿选编》第10辑,北京:中国文史出版社2008年版。需要说明的是,根据相关资料,衣联会负责人曾然提到的纽约华侨数量偏多,实际数字应低些。
④ 蒋展民:《坎拿大概况与华侨》,《华侨半月刊》1935年第66—67期,第47页。

较大的"洗衣偈",采用机器洗衣,减轻了洗衣店手工劳动的强度。1929年经济危机发生,失业人数增加,市面萧条,华侨洗衣馆的生意大受影响。洗衣馆为了维持生意,降低洗衣价钱。①

华侨创业最成功的领域还包括零售业。据载,最早抵达美国的华侨中就有商人。早在1849年,他们就在旧金山从事贸易活动。该年秋季,旧金山华侨有好几百人,大多从事商业贸易。② 当时的很多商业设施由三邑人合资创办,主要是销售中国货物。这些三邑商人大多在国内就积累了丰富的商业经验,具备远航美国、开办生意所需的一定资金。1888年6月,在广州及香港经营金山庄的商人,联名向粤督张之洞禀告:"窃商等在粤垣、香港开设金山生理行店有年,与美国旧金山埠华商行店,一脉相承,互相维系,该处华民往来无阻,生理方能茂盛……粤东出洋人众,每岁所得懋迁之利,不下数百万金,盖在金山觅利较易,故销货亦多。如绸缎、衣服、鞋袜、瓷器、丸药、油、酒、茶、糖、海味、酱料之类,举凡华民日用之需,无一不取资于中国,每岁以千余万计。"③

随着赴美华人的不断增多,及其居住地的日渐扩散,华侨开设的杂货店、日用百货店,不仅限于出现在唐人街,还扩散到加州各城市的白人社区,及美国中南部各州。一些资本较多的华商还经营进出口公司,这些公司被称为南北行或者金山庄。早在加州淘金热开始的19世纪40年代末期,广东商人就在加州建立了华人贸易网络的首批据点。到19世纪50年代,总部位于香港的金山庄逐

---

① 曾然:《纽约华侨洗衣业情况》,广州市政协学习和文史资料委员会主编:《广州文史资料存稿选编》第10辑。
② Chinn, Thomas W. ed., *A History of the Chinese in California* (San Francisco: Chinese Historical Society Of America, 1973), p. 9.
③ 陈翰笙主编:《华工出国史料汇编》第1辑(四),第1377页。

渐发展起来。当船运公司和劳工经纪人掌握着人口的向外流动时,金山庄则控制着海外移民生活需要的货物和服务,对中国外贸业的发展起到关键作用。这些华人商业主要由来自同村的族人和村民经营。金山庄总办代表海外商人订购中国货物,并安排运输。他们出口大米、中国杂货、药品和茶叶到华侨社区,从美国进口面粉、干鱼和洋油等。[1]

加拿大华侨职业有矿工、鱼厂工、木工、路工、杂工等。鱼厂工是哥伦比亚省的专有工业,但每年仅有一季工作,华侨从事此种工作者约二三千人。木工也为哥伦比亚省华侨的主要职业,全盛时期工人达二三千,其工作分为数种,如伐木工、锯木工等。杂工约分为旅馆及家庭厨夫、杂役等项,亦有在各轮船、货仓上下货之工人,与各西人商店当洗窗门、搬货与整理私人花圃者。加拿大华侨经营旅馆业的不少,多在加拿大中部三省,且多在小城市间,因中部诸省为农业区域,每到大麦收割季节,由其他地方来此等候工作的人不少,且乡镇市集西人所设之旅馆很少,故华侨多乘机开始此种生意,且定价甚低廉,尤获工人欢迎。[2]

20世纪30年代,加拿大华侨每日平均工资高的达加元四元五角,低的只有两元,普通两元五角,餐馆工平均每日工作14小时,洗衣工时间更长,"工资所得,除个人衣着及应酬零用外,若能节俭者,可所将金汇回中国,兴家置产或在外购买他人已创办之餐馆、衣馆,但侨工大都以无家室在坎,不免在外狎妓,及赴唐人街赌博,

---

[1] Madeline Hsu, "Trade with Gold Mountain: Jinshangzhuang and Networks of Kinship and Native Place," in Sucheng Chan (ed.), *Chinese American Transnationalism: the Flow of People, Resources, and Ideas between China and America during the Exclusion Era* (Philadelphia: Temple University Press, 2006).

[2] 蒋展民:《坎拿大概况与华侨》,《华侨半月刊》1935年第66—67期,第47—49页。

甚至吸食鸦片,每年此项消耗之费,亦甚浩大"。①

20世纪二三十年代的世界经济危机对北美华侨经济影响很大。自1923年起,六七年间,纽约百老汇区华人餐馆如南园、大中国、梁家楼等16间先后倒闭,损失约192万元。1929年至1933年间,美国经济不景气,人多失业,生产减少,华侨餐馆业大受影响,自动歇业者不少,失业者约有三四千人。② 在纽约,"以目前调查所得之华侨失业状况,结果极为悲观。有一房住有二十五人,其中有工业者仅得五人,失业者达二十人。又查有一房,有七八人居住,问之则有工做者仅三名耳。又到查一大房,有四五十人居住,其中失业者三十余人。平均计之,十人之中失业者七人。甚至有一住房,有华侨二十五人,仅得二人有工做,其余二十三人,一律失业"③。另有史料记载:"年来世界经济恐慌,以富称于世之美国,亦大受影响,失业工人日见增加,裁员减薪之声浪,遍于全美各地,而尤以纽约为最甚。以华侨言,失业者已约占百分之七十。其作厨子者,在往昔生理畅旺时代,月可得工银百余元,今则人浮于事,虽月薪低至四十元,亦争相愿就,甚至有因失业已久,虽有食无薪,而亦愿就雇,其苦况于此可见。"④在旧金山,华人失业会向旧金山总领馆请求救济的信函中也讲到失业华侨的惨况:"窃思年来华工失业日增,始则尚赖积费养活,继则借贷典当为生,最后则忍辱贪羞,登门乞食,番宿借眠。今则失业痛苦,日形严重。昔时之能自给者,今亦同登饿殍之途矣,鸠形菜色,踯躅街头,阮籍途穷,时背人

---

① 《坎拿大华侨概况》,《华侨周报》1932年第1卷第11—12期,第39页。
② 刘伯骥:《美国华侨史续编》,台北:黎明文化事业股份有限公司1981年版,第302页。
③ 《纽约华侨失业之多》,《世界日报》,1931年1月29日。
④ 《旅美华侨失业者众》,《华侨半月刊》1932年第13期。

而暗泣,嗷嗷待哺,老羊羸瘦小羊悲。"①在加拿大,因市情冷淡,华人餐馆、衣馆大受影响,且机器洗衣厂较前时增加,导致失业华工与日俱增,华侨失业人数约占全体40%。②

二、拉丁美洲华侨的经济生活

猪仔华工时期,华侨多为农工、矿工等。自1874年华人以自由移民方式进入拉丁美洲后,大多居住在城市,故从事商业者较多。1900年后,中墨两国订定商约,华人来墨者源源不绝,事业因之大见发展。当时托雷恩(Torreon,华侨时称"菜苑")一埠,华侨有电车公司、机器洗衣公司、各种菜果园、洋货店、衣服铺等。其中华墨银公司,资本达百万元以上。该埠市场"几为华人占据过半,规模宏远,蒸蒸日上"。墨西哥华侨职业主要分布在四个领域,即商业、农业、渔业和工业,而以商业居首。商业可分为布店、杂货店、餐馆、面包铺、咖啡馆数种。农业以果子园、菜园为最多。工业多系从事欧美人所办铁路、矿务之工作。其余则为华人商店及农主的佣工。③

根据墨西哥国家统计局的数据,1930年墨西哥华人移民总人口为18 965人,其职业分布如下表所示:

表1-4 1930年墨西哥华侨职业分布

职业种类	比例(%)	总人数	男	女
农牧渔业	21.84	4 142	4 133	9
矿业	0.39	74	74	0
工业(制衣、鞋匠、木工、面包师等)	6.65	1 262	1 248	14

① 《华人失业会向领馆请求救济函照录》,《公论晨报》,1931年5月21日。
② 《坎拿大华侨概况》,《华侨周报》1932年第1卷第11—12期,第39页。
③ 《墨西哥华侨营业情形》,《钱业月报》1922年第2卷第8期,第27—28页。

续表

职业种类	比例(%)	总人数	男	女
交通与通信	0.22	42	42	0
商业	36.70	6 961	6 909	52
公共管理	0.11	21	21	0
自由职业	0.21	40	36	4
家政	9.64	1 829	692	1 137
其他职业(商业雇员、职员、工程师)	4.81	912	898	14
非生产性职业(无业、职业不明者、学生等)	19.41	3 682	2 201	1 481

资料来源：Robert Chao Romero, *The Chinese in Mexico 1882－1940* (Tucson: University of Arizona Press, 2010), p.99.

1930年初，古巴华侨约三万人，其中逾半数居哈瓦那埠，居山埠者也不少。哈瓦那华侨有三四十大商号经营中西货品，也有四五十家小商号经营杂货店，其余如生果、鸡鸭店，亦有百余家。工界则洗衣馆五六十家，操作者千余人。山埠则以蔗园、菜园及糖偈工居多，亦有杂货店数间。故在古巴商务，除美国及西班牙人外，华侨商务，实居第三地位。①

中美洲各国华侨也以经商为主。根据1929年巴拿马领事馆履行的华侨总登记，结果只得四千余人，其中经商者居三分之二，做工者、耕种者三分之一。商人大都经营粮店、丝绸庄、洋货庄、小餐馆；做工者或充华商店伙，或受雇于西人商店，或业洗衣；耕种者以种植瓜菜为大宗。哥伦比亚华侨人数仅五六百人，其中经商者居大多数，商家大都经营杂货、疋头、粮食、生意，做工者或充商店

---

① 《古巴华侨状况》，《公论晨报》，1930年10月14日。

卖货员,或业洗衣。尼加拉瓜华侨人数在一千人以上,其经营商业者,十居八九。危地马拉华侨人数约有3 000余人,所经营之生意,以杂货、粮食、疋头为最多,其他如种植及操劳工者绝少,在商业方面占相当地位。①

20世纪二三十年代拉丁美洲国家排华例的实施及世界性的经济危机对当地华侨经济生活打击很大,很多华侨因此而失业,经济困难。如在墨西哥索诺拉州,自排华事发,全州华商均皆被迫歇业,华侨受苛例重重压迫,及强拘勒罚,无一不被其摧残殆尽,完全破产。且墨国下驱逐出境之令,更迫令业主立刻收回屋宇,不准租赁与华人居住,种种苛酷,如狼似虎。很多侨胞,稍有川资者,纷纷逃避,出境回国,唯失业已久之华人,衣食早已缺乏,无计自存。墨人残杀华侨时有所闻,一些华侨多被排华党人驱逐,只身黑夜奔逃,更有因饥寒交迫,苛酷难于忍受,而萌自杀者,已有多宗,继续而死,及饿毙者,更难其数。②

古巴政局动荡不安,故各行商务,大受影响,失业日增,乞丐日多。柯景埠位居东北,乃握东省中枢之咽喉,但受政变影响,农工商等皆受其害,农村破产,商务冷淡非常,大有一落千丈之势,工人失业者不知凡几,在此经济恐慌之时,盗匪日形猖獗,且政府苛例百出,各行商人,不堪其苦。③ 古巴哈瓦那华侨,有"洗衣馆三百间,因受五十工例休业者,已有二百间。华侨洗衣馆向是通力合作之股伴生意,每馆有工友十人或十二人,每日收入先行拨出物租、食用及洗衣所用之材料,倘有盈余,始能照股多少分利,否则罢论。历年来仅足皮费,因

---

① 何伯祥:《中美洲华侨概况》,《侨务月报》1933年第1期,第45—51页。
②《墨国侨胞之呼吁援助》,《公论晨报》,1931年9月21日。
③《古巴柯景埠侨胞生活概况》,《侨务月报》1935年第2卷第2—3期,第159页。

多数顾客不还欠费,惟欠费者乃历年之顾客,无可奈何"①。

在多米尼加,排华新例宣布实施后,西报鼓吹,甚嚣尘上。其催收之款,急如星火。当此之时,"吾侨惊惶万分,无法可施,故开全侨会议,电请驻古公使驾临,多方抗议,结果亦归无效",当地政府"因我无能","竟将全侨生意财产,抢夺净尽,或向拿人,加以夏楚之威。其种种蹂躏行为,举世未有如此之凶残,纵有老客数店之留存,为该例重金所束缚,终日不得昂头,亦不足供此数百难人之一饱也"。②

智利大小埠华侨职业单一,主要是开设百货商店。华侨百货商店触目皆是,当地居民日常用品大都仰给华侨之手。"惟晚近日本人、土耳其人、意大利人、匈牙利人移植该国甚多,且极力与我侨胞竞争营业;尤其是日人,欲消灭我侨胞在智经济势力,其手段无微不至,其政府更有实力之援助,予日商以补助金,使其与华商竞争。加之经济不景气遍全球,意基忌硝矿停顿,工人失业,市面萧条,而当地政府禁金出口,汇兑无从,金融停滞,尤予华商以莫大打击,是以现在当地华侨破产失业者,不胜枚举。"③

总之,20世纪二三十年代,美洲华侨因受居住国法律之排斥,及世界性经济危机之影响,经济较为萧条,生活步履维艰,境况堪忧。

第四节　近代美洲华侨社会文化生活

早期华人是怀揣"黄金梦"而踏上远洋异土的。与成千上万渴

---

① 《古巴华人衣馆因受苛例多闭歇》,《世界日报》,1933年12月27日。"五十工例"是指古巴政府在1933年颁布百分之五十法,要求古巴所有企业至少雇佣50%本土工人。
② 《旅多明尼加华侨之呼吁》,《世界日报》,1932年8月14日。
③ 孙海筹:《智利华侨概况及党务情形》,《海外月刊》1933年第15期,第1页。

望在移居地建立新生活的欧洲移民不同,早期华侨大都深信,通过自我牺牲和勤恳劳作,可以赚到黄金和钱财,荣归故里,置产购地,恬然度日,因此他们只想在美洲作短暂逗留。早期华侨这种旅居的心态,影响了他们在美洲的生活方式。

一、华侨社团

在缺少家庭的美洲华侨社会中,华侨社团成为华侨社会经济生活的重要依托。从外部因素来看,华人初到美洲,人生地疏,言语不通,不止谋生困难,就连个人安全都难以保障。当时美洲国家人口稀少,一切未上正轨,政治统治力量薄弱,社会秩序混乱。鉴于此种境地,华人从踏上美洲始,就自发地组织起来,以发挥群体力量,谋求生存。从内部因素来看,早期华侨地方和家族观念浓厚,他们一旦到某地立足,就想方设法资助乡亲到该地谋生。时间一久,这种连锁式、相互提携式移民就形成了同乡同族在某一地区居留的现象。当时轮船公司载运华工,由香港出发,驶进旧金山港口,船一停定,各乘客依姓氏及籍贯排列成队,由旧金山华侨宗亲及同乡会代表引领,直奔唐人街。[①] 在华人移民与定居过程中,我们可看到华人血缘和地缘纽带的作用。

近代美洲华侨社团,林林总总,类型各异,大致有以下七种:为某一区域之利害而成立者有各种同乡会所;为一姓或数姓之团结而组合者有宗族团体之组织;为某一同业之权益而组织者则有商、工、农等会所;为某集团之自卫或善举而设置者有各种堂会之组成;为共同谋文化教育之发展以培育后代青年华侨者有文教团体之组设;为某一宗教之信仰而创办者有各种教堂会所之建设;为革

---

① 陈翰笙主编:《华工出国史料汇编》第7辑,第10页。

新国内政治而组织者有各种政党团体之成立。①

笔者根据1913年发行的《万国寄信便览》统计,美洲国家华侨社团共计313个。七类团体中,政治类团体最多,达142个;其次是堂会,达72个;再次是姓氏团体,达32个。而以国家统计,则美国侨团最多,达215个;加拿大其次,达52个。

表1-5 美洲各国华侨社团分布表

社团 国家	中华公馆	地缘会馆	血缘会馆	秘密会社	职业团体	政治团体	宗教团体	总计
美国	9	15	31	60	5	78	17	215
加拿大	2	1	1	1	1	46	—	52
秘鲁	4	4	—	4	—	2	—	14
墨西哥	—	—	—	3	2	7	—	12
古巴	2	4	—	4	—	2	—	12
中美洲国家	—	1	—	—	—	7	—	8
总计	17	25	32	72	8	142	17	313

数据来源:Wong kin, *International Chinese Business Directory of the World*.

应当指出,《万国寄信便览》中所收录的侨团信息是不完全的,实际数量应大于表中所列数量。如在墨西哥西北部城市墨西卡利,1925年以前,该市连附近地区华侨人数计达8 000以上。1925年以后,由于棉价日落,以种棉为业之华侨遂迁往他埠另图发展,华侨人数减少到千余人,其原籍大多数为广州,他省甚少。该市华侨各重要团体分举如下:

  中华会馆 全体华侨组织之

---

① 华侨革命史编纂委员会编:《华侨革命史》下册,台北:正中书局1981年版,第614—615页。

中山会馆	中山县人组织之
三邑会馆	台山、开平、新会三县人组织之
联胜堂	马姓等组织之
致公堂	各界组成
云山公所	黄伍两姓组织之
陇西堂	李姓组织之
龙冈公所	刘关张三姓组织之
昭伦堂	谭许谢三姓组织之
南平公所	南平县人组织之
风采堂	余姓组织之
西河堂	林姓组织之
海宴公所	台山海宴人组织之
美以美教会	华人教徒组织之
中山堂	甄姓组织之
金紫堂	马姓组织之
江夏堂	黄姓组织之
胥山堂	伍姓组织之
溯源堂	雷方邝三姓组织之
沛国堂	朱姓组织之
至德堂	蔡吴周三姓组织之
勷兰(善)堂	余姓组织之
教伦堂	司徒姓组织之
至孝堂	胡袁陈三姓组织之①

---

① 驻米市加利副领馆：《米市加利华侨之状况》，《外交部公报》1930 年第 3 卷第 6 期，第 144—145 页。

上述名单共列 24 个侨团，最多的是姓氏团体，达 17 个，地域团体 5 个，堂会 1 个，宗教团体 1 个。仅墨西哥墨西卡利一市的侨团就达 24 个，可想全墨侨团远不止上述表中所列 12 个。

(一) 地域性会馆

同乡会馆作为华侨生存适应于美洲社会的产物，是其较早建立的侨团。如在华侨最为集中的旧金山，他们就先后组成冈州会馆、三邑会馆、阳和会馆、人和会馆、宁阳会馆、合和会馆等六大会馆。至 1862 年，这六大会馆又联合组成中华会馆，西人称其为六大公司。这些会馆一般由华商倡导成立，其功能与国内类似，并有其运作所需的楼业、章程、职员等。①

加拿大地缘性侨团，发轫于光绪初年之各邑善堂。这些善堂之建立，主要为执运先友遗骸归国及筹款赈济侨乡之灾荒。光绪初年维多利亚已有新宁余庆堂、新会福庆堂、番禺昌后堂等十大善堂。1893 年，加拿大新宁人鉴于该邑华侨较多，乃筹议建立固定堂所，以办理其邑侨各项福利事宜，遂于该年 9 月建立堂所于卣么仑街；至 1902 年，乃将原有名称改为宁阳总会馆。加拿大其他地方性会馆之成立缘由、经过、组织形式和组织功能也与此相似。②

据 1889 年游历秘鲁等国的清政府特使傅云龙记载，秘鲁之华侨会馆有 14 个，最为著名者为中华通惠总局。其他有中华会馆、同升会馆、南海会馆、番禺会馆、冈州会馆等。③

---

① A. W. Loomis, "The Six Chinese Companies," *Overland monthly*. Vol. 1, I. 3 (Sept. 1868), pp. 221 - 227; F. J. Masters, "The Six Companies: They Are Only Great Chinese Benevolent Institutions," *The Atlanta Constitution* (Jul. 9, 1893).
② 李东海：《加拿大华侨史》，第 203—205 页。
③ 福建师范大学历史系华侨史资料选辑组编：《晚清海外笔记选》，第 247 页。

早期华侨地域性会馆为各属梓里移民的迁徙、就业、生活等给予很大帮助。如在帮助华人移民的过程中,会馆行使了以下主要职能:当华人移民来到旧金山港口时,各会馆派代表到港口迎接他们,将他们带到会馆所在楼宇,为他们提供住宿和餐食,直到他们找到工作为止。各会馆还为新来者提供其他的娱乐消遣活动,如阅读、纸牌等,必要时还提供医疗服务。① 会馆作为需要人力的美国公司的代理人,为其招募华工,这样也解决华人的就业问题。会馆还调解和仲裁华人之间的纠纷,花费雇请律师,支付有关诉讼费用。在中国及美国华侨中多年传教的美国传教士吉布森(Otis Gibson)认为,这些会馆的基本职能主要是招待新到侨胞,为之介绍职业;如有疾病困难,由会馆照料;如不幸死亡,会馆将其骸骨运回原籍。会馆内各会员间之纠纷,由会馆排解,若牵涉其他会馆时,则由中华会馆之仲裁机关排解。② 可见,华侨会馆具有慈善及法律性质等职能,成为华侨不可缺少的组织依托。

美洲华侨人口较多的地区,一般都设有代表全侨的中华会馆。它是各侨团为了解决华侨间的利益纠纷,并在充满歧视和敌意的排华氛围下团结全侨、维护华侨利益而联合成立的,在华埠中具有一定的权威。随着各地华埠会馆、堂会及行会等侨团的次第建立,这些侨社也仿照旧金山华埠,以侨团为基础,创建全侨性的中华会馆。如在纽约,随着华人人口的增长,生意范围的扩大,各种社会关系渐形复杂,华侨间的纠纷在所难免。同时,宗族、乡里间的组织也逐渐形成。于是,华商赵奉颖等人于 1883 年发起

---

① "the Chinese Six Companies," *The New York Times* (Feb. 5, 1878).
② Otis Gibson, *The Chinese in America* (Cincinnati: Hitchock & Walden, 1877), pp. 333 – 345.

组织成立纽约中华公所,以为全侨的首脑机构,并呈请清政府立案。1932年修订的《纽约中华公所章程》规定:"本公所由旅美国纽约省及邻省附近地方之华侨联合组织之","凡旅美国纽约省及邻省附近地方之华侨曾领有本公所堂底票者即为本公所会员"。① 芝加哥、洛杉矶、西雅图等各埠也在清末或民国时期成立中华会馆。

加拿大最早成立的中华会馆则为维多利亚中华会馆。该馆在旧金山总领事馆的协助下,于1884年成立。该馆章程说明了开馆原因:建筑会所,上层供奉关帝、天后、财神,中层为会馆办公之用,下层出租;会馆应办之事有联络华侨,施行善举,调解争讼,扶助贫病,禁除内患,抵御外侮等。维多利亚中华会馆是加拿大华侨第一个统一的社区性社团,广泛吸纳维多利亚各侨团,改变了华侨社会一盘散沙的局面。自成立起,该馆在团结华侨、反对种族歧视、维护华侨合法权益、调解华侨内部纠纷等方面发挥了重要作用。② 加拿大华侨成立的其他重要侨团还有温哥华中华会馆、多伦多安省中华总会馆、满地可中华会馆等。

作为美国乃至美洲华侨的首埠,旧金山是华侨出入美国乃至美洲的主要港口城市及重要集散地。华侨人口众多,而作为全侨性的旧金山中华会馆也在旧金山乃至美国,甚至美洲侨社中享有很高地位,实为美洲侨界最高机关,其权限很大,可处理有关全侨利益、慈善、移民、贸易、调解、教育、卫生、诉讼、治安之事,范围甚

---

① 纽约中华公所编:《纽约中华公所特刊》,纽约:纽约良友印刷公司1995年版,第4、11页。
② 李东海:《加拿大华侨史》,第176—194页;黎全恩、丁果、贾葆蘅:《加拿大华侨移民史(1858—1966)》,第92—95页。

广,俨如华埠的政府,使华埠区域成为一自治体。① 据当地报纸报道,旧金山中华会馆是一个慈善和保护性质的社团,也是旧金山中国领事的助手,它在处理很多事务时比领事更有优势。中华会馆决定的事情一般不会再提请领事考虑。会馆的主席团也是领事馆顾问委员会的成员。如果发生纠纷,中华会馆让纠纷各方将问题呈上,并尽量裁决。中华会馆通常雇请警卫维持唐人街治安,由唐人街店铺每月捐资支付其薪水。②

20世纪初,纽约中华公所主要由纽约宁阳会馆、联成公所、中华总商会、安良堂、协胜堂等社团组成,居所有教育、宗教、商业、政治等侨团之上,有着类似半官方的权力,调停仲裁华侨社会中所有人事争执、商业纠纷等。中华公所所有的规条都张贴在唐人街公告栏中,特别引人注目。对于不熟悉美国法律的纽约华侨来说,中华公所的规条具有法律效应,更具约束力,必须服从和遵守。③ 1932年的《增修纽约中华公所章程弁言》载道:"本公所成立五十年

---

① 有关旧金山中华会馆的论述,可参见 William Hoy, *The Chinese Six Companies* (San Francisco: The Chinese Consolidated Benevolent Association, 1942); Him Mark Lai, *Becoming Chinese American: a History of Communities and Institutions* (Walnut Creek, CA: AltaMira, 2004); Yucheng Qin, *The Diplomacy of Nationalism: The Six Companies and China's Policy Toward Exclusion* (Honolulu: University of Hawaii Press, 2009);刘伯骥:《美国华侨史》,第149—212页;刘伯骥:《美国华侨史续编》,第157—216页。

② Chinese Consolidated Benevolent Association, "Chinese Six Companies: a Strong Organization," *San Francisco Chronicle* (Jan 12, 1916).

③ 关于纽约中华公所的功能和运作情况,可参见 Louis J. Beck, *New York's Chinatown: An Historical Presentation of its People and Places* (New York: Bohemia Publishing, 1898), pp. 13-22;屠汝沫编:《旅美华侨实录》,上海:华丰书店1924年版,第68页;吴剑雄:《海外移民与华人社会》,台北:允晨文化实业股份有限公司1993年版,第284—329页。

于兹矣。其宗旨则本爱国之精神,团结侨众,排难解纷,维护和平,举办慈善公益,为我美东华侨最高机关。"①

会馆服务华侨的同时,也制定规章制度来管理和控制华侨。早期华侨来自封建社会的中国,会馆内部的组织关系和管理制度也都表现出这种封建社会的特性。会馆领导人多以家长式的专制作风行使职权,制定一套严格的内部管理制度,并对违反者施行相应的私刑惩罚。这些侨领对侨社的控制是建立在华侨忠于乡土、效忠父母和畏惧权势思想之上的。美国学者冈塞(Gunther Barth)曾指出,由于华侨对乡土和家庭尽忠尽孝,他们的父母、妻子、儿女都是债主的人质,华侨经常在这种精神的强制下劳动,为尽早返回家乡而辛勤地工作,这样就自然屈服于这种传统的封建权威。②1903年,梁启超在《新大陆游记》中提到旧金山华侨根据原籍地组建的八大会馆,并指出:"以上诸团体,皆有强制的命令的权力。凡市中之华人,必须隶属。各县之人,隶属于其县之会馆。全体之人,皆隶属于中华会馆,无有入会、出会之自由,故曰公立者。"③会馆向回国华侨强行征收出港费,反映了其专横的行事作风。旧金山总领事黄遵宪曾指出:"会馆复与轮船公司商定,凡会馆未经收费,未给予出港纸,则轮船公司不卖与船票。因是回华之人,竟无避匿不捐此款者,沿袭日久,均习为固然矣。"④

(二)血缘性宗族

华侨宗亲团体也是侨社重要组织。华侨宗族团体按其联结之方式,可分为两类:单姓制团体和复姓制团体。根据梁启超1903

---

① 纽约中华公所编:《纽约中华公所特刊》,第6页。
② 陈翰笙主编:《华工出国史料汇编》第7辑,第111页。
③ 梁启超:《新大陆游记》,北京:社会科学文献出版社2007年版,第147页。
④ 黄遵宪:《黄遵宪集》下卷,天津:天津人民出版社2003年版,第520页。

年在美国的考察,华侨单姓制团体有 24 个,复姓制团体有 9 个。这些复姓宗族团体的组合,或"以偏旁联",如谈、谭、许、谢的昭伦公所;或"以双声联",如卢、罗、劳的邻德堂;或以历史典故联,如刘、关、张、赵的龙冈公所等。① 这些宗族团体大多称为某某堂,如陈姓的颍川堂,黄姓的江夏堂,吴、周、蔡的至德堂等。与国内宗族不同,华侨宗族不讲严格的血缘关系,只要同姓,或借用历史传说,就可组织不同种类的姓氏团体,主要是因为移民社会中有血缘关系的同姓华侨数量有限。从美国华侨宗族的内部结构来看,大部分宗族可分为父老房和散仔两层组织结构。前者多称为堂,后者多称公所。

在美国诸多姓氏团体中,"人数最多而势力最大者有五,即余、李、陈、黄及四姓是也"②。四姓即龙冈亲义公所,为刘、关、张、赵四姓之联合体。这些大姓团体控制了其所在的地域会馆。如宁阳会馆是当时规模最大的会馆,就被黄、李、陈、伍、朱、雷等大姓控制,特别是黄、李两姓,这可从会馆主席职务的轮值制度及商董会的名额分配中反映出来。③

加拿大华侨宗亲团体大约成立于光绪初年,其成立经过、组织结构与组织功能与美国相似。1885 年域多利中华会馆设置列圣宫庙礼堂,其时赠送匾额、楹联和祭皿之各宗亲团体有李陇西

---

① 梁启超:《新大陆游记》,第 150—151 页。
② 驻芝加哥总领事馆:《美国华侨之团体》,南京国民政府《外交部公报》1935 年第 8 卷第 8 期,第 129 页。
③ 刘伯骥:《美国华侨史》,第 223 页;又见梁建锋:《细说宁阳》(三),《星岛日报》,1994 年 3 月 19 日。宁阳会馆商董会之各姓名额数量是根据 1922 年 6 月完成的会员注册人数统计,定商董名额四十,分别是黄李各六名,陈姓四名,伍、朱、雷各三名,刘、马、谭各两名,赵、曾、林、麦、叶、蔡、甄、梅、邝各一名。

堂、黄江夏堂、徐东海堂、陈颍川堂、周爱莲公所、名义堂等十多个宗亲组织。后因人事与环境变迁，若干组织更换名称，如李陇西堂改为李氏公所，名义堂扩大改为龙冈公所，谢玉树堂归并于昭伦亲义公所，周爱莲堂一部分归并于至德三德堂，司徒教伦堂与薛姓合并为凤伦堂，梁安定堂改为梁忠孝堂。① 由于加拿大华侨来源地与美国华侨相同，故其姓氏团体与美国也相差不大。加拿大宗亲团体以黄江夏堂、李氏公所成员最众，会务亦最为发达。黄江夏堂共有17个分堂及通讯处分设于全加各地，李氏公所则有15个分所及通讯处分布于各埠。其余如马氏公所、龙冈亲义公所、林西河堂、至孝笃亲公所等会务也较发达。② 根据黎全恩教授对1892年至1915年间加拿大维多利亚中华会馆捐款存根的统计，该市华侨人口最多的五大姓氏为李、黄、马、周、陈，占捐款人数的42%。③

　　成立这些血亲的或虚拟的宗族团体，目的是保护同宗或联宗之人的利益，协调宗族成员的内部关系，赈济老弱病残的族人，预防本族妇女逃亡和寡妇再嫁，以此维护本族声誉。姓氏团体的核心价值观是成员间相互信任，共同承担责任。姓氏团体召开宗族理事会，举行祭祖仪式，并与侨乡宗族保持联系。人们的日常生活需要基本可以通过宗族得到解决。④ 范丁秋曾深入分析芝加哥华侨宗族的宗旨及运作情况。他认为，宗族的主要目的是保护所有家族成员，资助贫困或患病的难侨，帮助族人熟悉、适应移民国的

---

① 李东海：《加拿大华侨史》，第174、206页。
② 李东海：《加拿大华侨史》，第208页。
③ 黎全恩、丁果、贾葆蘅：《加拿大华侨移民史(1858—1966)》，第217—225页。
④ Victor G. & Brett de Bary Nee. *Longtime Californ'*: *a Documentary Study of an American Chinatown* (Stanford, Calif.: Stanford University Press, 1986), pp. 64-65.

法律，教导族人不能忘记故土祖训。总之，就像在家乡一样，监督他们。①

可见，早期美洲侨团为华人移民及其在美的生存适应提供了很大便利。据载："多数华侨来美之前，对于美国情形，一无所知也。其所知者，不过少数亲戚朋友在美之住处，与夫某某团体之地址而已。到美之初，大都身无长物，于是就其同乡或同姓团体以求寄托焉。团体既使来者有所依托，即对于未来者有所鼓励。由此言之，虽谓之为华侨移植之发动力，不为过也。"②

在美洲侨社，宗亲团体一方面为华侨提供了不可缺少的服务，帮助他们更好地适应当地生活；另一方面，宗亲团体也通过这些服务来约束和控制华侨，以维持侨社秩序。梁启超曾指出旧金山华侨宗族团体之权力与功能："此种团体，在社会上有非常之大力，往往过于各会馆。盖子弟率父兄之教，人人皆认为应践之义务，神圣不可侵犯者也。故虽以疲癃之长老，能驯桀骜之少年。旧金山所以维持秩序者，惟此攸赖。其同姓之人，相亲相爱，相周相救，视内地更切密"；而联族团体，"相亲相爱，相周相救，与同姓无以异也。彼等子弟率父兄之教，与同姓无以异也"。③

（三）业缘性行会

除上述侨团之外，还有保护工商业经济利益的行会组织，它们也是起源于中国封建社会手工业同行在各地成立的行会。行会宗旨多是处理商人间的交涉、划定价格、杜绝恶性竞争、排忧解难等。

---

① Fan Tin-Chiu, *Chinese Residents in Chicago*. Ph. D. diss., University of Chicago, 1926, pp. 77-78.
② 驻芝加哥总领事馆：《美国华侨之团体》，南京国民政府《外交部公报》1935年第8卷第8期，第137页。
③ 梁启超：《新大陆游记》，第150—151页。

19世纪50年代旧金山华侨就成立"中国客商会馆"、昭一公馆、四邑客商公所等。随着美西经济发展,社会竞争激烈,排华浪潮掀起,各大同业行会就组织起来保护自己的权益。到19世纪80年代,随着华侨行会内部斗争的加剧,行会内不同身份的成员,如老板、个体经营者和工人等,组织了东西行会,如雪茄行业工人组织同德堂、皮靴制造业工人组织履胜堂、缝纫和服装业工人组织锦衣行等。①

二战以前,仅旧金山的华侨行业工会就有:

西福堂	洗衣工人工会
同德堂	卷烟厂工人工会
履胜堂	皮鞋厂工人工会
锦衣行	车衣厂工人工会
鲁班公所	木匠工会
华英阁	翻译工作者工会
调元会	厨师工会
同业堂	西装裁缝工会
联合堂	旧票行工人工会
合益堂	新票行工人工会②

这些侨团为改善工人生活和生产条件做出了不少斗争。华侨衣馆工人为了维护自己的权益,筹划组织了真正能代表衣馆工人利益的团体。成立于1933年4月的纽约华侨衣馆联合会(简称衣联会)在华侨行业组织中影响很大。衣联会最高的权力机构是全体会员大会,由全体会员选出27名执行委员,组成执行委员会,另外选25

---

① 麦礼谦:《从华侨到华人》,第37—44页。
② 李春辉、杨生茂主编:《美洲华侨华人史》,第193页。

名监察委员,组成监察委员会。在执行委员当中互选7名委员组成常务委员会。衣联会吸收会员条件比较严格,必须是衣馆老板,或是在衣馆打工的人才能入会。会员需要交纳会费和恤金,如果不幸死亡,其家属就可一次性在衣联会领到恤金100元。假如死者亲属远在中国,衣联会也一定设法查询到死者亲属的地址,将恤金汇去。会员如有租铺等牵涉到法律问题,衣联会即派出西文干事办理,分文不收。① 衣联会成立后,聘请律师,展开反苛例的斗争。衣联会还做了不少对华侨洗衣业有利的事情,如代办交保证金和牌照的手续,联络美国洗衣店定期起价等。②

当时在美留学生也成立了相关团体,主要有留美中国学生基督教会和留美中国学生总会。留美中国学生基督教会1909年成立,王正廷、郭秉文、余日章等为该会发起人。该会发行刊物对外宣传,以求促进中美两国邦交。留美中国学生总会成立于1911年,分东中西三支会,每年夏季各支会召集中国学生开会,会址大都借用各大学的校场。③

(四)洪门堂会

华人移民美洲的同时,也将国内盛行的秘密结社带到美洲。1903年,梁启超在《新大陆游记》中说:"溯咸同间,最初有所谓广德堂(四邑)、协义堂(三邑)、丹山堂(香山)者,亦统名为三合堂,是为秘密结社之嚆矢。盖四五十年前,良懦之民惮于远游,其冒险往

---

① 陈厚文:《纽约的华侨衣馆联合会》,全国政协文史资料委员会编:《文史资料存稿选编》第25辑,北京:中国文史出版社2002年版。
② 曾然:《纽约华侨洗衣业情况》,广州市政协学习和文史资料委员会主编:《广州文史资料存稿选编》第10辑。
③ 林蔚:《留美华侨概况》,《华侨半月刊》1935年第63期,第13—14页。

者,率皆乡曲无赖子。迨洪氏金陵溃后,其余党复以海外为尾闾。"①据冯自由《革命逸史》载:"清季咸丰、同治间(1851—1874),广东三合会人物以不堪清吏压逼,适逢海禁大开,美国招募华工之便,遂多乘帆船至旧金山,另创基业。初在旧金山设立洪门机关,命名致公堂,又曰义兴公司,复在全国各埠组织分堂,借资联络。凡有侨胞所到之地,莫不有之……及太平天国失败,洪秀全、陈金刚(在粤太平军首领)诸部将亦多亡命美洲,参加致公堂团体,为之提挈指导,因之旗帜鲜明,势力日盛。华侨非厕名会员而能施用秘密暗号者,殆难立足。"②

1858年,加拿大卑诗省发现金矿,在美国西部淘金的华人闻讯,纷纷从加州经过蒙大拿州和爱达荷州北上加拿大,沿着菲沙河流到达百架委路埠。1863年大约有3 000多名华侨居住于此,十之八九为来自美国的洪门人士,当年即建立加拿大第一个洪门组织。它是已在美国加州活动的洪门会分支,创始人为黄深贵,来自加利福尼亚,赴美前已入洪门。他依照美国旧金山市各堂的称呼,将此分支取名为洪顺堂。③

北美致公堂组织发展很快,从19世纪70年代开始,美国各地主要的华侨社区都有其分支机构。19世纪80年代后,随着美国排华法的施行,华侨为了安全,彼此能守望相助,逐渐从矿区、农场等退缩到唐人街定居谋生,结果造成唐人街烟户过稠,生活与经营空间局促,各地域帮群的矛盾和摩擦更为激烈。新的生存环境为华侨堂会势力的发展壮大提供了条件,不少新的堂会也成立起来。1894年2月,旧

---

① 梁启超:《新大陆游记》,第152页。
② 冯自由:《革命逸史》初集,北京:中华书局1981年版,第137—138页。
③ 简建平:《中国洪门在加拿大》,中国洪门民治党驻加拿大总支部1989年刊印,第13页。

金山华商雇请八名华人侦探,调查华侨堂会情况,结果发现唐人街有17家堂会,主要有至善社(Gai Shin She)、广德堂(Kwong Tak Tong)、协英堂(Hip Ying Tong)、瑞端堂(Suey On Tong)、保善社(Po Sheen Shay)、秉安堂、萃胜堂、保安堂、秉公堂、安益堂、萃英堂、协胜堂等。① 另据史料记载,1917年至1923年间,堂会最为活跃,当时西部共有约50家堂会,并都在旧金山设有总堂。②

美国华侨堂会的组织传播与美国华侨的迁移路线基本相同,即始创于旧金山,而自1869年联结美国东西部的铁路干线建成后,华侨开始从加州迁移至其他地方,因此整个19世纪80年代,中东部的芝加哥、纽约、波士顿、费城,西北部的波特兰和西雅图等地,华侨社区如雨后春笋般迅速发展起来,堂会也随移民足迹在各地建立起来。③ 麦礼谦先生也指出:"美东、美中华人社区的发展比较晚,长期只有洪门的分堂,但到90年代,协胜堂已经在纽约立足,到1893年,洪门分子又在纽约成立安良堂。"④

自1900年后,"美东各埠,凡华侨人数较多之地,堂号次第设立。凡有'堂籍'华侨,非隶安良,即属协胜"⑤,安良、协胜两堂已成为美国东中部最大的堂会,且将全美分成若干由它们控制的势力范围:协胜堂在整个西部以及东部的一些小城市势力强大,而安良堂控制了东中部的大城市。到1924年,安良堂在美国20个城市建

---

① "Chinese Societies: The Highbinders in San Francisco," *San Francisco Chronicle* (Feb. 27, 1894).
② Leong Gor Yun, *Chinatown inside out* (New York: B. Mussey, 1936), p. 71.
③ Adam McKeown, *Chinese Migrant Networks and Cultural Change*, *Peru, Chicago, Hawaii, 1900-1936* (Chicago: The University of Chicago Press, 2001), p. 187.
④ 麦礼谦:《从华侨到华人》,第36页。
⑤ 驻芝加哥总领事馆:《美国华侨之"堂"的概况》,《外交部公报》1936年第9卷第1期,第425页。

立地方支堂,包括纽约、芝加哥、费城、克利夫兰、华盛顿、匹兹堡、波士顿等。①

1877年至1881年间,加拿大境内有九地相继成立了致公堂,分别是:委林士隙、士丹利(史丹利,Stanley)、曲士化利、利顿、二埠(新西敏,New Westminster)、参臣、波士顿巴、乃磨(纳奈摩,Nanaimo)、冚巴仑(坎伯兰,Cumberland)。② 1882年至1885年间,又有大批致公堂在雅利(耶鲁)、干尼路福士(Quesnel Forks)、干尼路(Quesnel)、车梨域(奇利瓦克,Chilliwack)、占美利市(彻梅纳斯,Chemainus)、乑寅咪(Union Bay)、比尹、党近(Duncan)、兰拿、甲巴喜路等地相继成立。③ 1886年至1912年间,致公堂由加拿大西岸的卑诗省扩展到加拿大东岸的哈利法克斯市。

世纪之交,随着国内反清运动的兴起,美国致公堂发展更为迅速。1907年,冯自由在美国动员华侨支持反清革命时,也看到美国华侨中致公堂之昌盛。他说,美国致公堂"总部设在旧金山大埠,他如纽约、芝加高、波士顿、圣路易、费城、华盛顿、洛杉矶、西雅图、沙加缅度、钵仑等百数十埠,皆设分堂,凡有华侨驻在之地,莫不有之,咸隶属于旧金山。华侨名列会籍者占十之八九,其在大埠者,未入洪门尚可谋生,若在小埠,则非属致公堂会员,辄受排挤,故势力伟大,为各团体冠"④。

1910年夏,冯自由行抵加拿大温哥华时,就有人请求发起同盟分会,冯认为此次来加的最主要目的是募集革命资金,而"致公堂为当地革命党之中枢,该堂会员素以老前辈自居,若一旦另立门户,殊

---

① "500 Chinese Here From 20 Cities To Attend Convention," *The Washington Post* (Sep 2, 1924).
② 简建平:《中国洪门在加拿大》,第13页。
③ 简建平:《中国洪门在加拿大》,第14页。
④ 冯自由:《革命逸史》第2集,北京:中华书局1981年版,第112—113页。

易惹起洪门人士之误解,故不欲公开组织同盟会,致牵动未来筹款之大计"①,但他在旅加的半年时间里,秘密发展了20余人加入同盟会。1911年初,冯自由开始着手同盟会组织的建立,并取得一定成效,同盟会组织规模不断扩大,入会人数不断增加。同年4月,同盟会召开成立大会,一致推举冯自由为支部长,但其当时仍然是秘密组织,担心公开活动招致洪门会员的不满,所以将会所设立在华埠之外的地方。

之后在孙中山要求下,洪门人士准许同盟会会员加入,以求共同发展。但在革命成功后,同盟会会员建议将洪门改为国民公会,进而另立新党,取名为"中国国民党"。加拿大的国民党势力日益壮大,出现加入洪门的同盟会会员劝说洪门人士脱离组织、加入国民党的现象,这严重触动了洪门致公堂的利益,洪门认为这是一种兔死狗烹的政策,是一种瓦解洪门的手段。另外,洪门内部面临破产,因债主临门,产业均已变卖抵押,此时的洪门内忧外患严重。在这个时候,洪门的中坚分子,坚决树立洪旗,坚守洪门三大信条,于1915年发动组织达权社,"本着洪门一贯忠义精神,辅翼洪门在加拿大之生命线,已〔以〕完成'达我公权'为宗旨"②。1919年,加拿大洪门致公堂有48个分部,至1924年总共有65个分部。新的分部之一设在哈利法克斯,从而首次把洪门的分部发展到魁北克以东。但65个分部中,仍有43个在西部的卑诗省。③ 1924年,全

---

① 冯自由:《华侨革命开国史》,中国社会科学院近代史研究所近代史资料编辑组编:《华侨与辛亥革命》,北京:中国社会科学出版社1981年版,第83—84页。
② 简建平:《中国洪门在加拿大》,第38页。
③ [加]魏安国、詹森等著,许步曾译:《从中国到加拿大》,上海:上海社会科学院出版社1988年版,第251页。原文为"洪门民治党",实为"洪门致公堂"。1919年12月加拿大洪门举行第一次恳亲大会,出席代表大会的有47个洪门单位。除少数几家美国致公堂外,绝大多数为加拿大洪门致公堂。参见简建平:《中国洪门在加拿大》,第68页。

加洪门举行第二届恳亲大会,会议制定加拿大洪门分区制度,共分七区,仍设立总机关于维多利亚。其七区分别为:维多利亚、温哥华、坎卢普斯、纳尔逊、卡尔加里、多伦多、蒙特利尔。在此七区中,前四区都在卑诗省。①

1915年致公堂在旧金山召开一次大会,旧金山致公堂选择使用一个新名称——北美致公总堂。1923年10月10日,五洲洪门第三次恳亲大会在美国旧金山召开,美洲各地共70余处洪门团体代表出席这次会议。大会通过《五洲洪门第三次恳亲大会续订致公堂根本章程》。1925年,美洲致公堂部分人士和港澳地区洪门代表,又在美国旧金山举行"五洲洪门第四次恳亲大会"。会上根据旧金山致公总堂的建议,决定正式成立"中国致公党",宣布1925年10月10日为驻美旧金山致公党总部成立的日子,由筹备中国致公党委员总会发布《通告洪门全体书》。大会通过了党纲,选举陈炯明与唐继尧为正副总理。这次洪门恳亲大会,实际上成了中国致公党第一次代表大会。②

在檀香山,有檀香山致公总堂。该总堂乃洪门人士所组织之慈善团体,以振兴教育、提倡实业、联络感情、敦睦友谊为宗旨。其历史可追溯至19世纪六七十年代,最初则在角萎有丛义会馆,次为同兴公司,又次为国安会馆、保良社、和安会馆。保良社成立于1892年,和安会馆成立于1905年。遂将保良社及和安会馆两大团体合并而为义兴总会,1919年又由义兴总会改为致公总堂。1925年,上海致公总堂五祖纪念祠成立,该堂派代表出席,并改为致公

---

① 简建平:《中国洪门在加拿大》,第70页。
② 陈昌福:《致公往事(1904～1949)》,上海:中国致公党上海市委员会2018年刊印,第43—58页。

总党。后因党字有涉及政党嫌疑,又恢复致公总堂名称。①

另外,在墨西哥、古巴、秘鲁等国,洪门组织也较为发达,势力较大。

二、华文学校

美洲华侨,尤其是美国华侨,十分重视教育,因为这是华侨能长期坚守祖国文化传统并与祖国保持联系的最重要因素之一。随着美洲华侨人数的不断增多,社团的不断发展,华侨社会中一些热心于教育事业的人士开始兴办私塾,私塾和专馆的名称以教师的姓氏而定,如李馆、黄馆、曾馆等。

清末保皇党与革命党人对美洲华侨教育的推动起到很大作用。长期在美洲从事华侨教育的林始亨曾论述美洲华侨教育的发展过程:"至光绪末年,革命思潮勃兴,饱学之士,避清廷逮捕,流亡美洲,为侨校聘为教员,更有游学生,兼任教学,从此美洲华侨教育,渐有可纪。此后学生日众,经济日裕,而华侨又具争胜之心,以办学为荣,以无校为耻,一团体有校,而别团体随之。一埠有校,而别埠随之,至今美洲侨校林立。"到1930年,华侨在美国办起中学一所,小学约50所,另私塾约20所。② 较著名的学校有旧金山中华学校、旧金山晨钟学校、纽约华侨公立学校、檀香山明伦学校等。

20世纪30年代,美国华侨适学年龄者约6 000人。此6 000人中,旧金山市占2 000余人,纽约、芝加哥、波特兰、西雅图、洛杉矶、波士顿、费城等埠约共2 000人,其余千余人散布于各小埠。加州

---

① 陈匡民:《美洲华侨通鉴》,纽约:纽约美洲华侨文化社1950年版,第303页。
② 林始亨:《美国华侨教育的现状》,《侨务月报》1936年第2期,第1页。

奥克兰、萨克拉门托、弗雷斯诺等地华侨学校规模也较大。美洲华侨教育,以旧金山为中心。1935年,旧金山的中文学校有中华中学校、协和学校、圣玛利学校、阳和学校等10所,共开设3个高中班、9个初中班、67个小学班。另外,旧金山高中侨生237人中,在华文学校读书者仅87人,占全部人数的36%,这主要是因为华校师资水平低。如40余位华校教师中,接受师范教育者寥寥无几。旧金山中华中学校是美洲全侨公立中学,设有高中班,计中学与小学人数共400余人,教职员10余名,凡各校小学或初中毕业者,多升入此校。中华中学校在组织与管理及课程上,完全采用加州市镇制,即把学校监督与行政划为二部:董事会属监督,校长属行政。董事的产生,由中华总会馆当年理事推举,校长则由中华总会馆理事会共议后聘任,学制分初小三年,高小三年,初中三年,高中三年。其余8校,或属一邑会馆,或属教会所举办,学生由百名至200余名。①

檀香山华侨学校可划分为檀香山正埠与夏威夷群岛各小埠两个区域,属于前者的有明伦、中山、互助、檀光、中华等9所,属于后者的有华文、公益等5所。14所侨校中,有一所高中,3所初中,8所小学。各侨校侨生总数为3 171人,教员81人,班级86个,每年经费62 310美元。檀香山华侨子弟所受教育,以公立英文学校为主。1938年,侨生入公私立英文学校肄业者共8 500余人,入华侨学校读书者不及半数。华侨学校中创办最早者为中山与明伦两校,均为1911年设立。平日授课时间在下午2点半至5点半,而暑

---

① 驻金山总领事馆:《金山华侨学生入华文学校求学之概况》,《外交部公报》1935年第8卷第6期,第95—97页;林始亨:《整顿美洲华侨教育之刍议》,《侨务月报》1936年第9期,第1页。

假与星期六则在上午。学生学习内容以中文、中国历史地理为主,外加地方性之自编教材,并以国语为教学用语。①

表 1-6 1932 年檀香山华侨学校办学经费、教员及学生数目表

校名	常年经费(单位:元)	教员人数	学生人数
明伦学校	18 000	20	1 020
中山学校	9 000	12	559
平民学校	5 000	6	215
中华学校	2 800	3	120
互助学校	1 500	2	84
明汉学校	900	2	51
中文学校	1 100	1	45
志德学校	400	2	32
寿康学校	550	1	30
圣彼得学校	500	1	22
位希亚哗学校	—	—	—
位巴扶学校	800	1	45
振群学校	—	—	—
约翰学校	—	—	—
基督教会夜校	无定额	—	34
互助夜校	无定额	1	26
明伦夜校	无定额	1	21
互助分校	680	1	34

资料来源:李众荣:《檀香山华侨近况报告》,《华侨周报》1932 年第 1 卷第 1 期,第 5 页。

---

① 翁之达:《檀香山华侨教育之鸟瞰》,《教育通讯周刊》1940 年第 3 卷第 46 期,第 15 页。

20世纪初,康有为、梁启超游加拿大后,提倡组织学校,在维多利亚设立华侨公立学校,在温哥华设立爱国学堂,是为加拿大华侨教育之始。加拿大西部侨校有温哥华华侨公立学校、文疆学校、文华学校、颍川学校、培德学校、广智学校、卡技利华侨公立学校、维多利亚华侨公立学校、菁我学校9所,大多为高初小学,也有私塾,学生数30至90人不等,教师多为一二人,校舍多在政党、侨团会所内。①

其他华侨较多的拉美国家,也建立了一些侨校,但是,拉美侨校一般都以小学为主,规模不大。据统计,20世纪30年代时,拉美共有华侨学校12所,其中秘鲁有5所,巴西2所,英属西印度群岛2所,古巴、墨西哥和巴拿马各一所。②

美洲华侨学校因受条件限制,办学设施比较简陋,大多未在侨务委员会及教育部立案。华裔学生和青年日间入当地公立学校读书,下午四五时起到侨校学习中文二三小时,以补习中文、史地为主。华侨子弟因同时到中、西两种学校就学,比较辛苦,且因中文学习困难,很多学童视入侨校为畏途。侨校多以粤语为教学语言,因美洲华侨绝大部分来自广府地区。国语则列为课程之一种。后华侨社会之国语运动颇盛,华裔青年能说国语者颇不乏人。抗战以后,歌咏、话剧,亦盛极一时,此皆有助于社会教育。③

三、华文报纸

美洲华侨报纸始于美国。19世纪中叶至19世纪末,为美国华

---

① 驻温哥华领事馆:《坎拿大西三省华侨概况》,《外交部公报》1935年第8卷第4期,第96—97页。
② 参见沙丁:《拉丁美洲华侨的历史与现状》,《拉丁美洲研究》1985年第6期,第30页。
③ 邝炳舜:《美洲华侨概况及抗战以来爱国运动报告书》(1941年春),美国加州大学伯克利分校族裔研究系图书馆麦礼谦档案室藏,AAS ARC 2010/1,Carton 14。

文报刊的初创期。1854年,美国第一份华文报纸《金山日新录》在旧金山创刊,这是一份周刊,由美国传教士威廉·霍华德创办,其办报宗旨为"利商贾,资见闻,达舆情,而通官事"。从19世纪70年代至19世纪末,又有《唐番公报》《华美新报》《檀山新报》等约15种报纸创刊。这些报纸创办地点大多在旧金山,多数存在时间短,政治功能不突出。①

随着清末国内时局的变迁,美国华文报刊成了当时中国各派政治力量在海外进行舆论斗争的重要阵地,其发展与中国国内局势和社会运动紧密相连,表现出极为突出的时代特征。据不完全统计,从兴中会创立到1911年底,华侨创办的革命报刊多达50种,其中在美洲创办的报纸就有旧金山的《少年中国晨报》,檀香山的《隆记报》《民生日报》《启智报》《新自由报》,加拿大的《大汉公报》等。保皇人士在美洲先后创办或控制之海外报刊,有檀香山的《新中国报》,加拿大的《新报》和《世界日报》,美国的《文兴日报》《世界日报》《大同日报》等数十种,②向华侨灌输中国已处亡国亡族危局之意识,鼓吹唯有保皇才能图存,救圣主才能救中国。革命派和改良派以美国华文报刊为阵地,展开了一场规模空前的政治大论战。

20世纪20年代后,美国华文报刊的政治纷争则主要围绕着支持革命党还是支持共产党而展开。亲共的报刊有美国的《先锋报》《美洲华侨日报》等,古巴则有《正义半月刊》等。由宪政党和致公堂创办的报纸既反蒋又反共,如美国《公论晨报》《世界日报》、加拿大《大汉公报》等。也有不少由国民党海外部控制或经营的报纸,

---

① 赵晓兰:《美国华文报刊的历史发展与特征》,《编辑之友》2002年第1期,第48—49页。
② 上海文物保管委员会编:《康有为与保皇会》,上海:上海人民出版社1982年版,第92页。

如美国《少年中国晨报》《国民日报》《三民晨报》,秘鲁《民醒日报》,檀香山《自由新报》。也有一些报纸在政治上相对中立,如美国的《中西日报》等。美洲华侨社会之所以缺乏独立营业的报纸,其原因之一是华侨社会不甚大,营业不独难以获利,甚至成本也难维持,所以必定要有团体的群众来作后盾,用团体的经费或特别募捐来挽救危机。① 曾在美国游历的人士也指出美国华侨报纸的这一特点,即美国华侨报馆大抵有党派关系,虽其新闻材料甚枯窘,外国人名地名译成粤音难以明了,然其销路不会因之断绝,因"在美各华侨不宗于甲者,必党于乙。其所谓甲派、乙派,决非金钱势力,巧言利口,所能动摇其心志也。各报只须择其同派之人,按户派送,便可得大多数之定报人矣"。②

对于当时美国华侨报纸的选稿、刊载内容、办报风格,时人有所记载:美国各侨报"有若干极寻常极相似之面目。其社论往往发扬其一党之色彩,常以同派中重要人物之文字充塞之。其殿后之杂俎,则舍粤讴等特别广东文字外,其他诗篇或丛载,大抵取于上海报纸,依样转录而已。其中部之寻常新闻,大抵译自西报,尽系短节,绝鲜全文。其译笔之不伦,实令人有才难之叹。故在有学识者之眼光观之,舍专电外,无物也。间有侨界琐闻,其记录详尽者,不可多得也。其言论上仅有之价值,惟对驻外官吏有时或施其箴劝,对侨民学生等,有时或洩其难言之隐。俾衔命出国门,任保护之责者,与身处万里外,而有赖于官吏之护助者,彼此情各相通,而绝不以壅蔽隔阂为苦耳"③。

---

① 《美洲华侨报纸的分析》,《先锋报》,1935 年 5 月 11 日。
② 一之:《旅美观察谈》(三十九),《申报》,1919 年 3 月 14 日。
③ 一之:《旅美观察谈》(四十),《申报》,1919 年 3 月 15 日。

位于旧金山的《世界日报》,发行人为陈琇大,广东新会人,办报以"开民智、通商情、知国事"为宗旨。该报经理为林福元,原籍开平,生于美洲,屋仑高等学堂及商务学堂之毕业生,博通西学,兼达中文,砥砺成才,素存公德。1913年,《世界日报》在《万国通信便览》上发表告白,说明该报经营之大概情况:"近自时局变迁,风云万状,本报不惜巨资,增设访员、专电,以飨海外同胞关怀祖国之热望,因此费用更繁,不得不借报费以资周转,是亦阅报诸君所共谅者也。"其在各地收费标准如下:旧金山市全年6元,半年3.5元,每季2元,每月0.75元,邮寄每年10元,每月0.85元。美属其他地区及加拿大、墨西哥、巴拿马、古巴等国全年7元,半年4元,每季2.25元,每月0.85元。① 纽约《中国维新报》开设在美东,至1913年,"流行于五洲已将十年,向以促成祖国立宪、改发国民权利为宗旨,于民国成立,建设问题尤独注意。至若材料丰富,消息灵通,久为阅者所称许","该报兼办印务,发售各种时务新书,承译中西文件,接印中西文货单、报价单、衣馆单、餐单、年结簿、各项章程、各种传单、各式名帖、各种书籍,皆能印造校对无讹,依期不误。本报另有招登告白、简章,凡梓里嘱登告白,价格自可从廉"。②

20世纪30年代,旧金山华侨日报有:《少年中国晨报》,为国民党海外部旧金山支部所办;《国民公报》,为国民党左派所办;《中西日报》,为基督教会所办;《金山时报》,为美国土生华人所办。每家报纸每日发行二三千份。③ 另外还有《世界日报》,为中国宪政党与旧金山致公总堂合办。

---

① Wong Kin, *International Chinese Business Directory of the World*, p. 86.
② Wong Kin, *International Chinese Business Directory of the World*, p. 81.
③ 亢亢:《三藩市华侨区小记》(下),《申报》,1930年11月14日。

檀香山华侨报纸在20世纪30年代共有5家,即《中华公报》《自由新报》《檀华新报》《汉民报》《新中国报》。其他还有几份定期与不定期刊物。

表1-7　1932年檀香山华文报纸统计表

报名	派别	编辑	总理	销量
中华公报	国民党	程禹臣	谭惠金	四五百
自由新报	国民党	方学崇	萧全棣	千余份
新中国报	保皇党	郑任先	李启辉	七百份
汉民报	洪门会	冯旭龙	卫荣庄	四五百
檀华新报	土生会	古锦超	黄非立	四五百

资料来源:李众荣:《檀香山华侨近况报告》,《华侨周报》1932年第1卷第1期,第6页。

根据中国国民党中央执行委员会西南执行部海外党务组1932年对华侨报纸的审查统计,美洲地区华侨报纸共计37家,美国有16家,加拿大5家,檀香山5家,古巴4家,墨西哥3家,巴拿马2家,秘鲁2家。这些报纸,为国民党、共产党、宪政党、致公堂等不同政治党派或团体创办,故其政治倾向较为明显。①

表1-8　1932年国民党海外党务组审查美洲华文报纸一览表

报名	所在地	主办者	审查意见	备案
少年中国晨报	旧金山	美国总支部	言论纯正,拥护西南主张	该报销流极广,堪称海外党纸之巨擘
公论晨报	旧金山			

---

① 《海外党务组周年工作概况》,中国国民党中央执行委员会西南执行部党务年刊,1932年,第77—79页。

续表

报名	所在地	主办者	审查意见	备案
平等月刊	旧金山			
国民日报	奥克兰		拥蒋	
工商日报	芝加哥		反蒋	
侨星报	华盛顿			
维新报	纽约			
公和日报	纽约			
中山周刊	纽约			
三民晨报	芝加哥		拥护本部	
中华日报	纽约			
世界日报	旧金山		中国宪政党	
金山时报	旧金山			
中西日报	旧金山			
先锋报	旧金山	共产党	反动	
民气日报	纽约	改组派	反蒋	
加拿大晨报	温哥华	共产党		
新民国报	温哥华		极力拥护西南抗日剿共主张	
大汉公报	温哥华	保皇党	反蒋	
洪钟时报	多伦多	保皇党	反蒋	
醒华晨报	多伦多		极力拥护西南主张	
醒华报	墨西哥			
正言报	墨西哥			
侨报	墨西哥			
中华日报特刊	巴拿马			
共和报	巴拿马			

续表

报名	所在地	主办者	审查意见	备案
民气日报	哈瓦那	古巴总支部占一部股份	偏袒私人	该报原系本党忠实同志创办,近被某方派人把持,专为私人歌功颂德
华文商报	哈瓦那		与《开明公报》携手,好作挑拨言论,但不甚激烈	
开明公报	哈瓦那	致公堂	反党但近攻击不抵抗主义者	近已倒闭
正义半月刊	哈瓦那	共产党	反动	
民醒日报	利马	利马直属支部	主持正义	
侨声报	利马			
自由新报	火奴鲁鲁	檀香山总支部	拥护西南	为蒋不抗日与《中华公报》笔战甚烈
汉民报	火奴鲁鲁	国家主义派		
中华公报	火奴鲁鲁	檀香山伪总支部	作私人喉舌	
檀华新报	火奴鲁鲁			
新中国报	火奴鲁鲁	宪政党	近对蒋不抗日攻击甚力	

资料来源:《海外党务组周年工作概况》,中国国民党中央执行委员会西南执行部党务年刊,1932年,第77—79页。表中"墨西哥""巴拿马",可能为墨西哥首都墨西哥城、巴拿马首都巴拿马城。

  上述美洲华文报纸的创办,在华侨了解国内外消息、开启华侨视野和智慧、传播新思想和新文化、加强华侨与祖国的联系等方面,都起到一定作用。

第二章　美洲华侨与中国局部抗战

日本帝国主义武装侵略中国,蓄谋已久。明治维新让日本走上对外扩张的道路,九一八事变拉开了侵华战争的序幕,七七事变打响了全面侵华的炮声。日本侵略者的炮声震醒了沉睡近百年的中华民族,使得中国人民空前团结起来,建立起抗日民族统一战线,从此中国人民开始了反对日本侵略者的民族解放战争。海外华侨支援祖国抗日的爱国救亡浪潮也由此掀起,并随国内抗日民主运动的日益高涨而高潮迭起。本章主要叙述九一八事变后美洲华侨对中国局部抗战的援助,包括美洲华侨支援国内抗战之种种举措,及其在局部抗战期间所发挥的作用。

第一节　美洲侨社对九一八事变的反响

1931年9月18日晚,日本关东军授意铁道"守备队"炸毁沈阳柳条湖附近的南满铁路路轨,然后嫁祸于中国军队,并以此为借口,向驻守在沈阳北大营的中国军队发起进攻,侵占沈阳等城市,九一八事变爆发。由此,日本开启了14年侵华历史。张学良领导的东北军奉行蒋介石不抵抗政策,退守关内,不到四个月,整个东北便沦陷于日本的铁蹄之下。

九一八事变激起了海外华侨的愤怒,美洲各国华侨随即行动起来,纷纷组织抗日团体,并通电海内外,声讨日本的侵华罪行,要求南京国民党政府抵抗日军侵略,并呼吁华侨踊跃捐输,支持祖国抗战。旧金山中华总会馆总董李兰琴,以日本"狼子野心,谋吞并东省土地",特开主席团紧急会议,与会者以国难正急,当即命会馆书记员陈建典草就三电文,一致国联会代表施肇基,请国联主持公道;二致南京国民党政府;三致广州国民政府,均请息内争以御外侮,谋划挽救之策。① 中华总会馆后又致电美国总统胡佛,及上议院议员波罅氏,请主持正义,维持世界和平。此将两电分录如下:

> 贺华大总统鉴:日本出兵满洲,占我领土,杀我人民,扰乱和平,莫此为甚,且违背九国条约,及奇乐非战条约,不惟目无中国,实则目无世界。贵大总统素来主持正义,请即仗义执言,出而维持世界之和平,敝国侨民,同深景仰之至。

> 上议院议员波罅先生鉴:日本侵占满洲,既不遵国际联盟会劝告,又开明违背九国条约,及奇乐非战条约,实有意搅扰世界和平。贵国素来主持正义,请出而维持,以贯彻和平之主张,不惟敝国侨民感受大德,即世界各国,亦当感谢厚赐也。②

为统一华侨抗日力量、扩大反日宣传、举行大规模筹款接济军饷起见,中华总会馆特联合旧金山各会馆、商会、国民党支部、致公党等团体,于1931年9月24日晚,召集华侨大会,当场表决组织驻

---

① 《中华总会馆之通告》,《公论晨报》,1931年9月26日。
② 《中华总会馆致美京电文》,《公论晨报》,1931年10月14日。贺华总统即胡佛总统。《奇乐非战条约》即《巴黎非战公约》或《白里安—凯洛格公约》(Kellogg-Briand Pact),美洲华侨又称其为"企洛非战条约"或"奇洛非战条约"。

美华侨拒日救国后援会,后又制定章程。该章程共有八款,包括定名、宗旨、职员、选举、会议等。章程以拒日救国为宗旨,分设总务、财政、宣传、编辑、文书、交际、调查、核数等八部,每部设正副部长各一人,部员若干人。①

驻美华侨拒日救国后援总会,简称为拒日总会,为美洲华侨之机关,负有指导侨众、揭露日军暴行之使命,自成立以来,即积极进行各种对内对外宣传,并组织旧金山华侨在双十节当天举行大型巡游。参加巡游的组织包括中华音乐队、国民党,以及阳和会馆、南侨学校等侨团侨校。最特别者为南侨学生之提灯,五光十色,令人目不暇接。阳和学校之色车,内配一碑,大书"沈阳同胞惨死纪念碑"九字,另车起大炮一架,纸扎"倭奴城市"一个,将大炮向"倭奴城市"作轰击状,异常壮烈。末尾之自由车,则有中华总会馆、拒日后援总会、华商总会等团体,共十余架。②

后援总会还发表宣言,历数日本自侵占琉球始对中国领土主权的不断侵犯,并向华侨指明亡国的严重后果:"惨莫惨于亡国!亡国之民,无处不受人凌侮。欧洲之犹太,非洲之黑奴,美洲之印甸,均处于他人压力之下,仰他人鼻息而任其奴隶牛马,俯首帖耳而不敢张声。"最后呼吁:"我国人岂甘为亡国之民乎!如不甘为亡国之民,自应全体一心,急起救国。欲急起救国,当先驱除倭贼,保全满洲。今者我国内地各界,由军学工商以至妇人孺子,莫不奔走骇汗,大声疾呼,务期抵抗倭贼在满洲之暴行……我侨胞对付倭贼之唯一善法,莫如永远抵制劣货,以制倭贼之死命,更捐输一己资

---

① 《驻美华侨拒日救国后援总会章程》,《少年中国晨报》,1931年10月1日。
② 《双十节巡游纪略》,《公论晨报》,1931年10月12日。

财,以助国家之军需。"①

旧金山中华总商会,也因东三省被日军侵略,特召集全体会员大会,后将对日经济绝交方案付众讨论,又由大会通过,并发电三通:一致南京及广州,报告该会议决对日经济绝交,请停息内讧,一致对外,并速对日宣战,该会同人力筹义款,以为后盾;一致上海总商会,报告该会议决对日经济绝交,请国内一致进行;一致国联会代表施肇基,请转达国联会,依公约以制裁日本之暴行,如国联会不能直行制止,则我国民为政府后盾,而求正当之防卫。② 为有效开展对日经济绝交,中华总商会于1931年10月专门成立对日经济绝交委员会,并制定具体办法:(甲)致电香港华安公所,请其制止各办庄附日船;(乙)凡属该会会友,不论直接或间接,不得采办日货;(丙)凡属该会会友,不论直接或间接,不得购买日货;(丁)凡属该会会友,不得代客与日人商办事务;(戊)凡属该会之商店伙伴,不得附搭日船;(己)凡属该会会友,不得将货附寄日船;(庚)函请中华总会馆,劝令侨界做同样对日举动。该办法对违犯上列条文者,除革出会籍外,另合众对待。③

中华总商会还致函美洲调元总会,请求该会劝令全体会员以后不再采用日货,坚持到底,以制日本死命。美洲调元总会回函称:"日贼穷凶,甚于野兽,恃其武备,纵其凶恶,乘我国家多事,突然侵掠我东北,强夺我主权,残杀我同胞,演成空前惨祸,以遂其大陆政策。凡我国民,莫不痛心疾首,登高一呼,全国共愤,可谓同仇敌忾,誓扫敌氛,以经济绝交,足寒贼胆。昨承贵会大教,皆是爱国

---

① 《驻美华侨全体拒日救国后援总会宣言》,《公论晨报》,1931年10月12日。
② 《华商会拒日之烈热》,《公论晨报》,1931年9月30日。
③ 《华商会对日经济绝交办法》,《公论晨报》,1931年10月12日。

为怀，敝会通过在案，务必全国一心，永远坚持制其死命而后已。"①

旧金山侨校学生也行动起来，并从舆论宣传上揭露日军侵华行径，呼吁华侨社会各界捐弃成见，团结一致，担负起救国责任。阳和学校拒日救国宣传部发表拒日救国宣言称："为今之计，吾人当团结一致，无论何党何派，当消除成见，万众一心，共同御敌……群力大则其反抗力愈厚矣……我国民今日多主宣战，盖战败犹不失我神明华胄之本色，战胜则我中华民族之光荣……现在我国民向政府请愿宣战之呼吁，遍布全国。我侨胞对于筹饷购械，当有充分之准备。昔卜式输财助边，子文毁家纾难，想我侨胞当不让古人专美也。"②

为协调侨生的抗日救国运动，旧金山市各侨校学生还联合起来成立三藩市侨生抗日联会，并制定组织章程，计有八款，包括联会名称、组织宗旨、办公会所、组织方式、职权、办事细则等。该会以"唤醒侨胞团结一致，抗拒日贼，共纾国难"为宗旨，下设宣传科、财政科、交际科、调查科、总务科等。③

南京国民党政权在国内实行不抵抗主义，压制民众抗日运动，在海外却对华侨进行声势浩大的舆论宣传，动员他们积极援助祖国抗战。位于旧金山的国民党驻美国总支部宣传部联合湾区南侨、阳和等侨校，及加州大学中国学生会、大中华班艺员自治会等团体，共同组织"旅美华侨反日救国宣传会"，作有系统之宣传，将日本侵略中国之种种暴行，积极向中外人士揭露，使其明了日本野心。该会组织法采用委员制，并推定国民党驻美国总支部宣传部

---

① 《中华总商会与调元会之往来公函》，《世界日报》，1931 年 11 月 29 日。调元会为华侨厨师组织的行业性社团。
② 阳和学校拒日救国宣传部：《拒日救国宣言》，《少年中国晨报》，1931 年 10 月 7 日。
③ 《三藩市侨生抗日联会章程》，《世界日报》，1931 年 10 月 18 日。

代表为常务委员,会内分演讲、撰述、征集、图书、文书、庶务等科。①旅美华侨反日救国宣传会随后于国庆日联合各侨校、各团体举行庆祝国庆大巡游,散会后,又到唐人街儿童游戏场开演讲大会。场内有大横额一方,文曰"旅美华侨反日救国宣传会国庆纪念会场",并以中美国旗点缀,间以各种标语,文为"纪念国庆须联合全国力量以制倭贼死命""纪念国庆须誓死保全中华民国领土""纪念国庆须一致精诚团结誓死抗日"。②

留美中国学生也行动起来,积极投入到抗日救国的浪潮中。加州大学中国学生会召集会议,决定成立两特别委员会,一为表白委员会,一为集款委员会。表白委员会之工作,在表白东北事件真相于湾区非华裔人士。委员五人皆为研究政治、熟悉世界政情且中西并长之人才,具有一般华侨所不具备的语言、文化和教育等方面优势,充分发挥其国民外交的作用。他们认为,日本以蕞尔小国,竟敢欺压中国者,全恃其武力,"而其武力得以收功者,犹赖捏造事实,颠倒是非,欺骗世界,以掩盖其武力之丑态,是以加大学生,咸信欲破日本之武力,在枪炮火药经济绝交之外,亦需用笔墨。兹寄学异邦,虽不能执干戈卫社稷,至少当能表白之事,使外人明真相,以收异邦之舆论"③。表白委员会各委员认为非作一永久而大规模之宣传不可,故决议发行《诉诸国际正义》小刊,揭露日本处心积虑之谋中国满蒙,及最近无理开衅之事实,指出其违反国际信义与条约的野蛮行动,以唤起世界人士的同情。委员会将该刊分寄各西人团体与大学,以便关心世界和平的西人得明真相,识破日

---

① 《旅美华侨反日救国宣传会成立》,《少年中国晨报》,1931年10月3日。
② 《国庆日反日救国宣传会演讲大会》,《少年中国晨报》,1931年10月12日。
③ 《加大学生会拒日及筹款》,《世界日报》,1931年9月30日。

本捏造事实的伎俩。委员会同时派出演讲员,分赴西人团体宣传。各演讲员均能不负使命,连日演讲,尤以在伯克利万国学生会痛斥日人乘灾侵略为痛快。在场印、菲、德、法各国学生,均不直其所为,日人无辞可辩。①

屋仑华侨拒日救国会为动员该埠华侨抵制日货,特通告如下:

> 我等侨胞虽身居海外,未能执干戈于疆场拒敌杀贼,然经济绝交,亦可制倭奴之死命,故本调查科,已于本月二号晚,召集本埠各侨商假座华侨学校讨论经济绝交问题,经一致议决抵制日货,准于十月七号起行,仰各侨商共同恪守,以制倭奴之死命,而收拒日救国之功焉。②

该会调查科与各侨商协商,通过以下规定:自调查科发出通告后,各商号不得以电报或信函向日本人订货,如在未通告前经已订实者,不在此列;凡商号内所有日货,如罐头等物,概由该会调查科盖印后,方准发卖,至零星日货,亦须该会检查后方能发卖;凡餐馆内存有之日货,概由该会检查存案,如用清存案之货后,于必要时,须向各华人商店购买,并经该会盖印及检查之货,方为合例;凡华侨不得交衣与日人洗熨,及剪发、洗身、鲜花等一切营业;凡华侨个人,皆有捉获私买私卖之权;凡我华侨,如捉获有私买私卖者,罚五元者则以五成归捉手人所得。如罚十元者,则以二成归之。唯凡属拒日救国会各职员,则不能享受捉获赏格之权利。以上各规条,如有恃顽反抗者,合全体华侨对付之。③ 可见,该会制定的抵货规定,既细致,又全面。

---

① 《加大中国学生反日救国之工作》,《少年中国晨报》,1931 年 10 月 3 日。
② 《屋仑华侨拒日演讲会》,《公论晨报》,1931 年 10 月 10 日。
③ 《屋仑华侨拒日演讲会》,《世界日报》,1931 年 10 月 10 日。

屋仑拒日救国会为便于华侨识别日货,还借美以美会阅书报社为日货展览会地点,展览时间一连七天,日间由午后2时至5时,晚间8时至10时;并通函及登报请各商店或个人,或团体代访日货,借出陈列,待展览会完竣,完璧归赵。① 其通告称:"实行经济绝交,今拟彻底办法,勿再蹈五分热度之前辙,为倭奴所耻笑,故本拒日救国会,前日除派调查员,向埠中华商店检查仇货加印及登记外,仍希侨胞详细认识倭奴之货色,如玩具、衣服布匹、藤木器、家常用具,及干湿食品等,开一展览会,欢迎侨胞参观,对于仇货深加认识,实行抵制,即有奸商从中渔利,亦无能施其伎俩……并确定展览会时间地点。每场均派有指导员在场中说明国货与仇货之分别,仰各侨胞团体等,依时参观,深刻认识仇货,实行抵制,而成救国之功焉。"②

加州首府萨克拉门托多名华侨青年愤日本侵略者灭绝公理,不顾人道,特联合有志之士,组织"同仇敌忾社",从事调查该埠专与日人交易的商号,先行警告,着其从速与日本经济绝交,以救国难,"倘不受劝告,甘心为亡国奴者,定必以最激烈手段对待,虽被地方官厅干涉,至于入狱,亦所不惧"。③

九一八事变后,美东各埠华侨也迅速行动起来。纽约中华公所于1931年9月22日晚,召开紧急会议,全场一致议决如下数款:通电南京、广东、北京,请即停息内战,领导全国一致抗日,纽约全侨誓为后盾;通电全国报界公会转全国民众,一致动员与日经济绝交,抵制日货;电请美国总统、上议院、外交委员长波罅,根据华盛

---

① 《屋仑拒日救国会定期开仇货展览会》,《公论晨报》,1931年10月30日。
② 《屋仑拒日救国会展览会通告》,《世界日报》,1931年10月31日。
③ 《二埠华侨组织同仇敌忾社》,《少年中国晨报》,1931年10月2日。

顿九国条约及企洛非战条约援助中国;通电全美中华会馆即行作同样的运动,以作国内的声援;由中华公所通告本埠各团体学校,一致下半旗志哀,响应内地,定9月22日为国耻日。① 纽约中华公所在致美总统电文中指出:"此次日贼无理动兵侵据满洲……目无国际公法,蔑视奇洛非战条约,破坏九国条约,实为蹂躏东亚之罪魁,破坏世界和平之公敌。素稔贵国对于吾华历来邦交亲善,兹际吾华内遭大灾相迫,外为强邻鱼肉,即使穷弱如吾华宁为泥首俯伏,亦非文明如贵国所应袖手旁观,万望主持公道,保障和平,务求阻止帝国主义的侵略,复回东亚的安宁,则吾华有幸,世界有幸!"②

纽约华人女子青年会,利用与美国女子青年会的日常联系,通过迂回的国民外交路径,请求后者以公道批评日本进兵问题,并请协助伸诉美京(即华盛顿),主持公道:"今我等向贵政府及贵国人民请求帮助者,因非战条约为贵国所发起,贵国维持世界和平,久为各国所钦仰。此次请求阻止日本之暴行,乃求我国得公道之待遇,亦即求世界得进和平之轨道。万祈贵会协助,向贵国政府机关伸诉,俾得公道实现。"③

纽约中国学生会发表宣言,动员国人努力自救:"全国亲爱的同胞,倭奴欺我甚矣,国运危殆亟矣! 难道我四千年文明古国,就让日帝国主义者凌辱压迫,四万万里锦绣河山,就让日帝国主义者蚕食并吞而容忍到底么! 国联不可恃,公理和平不可靠,所可靠者唯我国民迈动无前的铁血! 亲爱的同胞,自今以后,我们要努力自救,我们要铲除民族劣根性,我们要恢复民族自信力,我们要励行

---

① 《纽约侨胞抗日贼侵略》,《公论晨报》,1931年9月28日。
② 《纽约中华公所拒日通电》,《世界日报》,1931年9月28日。
③ 《纽约女青年会拒日之电文》,《世界日报》,1931年10月12日。

民族总抵抗,我们要在消极和积极两方面同时努力,请努力,努力!"①哈佛大学中国学生会还特组织一委员会,专以英文刊物向外宣传,所载《满洲事变》一文,论据严密,叙事翔实,使外人关心世界之和平与人类之安全者,咸晓然日兵之横暴,而予中国以正谊上之扶助。该刊印就后,以一部分置于该大学图书楼,任人取阅。②

华盛顿中国留学生鉴于日本无故出兵侵略东三省,异常愤慨,当即议决致书美国总统贺华氏及国务卿史汀生,请其主持公道,以维和平。其致贺华总统原函翻译如下:

> 日本突派军队占据中国辽阳、青岛等处,日本内阁并饬军事部长加派军队,进战中国要隘,实行其帝国主义之侵略政策。日本为军阀帝国,此次侵犯中国,以冀掠夺每种特殊权利之野心,已显而易见。倘我不察,我国之主权与国土之损失侵蚀,自不待言,且于一九二二年华盛顿会议和约之信用,亦丧失殆尽矣。再者中国与日本均于一九二八年加入巴黎和约,此次日本无故侵犯,凡我和会同人,应即群起惩责,主持公道。中国为自卫起见,固自有权起而反抗,但以公理自在,不得不暂时忍受,以期得和平了结,因是之故,敝会敬恳钧座出而主持一切,促令中日两国遵守非战条约。③

纽英仑(即美国东北部的新英格兰地区)华侨拒日救国会承全侨大会之托,组织拒日救国会,议决章程,号召华侨群策群力,各尽本能,一致抗日,积极抵制日货,坚持到底,永远实行经济绝交,共

---

① 《纽约中国学生会宣言》,《公论晨报》,1931年10月25日。
② 《哈佛大学中国学生之反日运动》,《少年中国晨报》,1931年10月6日。
③ 《美京中国学生致美总统书》,《少年中国晨报》,1931年10月2日;又见《美京中国学生对日之愤慨》,《公论晨报》,1931年9月30日。

壮外交声援，以达救国目的。其宣言称："嗟嗟！亡国惨痛之现象，已逼在眉睫。凡有血气之伦，岂肯袖手垂让，沦为木屐儿之奴隶乎！事急矣，势危矣！冀我内外同胞，一致起来，热心救国，与日贼决一死战，雪我国仇，偿我损失。此正是我爱国健儿，枕戈待旦，闻鸡起舞，共赴国难之大好时机也。顾亭林曰：'国家兴亡，匹夫有责！'拒日之声浪，中外响应，纷纷组织拒日救国会，同心勠力，对付倭奴，积极坚持抵制劣货，实行经济绝交，使倭奴工商各业，内生恐慌，则日贼虽强，不乱而自乱，物产虽丰，不倒而自倒，必为我之经济绝交，而制其死命矣。"①

九一八事变不久，美国中部的芝加哥中华会馆也迅速行动起来，召集华侨大会，成立芝城华侨拒日后援会，并议定以下事项：定期1931年9月29日正午12时召集侨众大游行，向日本领馆示威，要求各商店、餐馆、衣馆一律停业半天，参加巡行；通令各商店抵制日货，停止与日人交易，每星期日有日人运载瓜菜到华埠发卖，应一致拒绝；通电中国政府及社会团体，劝告全国停止内战，一致对外；组织委员会专责办事，推定各职员。② 芝加哥抗日后援会为发动侨胞抵制日货，参加示威大巡游，特发布告如下："所有华埠各商号均须一致加入，只留一人守铺，仍要是日下午，一律闭门停止营业半天。又关于日货，限十五天沽清，即未沽清，当置之高阁，不可贩卖，由巡游日起计，如过此期内，仍有日货贩卖，一经查出，罚银五百元，以三百元归捉手，二百元归抗日后援会，以期经济绝交等情。"③ 自后援会订定条例、实行抵制日货以来，芝城各华侨商店一

---

① 《纽英仑华侨拒日救国会宣言》，《公论晨报》，1931年10月13日。
② 《芝城中华会馆组织拒日后援会》，《公论晨报》，1931年9月29日。
③ 《芝城抗日后援会布告照录》，《公论晨报》，1931年10月9日。

律不卖日货。各杂碎餐馆,也一概不用日货材料。该埠蒂固园第一、蒂固园第二、西中园、堤景园四家餐馆,特将旧时未用尽之冬菇、香莘、江瑶柱等付诸一炬,以示抵制日货之彻底,同时将旧存罐头、蟹肉、青茶等退回西人货仓,永不购用。①

伊利诺伊(华侨时称"意利诺")大学中国学生会发表拒日救国宣言,呼吁留美学生向当地美人开展国民外交,担负起他们在抗日救国宣传中的角色:"惟是阻于环境,遽难实现,爰决议暂先向美国人民,及留美侨胞,暴露日寇之贼计,宣传吾国之危机,以期唤起外人同情,主持公道,侨胞热诚,共纾国难。"②

克利夫兰(华侨时称"企李仑""企城")华侨因愤日军侵略东三省,特组立拒日救国会,为祖国后盾,并发表宣言,抨击日军的侵华暴行,号召华侨履行国民责任,捐款救国:"我旅企城同侨怀夫国家兴亡、匹夫有责之义,救国责任,讵敢后人,爰组织拒日救国会于斯,愿以集中力量,誓作国家后盾!嗟乎,寇氛已恶,国难正殷,吾人岂为亡国之民,应共坚杀贼之志,不作投笔之班超,当效输边之卜式,则国仇可湔,国土可复。"③

加拿大温哥华华侨组立拒日后援会,并定期开会,演讲日军凶暴情形,以激起华侨爱国情绪,谋雪耻办法。其通告如下:"我等身为国民一分子,既不能执干戈而卫国家,当为声援以寒贼胆。想侨胞俱是爱国热忱之男儿,皆有食倭奴之肉,而寝其皮,以雪此耻之概。同人等已具此心,发起拒日后援会,准于本月廿四日下午两点钟,假座中华会馆为会场,统请各团体男女同胞,到场演讲倭寇现

---

① 《芝城餐馆焚毁劣货》,《少年中国晨报》,1931年10月22日。
② 《意利诺大学中国学生会拒日宣言》,《公论晨报》,1931年10月1日。
③ 《企城华侨拒日救国会成立宣言》,《公论晨报》,1931年12月20日。

在东三省所经过之残暴。"①随后该会发表宣言称:"我旅云侨胞,爱国素不让人,于是有拒日救国会之组织,响应国内,以期收一致对外之效力,所望我侨胞本国家兴亡匹夫有责之义,联合起来,下一日存我亡、我存日亡之决心,与日作一最后死战。"②

温哥华华侨拒日救国会自倡行抵制日货以来,其调查科科员每日分途调查,"遇有凉血动物之侨胞,向倭奴交易者,即行前警告,如片打街之倭奴鱼店、剪发所、洗身房等,因我侨胞抵制,无人过问,难以支持,故此相继歇业";而调查部职员认真工作,"闻有等华人剪发所,自抵制倭奴以后,生意利市十倍,乃有乘机起价之说,调查员闻讯,即往各华人剪发所,查其价目,并将各店价目开列布贴街衢,俾众周知,如有乘机起价,认为悖理举动,亦作倭奴一样对付"。③

华侨姓氏团体也积极配合各抗日组织,要求所属侨胞遵照该埠拒日会有关规定,抵制日货。温哥华黄云山总公所发表通启称:"我等居留异域,未能枕戈待旦于疆场,惟有与日贼经济绝交,以制其死命。本埠侨胞奋起组织拒日救国会,专与日贼经济绝交,抵制劣货为主义。凡我公所昆仲倘有恃顽,私与日贼交易,违背拒日会主义,被拒日会会员查获,斥责凌辱等事,投诉本公所,不独不予受理,仍要惩戒,各当遵守,以尽救国之义。还祈各昆仲同心协力,一致起来,拒日救国,至切至盼!"④

国民党驻墨西哥总支部发出致所属各级党部及各华侨团体快邮代电,揭露日军侵华暴行:"除强占东三省外,又顾而之他,向前

---

① 《侨胞组立拒日后援会》,《大汉公报》,1931年9月24日。
② 《云高华华侨拒日救国会宣言》,《大汉公报》,1931年10月22日。
③ 《云埠拒日救国会调查科之工作》,《公论晨报》,1931年10月23日。
④ 《黄云山总公所拒日长红照录》,《大汉公报》,1931年10月15日。

进展,遣兵派舰,到处挑衅,沿途大肆焚杀,戕我官吏,屠我人民,劫掠我财务,蹂躏我土地,一若必至尽灭我国而后已。"①国民党驻墨未市卡利分部发出通告,号召华侨对日经济绝交:"日贼无故出兵我国东三省,杀我人民,占我领土,改悬倭贼旗帜,视同征服之地。吾人稍具爱国爱乡之心肠者,莫不悲愤填胸,而欲生啖倭奴之肉也……然吾人以蒙此千古未有之耻辱,国体堕落无遗,不图拼一死以救危亡,非独贻羞于友邦,亦何颜以对我祖宗与革命诸先烈乎!惟吾人远离祖国,一时未能亲赴疆场,执戈复仇,只有联合海外同志与热心救国之侨胞,响应国内同胞主张,先行第一步办法,与倭奴经济绝交,断其经济来源。"②

墨西哥华侨尽管受当地排华影响甚大,但他们仍克服困难,成立各种救国组织,捐款捐物,不遗余力,积极投入到美洲华侨抗日救国的大潮中。墨国从省先打罅埠中华工商团体,因日本侵占东三省,特召集全侨大会,讨论对日救国方策,华侨工商各界均自愿参会。大会首由主席陈湛良宣布开会理由,报告祖国受日军种种压迫情形,并即议决如下数事:致电南京国民党政府请即对日宣战;全侨动员,自愿牺牲一切,誓以身报国;刻即组织华侨救国会,筹集对日宣战军饷;呈请总会,发行对日宣战星期刊,以通消息;请总会代表全省华侨,发表牺牲救国、与日本决一死战消息,译成墨文,向本省西报登载,以壮声援。③ 墨京华侨也组织抗日会,并发表成立通告,呼吁当地华侨一致奋起,捐款救国:"凡属国民,应确实认识此次国难之严重,自应外内一致,负起责任挽救危亡,尤其是

---

① 《驻墨总支部之快邮代电》未完,《少年中国晨报》,1931年10月18日。
② 《中国国民党驻墨未市卡利分部通告》,《少年中国晨报》,1931年10月7日。
③ 《墨国华侨对日贼之愤慨》,《公论晨报》,1931年10月23日。

旅墨华侨,饱受驱逐排斥之惨,倘国家一亡,世界人类,将视我为凉血动物,未来之大难,实千百倍于今日……是以本京华侨怀同仇敌忾之决心,矢披发缨冠之大义,一致奋起,成立抗日救国会,慨解义囊,当场认捐巨款,为国内之声援,作外交之后盾。"该会为完成使命,特约三事,奉告华侨:一为对日经济绝交,二为对外宣传,三为捐输款项。①

厄瓜多尔中华总商会召集各界侨胞会议,议决组织厄瓜多尔华侨抗日救国总会,附设于总商会,并推定办事人员,负责进行。该会成立后,发表敬告旅厄侨胞书,号召当地华侨务须同心同德,一致抗日,积极抵制日货,实行经济绝交,并动员各埠侨胞,本爱国救国之热诚,组织抗日救国分会,协力进行,以冀分工合作,务祈打倒凶恶之日本,达我救国之目的。② 该会制定章程,包括实现对日经济绝交办法:(甲)凡华商之办日货者,于1931年11月16日起,嗣后所到之日货,一律不准接收;(乙)凡华商字号或个人,于1931年11月16日起,一律不得购买日货;(丙)凡华侨回国不得附搭日船;(丁)凡华侨对于此次对日经济绝交,如有不表同情,或从中破坏者,一经查出,作为公敌,应设法对付。③ 章程还规定筹捐军饷办法:(甲)俟1931年11月16日以后,如无圆满解决,以致宣战,既先行着手义捐,接济急用;(乙)凡旅厄侨胞,除首次义捐外,以后每人每月担认厄币十元,逐日缴交,俾得汇齐寄返祖国,以备军用,至停息战务为止,如系贫乏之无力担认者,则听其便;(丙)每月除额捐外,如有热心爱国,自愿加义捐者,则多多益善;(丁)所有此次捐

---

① 《墨京华侨抗日会之通告》,《公论晨报》,1932年1月12日。
② 《厄瓜多华侨抗日总会敬告侨胞书》,《公论晨报》,1931年12月9日。
③ 《厄瓜多华侨抗日会成立宣言》,《公论晨报》,1931年12月10日。

款,只可汇返祖国作军备之需,不得移作别用;(戊)如有故意抗捐者,作为公敌,应设法对付。①

巴西华侨人数不多,且多为国民党党员,鉴于祖国存亡,千钧一发,侨胞当秉匹夫有责之义,组织反日宣传委员会,注意国际宣传,揭露日军侵华事实,纠正日本片面之造谣,以图"公理得获同情,强暴终受裁制"。同时下最大决心,联合国内战线,与日军奋斗,争民族生存。该会宣言称:"三省之失地,一日不克珠还,则侨等之反日工作一日誓不停止。"②

可见,九一八事变后,美洲华侨纷纷投入到援助祖国抗战运动中来。从地区国别来说,美洲各国各地华侨大都行动起来,既有北美洲的美、加、墨等国,也有南美洲的厄瓜多尔、巴西等。其中尤以美国华侨抗日最为热烈。从援战救国的主体来说,华侨社团、华侨报社、华商华工、华侨妇女、侨校及美国大学的中国学生等都参与其中。就其援助祖国的方式而言,美洲华侨各界利用其各自优势,或组织华侨一致抗日,或对侨胞进行舆论动员,或对当地政要和媒介开展国民外交,或组织抵制日货运动,或组织捐款捐物等,不一而足。

第二节 援助马占山将军

九一八事变后,东北军部将马占山在齐齐哈尔就任黑龙江省政府代理主席兼军事总指挥,率领爱国官兵奋起抵抗日本侵略。他指挥的江桥(嫩江铁桥)抗战打响了中国人民抵抗日本侵略的

---

① 《厄瓜多华侨抗日会成立宣言》(续完),《公论晨报》,1931年12月11日。
② 《旅巴西中国国民党反日宣传委员会宣言》(二续),《少年中国晨报》,1931年10月23日。

第一枪。马占山不顾张学良不抵抗命令而对日本侵略者奋起抵抗,深受全国人民称赞,国内各报纸都以大字标题报道江桥抗战。全国各地群众自发组织慰问团、后援会,捐钱捐物,支援马部抗战。美洲华侨也不例外,掀起了一场较大规模的援马抗日运动。

美洲旧金山华侨以黑龙江省代理省府主席马占山,振臂一呼,率领东北健儿,与日军苦战,孤军拒敌,捷报迭传,前线将士不惜牺牲性命,为国杀贼,而深受触动,海外华侨当节衣缩食,踊跃捐款,慰劳马占山部下将士,并以"驻美三藩市华侨慰劳黑省将士"名义,将款电汇哈尔滨华商会,请设法转交齐齐哈尔马占山主席。① 旧金山中华总会馆所组织之拒日救国后援总会,先向各会馆借出美金7 000元,电汇交黑龙江马占山将军,作为慰劳军费,然后设法向各侨胞募捐,以摊还各会馆。②

中国宪政党驻美总支部致函美洲各埠中华会馆、拒日后援会、各报馆、各团体,号召华侨一方面援助马占山将军的抗日战争,另一方面反对国民党政府的不抵抗政策及对马部的种种掣肘:"自日贼入寇,举国风靡,能战之将,独靠一马占山为国家争名誉,为人民争体面,日贼且敬重之,称为虎将,世界动色相告,未敢轻视中国无人,此我国家之元气也。不料丧心病狂之国民党党府竟不爱惜之,而欲陷害之。痛心之事,孰大于此! 愿我侨胞速起速起,援救此爱国之勇将,援救此爱国之士兵,誓死反对锦州撤兵,誓死反对划锦州为中立地,通电联合海内外各团体,要求党府立刻出兵,对日宣战。党府如敢违抗民意,害死忠良,就是卖国逆贼,我海内外全体

---

① 《华侨慰勉马占山》,《公论晨报》,1931年11月15日。
② 《拒日后援会募捐之成绩》,《世界日报》,1931年11月19日。

人民誓不承认此卖国逆贼之国民党党府。"①

加州士得顿（斯托克顿，Stockton）马族鉴于日军强占辽吉，幸有马占山将军忠诚卫国，率领爱国将士，孤军拒敌，屡战屡捷，各埠侨胞闻之，有拍电慰劳以壮士气者，有发起募捐以资犒赏者，几无日无之，士得顿埠马氏昆仲特发起募捐，不一日而募集1 700余元。②

加州挖慎委利（沃森维尔，Watsonville）中华会馆召集华侨会议，捐款慰劳马占山，即席捐千余元。列席会议者，不过20人左右。该馆并拍电国民党政府，取消一党专政，还政国民，搜罗全国人才，组织民治政府，一致对日宣战。③ 不几日，该馆又召集全体大会，议决筹款并拍电慰劳马将军，并派黄祥等人到夏路市打、山地古鲁等埠募捐，共得2 700余元。捐款多者有150元、100元者。④

加州洛杉矶（华侨时称"罗省"）华侨农产联合商会集议发起捐款，犒劳马占山所部将士。因时值商情冷淡，该会会员56人，向来将上年所收之会费，除开支一年之常费外，约可结余二三百元作为年会时宴会之费，时各侨商以国难当前，决议取消宴会，将余款拨充犒劳前敌将士之费，并向侨界募捐。义声所播，应者四起，不数日间募集美金1 100百元，并由该埠加省银行，如数电汇至哈尔滨万国宝通银行，交马占山将军收，以犒劳三军。该次捐款中最具特色者，即岑兆福师奶其人也，其利用家庭工暇之余，到西人果厂捡核桃，历年所得之工值，尽将捐助。又其侄每年积蓄之利市，亦尽

---

① 《国民党党府欲害死马占山 有血性之侨胞速速奋起援救》，《世界日报》，1931年12月2日。
② 《马族筹款犒赏马占山将军》，《世界日报》，1931年11月19日。士得顿，时华侨又称市得顿，或市作顿。
③ 《挖慎委利中华会馆议案》，《世界日报》，1931年11月21日。
④ 《侨胞汇款慰劳马军》，《世界日报》，1931年11月28日。

将之捐助。①

加省北架斐（贝克菲尔德，Bakersfield）华侨自日军侵略东北后，即组织反日救国会，提倡与日本经济绝交，不遗余力。自马占山将军杀敌后，该会遂向埠中华侨等募慰劳费，共募得美银约500元。该埠中华会馆致电南京称："马占山将军孤军拒敌，忠勇可敬，请即增派大兵赴援，收复国土，侨等誓为后盾。"其致马占山电称："贵军奋勇杀敌，精忠卫国，无任钦迟，请努力奋斗，还我国土，侨等誓为后盾，已筹慰劳费，随汇。"②

纽约中华公所、抗日救国会、华商总会三团体，以黑龙江主席马占山将军奋勇杀贼，威震寰宇，足以寒敌胆、扬国魂，特联名致电马将军，勉其奋斗，祝其成功：

> 日贼压境，杀人占地，凡属国人，悲愤填胸，我公奋起杀贼，为中华民族争人格，为世界人类争正义，友邦敬佩，贼胆惊寒，师直为壮，胜算在我，全侨一致，为公后盾，资于人者虽愚，惟公忠勇足恃，恳再秣马厉兵，扫灭丑虏，克复领土，荣戡东京，我公之荣，祖国之光。③

纽约抗日救国会后又发出布告，要求华侨"对于日货勿买勿卖，对于日船勿附勿搭，实行抵制，以绝日寇出路，而雪国耻"④。

阿肯色州马利晏拿埠华侨冯文，鉴于日兵入寇东省，祖国锦绣山河被侵略者强占，同胞惨被屠杀，闻讯之下，义愤填胸，一方面发文抨击国民党政府之不抵抗主义，不顾国家沦亡，只知争权夺利，

---

① 《罗省农商会汇款犒马军》，《公论晨报》，1931年12月27日。
② 《北架斐华侨之公电》，《世界日报》，1931年12月5日。
③ 《纽约华侨慰勉马占山》，《公论晨报》，1931年11月15日。
④ 《纽约抗日救国会之布告》，《公论晨报》，1931年11月22日。

万里河山，拱手让于敌人，国民党政府实为卖国之罪魁；另一方面高度赞扬马占山将士孤军拒敌，为中国保全人格的英勇气概和爱国精神，并寄上十美元汇单一张，请转致拒日会，交与马将军收领，以为慰劳将士之费。①

华文报刊在动员侨胞援马抗日方面起到很大的宣传鼓动作用。位于加拿大温哥华的《大汉公报》刊登《中日相持中之马占山》《奋勇杀贼的马将军与庸柔不抗的张学良》《我们热助马占山将军》《忠勇哉马占山将军》《救国健儿之马占山将军》《党府始终专靠国联之怯懦无耻》《民族利益与党派利益》《欲报倭贼之仇宜打倒不良政府》《可敬可爱之马占山将军》等社论文章，大力报道和宣传马占山率部抗敌的英勇事迹，同时抨击一些国民党军官"残民以逞、勇于私斗、怯于公战"的习气：

> 马占山将军，洵我国军人中之卓卓者也……勇敢善战，出奇制敌，无往不前，诚为我国军界中出类拔萃者也。至其爱国之心，忠勇之气，实超出国内武人万倍，足令日贼闻之气慑，见之心惊，不敢谓中国无人，确值得吾人之爱戴也……所谓国民政府要人，海陆空军各官长，对于外患日迫之际，千钧一发之秋，对内竟不俯顺民意，放弃党治，对外更不准备武力，复我主权。举目全国，其能轰轰烈烈，激激昂昂，骑骏马，打冲锋，驾飞机，破敌阵，力挫日贼之威，一吐吾人之愤，上为国家效命，下尽军人职责者，茫茫华夏中，惟一马占山将军而已。可爱哉马将军！可敬哉马将军！以视一般拥兵自雄、残民以逞、勇于私斗、怯于公战之军阀武人，诚有天渊之别矣！所望我海内外同胞，一致拍电回国勖勉马将军，一则使马将军再接再厉，奋

---

① 《捐款慰劳马军之函》，《世界日报》，1931年12月2日。

勇杀贼,一则可使国内武人知所悔改,急自振救,共随马将军之后,致力疆场,斯则我国前途,或有一线希望。其关系非浅显也。尚希我们侨胞,亟起图之。①

加拿大加林巴市华侨救国后援会以黑龙江省主席马占山将军统率士兵,奋勇杀贼,精忠卫国,极为感戴,特召集全侨大会,最后决议分队出发劝捐,每两星期一次,迨至停战中国获胜利为止。当场由侨胞义捐,捐得现款200余元。②

古巴亚湾华侨多为失业侨胞,并在救济失业华侨委员总会报名,当见日军强占中国土地,焚杀中国人民,故特联同失业侨胞,签名上书于救委会,请将日前捐得之款,尽数汇返奖励马将军之兵士,"我等虽受饥饿而死,亦甘愿也"。③

第三节　驰援十九路军抗战

日本关东军发动九一八事变,攻掠东北各地,激发日本海军跃跃欲试。1932年1月28日,日本又在上海燃起战火,制造"一·二八"事变。驻守上海的国民党十九路军在军长蔡廷锴、总指挥蒋光鼐的指挥下奋起抵抗,淞沪抗战爆发。十九路军奋起抗击日本,一洗九一八事变以来国民党政府妥协退让带来的耻辱,令海外侨胞振奋和欣慰。

一、声援、抨击与呼吁

声援十九路军的抗日行动,抨击蒋介石的不抵抗政策,向当地

---

① 《可敬可爱之马占山将军》,《大汉公报》,1932年1月22日。
② 《慰劳马占山军纷纷而起》,《大汉公报》,1931年12月4日。
③ 《古巴华侨愿拨赈款奖励马占山》,《大汉公报》,1931年12月4日。

国揭露日本侵华的真相,呼吁当地国主持正义,制止日本侵华行为,这是美洲华侨支持十九路军抵抗日本侵略的重要方式。

"一·二八"事变一发生,美洲各国华侨纷纷拍电致函慰问。美国华侨拒日总会致函十九路军,一方面揭露日军野蛮的侵略行为,另一方面也高度赞扬十九路军奋勇杀敌的爱国精神:"东邻日贼,乘我天灾人祸之危,不加周恤,反藐视非战公约,不顾天理人道,竟以明火打劫之心,而为狡焉思启之图,现掠我辽吉黑,而犯及平津,今复侵我沪京汕,而后及各商镇,以求其所大欲,惊电频来,全侨若崩厥角稽首。幸赖我将军等夙具娄师德八遇八克之才,而有诸葛亮三继三擒之艺……我将军等锁錀千门、干城万里之雄心,足与齐之田单后先比美,光增史册。"该会乃电汇两万元,以表劳师之忱。①

美洲华侨从民族大义出发,在声援十九路军抗日的同时,还纷纷致电南京国民政府当局及首脑,要求对日宣战,派兵支援十九路军抗日。美国旧金山、芝加哥、檀香山华侨分别致电林森、蒋介石、汪精卫及国民政府,赞扬"十九路军抗贼救国,中外同钦",请立即对日宣战。旧金山三邑总会馆致电南京国民党政府,要求其反抗日本侵略:"贼深国危,全侨悲愤,恳请迅令各军,杀敌救国,誓为后盾。"②美国纽柯连埠(新奥尔良,New Orleans)华侨拒日救国会致电南京外交部各部院长称:"闻日贼连日增援海陆空各军陆续抵沪,请饬前方军士,迎头痛击,以挫贼锋,万不可撤兵退让,刻即派援军反攻,驱日贼于境外,恢复所有失地否,则对阵观望,致令日寇深入,试问何以对国家,何以服民心,何以慰侨情!伏乞通令全国

---

① 《拒日总会致十九路军将士函照录》,《公论晨报》,1932年2月9日。
② 《三邑总会馆电请杀敌救国》,《公论晨报》,1932年1月31日。

军队,齐起杀贼,为民国争光荣,为民族图生存。"①

一些华侨团体和个人鉴于十九路军血战月余,卒以孤军奋战,支持危局,后援已绝,饷械不继,而国民党政府拥兵数十万,不肯调遣一兵援助十九路军,拒不参战,义愤填膺,遂纷纷致函南京国民党政府及全国,指责乃至抨击国民党政府的不抵抗政策。加省纲自李埠(蒙特雷,Monterey)余式礼、李甫生暨全体华侨鉴于国民党政府坐令十九路军败退,日军深入,故议决电责国民党政府要人之误国:"洛阳国府林、汪、蒋、何各委鉴:公等既弃东北,复不援救淞沪,拥兵数十万,只顾内争,不御外寇,侨等痛心,望即出兵,收复失地,以救危亡,侨等誓为后盾。"②

旧金山华侨女界抗日十人团代表冼约华、梁慈善等上书宋庆龄称:"蒋张二人,各拥兵数十万,徒事内讧,外侮来侵,竟畏之如虎,有千秋馨香之伟人不为,而甘为万世遗臭之罪人,真百思不得其解矣⋯⋯呜呼,蒋张二人,阴谋误国,万死不足以蔽其辜,试问今后若欲收复失地,军民财产,必再损失数倍,纵或有效,不得偿失,思念及此,能不痛心乎,虽集五洲万国律师于一堂,不能为蒋张二人辩其罪也⋯⋯素仰夫人热心爱国,恳请排除万难,负起对民族最终之责任,通电海内外同胞,举国一致,督促党府,彻底永续抗日,并警告蒋张二人,速下决心,率领杀贼将士,分途拒敌,收复失地。"③

墨京华侨爱国人士有感于十九路军勇敢善战,蔡廷锴将军之威名,全球景仰,建议立蔡将军像于闸北,以留纪念,而同时设立蒋

---

① 《纽柯连华侨电请力拒日寇》,《世界日报》,1932年3月14日。
② 《纲自李华侨电促出兵拒敌》,《公论晨报》,1932年3月14日。
③ 《三藩市华侨妇女代表团致宋夫人书》,《公论晨报》,1932年3月17日。

氏之像，但须一如岳飞前之秦桧状，使其遗臭流芳，各适其当。墨京华侨救国会则发通电，痛斥南京国民党政府及蒋介石等的媚日卖国行径："各报馆转何应钦、顾祝同、刘峙、何健、熊式辉诸公鉴：日贼侵我疆土，杀我人民，摧残备至，蒋袖手不援，忍令十九路军孤军奋斗，试军人御外，天职奚存！闻蒋有巨金存日，并订有密约，致甘心媚日，自取灭亡，须知覆巢之下，卵必无完。公等既负卫国守土之责，彼虽卖国，何得苟同，岂公等亦甘作亡国奴耶！当兹危机一发，遗臭流芳，应请自择。"①

《世界日报》在纪念九一八国耻一周年时，抨击国民党政府对日妥协退让、对内实行一党专政而招致中国领土主权丧失的国耻："开城迎敌接纳国耻，宁粤相争招来国耻，忘仇对内不顾国耻，压抑民气造成国耻，装聋作哑甘受国耻，卸责走人忘记国耻，左上右落运动国耻，撤兵媚敌增加国耻，国难会议点缀国耻，停战协定欢迎国耻，倚赖国联宣传国耻，宣言抵抗掩饰国耻，三国协调无所谓国耻，卖国政府纪念国耻是之谓无耻！"②

向美洲国家政要及当地社会说明中国战场情况，让他们了解日本侵华的事实真相，争取他们在舆论上谴责日军的暴行，乃至在行动上制止日军的侵略行径，也是美洲华侨援助祖国抗战的一个方面。美洲中华总会馆主席黄璧传在"一·二八"事变的次日就代表总会馆致电美国总统胡佛，请求其干预日本侵华："余谨诚代表居留全美之华侨，恳请贵大总统调停此次中日之纠纷，停止日本之武力强占上海，违背其最近对贵国政府之声明，藐视奇洛非战公约

---

① 《墨京拒日会之要电痛责党府媚日卖国》，《公论晨报》，1932 年 4 月 23 日；《墨京拒日会之要电痛责党府媚日卖国》续，《公论晨报》，1932 年 4 月 24 日。
② 梦蝶：《九一八国耻一周年之回顾》，《世界日报》，1932 年 9 月 18 日。

及其他庄严之协定,对于世界和平,不惜破坏,而日本更全无根据,将中国之领土完整破碎,希望贵大总统在此严重时局及中美传统友谊之下,速取严实而有效之方法,维持中国之完整及主权。"①

纽约华侨救国宣传会,将《日相田中内阁侵略满蒙之积极政策》一书,多次翻印,广为宣传,使世界人士明了日本之横行,暴露其侵略满蒙之政策,揭破其侵略之野心。该会计翻印四期,共印数万本之多,分送各国社团人士,以及各图书院,用以昭告世界,务使人人皆知日本之野心而无余。自分发之后,世界友邦人士,或感于日本之阴谋厉害,深表同情,皆不满意日本之所为,并纷纷来函索取此书者,日必数十起,大有应接不暇之势。②

淞沪抗战期间,美飞机师述氏(罗伯特·麦考利·肖特,Robert McCawley Short)因主张正义与和平,援助中国,与残暴凶恶之日军作战,不幸以众寡不敌,为日机击落,当以身殉。美国华侨感于述氏之义烈,无不同心钦仰。纽约华侨航空救国会对于述氏之举尤为钦佩,特由巡行筹捐所得款项下,提拨500金,以赠述氏之母,表示侨界对其安慰之意。兹录其函如下:

> 笠拔述太夫人大鉴:敬启者令郎述先生为中国之良友,为世界正义人道而牺牲之英雄,令郎在上海见日帝国主义者之惨无人道,用飞机炸弹惨杀中国之无辜妇孺,侵占中国领土,破坏世界和平条约,为中国鸣不平而战,乃不幸于二月二日在上海惨被日帝国主义者之飞机击落,当场毙命。中国失一良友,世界丧一人道之保障者。吾全中国人民,殊深痛悼。令郎杀身成仁,舍生取义,足令全国人民崇拜令郎之英雄,永远不

---

① 《中华总会馆致美总统电》,《公论晨报》,1932年1月31日。
② 《纽约华侨救国会之宣传》,《公论晨报》,1932年4月14日。

能忘其义烈之功勋。可信世界人士,亦为之表哀惜深切之同情。夫人之损失极巨,不能挽既死之爱儿而复生,惟令郎为正义人道的牺牲之令名,与天地而并寿,万望夫人节哀珍重玉体,是同人等之所祝祷。兹由舍路中国领事馆阮恰领事先生处,寄上赤纸一张,伸金五百元,希为检收。①

二、成立新的救国团体

在不断高涨的华侨拒日运动浪潮中,一些华侨人数不多、地理位置偏僻且之前未成立抗日组织的侨社也纷纷成立抗日团体,组织侨胞为祖国抗日将士捐款捐物。美国休斯敦(华侨时称"晓市顿")由侨领朱兼三召集华侨会议,组织拒日救国筹饷会,举定职员,议决该埠华侨每月额将薪金若干成捐出,源源汇归,协助军费,至扫除日本侵略者为止,并邀集附近邻埠各华侨加入,俾成一大团体。②

美国南部数州华侨联合成立美南筹饷抗日救国会,并制定筹捐简章。章程共 14 条,其内容主要有:该会负责筹饷接济,以武力驱逐日本侵略者出境为目的;侨胞限十八岁男女,每月限助军费银五元为额;筹捐每月一次,由一号至十号,一律收捐,概交财政部;会员如有离埠者,须要本人通函报告常委注册为据;职员宣传救国工作,并提倡永远与日本经济绝交;如有侨胞顽固不遵例者,用报纸宣布其罪状,与众共弃之;如有侨胞热心特别义捐者,用报纸赞扬其声誉。③

---

① 《纽约华侨赠恤述氏之母》,《世界日报》,1932 年 4 月 3 日。
② 《晓市顿华侨组织拒日救国筹饷会》,《公论晨报》,1932 年 2 月 24 日。
③ 《美南设筹饷抗日救国会》,《世界日报》,1932 年 4 月 2 日。

加拿大彻梅纳斯(华侨时称"占尾利"或"占美利")华侨为统一力量,集中捐款,特成立拒日救国后援会,并发表宣言,号召侨胞积极捐款,援助祖国抗战。其宣言称:"素仰海外侨胞,向来热心爱国。当此日奴入室,蛮夷猾夏,必能慷慨捐助,努力输将,毁家纾难,有如于菟之子文,输财助边,不让牧羊之卜式。自古固多义士,于今不少仁人。请观上日电报传来,东北有位同胞女子,统带一小军队,皆能杀贼寒心,红颜亦知救国,我侨胞安可不捐资慰劳!若能大家奋勇直前,气吞三岛倭奴,国威发扬,声振五洲各国。所望侨胞踊跃捐助,使我将士无馁,恢复疆土,还我山河,同歌金瓯之无缺,共祝国家以万年,岂不美哉!"①

墨京侨领为使当地华侨合力同心,集中捐款,以为祖国之后盾,也于此次援助十九路军抗日救国运动中召集会议,成立抗日救国会。其成立宣言称:

> 海内海外须知兄弟急难,手足相维之义,行者居者,应尽天下兴亡,匹夫有责之训,从此义勇之国民军,不募而成,对外之战务费,不劝而集,外侮不足畏,民气大可用,慷慨激昂,共赋同仇之篇,日贼虽恶,知此间大有人……今因外患之来,国民能合力以御之,修武备以防敌寇,固吾圉以戢戎心,则我大中华民国,必不可亡,如其不然,则亡国灭种之祸,终难幸免,只在迟早耳。国亡我为奴,国存我为主,乐莫乐兮主人翁,贱莫贱于亡国奴,生不辰而遇大故,望谁作慈航之渡,为主为奴,听我民族之自决,或存或亡,其关键在此一举,今其时矣,华侨勉之!②

---

① 《占尾利市华侨拒日救国会宣言》,《大汉公报》,1932年2月13日。
② 《墨京华侨抗日救国会宣言》,《公论晨报》,1932年2月18日。

墨国参迫古埠侨团商界等，在当地中国领事官的召集下，开紧急会议，成立参省拒日救国会，当场选举执监委员，并即席议决举行临时筹款接济第十九路军，除由议席上当场认捐外，并定执监委员全体担任劝捐，分列九队，克日出发，向侨界征求义捐。其劝捐通告称："海外华侨，已有多处汇款接济。我旅墨华侨，同是国民一分子，爱国之心，未尝薄弱，拒敌之志，尤为愤激，对于接济十九路军义捐时肯落后，而不共表同情者，想一经劝捐员登门时，定必慷慨解囊，乐为捐助。请各本国家将亡匹夫有责之义，同心合作，一致努力，俾第十九路军声援雄厚，军威不扬，于以扫荡日贼，巩固国家基，则我全体华侨救国之功，将光昭史册，永留不朽之荣矣。"①

墨西哥未市卡利华侨组织拒日会并发表宣言称："惟望我侨同心协力，一致拒日，共同救国，出财出力，若拒日不出力，亡国复仇难，救国不出财，亡国家何在，顾亭林先生有言，'国家兴亡，匹夫有责'，愿我侨胞共同勉之。"②该会为唤醒华侨抗日救国，特创作拒日救国歌：

诛日贼，笔一支，
大书三岛木屐儿，残暴凶横天下知。
无端出兵侵我国，不遵协约乱施为，
只恃强权无公理，实行侵略竟出师。
夺我东省膏腴地，乱炮轰毁我城池，
残杀我民如刈草，盈城盈野路横尸。
闻者伤心见流泪，满洲遍插贼军旗。

---

① 《墨国参省拒日会通告》，《公论晨报》，1932年2月22日。
② 《未市卡利华侨组织拒日会宣言》，《公论晨报》，1932年2月15日。

> 倭贼兽心仍未止,还向上海启战期。
> 江湾闸北多糜烂,玉石俱焚实伤悲。
> 提起倭奴真罪恶,宁食其肉寝其皮。
> 国仇未报频魔剑,唤起同胞杀贼时。
> 为士立应投笔起,从戎救国莫迟疑。
> 抵制日货犹应急,联群杯葛用坚持。
> 军人拒敌须奋斗,精忠卫国灭东夷。
> 子文毁家纾国难,我等侨胞当效之。
> 勿谓亡国当闲事,为人奴隶悔之迟。
> 汝睇高丽和印度,当为牛马任驱驰。
> 我等侨胞须猛省,一致救国莫分歧。
> 誓灭倭奴方罢手,恢复山河定邦基。
> 中华振兴从此起,国民吐气启扬眉。①

萨尔瓦多华侨因受排华政府压逼,各商业被其摧残过半,对于拒日救国会,无暇组立,但在此次侨界抗日浪潮中,也本同仇敌忾之情,效包胥复楚之志,召集全侨开救国会议,选定各委员职员,分科办事。②

其他在援助十九路军期间成立的组织还有美国轩佛(汉福德,Hanford)华侨组织抗日后援会、旅巴拿马华侨救国总会、南美洲店美利拿(圭亚那)抗日后援会等。③

一些偏僻小镇,华侨人数不多,则往往联合附近其他小埠华侨

---

① 未市卡利拒日救国后援会:《唤起侨胞拒日救国歌》,《世界日报》,1932年3月14日。
② 《旅汕华侨拒日救国会成立》,《世界日报》,1932年3月2日。
③ 《轩佛华侨组织抗日后援会略志》,《公论晨报》,1932年2月25日;《拒日总会接来之公函》,《公论晨报》,1932年4月21日。

成立救国团体,组织捐款。如1932年2月,加拿大片辰埠华侨就联合加罅猫埠华侨成立拒日后援会,并集得加元400余元,汇给十九路军。①

一些华侨行业人士也联合起来,成立行业性救国团体。如纽约餐馆业华侨为一致筹饷抗日,假座陈利楼,召集同业会议,众以事关救国,义不容辞,自应联合一致,共策进行,即日组织"纽约华侨餐馆工商联合会",以筹饷抗日、共御外侮为宗旨,并共推临时职员,主持会务,发表筹款抗日宣言,通过征求同业参加入会办法,并先定每餐馆缴纳开办费十元。②

三、捐款捐物,开展抵货运动

美洲侨团及学生组织为动员华侨援助十九路军抗战,在揭露日本帝国主义的侵略罪行、声援十九路军抗战的同时,还呼吁华侨团结一致、树立民族国家观念,积极组织华侨捐款捐物、抵制日货。旧金山中华总会馆发表通启称:"本总会馆为旅美全体侨民之最高级机关。凡属侨民,均须竭诚拥护,以谋团结而厚实力,勿存派别成见,而图意气,况际此国难正殷,吾人更宜协力御侮以救亡。本总会馆辖下之拒日救国后援总会……业于二月十日开全体代表大会,一致议决,筹募救国义捐,并定期出发,向各侨界劝捐,仰各界侨胞于拒日后援总会募捐员登门劝捐时,鼎力输将,期集巨款,共纾国难为盼。"③

旧金山中华总商会也发表通告,号召华侨支持后援总会的募

---

① 《片辰埠加罅猫拒日后援会汇款犒师》,《大汉公报》,1932年2月26日。
② 《纽约餐馆工商会通告同业书》,《世界日报》,1932年3月10日。
③ 《拒日总会公启照录》,《世界日报》,1932年2月12日。

款活动,踊跃捐输,援战抗日:"我侨胞虽羁身海外,未能荷戈从戎,疆场杀敌,惟对于军饷之筹集,义师之犒赏,应要同心协力,勿存派别,踊跃捐输,以尽国民之天职。兹当拒日后援救国总会出发募捐之始,用特通告,仰我侨商于募捐队登门时,鼎力输将,期集巨款,共纾国难。"①中华总商会随后又发通告,号召华侨一致抵制日货:"照得倭奴毁弃国际公约,甘冒天下之大不韪,无故兴兵侵凌我国,贼兵所至,城市为墟,抢掠焚杀,灭绝人道。凡此种种,非特我国国民感受痛苦,誓与偕亡,即友邦人士亦莫不交相鄙弃,亟思有以维持正义,戢彼凶残,于是美国有杯葛总会之设。惟是我侨商店与倭奴比邻而居者,所在多有,同种同文易淆观听,不有标志,反受其害,本总商会有见及此,特制一种就一种美观铜牌,以便会友悬诸店门,而资分别。"②

沙加缅度中华会馆举行全侨大会,讨论筹捐军饷事宜,随即产生二埠中华会馆拒日救国筹饷委员会,决议组织先锋队,先向各团体、殷实商户筹捐,待结束后,再派"筹""饷""救""国"四大队,分向华埠西人区农园男女等处筹捐,每队设队长一人,队员若干。该会希望通过此次出发筹饷,能于最短期间,筹得沪洋十万元汇回。③

洛杉矶中华会馆鉴于淞沪停战丧权辱国的协定行将签字,以致旧耻未雪,新耻陡增,是以议决于5月7日举行国耻纪念,并巡游华埠,冀唤起民众同做实际雪耻工夫。参加巡游者有同源会西乐队、国声游艺社中乐队、航空会员及中华会馆拒日会全体职员等。至巡行时,各人皆手执中美国旗及各种标语,中华学校学生则沿途

---

① 《中华总商会为筹救国义捐通告》,《公论晨报》,1932年2月13日。
② 《中华总商会通告照录》,《公论晨报》,1932年5月12日。
③ 《二埠华侨助饷之踊跃》,《公论晨报》,1932年2月25日。

高唱国歌,及《五七国耻》与《抵制仇货》等歌,并高呼各种口号。巡游毕,复返中华会馆,开演讲大会。演讲大意均勉以华侨要准备做救国御侮工夫,及实行抵制仇货到底,勿贻虎头蛇尾之讥等语。①洛杉矶拒日后援会还成立妇女部并发表宣言,号召该埠华侨女界捐款救国,履行国民责任:"国难未已,军粮浩繁,我辈妇女,份属国民,既未能效木兰之从军,亦当尽匹夫有责之天职,爰成立拒日后援会妇女部,以襄助救国之工作,专向埠中妇女界募集救国义捐。所冀我侨美妇女,缩衣节食,省却无畏耗费,脂粉卷发首饰等,慨助义捐,以接济我十九路军之军粮,施赈战区之难民,庶无愧乎国民一分子之天职也。"②

纽约中华公所组织纽约华侨抗日救国会筹饷总局,并发布告,号召华侨积极捐输救国:"我侨居海外未能亲赴疆场,共同杀敌,亦应输财助饷,接济抗日健儿。迩日各侨胞纷纷自动捐饷汇回,热心加人一等,但未曾捐助者,亦属不少,是以本公所联合各团体领袖,组织纽约华侨抗日救国会筹饷总局,订定章程,编队出发劝捐,各侨胞务须慨解义囊,共纾国难。"③

美洲华侨深受十九路军官兵抗日的鼓舞,在各抗日团体的组织下,纷纷开展捐款援战运动。旧金山朱沛国总堂同人召集会议,议决捐助沪洋一万元,汇交上海救济灾区难民银1 000元,并议决当年春宴,节费助饷。④旧金山大中华戏院诸艺员,除自行捐助巨款外,复报效演剧筹款,连日结队出发,向侨界劝销剧券,成绩甚

---

① 《罗省中华会馆举行国耻纪念巡游》,《公论晨报》,1932年5月13日。
② 《罗省拒日后援会妇女部宣言》,《公论晨报》,1932年4月11日。
③ 《纽约中华公所之布告》,《世界日报》,1932年3月13日。
④ 《朱沛国总堂捐款拒敌之热心》,《公论晨报》,1932年2月16日。

佳,得款 2 500 余元,即交拒日救国后援总会照收。① 旧金山女界青年会组织之女子救国团,集款购买物料,寄返上海为救伤之用,又蒙各界惠捐款项多起,汇归上海救济难民之急需。如广东车房报效车工,中美童子院送来布料二箱,上海、共和、广东各面厂送来面粉包,及各衣馆送到旧被单甚多。② 旧金山中兴公司总理周崧发起捐款救济逃离战地的难民,除自捐沪洋 1 000 元外,并请其公司同时捐助,结果共收沪洋 2 500 元。后周君又以私人名义,发函向西人有交易之商店及西友请捐。③

奥克兰林肯学校侨生组织华人男女学生自动捐助军饷会,首由该校年稍长的做工学生,各愿将其半个月工金捐出,以为之倡,然后向年少的华童宣布捐助,各华童莫不踊跃自动捐签,计筹得美金约 200 余元。中有一学生关作棠,年仅 10 余岁,将其每星期储款银行之簿据,给该会办事人,将存款尽行捐出。该会办事人偕该童到银行提款,计得银 10 元 2 毫。④

纽约华侨抗日救国会筹饷总局为募款援助十九路军,特编列募捐队 43 队,出发筹募军粮。当募捐队未出发之前,纽约埠与纽特(纽瓦克,Newark)侨胞,热心救国,已自动相继捐款,汇款已达 50 万元,至本募捐队出发募捐,各侨胞商户加捐及初捐者,殊仍热烈,计募捐队共收入美金 3 360 元,用以购置军用钢帽,寄赠十九路军之用。⑤

纽约唐人街包梨街 24 号陈湾溪房同人,以祖国战事紧张,军

---

① 《大中华演剧筹款救国》,《公论晨报》,1932 年 2 月 22 日。
② 《女青年会救国之工作》,《公论晨报》,1932 年 2 月 22 日。
③ 《周崧君热心为上海难民呼吁》,《公论晨报》,1932 年 4 月 28 日。
④ 《屋仑林肯学校学生热心救国》,《公论晨报》,1932 年 2 月 18 日。
⑤ 《纽约筹饷局募捐队结束通告》,《公论晨报》,1932 年 3 月 26 日。

费浩繁，特决议将现年所有饮宴之款汇回国内，充作抗日军费。闻该房同人对于此举，无不赞成，且有自动认捐者，刻已筹得大洋6 000余元，闻尚有半数，俟将来陆续汇归。①

纽约华侨妇女爱国会同人，热心爱国，举行舞狮卖花等活动筹助军饷，及赈济上海难民。纽约中华公所抗日救国会，以妇女爱国会同人，发起卖物筹款，救济上海战区灾民，特发出通告赞助。兹将通告录下：

> 该会曾发出西文函件数千份，请西人慈善团体、爱国人士参加。纽约为世界上最大名城，游客众多，将来游华埠名胜者，必然踊跃，用特布告，请各界团体、各商户由本月廿六晚至四月三号晚悬旗张灯，洁净店铺，陈列新鲜货品。在此期间，垃圾桶须置在铺尾，不可置在门口，以壮观瞻。希望自此次运动之后，华埠成为纽约名胜之一，既可广生意之招徕，亦可增加团体之声誉也。尤望各商号本救济之热忱，赠送货品，陈列应沽，踊跃参与盛会，有厚望焉。②

各界男女侨胞，热烈帮助，踊跃掷款购买，复蒙各界团体热诚在戏院大助款项，至收场之翌日，华侨妇女爱国会共计收入美金16 627.26元。③

亚利桑那州祖笋（图森，Tucson）华侨召集全体大会，议决将全埠约有百余间华侨商店，分上中下三等派捐，上等额捐75元，中等额捐50元，下等额捐25元。所有工人，将每月所得工金，十分捐一。在场各侨胞自动认捐者，非常踊跃，不过半点钟之久，已捐得

---

① 《纽约陈湾溪房助款救国》，《公论晨报》，1932年2月15日。
② 《纽约华侨妇女筹款赈灾》，《世界日报》，1932年4月1日。
③ 《纽约妇女卖物筹赈之成绩》，《公论晨报》，1932年4月17日。

2 000余元。①

墨国周斗亚省(奇瓦瓦州,Chihuahua)山亚华及奥劳两埠华侨因见日军凶横,侵我国土,杀我国民,是以组织筹饷救亡会,向侨界捐款,共捐得墨银1 000余元,另港赤银 2 221.53 元,交旧金山拒日总会收。查捐该港赤银者,系老华侨林连发,向业厨工,入息不丰,近因年老,鸟倦思还,曾于1931 年 4 月将历年所积买广东银行汇票一纸,拟回国养老。适因事不果,展期返国,适日军侵华,尽将此赤银全数捐出,以作十九路军拒日军费。据称,"林君谓此赤原为回国养老之用,今见日贼残暴,越演越凶,若无蔡将军等健儿奋勇抵抗,亡国立见,不幸而亡,有银何用。今弟决意未回祖国,特将此赤银尽数捐作军费"②。

墨国菜苑华侨团体会发起义捐,慰劳十九路军将士,公推廖贤、黄文就负责出发沿门劝捐,组织拒日救国后援会,举定各科职员,担任工作,以备筹集巨款,为国家后援。至捐款结束,统计筹得墨银 2 150 元。③

巴拿马华侨成立巴拿马华侨救国总会,并通告华侨:"际此国难临头之时,悍贼入室之日,各懔国破家亡之惨,本匹夫有责之义,或仿卜式之输将,或效弦高之弃犊,则分八功之水,流为大川,合千灯之光,混成一色,庶几挽狂澜于既倒,支大厦之将倾,匪特同人之幸,抑亦国家之福。"④该会先后两次电汇军费计美金13 000元,交蔡廷锴将军收,以充拒日军费。⑤

---

① 《祖笋华侨拒日救国会议》,《公论晨报》,1932 年 2 月 12 日。
② 《老侨胞捐款救国之热心》,《世界日报》,1932 年 2 月 27 日。
③ 《墨国菜苑埠华侨捐款救国之热心》,《公论晨报》,1932 年 3 月 3 日。
④ 《旅巴拿马华侨救国总会成立宣言》,《公论晨报》,1932 年 4 月 3 日。
⑤ 《巴拿马华侨致蔡将军书》,《公论晨报》,1932 年 4 月 27 日。

据第十九路总指挥部1932年2月、3月份收入抗日慰劳金统计,美国华侨捐献大洋1 688 276.83元,规元57 399.07元,美金19 874元;檀香山华侨捐献大洋206 500元,规元727.27元;加拿大华侨捐献大洋125 071.75元,规元5 287.81元,港币915元,美金1 000元;墨西哥华侨捐献大洋32 593元,规元16 907元,港币2 000元;中南美洲华侨捐献大洋168 699.15元,美金13 000元,56.10英镑。① 对比报告书中暹罗、新加坡、爪哇等华侨人数较多的国家或地区,美洲华侨,尤其是美国华侨捐献给十九路军的款项远远超过其他国家或地区华侨捐款的数量。

美洲华侨还积极为十九路军抗战捐献军需物资。旧金山华侨听说蔡廷锴等电请募捐70万美元的消息,纷纷行动起来,短时间内即募得美金300多万。当地华商总会议决,将该款为十九路军购买飞机30架。② 美东侨胞除电汇军饷之外,复予以物质之接济。纽约华侨抗日救国会筹饷总局议决,联合纽约、费城、华盛顿华侨诸团体,汇款购买铜帽5万件,赠予十九路军,以资御敌之用。十九路军蒋、蔡、戴三将军复函筹饷总局如下:

> 纽约华侨抗日救国筹饷总局执事暨列位侨胞惠鉴:倭寇侵犯上海,光鼐等率十九路军,本守土卫国之义,御之于吴淞闸北间,父老兄弟诸姑姊妹相与庀喉粮,输财物,所以厚军实,抚战士者无不至,民族御侮精神,于以发皇……蒙贵会惠军用铜帽一万四千五百六十件。③

---

① 《第十九路总指挥部收入抗日慰劳金报告书》,美国加州大学伯克利分校族裔研究系图书馆麦礼谦档案室藏,抗日战争卷。
② 《旅美华侨捐款购机》,广州《民国日报》,1932年4月18日。
③ 《十九路军收到铜帽复函》,《世界日报》,1932年9月9日。

1932年7月,美国苛化总统船华侨搭客500余人,乘船回国。当船抵横滨及神户之时,此等华侨见该船搬来日货甚多,于是一致奋起签名,致书船主,及金山大来公司经理,请其勿将日本货食与华侨。蒙该船主俯允,即将日货付诸汪洋。时华侨搭客500余,妇孺占300有奇,竟无一人买之,亦无一人登岸游览。苛化总统船华侨搭客发表通启,号召华侨一致抵制日货:"自后望我同胞,凡搭英美轮船来往者,同本斯旨,继续努力,以收经济绝交之效,则国家大有荣焉。兹夹呈宣言一纸,请各报刊登,以广宣传,无任盼祷。"①

美洲华侨对十九路军淞沪抗战的支援,说明美洲华侨抗日救亡运动在不断向前发展。美洲华侨的抗日救亡活动与国内同胞尤其是部分国民党爱国官兵的抗日壮举遥相呼应,鼓舞和激励了前线官兵舍身抗战的决心和勇气,对国民党的妥协退让政策进行了有力的打击。

第四节 接济东北义勇军

东北义勇军是九一八事变后东北沦陷初期以张学良东北军为基础的自发抗日武装力量,人数最多时曾达30万人上下,活动范围几遍于全东北。东北义勇军的兴起,有力地打击了日本帝国主义的侵略野心,激发了全国人民的抗日意志,向世界人民揭穿了日本帝国主义伪造民意、树立伪满傀儡政权的阴谋。因此,东北义勇军受到全国人民的拥护和支持。

为解决东北义勇军粮械匮乏的问题,蔡廷锴、朱庆澜等人于1932年9月在上海成立中华民国东北难民救济协会,并以李煜堂

---

① 《总统船搭客抵制劣货》,《世界日报》,1932年7月30日。

等名义发布启事,号召海内外同胞为东北义勇军筹捐接济:"自九一八以来,暴日不顾一切信义,不避国际责难,着着进迫,必全据我东三省而后已。设任其占领,不谋收复,彼必以全力尽用于压制榨取,以为侵我全国之准备,则国亡无日矣。所幸我东北民众义愤填胸,忠勇贯日,以血肉之身躯,抗猛烈之炮弹,虽明知后援难期,亦苦战数月,以谋存一线收复之望,实令我全国民族闻而感愤。同人等爰结合同志,各尽所能,以谋援助……望我海内外爱国民众,仍本援助十九路军抗日精神,继续援助东北义勇军,尽力捐输。"①

1932年9月,驻美外交专员李锦伦致函南北美洲加拿大、古巴、墨西哥等国华侨,呼吁侨胞踊跃捐输,接济东北义勇军:"今我国幅员之广袤,山川之秀丽,天产之丰富,历史之长远,伦理道德之纯粹,此皆我国人列祖列宗之遗赐,保持光大,裕后光前,吾人之责无旁贷者也。现东三省及其他等处同胞,为救国而作慷慨激昂之牺牲矣,全国国民,当齐起而与国敌奋斗,同时竭力援助与日搏战之领袖及军人。对于东三省之义勇同胞,更应予以物质之救济,以厚其抵抗之能力,无使其有背弃如遗志感想也。夫东三省为中国之领土,其人民为中国之国民,其奋斗之结果,与中国国运前途有莫大之关系焉!鄙人不敏,谨掬诚奉告于吾同胞,无论吾人平日党派党见如何,应化除成见,固结团结,以抗暴日。"②

战时的戏剧、电影等文艺作品对激发华侨的援战情绪具有一定的作用。上海暨南影片公司为闽粤华侨所组织,于日军准备进攻热河前,特遣黄丁李等冒险赴热,与各路义勇军领袖接洽,随军拍摄当日抗敌血战情形,尤以冯占海将军在开鲁附近与日军数次

---

① 《请援助东北义勇军拒敌》,《世界日报》,1932年9月20日。
② 《李锦伦致美属华侨书》,《世界日报》,1932年9月25日。

血战为热烈。其他如义侠王德林拆敌铁路,以乱其后方,唐聚五、苏炳文等之血战,亦莫不尽量拍摄。当实地拍摄此片时,机师李何宗中敌弹阵亡,故此片在上海各地放映时,到处满座。当影片公司到旧金山唐人街播放此片时,各华文报刊劝说华侨以看他种影画之时间与费用来观看此片。片中之各处风景,极为美观,尤以兴安岭积雪、东北义勇军之特异服装,与战时之千军万马为不易见。①

美国旧金山中华总会馆拒日后援总会多次为东北义勇军筹款。其于1933年致函上海东北难民救济协进会蔡廷锴、朱庆澜等人称:"当此数十万忠勇义军,出生入死,前赴后继,正与日贼决生死之时,倘以饷需缺乏之故,未可轻率从事,则我旅美十万侨胞,绵力虽薄,然为救国计,一丝一粟,亦必尽为公等杀贼之援助,只求炮声一响,战报传来,大款不能立集也。"该会前后电汇三次,共计大洋20万元。此次又由邮寄公债票7 319元、港票洋3 988.25元、沪票洋1 430元。②

旧金山大中华戏院通过演戏筹饷援助东北义勇军,将售券所得之款,悉数汇返,以充军实,并请拒日总会派员协同推销戏票。总会选派推销员24人,并刊发布告,希望华侨于该剧院劝捐员出发时,踊跃输将,俾收宏效。③

加州大学中国学生鉴于暴日侵占东北,时局紧张,遂于1932年11月间组织长期筹款委员会,承认月捐者20余人,直接汇往上海东北难民救济协会,先后三次,共计美金80元。1933年1月间,林同济等联合美国人得便士组织临时救济华北难民委员会,并请

① 《东北义勇军血战片到埠》,《世界日报》,1933年2月28日。
② 《拒日总会又汇款接济义军》,《世界日报》,1933年2月4日。
③ 《拒日总会之布告》,《世界日报》,1932年10月21日。

朱有渔博士在旧金山一旅馆演讲,来宾捐资者多为美国人士,共筹得美金120元。加大学生会还议决举行筹款运动,由每人担负月捐,并组成筹款委员会,办理月捐事宜。①

加州委李贺(瓦列霍,Vallejo)华侨护国储金会,为东北义勇军组织两期捐款,共计筹得沪洋7 000元。该埠侨胞不及百人,受失业之影响,生计极感困难,但仍于短期内,筹得此款。②

纽约中华公所联合各侨团,组织纽约华侨救济东北义勇军筹款会,以该埠各社团领袖及由各商店每选一人组织之。该会议决下列数案:每月捐款一次,认捐多寡,任人自由;该埠各商店、团体、大餐馆、房口等,每处派劝捐簿一本,指定负责人负责劝捐,每月由该埠七大团体、餐馆公会、妇女爱国会,派员催收;该埠各小餐馆及衣馆,由学生派员轮门劝捐;捐款人名及进支数目,均分期在各华字报发表;筹款办法有游艺会、卖物会、会餐会、出版会刊等。其筹款劝捐启事称:

  天下兴亡,匹夫有责。救亡御侮,岂异人任!慨自倭贼侵占辽吉,蚕食关东以来,东北民众,不忍土地沦亡,同胞为人奴隶也。组织义军,奋起抗倭,肉搏血战,前仆后继,屡歼倭奴,迭克名城,义声远播,中外同钦,国人固纷纷筹饷接济,西人亦派员送赠药品,其关系我国与世界之安危,于此可见。惟东北义军,乃人民之所组织,粮秣无多,器械尤缺,长此无衣无褐,无械无粮,不战自乱,更何望其收复失地,克奏肤功乎!我纽约侨胞,爱国救亡,素具热忱,淞沪抗倭,筹捐饷糈,早著成绩,

---

① 《加省大学中国学生筹款抗日之经过》,《世界日报》,1933年3月2日。
② 《委李贺华侨汇款接济义勇军》,《世界日报》,1932年10月5日;《委李贺华侨筹款援助义军》,《世界日报》,1932年12月3日。

义军抗倭,同斯义烈,宁独坐视,爰组斯会,议定条例,长期筹款,为义军后援,东北收复之日,始为本会结束之期,尚望各界侨胞,大解义囊,踊跃输将,俾义军衣食有着,弹械无缺,早日扫涤敌氛,还我山河。此不独东北三省之幸,抑亦我侨胞无上之光荣也。①

纽约李氏公所同人素以热心国事著称,对于社会公益,类多负责从事。鉴于东北失陷,而国民政府坐视不救,或则坚持其不抵抗政策,或则煮豆燃萁,自相屠杀,而各地义勇军以收复失地为职志,奋勇抵抗,唯因粮械缺乏,衣食不足,转战困难,该公所特发起向各昆仲劝捐,成绩极佳,共得大洋6 000元。②

纽约侨团组织华侨捐款时,一些华侨也自动捐款,赞助东北义勇军。查自动捐款援助义军者,以车朗房为最先。该房侨胞以义勇军经年抗日,苦心毅力,极表敬仰,近以天气严寒,粮食衣械,必须充实,方足以抗敌,即发起捐款接济,共捐集大洋500元。③

芝加哥抗日救国义捐委员会,会同芝城华侨同声剧社演剧筹募,接济浴血杀敌之各路健儿。芝城华侨鉴于日本蛮横,强夺榆关、九门,得寸进尺,肆无忌惮,不胜痛愤,纷纷捐款,并将所募之款国币一万元由中国银行汇交东北义勇军。④

得克萨斯州山旦寸(圣安东尼奥,San Antonio)埠广州、广丰、新广东三商号东伴合作,于1933年1月发起长期筹饷,按月捐输,资助前方将士。经于2月间,将第一期1月份之捐款港银300元,

―――――――
① 《纽约华侨筹款援助义军》,《世界日报》,1932年11月28日。
② 《纽约李氏公所捐助义军》,《世界日报》,1932年11月27日。
③ 《纽约侨胞捐款接济义勇军》,《世界日报》,1932年11月9日。
④ 《芝加哥华侨捐助义军巨款》,《申报》,1933年2月16日。

汇返上海蔡、朱将军等。该商号等又将第二、三期2、3月间所捐之款大洋600元,寄上海东北难民救济协会蔡、朱收。①

加拿大温哥华华侨谢天平成立黄华国难书画会,以卖画筹款,赈济东北义勇军。该会致华侨拒日总会函称:"似此千钧一发之秋,危急存亡之候,苟非我国民力图自救,势必至国破家亡,尔时不欲如高丽、印度民族之生存,其可得乎!……尚幸东北义军孤忠卫国,为民族图生存,义薄云天,举国感泣。敝全人风雨同舟,兴亡有责,安忍坐视,爰联合海内外同志,组织黄华国难书画会,开会展览,标价出售,售款所入,除开支外,尽归本市华侨援助东北义军筹建处,汇回义军,增厚救亡实力。"②

墨西哥未市卡利全侨拒日救国后援会议决每月逢15日,一律依照义捐进行,并劝勉各侨胞:"切勿因被墨人排华而改弃拒日救国之责任,仍须见义勇为,解囊输将,为东北义勇军之后援,抗拒日贼,收复失土,救同胞出于水深火热之中,专赖侨胞捐助为之救援。"③该会并决定将前捐助十九路军款项所余存者沪洋4 500元,汇交朱庆澜将军收。该会又继续派员沿门劝捐,尽管当时工商冷淡,各界侨胞仍节衣缩食,皆肯乐输,共捐得之款,由上海安达银行,兑汇沪洋2 000元,汇寄朱庆澜将军,转给义勇军。④

旅秘华侨数不逾万,而爱国之心未尝后人。自沈阳失陷后,秘鲁侨领即联合全侨组织对日宣战筹饷总会,一方面执行对日外交,一方面积极筹款用以抗日。凡义捐、工资捐、演戏筹捐,男界固一

---

① 《山旦寸华侨捐助义勇军》,《世界日报》,1933年4月29日。
② 《黄华国难书画会致拒日总会函》,《世界日报》,1933年2月15日。
③ 《墨国华侨筹款接济义军》,《世界日报》,1932年12月10日。
④ 《墨国华侨又汇款接济义军》,《世界日报》,1932年12月14日。

致努力,女界亦奔走效劳。一年之中,共筹集20余万元,以秘鲁当时经济恐慌、华侨失业者为数过半之情况,尚有此成绩,说明秘鲁华侨爱国之热忱。①

第五节 声援长城抗战

1933年,日军再度南侵,向华北进军,1月,攻占山海关;3月,轻取热河,承德失守。接着,日军进犯长城线上的军事要地喜峰口、冷口和古北口,加紧分割华北。东北军、西北军等中国军队在长城的义院口、冷口、喜峰口、古北口等地抗击侵华日军。长城抗战是九一八事变后中国军队在华北进行的第一次较大规模抗日战役。在此次战役中,广大爱国官兵进行了近三个月的战斗,给骄横一时的日军以沉重打击,自己也作出重大牺牲。然而,国民党采取"攘外必先安内"政策,不与日本对抗。② 5月,日军已控制长城各口和冀东,平津告急。

美洲华侨十分关注祖国形势的发展,严厉谴责日本帝国主义的侵略行径,积极声援中国军队的长城抗战。纽约中华公所抗日会致美总统胡佛电:"敬请贵大总统注意日本最近侵犯山海关之暴行,他违犯九国协约企洛非战公约,公然对美国远东门户开放政策挑战。兹特向贵大总统请愿,速行取相当办法,制止日本侵犯中国之暴行,以维持条约之尊严,不胜迫切待命之至。"③纽约华人土生

---

① 《秘鲁华侨对日宣战筹饷总会征信录》第1期,"序二",秘鲁华侨对日宣战筹饷总会1933年编印。

② 郭廷以:《近代中国史纲》下册,台北:晓园出版社1994年版,第720—728、741—752页。

③ 《纽约华侨拒日会之公电》,《世界日报》,1933年1月14日。

会致函美国外交部和新、旧总统,要求"裁制日本在我国之暴行"。美洲华侨航空救国义勇团代表李玉聘返国到南京,向侨务委员会委员长陈树人报告:"侨胞鉴于祖国飞机缺乏,决将该团已购之飞机十二架,捐助政府,作御侮之用。"该团并有擅长飞行技术团员80人,"要求返国驾驶杀敌"。①

美国倾市(又作"顷市",即堪萨斯城,Kansas)华侨拒日后援会发表筹捐宣言,号召华侨继续努力,为祖国此次抗战捐输。宣言称,日本"近复攻占榆关,夺我要隘,热省继失,京津垂危,民族存亡,系于一发,国势危急,等于累卵,不为抗战,无法图存。凡我同胞,亟宜奋发,宁为未亡前战士之雄鬼,勿为已亡后偷生之遗黎……是以本埠侨众,集众议决,赓续筹捐,为祖国抗日义军物质之援助,为国家民族生死争存亡。仰各侨胞,共体时艰,一致奋起,本爱国即爱家之义,踊跃输将,具救人如救己之心,慷慨努力,他日河山光复,失地收回,奠国家于磐石之安,保全瓯于无缺,我华夏光荣历史之一篇,吾侨亦与有无限之功勋也"②。该埠华侨不过百人左右,曾捐助十九路军美金达2 000元。此次日军侵热,筹捐成绩,不减前次,全埠侨胞,异常努力。该会向华侨筹捐时,还将十九路军寄来之淞沪抗日纪念牌,当场议决,行抽签投充办法,出价高者得之,亦为劝捐筹款之一法门。该会保留抗日纪念牌一枚,及三将军合影之相片,专以敬赠该埠医生杨菊坡,以表其上次捐款最多。其余纪念牌七枚,次第落阄投充之,以美金10元为底,价高者得之。第一牌蔡泸盛得,出价22元,第二牌蔡如桢得,出价16元。③

---

① 《侨胞捐助飞机》,《申报》,1933年3月25日。
② 《倾市埠拒日会筹捐宣言》,《世界日报》,1933年3月25日。
③ 《倾市埠华侨筹款拒日》,《世界日报》,1933年3月26日。

1933年2月21日,美国纽约中华公所召开全侨大会,决议由各侨团、各商号自动筹款,中华公所指导及监督汇款。① 纽约林芳园伙伴,因日军占据山海关,肆行焚杀,国家阽危,迫于眉睫,一时义愤填胸,遂即商议接济义军办法,当场发起劝捐,计共捐得大洋2 000元。同时发出宣言一纸,每月捐寄大洋500元。② 纽约华侨抗日团体闻知国联日本首席代表松冈洋右乘船到纽约,特派员到码头示威,反对日本进攻中国,屠杀中国群众,到场示威者极为踊跃,数逾2 000人。各示威者,均手执旗帜,标语多书"打倒日本帝国主义""维护国际条约之尊严""铲除破坏世界和平之公敌""反对日贼屠杀中国群众"等。③

芝加哥中华会馆主席刘佛照、书记马存亚致函芝加哥博览会会长道尔斯,以日本利用博览会之日本节,准备作特别政治宣传,太平洋滨数百日侨,已备有宣传小册子,准备到会分发,为日本侵略狡辩,特请为阻止。其函称:"贵国政府已拒绝承认伪满洲国,故贵博览会亦应坚持否认之。至日本利用博览会场,强在贵国境内作政治宣传,尤为不礼之行动。本会馆最初即赞助博览会之进行,并予以经济上之协助……我国政府之所以同意参加博览会者,因悉贵会决不容许作非友谊之政治宣传也。今者旅美华侨已感觉此信用,全然毁弃。日本之政治宣传,实为直接向我国之侮辱。本会馆特提出抗议后,同时坚决要求,请转令日本封闭其馆内关于此种宣传部分,并停止其演讲宣传。"④芝城中华会馆还致函驻美大使施

---

① 于仁秋:《救国自救》,第53页。
②《纽约林芳园寄二期军饷》,《世界日报》,1933年2月27日。
③《纽约华侨向倭寇松冈示威之详情》,《世界日报》,1933年4月2日。
④《芝城中华会馆向博览会抗议》,《世界日报》,1933年7月10日;《美洲华侨抗议日本利用芝加哥博览会》,《海外月刊》,1933年第12期,第38页。

肇基,请其与美方交涉,设法制止日本之宣传:"查日人雇佣一演讲者冠伦(Cunan),彼乃一专任宣传家,是来自罗省。彼每日有数次演讲,作种种之宣传,同人等认为日人利用博览会场,宣传满洲情势,以冀淆乱美人视听,实为不公平,且复侮辱我旅美侨胞,同人等极愿其封禁在博览会场内日人陈列馆宣传之部分,并驱逐冠伦,取缔其非友谊之演讲。如贵公使能予以助力,督促博览会当局,达到以上目的,本会决为先生后盾,竭诚拥护也。"①

温哥华华侨拒日救国会自九一八事变后,即组织华侨抵制日货。三年来,各华侨坚持抵制,"致倭奴在本埠华区及附近所开之鱼店、理发所、洗身房、旅馆、生果、海味、加市粦等,几乎绝迹。统计其近年来所损失者,约有百数十万坎金之多",成效显著。针对日本再次侵略中国,该会特发表通告,号召华侨务必继续抵制日货,对违犯抵货章程者予以严惩:"惟近闻有等侨胞,见利忘义,胆敢破坏拒日救国大计,竟与倭奴私自交易,并有等华人园口,雇倭妇作工等情,甘为亡国贱种而不辞,同人等对于此举,殊堪痛恨,特行通告,仰我侨胞一体知照,父勉其子,兄勉其弟,于杯葛主义,坚持到底,勉贻虎头蛇尾之讥。如有再次恃顽违背拒日章程者,一经调查员缉获有据,定将其人姓名籍贯,呈请祖国民众救国会,处以叛国之罪,并登诸报章,宣布其人罪状,以儆效尤。"②

在长城抗战中,旅秘鲁全体华侨对日宣战筹饷总会也发表宣言,号召华侨踊跃捐输,担负起救国责任:

> 最近热河前线诸壮士与日贼肉搏,作殊死战,以血肉之

---

① 《芝城中华会馆致施使函》,《世界日报》,1933年7月18日。
② 《温哥华埠华侨拒日救国会之通告》,《世界日报》,1934年8月20日。

躯,抗炮火之烈,以棉薄之衣,御霜雪之寒。呜呼! 谁无父母妻儿,谁无田园屋宇! 不知眷恋求乐,而必于冰天雪地中洒碧血,掷头颅,断胫而不知痛,折臂而不诉苦。彼等宁非国民耶,求正义之伸张,保国家之光荣,使全民族不至沦渣耳。我等远离祖国,寄迹南邦,欲效命疆场,请缨赴敌,事势或有未能,则踊跃输将,为我侨唯一义务。总之,日贼一日未退,失地一日未复,则我们筹款责任,一日未了。政府既下长期抗战之决心,民众尤须作永久奋斗之表示,庶使饷项无匮乏之虞,将士有效死之机,肃清寇贼,还我山河,可操之券也。夫救国犹救家,不能有旁贷之责;救亡犹救火,不许有瞬息之迟。①

在此期间,中国共产党在纽约主办的《先锋报》也通过社论,发表政治主张,主要有以下四点:(一)通电声讨不抗日之南京国民党政府,要求惩办蒋介石、汪精卫、宋子文及其他假战而放弃防地之军阀;(二)通电全国,实行没收日本在华利益,各地全线向日本进攻,要求各武装部队,与红军订对日作战协定,同到前线打日本帝国主义;(三)武装全国民众,对日作战以收复失地,成立华侨义勇军,回国参加作战;(四)要求将一切捐款寄交宋庆龄分发前线义勇军及一切真正反日武装队伍,反对将捐款寄交任何军阀政客。社论最后号召全美洲华侨团结起来,共同抗日讨蒋:"华侨群众们! 在上面的条件上,马上成立广大的联合战线! 不必问以前政治主张或现在的团体关系如何,在武装反抗日帝的共同目标之下,英勇的进行工作! 全美洲的革命分子,发动这一联合战线是你们的责任,无论在团体内、厂店内、工场、农园中及一切有华侨群众的地

---

① 《秘鲁华侨对日宣战筹饷总会征信录》第1期,"序二"。

方,都要提出这问题来讨论并行动起来!"①

第六节　华北事变与美洲华侨的抗日救亡运动

日本帝国主义侵华,得寸进尺,气势咄咄逼人,于1935年先后制造察东事件、河北事件、张北事件,策划华北五省自治运动。与之相反,国民政府却一味妥协和退让,先后签订《淞沪停战协定》《塘沽协定》,继而与日达成《何梅协定》,为日本吞并华北打开方便之门,致使华北主权几乎损失殆尽,民族危机愈趋严重。

华北事变发生后,旧金山华侨拒日救国会发出通告,号召华侨继续抵制日货,尽国民救国之责:"本会负救亡图存之责,为拒日救国起见,曾经订定各种办法,以图抵抗,其意在于对内则团结一致,充实国力,对日则经济绝交,制其死命,誓以不达目的不止。近查有私搭日本船或私卖日货等事发现,似此行为,不独违背本会章程,实即破坏爱国运动,为此特行通告,仰我全体侨众,各本良心,毋忘国耻,务宜遵守信条,以尽救国之责,否则难免相当之处罚。"②

加州大学中国学生救国抗日委员会有感于日本自九一八事变以来,不断侵犯中国,由东三省而热河,由热河而长城,由长城而"滦东非战区",由非战区而实际占领河北察、绥及北方各省,不到四年半,差不多半壁山河,已沦于日军铁蹄之下,特致书华侨:"际此亡国灭种大祸迫在眉睫之时,我海外侨胞,宜更加鼓起勇气,以狮子之精神,骆驼之毅力,迎上前去,联合全国人民之力量,与我不

---

① 《打倒向日帝投降的刮民党政府 扩大民族革命战争的联合战线》,《先锋报》,1933年6月1日。
② 《华侨拒日救国会之通告》,《世界日报》,1935年3月9日。

共戴天之仇的日贼作殊死战,则庶有豸乎!"①

1935年6月5日,美洲华侨反帝大同盟号召全美华侨团体及爱国同胞,共同联合,立即行动起来,反对日本占据平津,反对"中日亲善"及一切卖国借款,要求释放方志敏等反日战士,推行中华民族武装自卫会反日纲领,援助义勇军,要求调一切军队往华北对日作战,驱逐日军出河北,为恢复满洲热河而奋斗。②

华盛顿华侨在当地安良工商会、协胜公会、致公堂、反帝大同盟这几个团体联合组织下,成立美京华侨抗日后援会,并以日军进犯华北,国民党政府媚敌卖国,对于日本要求,全部接纳,群情愤激,公决致电南京国民党政府,促其出兵抗敌,并分电全美华侨,请一致抗日。其宣言如下:

> 夫日贼既不费吹毛之力,占我京津,现又进窥我察哈尔,南京政府一方面大撤驻华北国军,一方面禁止国内报纸登载确实消息,并压迫一切抗日救国运动,是无异引狼入室,为日贼作清道夫,而受亡国之痛,蒙"弱族"之耻者是我民众……吾人之目的既在抗日,则凡主张抗日者,则拥护之,声援救济之;凡降日卖国者,则极力铲除之,与全国人民共弃之。满热义勇军应设法声援与接济之……人之爱国,谁不如我。敢请各地全体侨胞,不分党派、政见、堂号、姓氏,迅即联合一致,切实组织起来,以救国家之危亡,而争民族之生存,实为幸甚!③

该会随后又发表宣言,先是声讨蒋介石的种种卖国罪行:"他重用断送满热罪魁张学良,以通车通邮而予满洲伪国以实际的承认,他

---

① 《加大中国学生抗日会致华侨书》,《世界日报》,1936年1月14日。
② 《美洲华侨反帝大同盟为日帝占据平津告侨胞》,《先锋报》,1935年6月8日。
③ 《美京华侨抗日大会宣言》,《世界日报》,1935年6月23日。

与日贼订结了比二十一条更丧权辱国的塘沽密约,他残杀了抗日将军吉鸿昌,通敌夹击屡败贼兵的孙永勤部义勇军。他最近完全接纳倭寇要求,撤退京津、察哈尔驻军,将整个华北拱手奉送于倭寇,并下令厉禁一切抗日言论与爱国组织,复禁止排斥仇货,以绝我民众抗日唯一有效力的经济武器。"继而向华侨指出,要实现抗日救国,必先讨蒋:"国危了,海内外爱国同胞们,掀起讨蒋抗日的义旗,铲除内奸,然后倾全国武力驱逐日寇。"①

该会还在双十纪念日召集全侨会议,并致电陈济棠、白崇禧、蔡廷锴诸将军,表明华盛顿华侨反日讨蒋的态度,敦促陈、白、蔡诸将军奋起抗战:"海外侨胞,对诸将军爱国抗日之热诚,具有厚望,故在今日宴会席上,全体一致通过,用快邮代电,敦请诸将军迅速与国内外真正爱国抗日分子及势力合作,打倒蒋汪卖国贼,组织国防政府,动员抗日救国。美京全体华侨誓为后盾,务使日贼还我每寸强占之土地,务使世界认识我中华民族不屈之精神。"②

1935年底,华北五省在日军策划下,宣告独立,而南京国民党政府仍未下决心出兵抗日,美京华侨抗日后援会乃召集全侨会议,一致主张致电国民党五全大会,动员全国军队,向日宣战,同时致电施肇基大使,转南京国民党政府,立刻出兵抗日,并分电纽约大埠转函美国各埠,提议组织抗日大联盟。其致华盛顿中国大使施肇基电称:

有鉴于日本帝国主义之加紧侵略,并吞华北五省,我们代表美京全体华侨,要求南京政府立刻动员所有军队,向日宣战,以救华北。我们更要求起用蔡廷锴将军,并与民众以抗日

---

① 《美京华侨声讨卖国贼蒋中正》,《世界日报》,1935年8月2日。
② 《美京华侨纪念双十节》,《世界日报》,1935年10月18日。

救国运动完全自由权,请贵大使将此电转南京政府,敦促立刻行动。①

1935年8月30日至9月5日,美国及加拿大各处大学中国学生会遣派代表,于芝加哥开全美中国学生代表大会,成立北美洲中国学生会,并一致议决抗日救国措施数项:通电全国,应消除私见,在抗日救国的战线上联合起来;通电各华侨团体,集中人力财力,为有系统的抗日运动;通电各界,将该会抗日事项寓于一切工作之内;中国留美同学,为国拒敌,誓效前驱。②

纽约华侨抗日救国会于1936年1月初成立,加入该会的团体,计有纽约衣联会、中华总商会、致公堂、纽约学生会、反帝大同盟、先锋报社、安良工商会、宁阳会馆、联成公所等。参加的华侨,以党派言,有致公堂、共产党、国民党各派、宪政党、国际主义派及无党派分子。时纽约华侨在对待国民党政权及抗日问题上态度不一,主要有四派:(一)革命派。此派主张打倒国民党政府,铲除抗日障碍,用暴力手段抗日救国。(二)和平派。此派以心平气和的态度,希望国民党能够悔过自新,立刻取消一党专政,与全国人民合作,出兵抗日。(三)偏私派,或卖国派。此派明知国民党政府不抵抗,明知国民党政府媚日卖国,但挟党见太重,仍多方为政府掩饰罪恶,希望延长其一党专政之残局,故反对革命,反对取消党治。(四)糊涂派。此派对抗日救国、民主国家、国民责任等,不大清楚,唯人云亦云,人说亦说,东风来则往西摆,西风来则往东摆。③ 由于

---

① 《美京华侨电促出兵抗日》,《世界日报》,1935年12月2日。
② 《北美洲中国学生会抗日救国宣言》,《世界日报》,1935年10月19日。
③ 梦蝶:《论纽约中华公所会议抗日救国事告全体侨胞》,《世界日报》,1935年12月24日。

纽约华侨各种政治力量错综复杂,政治主张不一,加上代表全侨性社团的纽约中华公所比较弱势,因此这种全侨性政治社团的成立及其组织宗旨的确立,当是各种势力经过不断协商、反复较量的结果。

纽约华侨抗日救国会成立后,遂制定定章,共八章十五条,包括定名、宗旨、会址、会员、组织及职权、费用、任期、附则等。该会以不分党派、联合海内外民众、实行武装自卫、反对一党专政、促进国防政府、积极抗日、扫除一切卖国汉奸为宗旨,凡在纽约的华侨均为该会会员,但附近各埠同胞亦得加入。该会以全体华侨大会为最高权力机关,选举执行委员,议决重要抗日方案及其他一切事宜。每月开会一次,由执行委员召集之,但有重要事务或有监察委员会之请求,或有会员50人以上联名请求时,执行委员应召开临时大会;该会设监察委员会,监察该会一切事宜,查核该会一切账目等。监察委员会以中华公所主席为监察委员长,该会职员均属义务性质,不支薪金。① 纽约华侨抗日救国会发表纲领宣言,主张以下三项:(一)集中舆论,恢复民权;(二)集中人才,改进政府,促成国防政府;(三)集中兵力,成立抗日联军抵抗敌军。该会举蔡廷锴、方振武二将军为名誉会长。② 纽约全体华侨抗日救国会后发表《敬告全美侨胞书》:"希望我各埠侨胞,尽国民之天职,求民权之伸张,切责政府,不容以国政私于一党一人,联合全民,共知其责任在于拒日救国……本会认定今日中国人民只有两条路:一联合全国,行使民权,实行抗日救国,此是生路,故必要反对一党专政;一拥护

---

① 《纽约华侨抗日救国会定章》,《世界日报》,1936年1月7、8、9日。
② 《纽约全体华侨抗日救国会成立大会宣言》,《世界日报》,1936年1月30日。

南京,与日'亲善',实行奉送主权,此是死路。"①

1936年12月,纽约全体华侨抗日救国会发表援助绥远宣言:"务使国内海外合为一家,四万万五千万同胞合为一人,吾人不惜以最后一滴血汗,以助国内之抗日军饷,吾人更不惜竭其最后一点微细之呼声,以作对外之抗日宣传,胜利必属我们,只要同心协力!呜呼!宗邦在望,长存抗日救国之心。寇患已深,应立毁家纾难之志。凡中国人,尚其响应。"②该会并集会议决筹捐绥远傅作义将士慰劳金,即席捐得银111元,执委司徒美堂、陈光润两人经手共捐599元,连同中华公所派出募捐员沿门劝捐所得,共合银1 199.95元,由中国银行电汇大洋3 000元,慰劳绥远傅作义部英勇将士。③

方振武将军在出走海外期间,积极宣传救国主张,组织华侨成立抗日团体。1936年4月,他在旧金山华埠远东楼柬请各团体领袖、华商、留学生、报界记者等,讨论救国意见,各界侨胞赴会甚多。他说:"我们民众,须本国家兴亡、匹夫有责之义,我以为政府与人民均要合力救国,我们要尽自己责任,但个人力量有限,必要联合群众力量,方能有济。我们应该团结一致,方可以救国家于危亡……我们不欲为亡国奴,所以望我们均立于抗日救国旗帜之下,团结精神,实行抗日救国。此种运动,系民族运动,民族意识及国家观念之运动,我们感觉到民族生存,发生抗日情绪。抗日情绪,乃求我中华民国、中华民族之存在……我们民族运动,不是政府或团体指使,系纯粹的民众运动,不怕敌人钳制。我们若能造成此种有意义有精神之民众运动,政府不能不起而抗日,人民果能贯彻此

---

① 《纽约全体华侨抗日救国会敬告全美侨胞书》,《世界日报》,1936年3月21、22日。
② 《纽约全体华侨抗日救国会援助绥远宣言》,《先锋报》,1936年12月12日。
③ 《纽约华侨汇款慰劳绥军》,《世界日报》,1936年12月7日。

种主张,必能令政府抗日……我们造此种工作,不是反对政府,又不是叫人捐钱,最紧要者,系唤起民众抗日情绪。"①在方振武将军的推动下,旧金山侨团成立中华民国国民抗日救国会,并制定会章。会章规定,该会以联络海内外同胞、集中一切力量、共同努力于抗日救国工作为宗旨,凡属中华同胞,不分派别,由该会会员二人以上之介绍,填具入会志愿书,经该会认可及担负义务者,均得为该会会员。②该会随后将其工作要旨通告华侨,主要有以下四个方面:集中民智民力,对外抵抗日本帝国主义,对内努力发展建设事业;唤起与太平洋有关系之各国民众,及世界上主张和平之国家,共同为太平洋及世界之和平而奋斗;要求政府当局,立即停止压制民众爱国运动,停止屠杀拘捕爱国学生,协助及保障爱国力量的发展,共同负挽救危亡之责;政府此后若抗日救国,该会当赞助拥护之,若仍媚敌害国,该会誓当反对之。③

中华民国国民抗日救国总会成立后,发展迅速,招收会员达千名,各埠皆有分会。故旧金山有两个救国会,即华侨拒日救国后援总会及中华民国国民抗日救国总会,前者以中华会馆为主体,会同各社团组织而成,主之者为陈敦朴、李圣庭、何少汉等;后者以个人为单位,主之者为邝炳舜、尤永增等。左派国民党参加前者,右派国民党支持后者。④

中华民国国民抗日救国总会随后组织华侨慰劳绥远前敌抗日将

---

① 《方将军请华侨各界茶会》,《世界日报》,1936年4月5日。
② 《抗日救国会发起人大会》,《世界日报》,1936年4月12、14日。
③ 《方振武将军领导组织中华民国国民抗日救国总会之经过》,见美国旧金山溯源总堂原宗公所:《方振武将军游美国大埠纪念录》,旧金山:旧金山溯源总堂1936年刊印。
④ 刘伯骥:《美国华侨史续编》,第568页。

士。该会还专门制定慰劳前敌抗日将士募捐简章,专以募款慰劳前敌抗日将士为宗旨。① 各处侨胞闻风响应,纷纷将义款汇来。该会收到义款后,即陆续汇归,仅1936年12月5日、12日两次就电汇一万元。② 1937年3月,该会假座大中华戏院,举行追悼绥远抗日阵亡将士及殉难人民大会,礼台中设"绥远抗日阵亡将士殉难人民灵位",两边对联为:"为国矢忠,是邦之彦""杀敌致果,为鬼亦雄"。③

驻美华侨拒日救国后援总会于绥远抗战期间,召集会议,全体议决,先行电慰绥远前线抗日将士,誓为后盾,并议决从速举行募捐,以供慰劳前敌抗日将士之用。该总会为此特组织募捐委员会,起草章程,当即出发募捐,并合行通告各埠分会及各处侨胞奋起赞助,期集巨款,汇往前敌,以资鼓励:"夫抗日将士,既愿出生入死于枪林弹雨之下,为国保民而奋斗,则我各埠侨胞,救国向不后人,定能认识国家兴亡、匹夫有责之义,而慷慨解囊,备集巨款,以慰劳抗日将士,借壮军心以励士气,期速收复失地之目的。"④

委李贺华侨以国难严重,为接济抗敌守土之军队得以持久计,特于1936年1月28日组织美洲加省委李贺埠华侨合作储金社,以储金抗日为宗旨,所有储金限用于接济与外敌接战的军队,不得移作别用。其简章规定:"社员与本社缔约,在本社指定之银行,开一储蓄簿,每月最少储金一元,并签名请求该银行于每月一日,将该社员储金总数,向本社报告。"⑤该社成立以来,凡十阅月,社员62

---

① 《慰劳绥远前敌抗日将士募捐出发》,《世界日报》,1936年12月3日。
② 《抗日救国总会致傅将军公函照录》,《世界日报》,1937年1月17日。
③ 《追悼绥远抗日阵亡军民大会情形》,《世界日报》,1937年3月15日。
④ 《抗日救国总会通启》,《世界日报》,1936年11月29日。
⑤ 《委李贺华侨组立合作储金社》,《世界日报》,1936年12月10、11日。

人,储金总数为658元。①

　　1936年,代表国民党两大派系的宁、粤关系渐趋紧张,双方剑拔弩张,宁粤战争一触即发。纽约中国学生会抗日救国委员会,因日本加紧灭亡中国,以为救亡图存在于全国团结一致、对日抗战,并致电南京国民党第五届中央执行委员会、国民党政府、广州西南政务委员会:"国难已近五年,国土半沦敌手,凡属皇帝子孙,当团结一致,以血洗耻,保我国脉,乃值日寇增兵华北,忽闻大军百万,肇自残之局,国际讥弹,舆论激愤,本会目击心伤,敢正告诸公,速戢内战,共起抗日,去准备之空言,作实际之行动,全国人民久抱偕亡之决心,势必一致奋起,倘再忽视民意,自残误国,本会当与四万万同胞共弃之。"②中华民国国民抗日救国总会,以传闻祖国行将发生内战,特开会讨论,"佥以国力已患不充,不应将仅存之实力,自相消灭,使敌人得以渔人之利,当即决议,以飞邮代电,上书蒋中正,请其撤南下之师,北上抗日"③。

　　这一阶段,美西、美中及加拿大、古巴、墨西哥华侨皆接踵而起,纷纷成立抗日联合组织,如美国芝加哥、克利夫兰等埠,加拿大之温哥华、维多利亚,古巴之关塔那摩、曼萨尼约,委内瑞拉之马来加波等地,其成立之抗日救国会,皆其著者。④ 可见,华侨社会不论政见党派如何分歧,社团组织如何复杂,可是在抗日救国问题上,是能团结一致的。在不久前,华侨反日斗争中,党派之见甚深,救国运动难收众擎易举之效。而随着民族危机日益严重,国内抗日民族统一战线形成,全美洲各埠华侨也渐趋联合,各党各派在实际

---

① 《委李贺华侨组立合作储金社》,《世界日报》,1936年12月9日。
② 《纽约学生会致宁粤公电》,《世界日报》,1936年7月16日。
③ 《抗日会致蒋中正飞邮代电》,《世界日报》,1936年9月7日。
④ 《一年来之美洲华侨抗日运动》,《先锋报》,1937年1月9日。

工作中,渐能互相了解合作,这为即将到来的全侨性抗战运动奠定了坚实的组织基础。

第七节 拥护抗日民主运动

为挽救民族危亡,北平学生在中共领导下,于1935年12月举行了大规模的"一二·九"救亡运动,反对华北"自治",呼吁"停止内战,一致抗日"。以"一二·九"为起点,全国各地学生抗日救国运动迎来新高潮,规模空前,对海外华侨影响甚大。[①] 各国华侨纷纷召开大会,发表宣言、通电,进行示威游行,坚决支持北平学生的爱国行动,把海外华侨的抗日救亡运动推向了新的阶段。

随着国内抗日民主救亡运动的兴起,美洲华侨的爱国救亡活动再掀波澜。在学界,旧金山、芝加哥等地的侨校学生纷纷起来声援国内学生运动,通电国民政府和北平当局,谴责其镇压学生运动的暴行,呼吁以民族利益为重,一致抵制外侮。

美国旧金山、费城、芝加哥、纽约、华盛顿等城市的华侨纷纷以各种不同形式支持国内学生的爱国运动。纽约中华公所、华侨洗衣馆联合会、华侨抗日救国会等团体分别召开声援"一二·九"运动大会。侨领司徒美堂向纽约中华公所提议,国内学生为抗日救国而遭受媚日政府的摧残,公所当致电援助,并致电南京国民党政府加以忠告,促其觉悟。此议引起共鸣,吕超然等侨领随即拟电稿四封,分别致电北平学生会、南京国民党政府、上海《大美晚报》和

[①]《一二九运动资料》第2辑,北京:人民出版社1982年版,第353页。

香港《大众报》。①

芝加哥大学中国学生会马祖圣等发动全芝华侨及学生团体组织芝城华侨与学生抗日救国会，筹备芝城抗日示威大游行，以响应国内外学生救国运动、扩大国际宣传、反对华北自治、主张立刻对日抗战为目的。该会于1936年1月5日举行大游行，虽值严寒之际，参加人数竟达千余人，车辆数十乘，游行自是日下午2时至4时。每一团体有大旗一面，小旗无数，上书标语"立刻抗战""援助全国学生救国运动""全美抗日工作联合起来""誓死打倒华北自治，收复东北失地""组织敢死队""杀尽日贼土肥原及大小汉奸"。②

美京华侨抗日后援会则发出通电，一方面声援中国学生的抗日民主运动，另一方面则电催宁粤两政府团结一致，共同抗日："月来日贼走私，横行无忌，进兵北平，实吞华北，整个中国，岌岌危亡。北平、天津与各地之热血青年学子，纷纷奋袂而起，游行示威，唤起民众，督促政府，急即武力救亡，乃所谓中央政府手握海陆空军总司令之蒋中正，不特充耳不闻，反强加摧残，无所不用其极。最近西南主张武装抗日，正合全国民众之要求，蒋中正如稍有良心，纵不自参加救国抗战，亦应予他人以抗日之机会，乃蒋贼不旬日而调动数十万大军南下，挑拨内战，美京华侨抗日会遂于决议，即电陈李白将军，坚决对日抗战到底，并电南京反对内战，要求联合抗日。"③

在纪念九一八事变五周年之际，纽约全体华侨抗日救国会发表纪念宣言，向全美各埠华侨呼吁："停止内战，立即实行武装抗

---

① 《纽约侨胞抗日救国会成立》，广东省档案馆等编：《华侨与侨务史料选编》第1册，广州：广东人民出版社1991年版，第475页。
② 《芝城华侨抗日示威游行志要》，《世界日报》，1936年1月10、11日。
③ 《美京抗日会电促宁粤抗日》，《世界日报》，1936年7月3日。

日,完成各埠华侨间及国内抗日运动之伟大联系,响应陈铭枢、李宗仁、蔡廷锴、方振武,暨章、陶、沈、邹诸领袖之号召,实现全美抗日救亡代表大会,务使全美华侨成为中华民族救国阵线中之有力劲旅!"①

美洲华侨对"一二·九"运动的声援,对国内爱国学生是个很大的鼓舞,对镇压学生运动的政府当局是个有力的打击。然而,国民党政府一意孤行,于1936年11月将主张开放民主、停止内战、一致抗日的全国各界救国联合会领袖沈钧儒等七人逮捕,制造了震惊中外的"七君子"事件。

"七君子"事件传到海外,广大华侨深感震惊,他们立即和国内各界一道加以声援和营救,对国民党政府当局迫害抗日民主力量的行径深表气愤。美国华侨惊悉国内突发"陷害爱国领袖"的事件,"侨情极为激昂"。纽约中华公所及华侨抗日救国联合会联合致电国民政府,认为逮捕七领袖是"自毁长城",请立即释放,并"惩办陷害主犯,以示抗日决心"。左翼华侨团体衣馆联合会致电国内政府当局,要求释放一切抗日政治犯及各界救国领袖,并通电"全救会"慰问沈钧儒等七人。同时,华盛顿华侨也召开大会,决定致电上海"全救会"慰问"七君子"。美京全体华侨抗日救国会致电南京国民党政府蒋介石:

> 全国各界救国会领袖王造时、章乃器等七人被捕,加以危害国家之罪,秘密严讯等情,此间侨胞闻之,不胜愤慨,按取消一切救国运动,为倭寇亡我国家三大要求之一,岂贵院长在高唱"不再让步"之乌烟炮中,以执行日贼要求之实质耶!侨胞因近来政府对日,屡作强硬表示,无不额手称庆,以为从此可

---

① 《纽约全体华侨抗日救国会"九一八"五周年纪念宣言》,《先锋报》,1936年9月19日。

以消灭一切内战党争,共赴国难,予人民以绝对拒日言论集会之自由,不料今日又有此"爱国有罪"之媚敌行为,诚属不解,故贵院长若果诚心御侮,请立刻释放救国领袖,并要求行动上积极援绥,本会愿为一切真正拒日之后盾。①

纽约侨领伍锐勋、吕超然、李圣策等,还联合在美的陶行知、陆璀等人发起援救爱国七领袖及马相伯签名抗议运动,一致向国民党政府要求:(一)请国民政府立即释放沈、章、王、邹、史、李、沙七先生,立即允许马相伯先生返沪;(二)请国民政府确认日本为全国之公敌,救国为国民之权利及义务;(三)请国民政府立刻对日抗战,切实保障人民救国运动。并呼吁华侨:"凡我侨胞赞成上述者,即请签名如后,共本良心之主张,促进团结抗日之实现,祖国前途实利赖之。"②为发动更广大华侨的签名和抗议运动,这些纽约侨领采取以下方法:(一)在各社团的会议中,发动签名运动,通过宣言、通电,派遣代表领导全体会员到附近的中国领事馆,抗议国民党政府对抗日救国力量的打击,要求立即释放七位救国领袖;(二)在每个商铺、餐馆、房口、衣馆、工场、船只、会所、俱乐部等华侨聚合之所在,要有专人管理征集签名的工作;(三)集合热心爱国、善于口才的华侨,雇佣汽车,周游纽约华埠商铺,鼓励华侨签名;(四)在唐人街公众告示之所,张贴红纸通告,号召签名,在华埠戏院游戏场门口签名;(五)发动各地报馆一致拥护签名运动,讨论具体办法,并登载号召签名运动的义务广告。③

1937年1月,在日本图谋中国日益急切、祖国命脉危如累卵之

---

① 《美京华侨营救王章等君》,《世界日报》,1936年12月12日。
② 《为营救抗日救国先生告海外同胞》,《先锋报》,1937年1月9日。
③ 《签名援助救国领袖的几个具体办法》,《先锋报》,1937年1月16日。

时,《先锋报》呼吁各地华侨和社团行动起来,采取各种有效方式,来发动和推广这个呼吁国内和平的运动:(一)召集各种会议,向大众指出内战危机的严重性,在会议中呼吁和平,反对内战,要求惩办亲日派祸首,发表一致抗日之电文、快邮代电、宣言;(二)组织代表团,向就近使馆抗议政府内战举措,要求和内抗日;(三)在一切社团的会议中,提出呼吁国内和平的建议,鼓励到会者宣言及通电;(四)与各报馆接洽,促其尽量鼓吹国内和平运动,使此种运动成为华侨舆论的中心;(五)努力宣传并组织华侨代表团返国,呼吁国内和平,对日抗战;(六)在进行以上工作的过程中,同时注意建立、扩大和巩固当地的抗日救国会,并与援助全国各界救国联合会领袖的签名运动配合起来。①

古巴云丹华侨抗日救国联合会于1937年5月11日致电南京国民党政府,批评其逮捕、起诉救国会领袖的行为,"有危及全民救亡的力量,有损政府信用,请即释放各界救国领袖及一切政治犯,并取消通缉命令,加紧进行各党各派合作,以增厚抗日救国力量"。②

美洲华侨声援"一二·九"学生爱国运动和抗日民主人士"七君子",谴责国民党当局的倒行逆施,表明他们有着鲜明的是非观念和强烈的正义感,反映了国民党当局对日妥协退让、对内镇压抗日民主运动不得侨心。值得强调的是,在历经九一八事变、淞沪抗战、华北危机等一系列事件后,美洲华侨团结意识不断加强,抗日爱国团体也如雨后春笋般涌现出来,为接下来的全面抗战打下了坚实的思想和组织基础。

---

① 《推进海外侨胞呼吁国内和平团结抗日运动》,《先锋报》,1937年1月30日。
② 《夏湾及云丹侨胞援助救国运动》,《先锋报》,1937年6月20日。

第八节　中国各界人士赴美之宣传

九一八事变后,举国一片混乱。由于国民党政府奉行"攘外必先安内"的方针,推行不抵抗政策,又对国内反日运动进行压制和打击,致使国内抗日活动暂时陷入低潮。而华侨身处海外,策动华侨在海外反日,则不受国民党政府的诸多限制。这时,国内一些精英人士开始将视线转至海外,不断对华侨进行组织、宣传和动员。

福建事变后,蔡廷锴偕谭启秀、丘兆琛、麦英俊等军人辗转海外。因蔡将军在淞沪抗战中的英勇表现,海外华侨对其赞赏有加。1934年8月底,蔡廷锴一行抵达纽约,得到了美国朝野及中西人士的热烈欢迎。其盛况如下:

> 8月28日蔡廷锴一行抵纽约,中华公所等侨团及各界均备自由车到码头欢迎。蔡将军登岸时,鼓乐齐鸣,掌声大作,欢呼不绝。蔡到华埠,计当晚侨众参加欢迎车辆甚多,事前编列号数已有二百余架,随后临时加入者,争先恐后,实数难计,大约至少有四百五十架至五百架,人数三千余。其踊跃情形,非笔墨所能尽者。又华侨航空救国会派出飞机师刘子常、翁玉明等,及该会教授团战斗机三架,共七架,各乘机凌空,驶出港外欢迎。中有告白机一架,该机以色纸剪成欢迎蔡将军等中西字,翱翔空际,借表欢迎。中西士女鹄立街旁,途为之塞,均欲一睹华胄民族英雄之风采,亦足见其英雄气概,声望夺人。华埠家家户户,遍悬旗帜,及将军肖像。中华公所全楼遍饰旗帜,中悬蔡将军肖像,颜曰"欢迎蔡廷锴将军",门首悬横额"欢迎"大红字,街中横挂一大白布,颜曰"纽约华侨欢迎民族英雄蔡廷锴将军"等中西字,致公堂全楼均饰五色国徽、堂

徽及美旗,复挂以五色电灯,楼前亦悬一白布,颜曰"欢迎民族英雄蔡廷锴将军",门首一联金字,联曰"会集洪门俊杰,欢迎民族英雄"。华埠各街,均横挂白布一大幅,文义亦与以上大同小异,各公所社团商店,均开电火,大放光明,如同白昼。①

1934年8月29日午后,蔡廷锴巡游华埠,各界参加巡行庆典者甚众。纽约华侨航空学校派出飞机三架,内有一架放字机,参加巡游,翱翔空际,表示欢迎。其巡行秩序,除马队、警车、警队为先导外,第一为蔡将军车,第二为谭将军、丘司令、麦秘书车,第三为中华公所军乐及各员,第四为致公总堂军乐及各员,第五为工余俱乐部音乐,其余如航空学校、妇女救国会、各社会团体,均参加巡行,并有瑞狮参加助庆。②

蔡廷锴在美国华侨中的极高声望,为其宣传抗日救国的政治主张奠定了坚实基础。8月30日,全侨在纽约架大旅社举行欢迎大会,蔡廷锴趁机发表演说,对淞沪抗战中十九路军英勇抗战的经过和国内的局势作了详细的报告,号召侨胞要"尽一分责任,努力向日本帝国主义者发起进攻,推翻卖国政府"③。演讲完毕后,蔡廷锴又草拟了一份《告全体侨胞书》,表其抗战的决心和希望:

> 今国难方殷,寇氛益烈,抗日救国,自是吾四万万同胞一致之要求,尤是我卫国军人之天职。廷锴此世誓与日寇不两立,与国贼不共存,决心坚持一贯之主张,继续彻底抗日救国,矢志不渝,惟希我亲爱全体侨胞鉴原,一致捐弃成见,促进大

---

① 《纽约侨胞欢迎蔡廷锴之热烈》,《世界日报》,1934年8月31日。
② 《纽约华侨欢迎蔡巡行纪盛》,《世界日报》,1934年9月1日。
③ 蔡廷锴:《海外印象记》,香港:东雅印务公司1935年版,第35页。

规模之抗日救国联合运动,共同奋斗到底。①

随后,在美国侨领司徒美堂、陈敦朴、何少汉等人的安排下,蔡廷锴又陆续访问了美国大陆旧金山、波士顿、费城、华盛顿、巴尔的摩、克利夫兰、芝加哥、底特律、圣安东尼奥等20多个市镇。蔡廷锴每到一处,便与当地侨领接洽、交流,并对华侨发表演讲,宣传抗日救亡的主张,讲述国内将士英勇抗敌的事迹,对凝聚侨心、振奋士气、促进侨社团结,以及号召华侨支援祖国抗战起到了十分重要的作用。

蔡廷锴一方面号召华侨积极援助祖国人民抗战,一方面也指出国民党政府的对外妥协与对内独裁,导致祖国山河破碎、任人蹂躏的局面:"当见他人之国,其土地人民,不及台山之一县,但能向上求进,成为一个富强之国家,反观我国,地广人众,贫弱如此,皆因执政者媚外成性,致令外人常思染指,得寸进尺。有清一代,固无论矣。入民国以后,北洋军阀,又无论矣。今日所谓党国领袖,亦是如此,且加甚焉,遂令东北四省沦亡,可为慨叹。吾人若欲救国,要大家团结一致,反对卖国,反对独裁,把这种不良分子一概扫除,中国方有昭苏之希望。"②1935年1月,蔡廷锴将军在旧金山中华总会馆组织的"一·二八"纪念会上发表演说,批评国民党政府时称:"所谓政府之情状,不特无政府精神,乃至政府之形式亦无之……所谓政府要人则互相推诿,互相牵制,互相责难,互相规避,总不能精诚团结,决定战守大计,总不能与人民合作,指示人民以一条救国大路……南京政府不成政府,故不能团结中央要人,不能

---

① 蔡廷锴:《海外印象记》,第38页;蔡廷锴:《蔡廷锴自传》下册,哈尔滨:黑龙江人民出版社1982年版,第343—344页。

② 《蔡将军在北架斐欢迎会之演词》,《世界日报》,1934年11月27日。

号令各省,不能集中人才,不能运用外交,而日本则着着进取,满洲伪国成立之后,即预备进攻热河。"①蔡廷锴在加州萨克拉门托向侨界发表演说时,号召华侨要救国,必须打倒卖国的国民党政权:"蒋中正对外则怯,对内则惨杀人民,此种祸国殃民而兼媚敌之卖国政府,若不从速打倒之,改造之,中国前途无有希望。"②

1934年9月底,谭启秀将军先行抵达旧金山,受到当地侨界热情接待。在中华总会馆组织的侨界欢迎大会上,谭启秀发表演说:

> 本来军队打仗,是不应再劳同胞捐款,因军队为国家之军队,应由国库供给,人民既以其血汗金钱纳税于政府,托政府管理军队,供给军队,政府应尽其责,但我十九路军及一切抗日军队,不得政府供给,而反赖同胞接济,此因政府以为不应抗日之故,究竟抗日是否应该呢?兄弟以为应该之事,因为并非我攻打人,乃是人来攻我,思夺我土地,灭我民族,抗日实为四万万民族之生存而抗日,为求中华民国领土不被人侵占而抗日。换言之,不抗日则民族无以生存,国土不得完整。张学良因不抵抗,数日之间,遂将我富饶之东三省断送于日本人,此虽为我国之奇耻大辱,然日人并不以夺得东三省而满足,实思及我整个的中华民国领土,故若持不抵抗主义,则非至将整个的中华民国领土断送不止。③

在蔡廷锴之后,中国察哈尔省抗日将领方振武也到美国向华侨宣传抗日。1936年4月,方在美国华侨最多、政治影响力最大的旧金山成立中华民国国民抗日救国会,发表宣言,要求国民党政府

---

① 《蔡廷锴将军在"一二八"纪念会演说词》,《世界日报》,1935年1月29日。
② 《蔡廷锴将军在二埠侨众欢迎大会之演说词》,《世界日报》,1934年11月28日。
③ 《谭启秀将军在欢迎大会演说》,《世界日报》,1934年9月30日。

放弃不抵抗政策,并鼓励华侨抗日。10月,方振武等人抵达企城,中华会馆即召集全侨假座致公堂大厅开会,侨胞到会者百余人,方将军演说,大意谓:中国失地五年,政府和外不抵抗,现危机日迫,应即改行抵抗之路,并历举美国、爱尔兰、菲律宾等国之自由独立运动,获得成功。中国如扩大民族革命运动,把民众组织起来,一定可达自由目的,请企城侨胞与全美洲其他各埠取一致步骤,即组织国民抗日救国分会,联合抗日。①

以蔡廷锴、方振武为代表的军人在美开展的宣传活动,不仅使美国侨胞深入了解到国内英勇抗日斗争的事实,激发了他们满腔的爱国热情,还无情地揭露了日本帝国主义侵华的真相。当然,由于国民党政府奉行不抵抗政策,他们在演说中也大力抨击国民党政府的卖国罪行。

继蔡廷锴、方振武之后,中国又一位社会精英——陶行知,也踏上了赴美游说之路,宣传其组织联合战线、抗日救国的主张。在七七事变前夕,因日本当局不惜人力、物力、财力在世界各大国制造舆论,混淆视听,将日本侵略中国之战争硬说成是中日两国之间的贸易摩擦,加上国民党政府一味妥协退让、不抵抗,致使美国当地社会存在一个不争的事实,即美国人民对日本武装侵略中国、残杀无辜百姓的法西斯行径及中国人民英勇抗敌的真实情况知之甚少,并存在很大的误解。② 为了改变这一状况,陶行知一到美国便充分利用他在美国的社会关系和影响,有针对性地开展舆论宣传活动。在这期间,陶行知亦十分重视对美国华侨工作的开展。

---

① 《企城成立抗日救国分会》,《世界日报》,1936年10月1日。
② 童富勇、胡国枢编著:《陶行知传:纪念伟大的人民教育家——陶行知诞辰一百周年》,北京:教育科学出版社1991年版,第360页。

1936年11月，面对美国华侨四分五裂的情形，陶行知用其擅长的小诗来劝告他们：

> 你以为，我以为，你我之间出了鬼，有鬼掣我肘，有鬼拖我腿。心灵正要渡河，桥梁被鬼炸毁，扑笼通儿掉下水，大家都倒霉。这还能怪谁？若想不见鬼，除非是，你我从此不"以为"。①

在落花时节他又做起了拆字先生，勉励华侨要团结一心：

> 春字是由三个字造成的，三人日合起来便是春。三人成众是大家联合起来，抵抗日本侵略的意思。三人又可作三种人解，要上中下三种人联合起来，要左派、右派、中间派三种人联合起来，要老年人、中年人、小孩子联合起来，则日本帝国主义跑到底下去了，到桌子底下去了，到裤裆底下去了。②

1936年年底，陶行知先后在波士顿、纽约等地对全侨发表演讲，进行救国宣传。他说道：

> 讲到抗日，照我看来，有三条路可走……第一条路是经济抵抗。不买日本货，断绝日本经济供给……宁可不穿裤，不买东洋布。第二条路是文化抵抗……不再读死书，要教大多数。第三条路是武力抵抗……丢掉怨、恨、妒，保卫绥远去……不要包办抵抗，要大众起来抵抗……大众起来便要大联合……联合要坦白，要宽容，要批评，避离间，要改良大众生活，要有

---

① 陶行知：《以为歌》，《陶行知全集》第12卷，成都：四川教育出版社2005年版，第251页。
② 陶行知：《新华侨之出现——在美国所见》，《陶行知全集》第4卷，成都：四川教育出版社2005年版，第189—190页。

中心,要解放大众,只是口讲联合,耳听联合,不是最好的联合。必定要做到在战场上联合,一面作战,一面联合,才是真正的联合战线。①

不少华侨受此感召,主动不买日货,不穿丝袜。陶行知根据这动人的情景,作了一首小诗,赞扬他们的爱国行为:"好姑娘,顶呱呱,宁可打赤脚,不愿穿丝袜,如果穿丝袜,便是一个女王八。"②最后,陶行知发出号召:

> 诸位,绥远已经在抵抗了,中央也决心援助了,这是多么叫人欢欣鼓舞的事。但是我们不能忘了,绥远东北还有我们的东三省,我们的热河,这二百余万方里的失地还在敌人手中,我们单单防守绥远还不够,还应该乘此机会,向东北出兵,收复我们失去的土地!
>
> 海内外的民众,联合起来!政府能不能够贯彻到底,能不能够[不]止于防守绥远而且能出兵收复失地,全看我们民众有组织的督促力量如何。我们要赶快团结起来,为抗日战争的后盾,收复失地,打倒日本帝国主义!③

不仅如此,陶行知还根据华侨自身的职业特点为其作宣传歌,引得华侨广为传诵。现摘录一首《衣联歌初稿》以供阅读:

> 我们有艺术的手段,能把龌龊洗干净。我们有通红的熨斗,能把皱纹熨平。世界有多少罪恶,待我们洗净。人间有多

---

① 陶行知:《在波士顿、纽约全体华侨欢迎会上讲话》,《陶行知全集》第12卷,第256—262、169—172页。
② 陶行知:《告华侨姑娘》,《陶行知全集》第7卷,成都:四川教育出版社2005年版,第638—639页。
③ 陶行知:《陶行知全集》第12卷,第267页。

少障碍,待我们熨平。兄弟们联合起来啊!拿出我们的真本领!

熨啊!熨啊!熨去衣服的皱纹,熨去自救的障碍,熨去人间的不平。使天也平,地也平,人也平,兄弟们联合起来!拿出我们的真本领!

洗啊!洗啊!洗去衣服的龌龊,洗去中国的国耻,洗去世界的罪恶。使天也干净,地也干净,人也干净,兄弟们联合起来!拿出我们的真本领!①

在陶行知发表演讲的同时,全国学生救国联合会代表陆璀也向美国华侨演说国内学生运动情形,鼓励华侨坚定抗日决心,团结起来,一致对外。②

总之,在蔡廷锴、方振武、陶行知、陆璀等社会精英的大力推动下,美国华侨民族意识开始觉醒,并抛弃成见,走向联合,这为全面抗战后国民政府实施思想再动员做了很好的舆论准备。

综上所述,从九一八事变到七七事变前夕,美洲华侨以空前的爱国热忱投入到祖国的民族抗战中。在舆论宣传方面,美洲华侨重点揭露日本侵华真相,反对国民党政府的不抵抗主义,及时报道中国抗战消息,呼吁国际友邦主持正义,制裁日本的侵略暴行。在物力上,美洲华侨捐款献物,慰劳前方将士。总之,在全面抗战前夕,美洲广大华侨掀起了波澜壮阔的抗日救亡运动,力所能及地为祖国抗日民主运动作出了应有的贡献,在华侨爱国史上书写了光辉的篇章。

---

① 陶行知:《陶行知全集》第7卷,第654—655页。
② 《陆璀女士对纽约全侨演词》,《先锋报》,1936年12月5日。

第三章　美洲华侨与全面抗战

1937年卢沟桥事变爆发后,中国进入全面抗战时期。随着日本帝国主义侵略的不断加深,中华民族危机日益严重。在此严重的民族危机关头,全国各党各派、各族人民团结一致,奋力抵抗日本帝国主义侵略。美洲侨社受国内局势的影响,掀起了一场声势浩大的抗日救亡运动。

第一节　救亡组织的创建

华侨开展抗日救亡运动,必须要有统一的思想、意志和行动,才能取得较好的成效,而此有赖于侨社强有力的救亡组织的建立。1915年在抗议袁世凯政府签订丧权辱国"二十一条"的斗争中,特别是在1928年的"济南惨案"发生后,美洲温哥华、多伦多、蒙特利尔、旧金山等地华侨组织了不少救国团体。这些团体不同于华侨地缘性会馆、姓氏团体等这样的常设组织,而多属于临时性质,以国内形势为转移,旋起旋灭。上文已述,中国局部抗战时期,美洲华侨也组织诸多抗日救国团体,而这些团体中,有些至卢沟桥事变后已名存实亡,有些团体则囿于侨社邑界、姓界、堂界根深蒂固①,各党派之间政见各异,其会众人数有限,组织威望不够,难以驾驭这些党派和传统社团,无法形成侨社统一的力量。但在七七事变后,深受日本侵华的刺激,及国内人民众志成城、同仇敌忾气氛的感化,华侨的民族意识不断增长,原生性的地缘文化认同有所弱化,他们开始捐弃前嫌,走向团结。

卢沟桥事变后不久,旧金山各侨团代表在中华总会馆召集下组织"中华救国后援总会",订定章程,公推人员,负责办事,为美洲全侨筹捐救国后援之最高机关,对于一切进行事宜,公开讨论,以集中全侨之意志和力量,并定于1937年8月19日出发,向侨界沿门募捐。1937年8月17日,中华救国后援总会发表宣言称:"我爱国同侨,能不节衣缩食,厚筹实力,以为政府抗日救国图存之后盾乎! 此本总会联合团体代表向全侨募捐救国之所由发起也。本总会经于我同侨热心救国,向不后人,今当国难临头,恨未能执干戈站在前线,与敌人肉搏,定必大解金囊,乐捐巨款,作后方之准备,以坚军士杀贼之雄心。本总会同人黾勉从公,效力家国,懔兴亡有责之大义,壮杀敌致果之声援。"《宣言》并提出以下五点期望:(一)希望全侨各团体代表,本敌忾同仇之精神,热烈参加该会会议,赞助该会工作,协同进行募捐,众擎易于举鼎,集腋可以成裘,行将以物质与精神,为政府拒敌之援助。(二)希望旅美全侨深刻认识到,此时为国难严重之秋,正是中华民族之生死关键,若不自力更生,必沦于万劫不复之地,务须有钱出钱,有力出力,或奋起输将,或对外宣传,各尽所能,应付日本帝国主义侵略。(三)希望旅

---

① 关于近代美国侨社内部的冲突和纷争,可参见潮龙起:《移民、秩序与权势:美国华侨堂会史研究》,广州:暨南大学出版社2019年版;潮龙起:《19世纪后期美国三邑与四邑华侨的冲突和调控》,《广东社会科学》2016年第4期,第130—140页。

美全侨各团体联同一致,集中人才,化除已往之成见,以国家为前提,同站于抗敌救国的同一战线,同心同德,抵御外侮。(四)希望旅美全侨,统一抗日救亡的募款工作,以中华救国后援总会总其成,挈领提纲,涓滴归公。(五)希望旅美全侨一致奋起,共赴国难,各尽千虑一得之愚忱,以收集思广益之实效。①

1937年8月21日,旧金山总领事馆召集该埠全侨各团体代表,组织旅美华侨统一义捐救国总会。8月24日晚,救国总会召开代表大会,到会数十团体,出席代表120人,经将章程逐条提出,讨论修正,一致通过,由各代表选出执行委员会委员41人,监察委员会委员21名,复由执行委员互选执行常务委员及副主席,又由监察委员会委员互选常务委员三名。章程规定:旅美华侨统一义捐救国总会以统一义捐、协助政府抗日救国为宗旨,由金山华侨每团体选派二人为代表,七大会馆主席为当然代表,组织代表大会;代表大会为本会最高机关;所有义捐一经募得,须逐日由财务处贮存广东银行该会户下;银行存款,一经存满国币5 000元,即须汇解国民政府财政部,并分呈侨务委员会、驻美大使馆、驻金山总领事馆;提取存款,须由常务委员会正副主席中二人、监察委员会常务委员中一人,及财务处正副主任中一人,计四人会同签字,方得提解;一切捐款收支,须逐日正式公布,并逐月印刷征信录,以昭大信;会中办事开支,须另行捐募,由该会团体乐捐若干,不足之数,再由各团体分担,不得动用义捐;该会全体职员,均任义务,不得支薪;该会职员,有从中舞弊,经代表大会查确有据者,由该会全体对付,并依法追究,再呈请政府从严惩戒。② 旅美华侨统一义捐救国总会成立

---

①《中华救国后援总会宣言》,《世界日报》,1937年8月18日。
②《驻金山总领事馆布告》,《世界日报》,1937年8月22日。

后,旧金山仍有驻美中华救国后援总会及旅美华侨联合募捐救国总会两机关。为统一救国义捐、共策进行起见,此两机关当事自动取消。①

旅美华侨统一义捐救国总会囊括旧金山大多数华侨团体、党派、学校、协会等组织,计有 96 个,如地缘团体有七大会馆,姓氏团体有蔡济阳堂、至孝笃亲公所、余风采堂、谭家公所等,行业性团体有中华总商会、万国工人保险互助会三藩市华人分会、联义交通部等,政治性团体有国民党驻美总支部、侨生抗日联会、中华民国国民抗日救国总会、旅美华侨反日救国宣传会、美国共产党华人部等,堂会则有协胜总堂、萃胜工商总会、秉公堂等,宗教性社团则有基督教联会、圣公会、浸信会等,其他组织有东华医院、阳和学校、大明星剧团等。②

旅美华侨统一义捐救国总会成立后,中国驻金山总领事馆又发出通知,敦促未加入救国总会的旧金山华侨团体赶速加入,旧金山领事馆所辖范围内各埠华侨也从速成立救国分会:"现查本埠团体参加该会已居多数,其未参加者仍复不少。我国当此危急存亡之秋,凡我国民救亡图存,责毋可卸,合行通告各侨胞团体周知,如未经加入者,仰即一律派代表前往参加,共策进行。如本馆所辖各埠能从速依照该会名称组织分会,互相联络,表示我侨团结精神,尤以为盼。"③

旅美华侨统一义捐救国总会也通告各埠,要求各埠按照总会章程成立分会,加强与总会的联系:

---

① 《驻金山总领事馆通告》,《世界日报》,1937 年 8 月 22 日。
② 《驻金山总领事馆布告》,《世界日报》,1937 年 8 月 23 日。
③ 《驻金山总领事馆通告》,《世界日报》,1937 年 8 月 24 日。

本会集合金山全侨各团体联合组织，专以统一救国义捐为宗旨，良以全国现既展开大规模抗战，国内外同胞均已团结，联合一致，共同为救亡而奋斗，方足制暴日之死命，争取最后之胜利。本会顾名思义，应鼓吹各埠侨团组织分会，互相联络，借收整齐统一，厚集力量之实效，为此特通告我全美各埠侨胞，凡属侨胞集中之地，请即依照本总会总章及其他一切章则，组织分会。本总会当即将进行计划，及重要消息，暨各地分会情形，随时通知。至各分会所经手筹募款项，均照本总会募捐办法，发给"义捐救国"襟章，以资识别，而留纪念……至各地分会，最应注意者，为名称贵应一致，财政应统一，并遵守总会一切规章，特为此合行通告。愿各地侨胞本爱国精神，从速进行，抗日救国，实深利赖。①

旧金山总领事馆后又致函各侨团："救国总会迭汇巨款，成绩卓著，收汇义捐，手续慎重，信用为侨胞所尽知……如未组织义捐会者，希即迅为组织，已组织而能改为旅美华侨统一义捐救国总会某埠分会，互相联络，所得捐款，统交总会。"②

1937年8月底，萨克拉门托（华侨时称"二埠"，加州首府）中华会馆召集该埠全体华侨开会讨论成立救国组织事宜，当即议决组织"金山二埠全体华侨筹款救国会"，共筹军饷，以挽危亡。会议选出委员，并分文书、理财、宣传、劝捐此四科办理救国事宜，劝捐科又分四队，救字队在华埠劝捐，国字队往西人区劝捐，劝字队赴农园劝捐，捐字队向妇女处劝捐。③

---

① 《旅美华侨统一义捐救国总会通告》，《世界日报》，1937年9月16日。
② 《黄总领事致侨团函》，《世界日报》，1937年9月18日。
③ 《二埠华侨救国会成立》，《世界日报》，1937年8月30日。

旅美华侨统一义捐救国总会自成立后，各埠组织分会者亦有20余处，有名义不称分会，而实际隶属总会者。至1938年6月，美国48州华侨均与救国总会有信件来往，将款寄交救国总会汇回。美国以外，加拿大、墨西哥、萨尔瓦多、危地马拉、英属洪都拉斯、尼加拉瓜、圭亚那、西印度、海地、委内瑞拉、哥伦比亚各埠，及大溪地等地方，亦均有款寄至救国总会，足见该会信用昭著，名副其实。救国总会每日平均收发信件达30封，正副主席及各职员每晚紧张工作至12时，甚有至深夜一两点者，各职员均绝对义务，甚至因公赴各埠工作，往返膳宿及车费均系各人自动报效，未支用会中任何费用。① 旧金山救国总会自成立至1941年1月止，计开百余人的代表大会50次，62人的执监委员联席会议159次。每次会议由纠察员点名，缺席者罚款美金五角。考虑到华侨白天上班，开会时间多安排在晚间，会议常开至深夜12时以后。其他各处各科每周或每两周开会一次，讨论会务进行。②

至1944年七七抗战七周年时，各埠分会已达34个。③ 1950年出版的《美洲华侨通鉴》记载，救国总会由旧金山市98个侨团联合组织，先后成立40余分会，遍及中南美洲、墨西哥及美国中西部及南部各州，统属大小城市300余，为抗战时期美洲各地规模最大、成绩最著之华侨救国组织。④

1937年8月20日，美中芝城华侨救国后援会在中华会馆及当地领事馆的劝导下成立。美中芝城华侨救国会总章规定，该会以

---

① 《南北美洲各地捐款集中救国总会》，《少年中国晨报》，1938年6月6日。
② 邝炳舜：《美洲华侨概况及抗战以来爱国运动报告书》（1941年春），美国加州大学伯克利分校族裔研究系图书馆麦礼谦档案室藏，AAS ARC 2010/1，Carton 14。
③ 《旅美华侨统一义捐救国总会七七抗战七周年纪念特刊》，第3—4页。
④ 陈匡民：《美洲华侨通鉴》，第216页。

联络全体华侨、集中力量、以实力为政府后援、贯彻抗战达到最后胜利为宗旨。该会设执行、监察两部,执行部分设财务、文书、宣传、交际、募捐、纠察、庶务七科。该会规定,凡属芝城中华会馆所辖各埠华侨,每人额捐美金十元,除由其本人鼎力多捐外,届时得由募捐员估量其人之入息,仍请加捐;如有不遵额捐条例,借端违抗者,除由该会一致对付外,仍呈请政府设法惩戒之,任何团体不得为之袒护;如年老贫病侨胞,确无能力依例额捐者,得听其自便;所有团体、商号,分一、二、三等定其额捐,最少以十元起码。捐款收条用三连根式,一交捐款人,一存该会,一送驻芝城总领事馆备核。所有收条,除由财政主任签名盖章外,经手收银人,亦要签名,以昭慎重。① 该会同时发表成立宣言如下:

> 国之兴废,系乎人心之振靡;时之否泰,视乎人事为转流。天相中国,团结一致于御侮抗战,因御侮抗战之实现而愈加团结,盖人定胜天,民族复兴,昭其征兆,转祸以为福,转弱以为强,最大机括全在此。求国家之出路,争民族之生存,只有把握住此最后关头,以牺牲一切之决心,奋斗到底之毅力,鼓励大无畏精神以赴之,集中全国之人力才〔财〕力物力于中央政府领导抗战整个计划之下,而后收统一指挥之大效……筹饷接济,尤为华侨重要工作,亦为华侨救国历史所昭垂。美中芝城向处号召全侨之重要地位,兹为统筹捐款,及厚集应援政府抗战之实力起见,联合各界,有募捐总机关之组织,此本会所由成立也。②

1937年8月24日,芝加哥势力最大的两大团体——安良工商

---

① 《美中芝城华侨救国后援会章程》,《三民晨报》,1937年8月23日。
② 《美中芝城华侨救国后援会成立宣言》,《三民晨报》,1937年8月23日。

会与协胜公会联合发表布告,要求所属会员遵照芝加哥华侨救国后援会章程捐款,表明两堂会支持后援会抗日救国工作。其布告云:

> 日贼入寇我国,已至最后关头。我政府为民族生存,现已实行抗战。我旅外侨胞,输将之责,义不容辞。现本埠组织成立之美中芝城华侨救国后援会,向我全侨募捐款项,以济军需。查该会章程内决定:"凡旅美中侨胞及商号,每人每号,最低限度额捐美金十元,除由其本人鼎力多捐外,届时仍由募捐员估计其人之入息仍请益之。如有借端违抗,合众对付。其人不论厕身任何团体,不得袒护,致碍要公。"用特布告,仰我会等所属昆仲,务望踊跃输将,以尽国民天职。如敢违抗,本会等为拥护该会章程期间,决不为其庇护也。①

纽约中华公所于1937年8月24日召集该埠各社团代表大会,讨论组织抗日筹饷总局事宜,由各代表投票选举,结果选出中华公所、总商会、安良工商会、协胜公会、致公堂、联成公所、宁阳会馆、衣联会等19社团为常务委员。纽约全体华侨抗日筹饷总局成立后,制定章程十条,以联合纽约全体侨胞筹募军饷,供给国民政府长期对日作战、收复失地为宗旨。其执行委员会由纽约各社团派出代表共同组织之。常务委员会由执行委员会互选19人组织,分设文书、宣传、登记、设计、理财、指导、稽查、交际八科。②

中华公所又于1937年10月18日召集全体华侨社团代表会议,议决扩大原纽约全体华侨筹饷总局,统一募捐军饷,由各团体盖章确认。迭经纽约各侨领奔走斡旋,各侨团同意纽约全体华侨

---

① 《芝城安良工商会协胜公会联合布告》,《三民晨报》,1937年8月24日。
② 《纽约全体华侨抗日筹饷总局成立》,《先锋报》,1937年8月26日。

筹饷总局更名为纽约全体华侨抗日救国筹饷总会,为纽约全侨统一筹饷之机关,并于11月7日假座新中国戏院开成立大会。各侨团各侨胞踊跃参加,到会华侨2 000余人。该会下设总务部、文书部、财政部、宣传部、调查部等。① 纽约全体华侨抗日救国筹饷总会成立宣言,首先指出该会宗旨,在乎"统一纽约全体侨胞积极募捐军饷","既名统一,则无派别门户之见,无此疆彼界之分,凡属纽约华侨团体个人,皆希望其放弃一切以往之成见,接纳抗日救国总机关之领导;既言积极募捐军饷,则有钱者要出钱,有力者要出力,有才能者要出才能","凡一切募捐性质,总期合乎平均负担,长期捐输之原则","总会职员如有任事不力,办事不公者,同胞宜纠正之。"② 其次,该会筹饷宗旨,在于接济政府长期对日作战,收复失地,故失地一日未收复,则一日不能停止对日作战,华侨也一日不能停止筹饷责任。《宣言》最后呼吁:"我们纽约侨胞均为中华民族之子孙,如不愿祖国故乡遭受日寇之蹂躏,如不愿子孙为异族之奴隶,则应挺身而起,毁家纾难,在全侨抗日筹饷总会旗帜之下,一致团结,出财出力,来援助祖国抗战!"③

1939年2月,美国西南数州华侨在休斯敦汪清伦领事指导下,成立旅美西南华侨抗日救国联合会,并制定会章。会章规定,该会宗旨为联络美国西南各地救国侨团及侨胞,同做抗日救国工作;该会由旅美西南原有华侨救国团体组织之,西南各地如有新组的救国侨团,须一律加入该会,并须各推一人为该会委员,其无救国团体地方,由该会酌量指导一二人为该会驻该埠专员,负责执行该会

---

① 《纽约全侨抗日筹饷总会通告》,《先锋报》,1937年11月4日;《纽约全体华侨抗日救国筹饷总会成立》,《先锋报》,1937年11月11日。
② 《纽约全体华侨抗日救国筹饷总会成立宣言》,《世界日报》,1937年11月18日。
③ 《纽约全体华侨抗日救国筹饷总会成立宣言》,《世界日报》,1937年11月19日。

委办之事;该会职权,系居于督促地位,指导西南各救国团体及各埠侨胞的抗日救国工作,按月募集美金公债,但该会统属下各团体的救国工作,由各侨团自行办理。如有办理未妥者,该会得随时指导之,改善之,务期各地侨胞各尽国民应尽的义务。①

特别指出的是,抗战期间美国华侨妇女组织增多,而且也相当活跃。1937年8月16日,中山籍侨民黄冠寰发起成立檀香山妇女献金会,1945年12月该会自动解散。八年间,入会华侨妇女有2700余人,参与该会工作的妇女,凡500人以上。②旧金山热心救国之女界麦李慕兰、何清等,在卢沟桥事变前,曾联同妇女界发起卖花筹赈,成绩卓著。卢沟桥事变后,她们为组织更多侨界妇女募款援助祖国,特成立旅美华侨妇女战区难民筹赈会。该会宗旨专向中西商店征集或购买棉布及各种材料,由各会员负责缝好,寄回国内各战区,送与各难民为御寒之用。③旧金山华侨妇女爱国团体还有妇女新生活运动会、妇女诚志会、女子方圆社、中华妇女救国会等。此外,其余各埠妇女抗日救国组织还有不少,如萨克拉门托的妇女尚志会,波特兰的妇女协进会,西雅图的少妇会,纽约的妇女志愿服务会、妇女救国会,华盛顿的中华妇女会等。

全面抗战时期,美洲各大学中国留学生及侨生也纷纷组织救国团体。如美西各口岸大学及中学中国学生,愤日本强侵中国,本其读书不忘救国之义,联合各校学生,开会讨论抗敌方法,当即成立中国爱国同盟会,继而选举各科职员,并决议通过白话剧、舞会,及出售有奖善券等方式筹款,以助军饷,及救济难民,并致力于宣

---

① 《旅美西南华侨救国运动之大联合》,《世界日报》,1939年2月26日。
② 陈匡民:《美洲华侨通鉴》,第310—311页。
③ 《女界组织战区难民筹赈会》,《世界日报》,1937年9月18日。

传工作，以唤起中外人士对中国抗战之同情。①

　　檀香山名医李启辉、殷商陈滚等，除提倡助饷助械救济难民外，还召集华侨组织慰劳会，开展慰劳运动，以励士气，公推李大明为大会主席，李启辉为名誉会长，陈滚为会长，分科办事，拟定章程，以精神物质慰劳全国抗战将士、提起奋斗精神、支持长期抗战为主旨，并发表声明：（一）该会以慰劳全国抗战将士为主旨，只问战不战，不问党不党，故不论其为中央军、八路军，及其他省军，及游击军，均予以精神上或物质上的鼓励，以振军心；（二）该会以精神或物质慰劳将士，其纲领随时拟定，视力所及，逐步施行，只求实际办到，使将士实受其惠；（三）该会不论举办任何运动，先将详细办法公布，尤其是关于款项用途，绝对公开。②

　　在中日战争这个关乎中华民族存亡的特殊时期，由各侨团组织的救国团体具有一定的权威，其组织的捐款捐物等活动，也能得到各侨团侨胞的支持。如1940年4月，奥克兰华侨义捐救国分会以历次捐款及第三期美金义捐，尚有少数侨胞未捐及已捐而未缴款者，特函请该埠宁阳会馆、秉公堂、萃英工商会、萃胜工商会等七大团体，协同调查，务使于最短期间缴清捐款，结束已往各次捐款手续。为配合救国分会调查华侨捐款工作，各团体都派员协助该分会催收捐款，并发表通告，要求所属华侨履行义务，遵照义捐救国分会规定，缴清义捐。奥克兰最大的地缘性社团——宁阳会馆之通告如下：

　　　　照得救国为国民之天职，捐款为同胞分内所应为之事。本埠救国分会自募捐第三期义捐以来，为时已久。我邑侨遵

---

① 《中华爱国同盟会成立》，《世界日报》，1937年9月8日。
② 《檀山侨胞组立祖国抗战将士慰劳会》，《世界日报》，1939年5月10日。

例依期供足捐款者,诚属可嘉。然故意推延时日,不肯缴交者,实为放弃责任。闻救国分会不日出发调查,结束义捐,凡我邑侨未供满义捐者,务祈从速缴交,以尽职责。如有恃顽抗捐,与调查员发生交涉者,本会馆决不庇护。①

美国华侨的抗日救国社团,经历了一个由分散到集中的发展过程。美国地域广阔,华侨社团林立,但除个别社团外,各地的抗日团体,大都分属四个最高的抗日救国组织领导:美国东部的抗日团体,隶属于纽约华侨抗日筹饷总会;美国西部的抗日团体由旧金山市旅美华侨统一义捐救国总会管辖;美国中部的抗日社团,归芝加哥华侨抗日救国筹饷会统一指挥;夏威夷华侨的抗日团体,由檀香山祖国伤兵难民救济总会领导。

为了统一全美华侨抗日救国的步伐,加强团结,争取抗日战争的最后胜利,1943年9月,全美华侨筹饷机关代表大会在纽约举行,出席大会代表67名,分别来自全美36个大中城市。大会选举邝炳舜、梅友卓、刘恩初、陈泽民、谭赞为主席团成员,赵鼎荣为大会秘书长。大会总结了美国华侨筹饷运动、国际宣传运动、抵制日货运动和加强自身团结的经验,制定了加强救国力量、团结一致、争取胜利的新方针。会议决定统一全美各埠华侨救国会的名称,并在波士顿、圣安东尼奥、西雅图另外设立执行机关,负责美国东南部、南部和北部华侨的抗日救国工作。② 9月11日,全美华侨抗日救国筹饷机关代表大会在会议结束当日,发表大会宣言如下:

本大会业于本年九月五日至十一日一连七天在纽约举

---

① 《屋仑七团体协助调查义捐》,《少年中国晨报》,1940年4月1日。
② 黄慰慈、许肖生:《华侨对祖国抗战的贡献》,广州:广东人民出版社1991年版,第28页。

行。此次大会,实为旅美华侨有史以来之创举,亦抗战六年来全美华侨救国运动之大集团。今在共同目标之下举行大会,凡所提议,当然以抗日救国筹饷为中心,严密组织,使全美侨胞普遍捐款,人人尽其输财救国之责任。至于华侨切身利害,如推进华侨教育,改善侨汇,及运动废除对华移民苛例等,皆为当务之急,亦经分别决议,盖侨务之兴替,与救国工作之张弛,关系密切,不容忽视……更议决吁请英美设法从速复开滇缅路线,增强中国战区力量,举凡可以襄助祖国抗建大业、促进联军胜利者,无不提出磋商,次第表决。开会期间,大会也致电全国军民,请加强团结,继续努力,拥护国策,抗战到底。①

七七事变后,加拿大各埠先后成立了各种抗日团体,这些团体在组织结构上大致分为几种:一种为在某个大城市唐人街成立总会,各地成立分会;一种是在各地以成立目标为名字,但为互不相关的团体;一种为各埠各侨团自己组织的团体。除了各省的拒日总会和拒日分会外,加拿大华侨著名的抗日团体还有温哥华华侨外交协进会、驻温哥华加拿大华侨义捐救国总会、温哥华华侨购机抗敌筹款委员会、温哥华航空建设支会、温哥华华侨救国筹饷总局、维多利亚华侨劝募救国公债支会、维多利亚洪门拒日协进会、占尾利华侨抗日会、乃磨洪人拒日救国会、多伦多华侨统一救国总会、渥太华洪门救国协进会等等。②

抗日救亡团体不仅在美加两国蓬勃发展,而且在美洲很多华侨集中的国家和城市也普遍建立起来。墨国善拿罗亚省(锡那罗亚,Sinoloa)华侨团体会于1937年9月初召集全侨会议,在该省孖

---

① 《全美华侨抗日救国筹饷机关代表大会宣言》,《世界日报》,1943年9月20日。
② 黎全恩、丁果、贾葆蘅:《加拿大华侨移民史(1858—1966)》,第416页。

沙打冷埠（马萨特兰，Mazatlan）组织华侨救国抗日后援会，专为募捐工作，接济军糈，并号召华侨"对此国家存亡，最后关头，望慷慨输将，乐助金钱，得以源源接济，增奖国军杀敌之雄心，收回失地，获最后之胜利"。①

古巴万山厘佑市（曼萨尼约，Manzanillo）华侨自九一八事变后，即有抗日后援会分会的组织，后因派别分歧，中途解体。至1936年日本侵略加甚，复有华侨团体会组织，但仍有一部分人未加入。1937年11月3日，中国国民党在该地分部召开全侨大会，当场通过组织万埠华侨抗日后援分会，凡是华侨皆可加入，以拥护政府对日抗战，及推动一切大众力量、反对一切侵略我国者为宗旨，会址附设于华侨团体会。该会规定，每一华侨每月征会费5分作为其办公经费。②

据不完全统计，抗战期间美洲各国救国团体达144个。③

可见，七七事变后，美洲各地侨胞，无论通都大邑，偏远小埠，纷纷组织救国会或筹饷机关，负责劝募捐款，领导援助抗战的各项工作。各地救国会，多是全侨性的组织，统筹一切捐输事宜，一地而有两个以上的救国会，为极少见之例外。举其著者而言，有旧金山的旅美华侨统一义捐救国总会，纽约的纽约全侨抗日救国筹饷总会，芝加哥的驻芝城美中华侨抗日救国后援会，此均为当地全侨性的组织，规模宏大，成绩优异。其他各埠均有抗日会或救国会之组织，或独立成会，或与其他救国会相联合，无不各尽所能，各有显著成绩。加拿大东部的多伦多安省华侨抗日救国统一总会，亦为

---

① 《墨国善拿罗亚省华侨救国后援会宣言》，《世界日报》，1937年9月6日。
② 《古巴万城侨胞统一抗日组织》，《先锋报》，1937年11月11日。
③ 李屏周：《一年来华侨救国社团活动情形》，《现代华侨》1941年第2卷第2—3期，第18—20页。

一统一安大略省全省各地救国会的大团体。其他如墨西哥、古巴、秘鲁的救国会,规模均甚大,工作亦极活跃。各地救国社团名称虽不一致,但均拥护抗战建国政策,从事应援工作。① 刘伯骥先生说:"凡聚居华侨一二百人之埠,便有救国会之组织,人数较少不易组织者,则隶属于邻埠或邻州之救国会,故每一救国会之组织,常统属附近许多小埠在内。然救国会之类型,因所在地侨众之多寡、活动之范围、捐输之能力,亦有大小之分。旧金山、洛杉矶、纽约、纽英仑、芝加哥,为巨型也。西雅图、波特兰、沙加缅度、士作顿、斐市那、圣安东尼奥、底特律、克利夫兰、费城、美京,为中型也。其余或在中小型之间,或仅属于小型之组织。至于未有救国会,虽零星小镇,但亦闻风兴起,自动捐输者,多至不可胜计。"②

各地救国会在其运行过程中,也遭到侨社内部一些华侨乃至汉奸以及居住国政府的干扰。一些华侨因国家观念淡薄,对捐款救国之举不大热心,因此在救国会找到其人捐款时,往往发生纠纷,有时出现暴力冲突现象。当时华文报纸刊登了不少这样事例,各救国会也予以处罚。洛杉矶义捐调查团曾奉命向华侨催收以前认捐而实未交款之义捐,以期早日厚集赈款,购买医药,以为救济祖国难民之用。不料有名郭雪恩者,甘为汉奸利用,既不肯解囊相助,复向警署投报,肆意诋毁检查员,且在西报发表伪宣传。③

1939年8月,克利夫兰华埠发生一起震动全美华侨的事件,严重干扰该埠华侨救国会工作。事缘该埠有贫病无告之老侨胞黄百

---

① 邝炳舜:《美洲华侨概况及抗战以来爱国运动报告书》(1941年春),美国加州大学伯克利分校族裔研究系图书馆麦礼谦档案室藏,AAS ARC 2010/1,Carton 14。
② 刘伯骥:《美国华侨史续编》,第573页。斐市那为华侨旧称,即弗雷斯诺(Fresno),美国加利福尼亚州中部城市。
③《罗省华侨伸张救国正义》,《少年中国晨报》,1940年5月14日。

友溺死湖中,其遗骸后在城西湖滨发现,其死因未明。其时该埠华侨江松年,前因不负救国责任,而受到救国会批评,但他不去反思自己,反而怀恨在心,时思报复。现正遇黄君溺死一事,"竟胆敢借此以为构陷本会之具,捏造事端,指本会为暗杀黄君之机关,并且指本会前日向伊勒索等语,向地方警局诬告",该埠警局当时不明真相,以人命关天,先后拘去该会干事职员多人,且声言尽将全体华侨拘捕。时各西报纷纷将各人摄影,妄指为杀人重犯,张大其词,披露不尽不实的消息,几令全体华侨人人自危,救国会几乎瘫痪。①

旧金山侦探局曾面谈旅美华侨统一义捐救国总会职员,调查该会各种工作。据称有人曾向其报告救国总会有不合法律行为,故进行调查,救国总会当将该会组织章程、捐款方法、数目、汇款手续、工作状况等,详为报告。该局并告以救国总会曾接到恐吓信多次,街上亦常发现诋毁传单白帖,肆意攻击,尤其自汪精卫在南京成立伪政权后,此项造谣诋毁,更是层出不穷。救国总会认为是汉奸有组织的行为,当将各项白帖、传单、恐吓信汇集,请该局加以严密侦察。② 1940年5月,蒋介石夫妇联衔嘉奖旅美华侨统一义捐救国总会,赠给"慷慨输将"横额一幅,旧金山总领事冯执正举行授奖典礼时,就指出一些华侨与汉奸相勾结,干扰救国会工作。他说,华侨"不宜标奇立异,局外批评,甚或造谣中伤,逞一己私见,致自坏团结之长城,无形中消灭抗战效能,俱应深戒。至若向外人中伤自家人,阴谋破坏救国工作,尤属不可训。最为痛心,殆与汉奸行径无异。自汪逆精卫奉承敌人意旨,成立傀儡组织,屡传派人分

---

① 《企城救国会告全美侨胞书》,《世界日报》,1939年9月7日。
② 《汉奸图谋破坏救国工作》,《少年中国晨报》,1940年5月5日。

向海内外各地,从事挑拨离间工作,故迩来一再发见匿名揭帖散布攻讦之小传单,难保不是汉奸辈活动之端倪"①。

居住国政府也时常干扰救国会募款工作。萨克拉门托华侨救国筹饷会举行第三期募捐公债时,美政府尚守中立,后为讨好日人感情,不准外侨公开推销公债。该会因有美国干涉之举,乃将"公债"二字改为"义捐",免致美国政府再行干涉。② 古巴云丹(关塔那磨,Guantanamo)致公堂、国民党分部自接到哈瓦那中华总商会寄来不买卖日货之中西文宣传品后,即分发到各社团、商号、庄口张贴,以供华侨阅览,以使其知悉抵制日货的本旨。云丹华侨抗日救国联合会亦在门口标贴一张,不料有一警长,到会干涉,谓此不买卖日货宣传品,有违古巴新近法令,并拘捕该会秘书林瑞超,虽经当地侨领据理力争,但其仍被拘往警察局起诉。③

总之,卢沟桥事变后,美洲各地华侨不断加强联系,纷纷组织规模更大、组织程度更高的救亡团体,并极力排除侨社内外各种势力的破坏和干扰,为华侨的各项救国运动打下了坚实的组织基础。

第二节 华侨动员

动员华侨援助祖国抗战,对其思想进行有效动员,使之认识到国内抗战局势的发展、祖国的抗战政策及重要意义,以及坚定抗战华侨信心、增强华侨抗战责任等,尤为重要。时人就曾指出,中国抗战,不唯决定中华民族之命运,抑且决定全世界人类之命运,"唯

---

① 《蒋委员长蒋夫人联衔嘉奖救国总会》,《少年中国晨报》,1940年5月12、14日。
② 《金山二埠华侨救国筹饷会征信录》,二埠华侨救国筹饷会1947年9月刊印,第5页。
③ 《云丹抗日会秘书林瑞超被捕》,《先锋报》,1937年12月30日。

其关系之重且要也如此,于是我除与强敌决胜于疆场外,尚须注重于对海外宣传,盖除可使我远离祖国之侨胞对于此次之抗战得一明确之认识与知努力所必由之途径外,并可唤起各国之投袂而起,予我以物质上及精神上之种种赞助"①。中国自晚清以来所形成的侨务机构和侨务政策,特别是南京国民政府外交部驻外使领馆、侨务委员会及国民党海外部美洲各支部的建立,以及各种侨务政策的实施,使得海外华侨在情感上比较认同中国,这为卢沟桥事变后中国政府对美洲华侨的宣传奠定了基础。

一、国民政府对美洲华侨之宣传

组织、动员华侨支持祖国抗战工作,是战时国民政府的重要纲领之一。鉴于战时国民经济的拮据,以及美洲华侨较为雄厚的人力、物力和财力资源,国民政府和国民党中央对其极为重视,期望调动他们的力量,共同抵抗日本的侵略,以谋取民族生存。为此,全面抗战一开始,国民政府便积极向美洲华侨传播祖国抗战信息,希望华侨输财出力,从物质和精神上支援祖国,以为长期抗战之准备。全面抗战时期,因时局的发展,国民党的侨务宣传经历了两个阶段。第一阶段自1937年卢沟桥事变起,至1941年太平洋战争爆发。这一阶段的侨务宣传重点主要是以下几个方面:呼吁民主国家支援中国抗日、共同制裁侵略者;拥护政府抗战到底,争取最后胜利;揭发汉奸等出卖国家民族之阴谋诡计;团结海内外同胞,动员侨众参加抗战工作;发动海外华侨及国际人士踊跃捐款或接济,以支援抗战;报道日军侵华之暴行,警告日本国民早日终止侵略行为。自太平洋战争爆发,至抗战胜利为第二阶段。这一阶段除继

---

① 沈灵修:《统一海外宣传与募捐之必要》,《华侨先锋》1938年第1卷第4期,第4页。

续上一阶段所定宣传基调外,一方面,呼吁美洲华侨继续踊跃解囊捐献,援助祖国抗战,另一方面,也动员华侨支持所在地的反法西斯战争。①

(一)号召美洲华侨响应政府抗战

国民党政权对美洲华侨实施宣传,早在九一八事变之后便开始了,时国民党海外党务委员会就华侨在侨居地抗战的方法进行过劝导,即"宪政救国,在各地成立抗日救国联合会;宣传救国,扩大国际宣传,在国际间传播日本侵略中国的暴行,以唤起国际舆论的同情;'杯葛'救国,摧毁日本的工商业"②。

卢沟桥事变后不久,蒋介石在庐山发表严正声明称:"我们知道全国应战以后之局势,就只有牺牲到底,无丝毫侥幸求免之理。如果战端一开,那就是地无分南北,年无分老幼,无论何人,皆有守土抗战之责,皆应抱定牺牲一切之决心。"③随后,国民政府侨务委员会也发出函电,谓:"我国已至最后清算自甲午以来中日关系的总账之时,吾人为争取民族生存而抗战,师直为壮,必有洗雪国耻收复失地之一日,深愿我侨胞信赖政府,尽国民之本分,则国难自可冲破,民族自可复兴矣,望共勉之。"④

"八一三"事变发生后,国民政府开始积极备战。为了更好地发展海外党务和侨务,国民党于1938年恢复了中央海外部,作为处理海外华侨党务之总机关,并颁发《战时海外工作纲领》。5月,国民党海外部发表《告侨胞书》,告诫海外侨胞应本"民族至上、国

---

① 华侨革命史编纂委员会编:《华侨革命史》下册,第642—643页。
② 邓雪峰:《华侨抗日救国的策略》,耿素丽、张军选编:《民国华侨史料汇编》五,北京:国家图书馆出版社2011年版,第26—31页。
③ 蒋介石:《蒋委员长抗战书告辑要》,南京:正中书局1939年版,第5页。
④《侨委会发表告侨胞书》,《中央日报》,1937年8月20日。

家至上，军事第一、胜利第一"之精神与信念，扩大抗战力量；培养道德，发扬抗战精神；输财输力，拥护抗战到底；投资建设，完成抗战任务。①

到1938年10月，日军大举入侵华南，武汉、广州相继沦陷。在此危急时刻，国民政府主席蒋介石电示海外部、侨委会转海外各地侨胞说："我海外侨胞赞助革命，夙著忠诚；抗战以来，输财输力，贡献特多。今当敌人进犯我革命策源地广东之时，应知此为敌国内趋耗竭，外召孤危之萌兆，亦即为我全民族一致效命以争取最后胜利之时机。务望辗转告语，互相激勉，扩大征募，接济物资，俾军实充盈，经济不匮；他如努力宣传，策应外交……以促抗战之胜利。"②

1940年新年之际，国民党海外部部长吴铁城发表《新年致海外侨胞书》，鼓励华侨积极从事救国工作："我希望你们今后更应努力，继续做一切救国运动，继续出钱出力，使我们的胜利更为接近。同时，希望你们一切行动都不要越出当地的法规，要设法与当地政府及人民接近，使他们了解我们，同情我们，与我们合作。"③1941年，国民党海外部新任部长刘维炽趁着旧金山国民党美国支部大会开幕之机，电告大会："在美华侨应投身军役，或从事于其他战时工作，并谓华侨应竭力与美国领袖交好，以增加中美友谊，从而促进中国之胜利。"④

---

① 《中央执行委员会海外部告海外侨胞书》，《华侨战线》1938年第1卷第7—10期，第1页。
② 李朴生：《五十年来的华侨与侨务》，台北：华侨协会总会1997年刊印，第124页。
③ 吴铁城：《新年致海外侨胞书》，《华侨先锋》1940年第16期，第11页。
④ 《刘维炽劝侨胞投效军役》，《申报》，1941年6月4日。刘维炽，广东台山人，早年留学檀香山时曾入洪门与同盟会，致力革命工作，并历任广东省政府秘书长、广州市财政局长、铁道部次长、实业部次长、中央执行委员等职。

总之,蒋介石等人的一系列声明、讲话、电告极大地振奋了人心,坚定了华侨抗战的决心,充分激发了美洲华侨的爱国豪情,华侨纷纷捐资献物,第二次爱国高潮由此拉开序幕。

(二)加强对海外宣传工作之指导

全面抗战前,国民党在历次代表大会和中央全会上都对海外党务作了重要指示。到了战时,这一指令又变得更为明确和具体。1939年,国民党召开五届五中、六中全会,在海外党务方面提到:"今后本党(中央)应力谋海外党务之发展,而于宣传方面,尤应特别注意,务使海外爱国之士有所归依,以为本党革命力量之后盾。"①南京国民政府为动员华侨援助祖国抗战,不断加强对华侨舆论之指导,指明华侨动员的任务与目的,特别是对华侨报纸之定位,报道之内容与方式,知识界和文艺界的作用,都提出很多具体的建议。

王基朝指出,华侨报纸"负有对外宣传的使命",战时华侨报纸的宣传重点,应侧重于"长期抗战的国策,领袖所持的政见,及中国军民英勇抗战的事迹,敌人残忍的暴行","使海外侨胞团结一致,出钱者更多出钱,出力者更多出力"。他还具体提出华侨报纸要向华侨说明以下几点:(一)说明祖国存亡与侨胞的关系,以增强其爱国热忱;(二)要克服一切悲观失望的心理,加强抗战胜利的信念;(三)要使侨胞的爱国热情转化为实际行动。②

来自知识界的张磬对海外宣传工作提出了很多深刻的认识和见解。他认为,在华侨中开展抗战文化运动,"须于民族思想中激

---

① 荣孟源主编,孙彩霞编辑:《中国国民党历次代表大会及中央全会资料》下册,北京:光明日报出版社1985年版,第554、601页。
② 王基朝:《抗战新形势下的侨胞任务》,《华侨动员》1938年第13期,第8页。

发抗战情绪,使主观上有抗战热诚,有热诚,方能发动力量";"要使人们对于抗战有正确的认识"。张磬认为,海外抗战文化运动的任务有十个方面,其中两点尤为重要。第一,首先要向华侨"灌输民族思想",因为"抗战情绪激发于民族意识,而民族意识,孕育于民族思想,故灌输民族思想,实为从事抗战运动第一步基本工作。尤其海外同胞,背离国土,向日生活于异族文化中,年深月久,民族意识,不免渐渐消减……对民族抗战,不免视同秦越"。第二,"确立抗日言论",提高华侨对抗战的认识,因为"有认识,方能发挥力量",但实际上,"国人有侈言抗日,而对抗日根本无正确观念者,此种抗日,缺乏自信,只是盲目的、冲动的、被动的,不能持久的,一遭挫折,易于悲观消极,甚至被敌利用自坏阵线,故使人们对抗战有正确认识,实为抗战文化运动最主要的工作"。①

至于对华侨的宣传方式,很多人士也提出自己的见解。张磬认为,向华侨"灌输民族思想","应在平时,在学校的民族教育,与报纸的民族宣传,商界的国产展览等。在抗战期中的民族歌咏、民族戏剧等,须加紧工作,使民族思想在侨胞中普遍深入,然后对于抗战才有根本的认识"。②

王基朝强调两点:第一,动员现有的宣传机构,把华侨报纸、各书报社充实起来,多登载有关抗战的消息,多购置有关抗战的书报;第二,组织各种宣传队、演讲会,并用歌咏、戏剧等作普遍宣传,在华侨较少的地方,创办小型报纸。若因印刷人才等关系,无法办报,亦应编制壁报,或用油印机编发简单新闻,务使普及全体侨胞,

---

① 张磬:《海外抗战文化运动》,《华侨战士》1938 第 1 卷第 6 期,第 5—6 页。
② 张磬:《海外抗战文化运动》,《华侨战士》1938 第 1 卷第 6 期,第 6 页。

使每一角落的中国国民,都受到宣传的影响。① 陈耀章认为,当时华侨"教育尚未普及,文盲太多","以工农及小商人占大多数,报上文字稍微深奥,是不易使他们了解",因此华侨报纸"要有正确的舆论,采编自主的新闻,增加抗战文字的篇幅,文字大众化和多刊登照片图画"。②

彭胜时则强调发挥华侨知识分子及文艺界的作用,进行华侨宣传,一方面,使每个侨胞都了解敌我形势及战略转变的过程及战局有利于我的因果,持久战的意义,中国用空间去争取时间的作用等;另一方面,激发侨众援助祖国抗战的情绪,加强其对抗战必胜、建国必成的信念,免为一切的悲观失败以至妥协投降等论调谣言所摇撼。③

旧金山总领事馆曾转发教育部训令,强调侨生在抗日宣传方面的作用,并予以重视和引导:"小学儿童在物质方面尚无能为力,但在精神方面,例如去函慰问,赠送旗帜,募集物品捐款等,亦优为之。儿童为各方所同爱,侨童尤为国人所注目,倘能对抗战将士予以种种同情,定可使其有'侨童尚知爱国,吾辈岂可惜命'之感,而益加奋勉。况使儿童参加此项慰劳工作,亦足以奋发儿童爱国情绪,增长儿童民族意识,收效当较徒读抗敌教材为尚宏。其法例如作文方面可相机用语体文,多作贺某君战胜、送某君出征、勖某君坚守某地、慰劳某某战士(最好为本人熟识者)等函件,择优寄往。为此令行该领事馆,仰即设法通知所在地各小学,从速办理为要。"④这份通告

---

① 王基朝:《抗战新形势下的侨胞任务》,《华侨动员》1938 年第 13 期,第 8 页。
② 陈耀章:《华侨报纸在战时应努力的几点》,《华侨动员》1938 年第 13 期,第 12—13 页。
③ 彭胜时:《侨胞如何充实第二期抗战力量》,《华侨先锋》1939 年第 1 卷第 8 期,第 18 页。
④ 《各侨校当局注意》,《世界日报》,1938 年 8 月 25 日;又见《函件摘要》,载《加拿大云高华中华会馆报告书》,温哥华:云高华中华会馆 1938 年编印,第 11 页。

要求侨校通过动员侨生写慰劳信等方式,一方面给予国内前线将士以精神鼓励,另一方面,也培养侨生的爱国意识。

一些人士注意到,抗战时期,日本和汉奸为配合其军队作战,在舆论上打起心理战,其在海外无孔不入,发动了大规模的宣传战,捏造事实,散播谣言,印发种种荒谬无稽的传单,分送离奇怪诞的各种小册子,甚至遣派汉奸间谍分往各地从事煽惑,挑拨离间,鼓动风潮,以摇动华侨爱国救国志气,离间华侨对于祖国和政府的情感与忠诚。① 针对日伪的反动宣传,陈树人提出,海外党部,应将日伪这些反动宣传品,"或搜集起来,公开焚毁,或原封退回,或更加以驳斥"②。

(三)创设报刊等宣传平台

由于海外华侨长期远离祖国,对抗战根本意义,或未能有一普遍彻底认识,对战争之时间、性质及影响,亦恐估计错误,对国内精诚团结一致抗敌情形,尤未能全明真相。为扩大宣传,充分调动华侨全面参与抗战,国民政府侨委会、外交部、海外部等组织机构创办了《华侨周报》《侨务月刊》《华侨半月刊》《华侨先锋》《华侨动员》《华侨青年》等刊物二三十种,设有华侨动态、华侨抗声、侨史漫谈、专题报道、国际要闻等栏目,随时报道祖国抗战、侨胞援助祖国的消息,并分发海外侨社。

侨委会为集思广益研究侨务,发展海外事业,宣达政闻于海外,于1932年6月发行《华侨周报》。为欲精选文稿、充实内美起见,该刊于1933年10月改为《侨务月报》,并分发国内外机关团体,借广宣传。前《华侨周报》每期印刷1 000份。《侨务月报》自第六

---

① 骆介子:《第二期抗战与精神总动员》,《华侨先锋》1939年第1卷第9期,第13页。
② 陈树人:《海外党务研讨会开幕训词》,《华侨先锋》1939年第1卷第15期,第5页。

期起，增印至 1 200 份，至第十期增至 1 400 份。除该会职员及师训班学生各发一本外，分发海外者，占全数 70%。①

由侨委会主持的《华侨半月刊》于 1932 年 6 月在南京创刊，共计发行 105 期，于 1937 年停刊。该刊发行范围包括国内的南京、上海、广州、厦门、汕头等地，及海外南洋、美洲、日本等。其发刊词指出该刊所负使命，"一为沟通海内外消息，宣传祖国文化，使远处国外侨胞，对于国情，永无隔阂之患；二为摘奸发伏，使贪官污吏，土豪劣绅，灭迹潜形，不敢恣意鱼肉归国侨民；三为督促侨务外交当局，慎选使领，设法解除海外各地苛例；四为调查统计海外各属侨胞状况，拟具改善侨民地位计划，以备政府采纳施行；五为督促政府开垦实业，奖励华侨投资，并保障其利益"②。

七七事变后，侨务委员会除指导海外宣传外，又发行《华侨动员》半月刊一种，在海外各大商埠广事销流，一面并赠阅各公私团体及学校等。③

由南洋地区的爱国归侨于 1937 年在广州创刊的《华侨战士》，其《发刊词》说明该刊创设宗旨有三：(一) 将此次全面抗战之消息，摘要陈述，使华侨人手一册，即可了然半月来之一切抗战实况；(二) 国内外同胞，由此刊亦可了然各处侨胞之救国活动实情，更进而发生密切之联系；(三) 并欲在国内作一个华侨代言人，刊布华侨对抗战之意志。④

《抗战华侨》为国民党临时行动委员会干事彭泽民于 1938 年在香港创办的旬刊，其出版目的，主要有两点：第一，把一切抗敌救

---

① 《侨民教育处工作报告》，《侨务月报》1935 年第 2 卷第 5 期，第 8 页。
② 《发刊词》，《华侨半月刊》1932 年第 1 期，第 6 页。
③ 刘翼凌：《抗战一年来之侨务》，《华侨动员》1938 年第 11 期，第 4 页。
④ 《发刊词》，《华侨战士》1937 年第 1 期，第 1 页。

亡政治社会的消息、政府抗战的决心、国内对华侨的期望,尽量传播到海外去;第二,将华侨对政府的希望和建议、各地救援工作的详情,尽量报告给国内民众和政府。①

此外,还有一些团体或组织也开展了一些较有成效的宣传工作。1938年1月,侨务委员会和广东侨务处联合广州各侨团、归国侨团在广州成立了"华侨抗敌动员总会"。该会以民政府颁布的宣传信约为纲领,从事"国际宣传及华侨宣传;推进长期捐输运动;训练华侨技术人才,贡献祖国"②等工作。该会以林森、蒋介石、孙科、陈树人、蔡廷锴、宋庆龄等为荣誉会长,吴铁城为会长,周启刚、张治中、李宗仁等一大批政要担任顾问,设有指导、监察、执行、宣传等组织机构,③发行机关刊物《华侨战线》半月刊,专门对华侨进行宣传,旨在"将中央抗战到底意旨宣达侨众,及将海外侨众救亡运动介绍国内,使国内外大众紧密联系,肩负复兴民族重任。尤注重国际宣传,使世界人士主持正义,制裁侵略,维护世界和平制度"④。该刊最大任务有二:一为财力之筹措,二为物力之备供。进行之方法有三:一为教育之宣传,二为经济之发展,三为与居留地政府及人士之联络。⑤ 该会还聘请各大学教授担任宣传委员,将宣言书译成各国文字拍发,出版中英文定期刊物,编印抗战丛书,并组织宣传队,分赴海外实地宣传,将政府抗战到底意旨,宣达侨众,及将敌人各种残酷行为暴露于世。华侨总会通过政治、经济、教育

---

① 彭泽民:《发刊说几句话》,《抗战华侨》1938年第1卷第1期,第1页。
② 《华侨抗敌动员会发表告侨胞书》,《申报》,1938年9月15日。
③ 《职员一览表》,《华侨战线》1938年第1卷第1期,第39页。
④ 陈光润:《本总会三个月工作简报》,《华侨战线》1938年第1卷第3、4期合刊,第34页。
⑤ 《本刊之立场与态度》,《华侨战线》1938年第1卷第1期,第3页。

及其他形式进行宣传,号召华侨团结一心,共赴国难,共同加入到统一战线中来,支援民族抗战,对战时华侨动员产生了积极的作用。

除创办期刊外,侨委会还经常翻印或转发各项抗日宣传品,分寄海外各地。1938年10月,国民政府经济部颁发《查禁敌货条例》,函请侨务委员会查照转知;1939年2月,又对辽、吉、黑、热四省所产物品指定查禁,包含"皮货、鹿茸、麝香、参类、罐头食物、柞蚕丝人造丝及其制品、棉毛制品、针织品、海产品、核桃、鲜干果、烟草、化妆品、煤炭、大豆、各项服用品、酒类、糖类、木料制品、玻璃及玻璃制品、玩具、砖瓦"等产品,并电请侨委会分发侨商团体存备参考,晓谕当地侨商遵照执行。① 所有这些,为华侨开展大规模抵制日货运动提供了重要依据。

海外播音也是一种补充的宣传途径。侨委会对海外之定期广播,每周均按时举行,传达国内政治、军事、外交及文化各方面情况,俾华侨明了祖国情形。② 但受当时通讯技术条件的限制,收听效果并不理想,可参见海外各地收听播音情形报告③:

地址	收听情况
檀香山	清响
美国西部	清楚间有衰落现象及他台干扰
美国中部	尚响有时被他台滋扰且有衰落现象
美国东部	尚可听析时或清响,惟滋扰衰落现象甚烈

---

① **沈雷春、陈禾章编**:《战时经济法规》十一(贸易),台北:文海出版社有限公司1987年版,第31页。
② 刘翼凌:《抗战一年来之侨务》,《华侨动员》1938年第11期,第4页。
③《侨民教育处工作报告》,《侨务月报》1935年第2卷第5期,第8—10页。

加拿大　　　清响间有他台滋扰及衰落现象

就其播音题材来说,主要与国内时事、海外侨情、各种政治宣传等有关,如1935年度播音题材有《两年来的侨务概况》《华侨文化事业之过去与将来》《最近之内政外交》《为北伐誓师纪念告海外侨胞》《现代国家与现代思想》等。①

这些侨刊、出版物、播音演讲等平台的创设,在海外侨胞与祖国的联系和沟通、各地侨社的相互了解和关系增进、华侨爱国热情的鼓动等方面,发挥了很好的宣传和教育作用。

(四)派遣政府要员奔赴美洲实地劝导

为促进海外华侨抗日运动的发展,国民政府及国民党中央先后派要员赴海外指导华侨捐款献物、认购救国公债、开展抵制日货行动等,并"对华侨宣传日本之侵略中国"及中国"自卫抗战之意义及抗战之真实消息"②,通令各地使领馆重视华侨报社在宣传中的作用,指导其宣传中国抗战将士之英勇,揭露敌人侵略之残暴。侨务委员会为此特派常务委员萧吉珊、常务委员陈春圃等分赴海外,侨委会委员长陈树人亦亲自出国。中国派驻美洲国家的使领馆人员也在战时开展了大量的侨务宣传工作。

1937年8月16日,中国驻美大使王正廷在大使馆纪念周中报告七七事变后中国对日抗战之意义,劝勉全体旅美华侨团结一致,共同担负起救国之责任:"凡我留驻美洲之侨民,均应联合一致,不应再分任何派别,思想主张如何,各人皆可有其自由,但凡为中华民国国民,同有救国之责。现在中国共同之敌,只有一个,是以全

---

① 《侨民教育处工作报告》,《侨务月报》1935年第2卷第5期,第10—15页。
② 中国第二历史档案馆编:《中华民国史档案资料汇编》第5辑第2编,"政治"(4),南京:江苏古籍出版社1997年版,第601页。

美洲之侨民,无论工商学各界,均应共赴国难,须知我国此次之抗战,不独是一种长期战争,而且是很大牺牲之战争。吾人横被侵略,不得不以最大最久之牺牲,以应付敌人。"①

1938年时任国民政府参政会议员的于斌主教来到美国,四处发表演说,在侨界反响极大。据《申报》载:

> 于抵纽约,当地总领事及侨胞六十余团体代表、美国友朋,均在码头迎候,地方当局且派有警士数十名前来保护,异常周密。代表侨胞四万人之六十余团体重要分子,均在中华公所伫候,举行盛大之欢迎会……主教致辞,对第一期抗战及进入第二期抗战之情况详为阐述,其结论谓"日之速战速决企图完全粉碎;反之,华方战略战术均有长足进步,士气极为旺盛。全国更精神团结,一致坚决拥护最高领袖蒋委员长及国民政府"。侨胞对于主教演说至为感动,静听一小时余,词毕众人热烈鼓掌,历十余分钟始止。侨胞原极关切祖国,闻此真诚之于主教所述,咸兴奋异常,争赶前往握手。殆于主教离会场时,数十童子军在外恭候致敬。其盛况殆为近年欢迎会中罕见。②

在芝加哥,于斌主教就中国民众牺牲之惨状及难民之苦况,日本借"共产""赤化"为名,离间中国与欧美之友好,中国抗战不但为独立生存而苦战,实亦为正义和平而奋斗等主题发表演讲,对美国同情、援助中国之行为表示感谢。他同时指出,美国"仍有不少自私自利之军火商及实业家仍继续售军火予日本,此种'助纣为虐'之行动,美国政府应设法制止,倘此举一旦有成,则两月内,日本即可

---

① 《王大使演讲对日抗战中吾人应有之责任》,《三民晨报》,1937年8月18日。
② 《纽约华侨热烈欢迎于主教》,《申报》,1939年2月26日。

停止在华暴行,不独远东战祸可消弭,且足以维护国际和平与正义"①。

1939年,国民党中委程天固奉命巡游美洲,宣慰华侨。在此期间,他遍走美国、墨西哥、巴西等国,对华侨发表抗日演说。他在旧金山大舞台戏院演说时,揭露与批判日本"东亚新秩序"之虚伪性:"敌国在侵略我国,力竭声嘶之时,乃欲利用汉奸傀儡,以供其控制我国之鹰犬,然而敌人所喊之口号,为'东亚新秩序',揆其内容,即以'东亚协同体',使我国受其统制,以'兴亚院'实施其支配我国,奴化我族之工作,凡为国人,定誓必扫荡敌寇,以复兴我邦国,彼为敌爪牙之汉贼,当必为举国所共弃,安能作祟。"②

1943年,宋美龄出访美国,自美东至美西,对美国政府、公众发表演说,引起美国朝野及舆论界一时之轰动。宋美龄每到一处,都受到当地华侨之热烈欢迎。宋美龄也在欢迎大会上对华侨发表演讲,她在纽约华侨欢迎会上称:"我由祖国带来了一个讯息给诸位,那就是我们一定要'抗战到底'。你们大家一定要知道,有一寸中国的土地还没有收回以前,我们是绝不会停止抗战的。"③她还说:

> 敌人可以用残暴的手段,炸伤我们的身体,炸伤我们的手足,但是绝对不能炸死我们的灵魂……中国这六年的抗战,不只是为求我们自由和生存,并且是为全世界而战,是为了真理而战,所以我们国民,不论一举一动,都要表示出我们是中华民国的国民。作个中华民国国民是件光荣的事情。但是我们

---

① 《于斌主教在芝加哥备受欢迎 各界领袖纷往车站迎候 主教到处演讲应接甚忙》,《申报》,1939年7月24日。
② 《程委员演讲词纪要》,《世界日报》,1939年11月21日。
③ 《蒋夫人赴纽约华侨欢迎会对全体侨胞演说词》,《少年中国晨报》,1943年3月11日。

不可有一点的骄傲心。在中国作好的中国公民,在美国作好的美国公民,和在中国一样,因为中美两国是有共同的目标的。我也相信,将来外国人到中国来,一定也要作中国的好国民的,所以同胞们,今天我来此地讲话,希望我们大家各尽其责任,诸位在美国,我们在重庆,大家一同向一个共同的目的前进,造成一个和平正义伟大的中华民国。①

宋美龄在美西旧金山一万多名华侨参加的欢迎大会上发表演说,首先指出,"自从国民政府把军阀打倒以后,我们的国际地位,升高了不知道多少。我们现在是世界四强国之一。我们国民的责任,比从前重大得多,因为我们是大国国民,今后我们一切的行动和生活,都要表现大国民的风度",继而希望华侨注意以下三个方面:要重视新生活运动,"要时时刻刻放在心上";要记得每一位华侨都是中国的代表,所以一定要遵守纪律,遵守法律,积极参加美国的社会事业和公益事业,使得美国人认识到我们和他们是一致的,我们和他们是有共同目的的;"在教育上面,要多研究中国的历史和文化,因为这是做公民很要紧的训练"。②

二、美洲侨社的内部宣传

美洲侨社内部的宣传主要由救国会、各种侨团及侨领、华侨报社等以媒体报道、集会演讲等方式,对普通华侨进行抗日宣传。

(一) 文字宣传

美洲华侨报纸因从属于国民党、共产党、宪政党、致公党等不

---

① 《蒋夫人赴纽约华侨欢迎会对全体侨胞演说词》(续),《少年中国晨报》,1943 年 3 月 12 日。

② 《中西热烈欢迎蒋夫人》(四),《少年中国晨报》,1943 年 3 月 29 日。

同党派,七七事变前以议论庞杂、主张分歧称,但全面抗战后,各侨报均一致捐除成见,拥护祖国抗战,对国民党及国民政府之宣传纲领,均能接受。中国宪政党主办的《世界日报》,在七七事变前,强烈反对国民党对内独裁专制、对外妥协退让的反动政策,与国民党控制的《少年中国晨报》打了多年舌战,而在七七事变后随着国共两党联合一致、全民族团结抗战局面的形成,该报也支持国民党的抗战政策。如该报社论《当前抗战建国之主要任务》就向华侨指出:"盖敌人经我猛烈抵抗之后,已知炮火无能,深入为艰,故转变经济政治侵略方式。我人亦惟有以政治经济建设之力量,支持前线之反攻战略,方能达最后之胜利,而国际观瞻所在,亦于此为判断我国前途之命运,以定其对远东之外交政策也!愿我国人,认识当前抗战建国之焦点,而积极拥护履行第二次之三年抗战计划,以完成建国之任务,则为记者之所深切祝祷者!"①

1937年9月,旅美华侨统一义捐救国总会还借助《世界日报》这个舆论平台,主办《九一八国难六周年纪念特刊》,充分揭露日本过去几十年中对华侵略的滔天罪行,特别是自九一八事变以来,"我政府及人民不知受尽多少不能受之痛苦,忍尽多少不能忍之屈辱"。② 1938年5月,《世界日报》在纪念济南惨案时发表社论称:"故吾人今日纪念五三,尤须毋忘历史上之教训,认清目前形势,方下最大决心,对吾人之团结,务须加强其作用,对日寇之和平利诱,不作丝毫之眷顾,惟有全民坚决抗战到底,才能拯救中华民族之劫运也。"③

---

① 唯我:《当前抗战建国之主要任务》,《少年中国晨报》,1940年4月19日。
② 旅美华侨统一义捐救国总会主编:《九一八国难六周年纪念特刊》,《世界日报》,1937年9月18日。
③ 一呼:《五三济南惨案感言》,《世界日报》,1938年5月3日。

《先锋报》利用各种纪念日发表社论,呼吁全体华侨团结一致,努力救国捐输。该报于1938年6月发表五卅纪念文章称:"在今年五卅纪念,海外侨胞的神圣任务,便是巩固侨胞抗日救国的统一战线,与国内同胞亲密团结,不动摇,不灰心,有钱出钱,有力出力,拥护政府抗战到底……加倍努力,推进筹款购机,扩大对于祖国战士及难民的医药援助及救济,并向欧美人士更彻底的暴露日寇非人道的暴行,来唤起他们对于我国的同情和援助。"①《先锋报》还为卢沟桥事变一周年纪念发表社论,首先指出"'七七'是日本强盗开始大规模武装进攻,企图灭亡我全中国的一天,他是'九一八'以来国难史中最沉痛的一页,但是'七七'也是全中国上下英勇奋发,一致团结,实行武装抗战的一天,所以卢沟桥事变一周年,同时也是我民族光荣抗战一周年",接着希望华侨纪念卢沟桥事变,"第一,要巩固及扩大华侨抗日救国统一战线;第二,要加紧对祖国防空防毒和医药的援助;第三,要组织及动员华侨技术人员,加紧抗战技术之学习,实行返国参战;第四,向友邦人士进行广大国际宣传,发动伟大国际运动"。②

当时美洲华侨救国团体开展具体救国活动时,如筹募各种捐款、抵制日货、声援国内抗战等,通常也发表宣言,刊登在华侨报纸上。如国民党胡汉民派系控制的《三民晨报》在动员华侨节约捐款时称,中日战争,"因敌强我弱,非用全国男女老幼及海内外同胞才、财、血之总力以应付敌人,则不足以续此危亡之国脉也。前方勇士,在战壕里日夜应付敌人,头上飞机,面前坦克车,刻刻轰炸,尚泰然拒敌,足显我将士之勇敢,全球震惊!……今全国老幼男女

---

① 《以加紧团结抗战到底来纪念五卅》,《先锋报》,1938年6月2日。
② 《如何纪念卢沟桥事变》,《先锋报》,1938年6月23日。

既同站于抗战线上,则各尽其智力财力,用于抗战线上,勿所回顾。我海外侨胞,历来偏重家庭子孙娇贵之观念,每每轻忽民族观念,今敢请我侨胞暂时放轻家庭观念,当即负起挽救国脉危亡之责任,学界则勉作内外扩大的宣传,工商界则除节约衣食住各费外,尽将所获得之资,可供作长期义捐,或多买政府公债"①。

1937年12月27日开始,旧金山救国总会举行第二次募捐总动员,义捐总额定国币200万元。为动员华侨踊跃捐输,《世界日报》发表社论,旨在使华侨对募捐人员、募捐办法及个人责任有所认识。如就华侨个人责任来说,社论认为:"今我国之对日抗战,已渐向艰险之途推进,凡我国民,此刻只有抱最艰苦卓绝之牺牲精神,协力一致,各尽所能,各献所有,集中一切力量,以作持久之奋斗……我华侨远处海外,不克执干戈以效力疆场,其唯一之任务,为财力物力之捐输,舍此而谈抗日救国,徒空言而无补耳。且此次抗战最后胜负之机,全在决心与金钱。"②

旧金山总领事冯执正于七七抗战建国五周年之际,发表纪念文章,号召华侨踊跃参加纪念活动,积极输财出力:"自我国抗战以还,旅美侨胞,飞刍挽粟,踊跃输将,爱国热忱,诚有足述,而其鼓励祖国军民之抗战精神,又非可以物力计算之也……夫抗战五载,受伤军士,为国受难,救护之责,国在我人,战区民众,孤儿难童,流离颠沛,亟待救济,以充实抗战人力。而南洋侨胞,遭敌荼毒,百年惨淡经营之事业,多付诸一旦,惟恃不能再尽其已往输财救国之责,且回国者日众,待赈孔亟,政府固必统筹抚辑之策,而美国侨胞,今日所负救国责任,益加增重,事实所在,责无旁贷。是惟有于'七

---

① 《敬告侨胞书》,《三民晨报》,1937年8月23日。
② 《对二次义捐应有之认识》,《世界日报》,1937年11月22日。

七'纪念之会,竭一己之所能,踊跃献金,表个人之热诚,即能感动全国之军民,再接再厉,勇往抗战,以求早奏凯旋之歌。"①

墨国参迫古中华商会在《世界日报》上发表通告,劝说华侨踊跃购救国公债时称:"夫我们身为国民,今当国家有外患临头之际,即捐弃身家性命以卫国,亦分所当然,责无旁贷,况出资以购公债,又岂容有丝毫之吝息乎!……仰我侨胞,一致奋起,继续努力争购,俾此五万万元之公债,立即满额完沽,则政府抗战饷糈裕如,其筹划更当完密,而我武装同胞,抗战之精神愈加奋发,自可以制倭贼之死命,而保我国家民族于安固矣!"②

1939年1月,驻美柯利近省华侨救国统一会发表重要宣言,声讨汪精卫的通敌卖国行径,表明华侨誓死坚持抗战到底的决心和斗志:汪精卫"竟传播违背国策之主张,迹其用心,无非欲勾结倭寇,破坏抗战力量,叛背国家,出卖民族,妄冀在敌人卵翼下,过其汉奸生活耳。吾人对汪氏之丧心病狂,自绝国人,虽极其痛愤,然其个人之卑鄙无耻企图,决无法动摇我长期抗战之固定国策……本省全体华侨对此国家之叛逃,民族之罪人,除一致声讨外,并以更大之决心,拥护最高领袖抗战到底。深望海外同胞,在国家民族利益高于一切立场上,齐一步骤,集中力量,庶玩寇得以驱除,奸究得以肃清,而达抗战必胜建国必成之目的"③。

为表达华侨对汪精卫为首汉奸分子的痛恨,一些侨团还以巨额悬赏来招募杀手行刺汪精卫,并在报纸上刊登广告。如美中芝城华侨救国后援会通过议案,"无论我国何人,如能将汪逆杀除,经

---

① 冯执正:《纪念"七七"抗战建国五周年》,《少年中国晨报》,1942年7月6日。
② 《墨国参迫古中华商会劝侨胞购救国公债通告》,《世界日报》,1937年9月23日。
③ 《驻美柯利近省华侨救国统一会重要宣言》,《世界日报》,1939年1月12日。柯利近省即指俄勒冈州。

政府验明确实,正式公布,即由该会负责,给以巨额赏格,以协助政府除奸,而贯彻拥护抗战到底之主旨。行杀汪逆精卫一名,奖赏国币五十万元,林柏生一名,赏国币十万元。陈公博一名,赏国币十万元,以上共奖国币七十万元"①。巴尔的摩华侨也集会并决议,拨出国币一万元,由飞邮呈交孔祥熙财长存贮,以待汪精卫授首之时,以为奖赏之用。② 这些悬赏广告更多带有宣传性质,表达华侨对汉奸分子的深恶痛绝,以及奋力除奸的决心。

其他如《少年中国晨报》《大汉公报》《三民晨报》《救国时报》《美洲华侨日报》等,也借助诸多国耻纪念日、国庆纪念日、孙中山诞辰与逝世的纪念日等,或结合国内外重大活动,发表社论,对华侨进行舆论宣传。

除报刊宣传外,一些侨团还印刷小册子、传单、广告、图书、卡片等,通过文字宣传,让华侨认识到中国抗战的意义,以及华侨应履行的责任。旅美华侨统一义捐救国总会委托旧金山女子方圆社向邮局购买明信片数万张,于片上加印"反抗侵略,救济难民,复兴民族,庆祝新年"等中英文,并加盖该会印信,号召华侨在国难时期,以购买明信片之实际行动,驰援祖国抗战。此种特制明信片每张售价五分,除邮资印费一分外,全数捐为救济难民之用。得此年柬者,往往会加增同仇敌忾之心,发生同情伤兵难民之念。计前后制印四次,共一万张,华侨购用者,甚为踊跃。③

(二)集会演讲

美洲华侨救国会及相关爱国团体也在特定场合、特定时机组

---

① 《芝城救国会议决悬赏七十万元杀贼党》,《少年中国晨报》,1940 年 4 月 24 日。
② 《波地磨华侨储款万元备赏杀敌者》,《少年中国晨报》,1940 年 5 月 9 日。
③ 《救国总会通告节省冬礼》,《世界日报》1937 年 12 月 5 日。

织华侨集会游行,发表演说,动员华侨援助祖国抗战。旅美华侨统一义捐救国总会于1939年3月6日至12日举行第二期抗战第一次宣传周。该会议决四项办法:函请各报于期内著论宣传;函请各校于期内开会宣传;假座大舞台戏院开第二期抗战第一次宣传周演讲大会;用播音车在街上演讲。① 12日下午1点钟,总会假座大舞台戏院,举行民众宣传演讲大会。旧金山总领事黄朝琴演讲,揭露日本所谓东亚新秩序之阴谋,揭发日相近卫所发表之中日亲善、经济提携、协同反共等政策。②

1939年5月21日下午,旅美华侨统一义捐救国总会举行全侨国民精神总动员大会,并号召华埠商店一律停止营业,以便各工伴依时参加。大会秩序如下:唱国歌,静默三分钟,纪念殉难军民,由国民党海外部部长萧吉珊监誓,林叠中委宣读国民公约及誓词,当时全场民众鹄立,各举右手,跟随林中委逐句朗诵。宣誓毕,请萧吉珊演说,最后遵照中央规定,高呼口号:"国家至上,民族至上;军事第一,胜利第一;意志集中,力量集中;革除旧习染,创造新精神。"③救国总会随后又发表通告称:"查第二期抗战,精神重于物质,蒋总裁为坚强全国国民抗战意志之精神壁垒,以打破敌人精神制胜之毒计,特举行全国国民精神总动员,提高全国国民坚决不屈精神,以克敌制胜……希全美各地社团救国分会一致继起,就地举行国民精神总动员大会,以示旅美侨胞,拥护领袖抗战国策之统一意志,而促抗战工作之进展,所需国民公约及誓词,本会业经预为印备,函索即行寄用。"④

---

① 《总会举行二期援战宣传周》,《世界日报》,1939年3月10日。
② 《救国总会举行抗战宣传周大会纪盛》,《世界日报》,1939年3月13日。
③ 《救国总会举行精神总动员大会纪盛》,《世界日报》,1939年5月22日。
④ 《总会请各埠举行精神总动员》,《世界日报》,1939年5月22日。

1940年3月30日,汪精卫率伪国民政府各院举行宣誓就职典礼,宣告汪伪国民政府成立。汪在就职典礼上称,要还都南京。救国总会为表明全侨拥护祖国抗日国策,扩大讨汪运动,特定于4月14日下午在唐人街游戏场举行讨汪大会,救国总会以此举不仅为表示民意,抑且为肃奸之大运动,可提高抗战意识,故力谋发动全侨参加。大会除发表宣言申述讨汪意义外,并印汪精卫像分发侨众,以示与全侨共同讨诛之意。为引起各界注意,此次讨汪大会特举行讨汪大巡行,并高举汪之大幅画像。巡行队秩序如下:中美国旗前导,讨伐汪精卫大巡行之横额其后,再次为汪精卫油画像,项上围以铁链,以示为全国缉捕之罪犯,最后为救国总会妇女队,平提国民党驻三藩市分部之大国旗,沿途各界纷纷投掷银币。①巡行后,华侨在游戏场集合开会。救国总会主席邝炳舜致大会开幕词时称:"讨汪大会系表示全侨一致反对伪组织,誓消灭汪逆暨大小汉奸,打破敌寇阴谋;各界侨胞踊跃参加讨汪大会,系表现侨胞之爱国热诚,决心拥护政府,拥护抗战到底,务达收复失地,获得最后胜利而后已;讨汪应加紧救国工作,巩固抗日救国阵线,防止敌伪阴谋,对汉奸应万分警惕,以防窃发,破坏救国工作。"②汪之画像于大会中当众焚毁,群众无不称快,高呼诛杀一切汉奸口号。

1940年5月,救国总会为使侨众不忘五月国耻之决心,加强抗战建国力量,以期获得最后胜利起见,特定于26日下午1时假座大舞台戏院,举行大规模"雪耻宣传"大会。除由救国总会聘请名人演讲,及对内宣传科编印《雪耻宣传大会特刊》,在院外分派侨众,以广宣传外,并由华生中学联合会联合埠中名媛及艺术人士表演

---

① 《三藩市全侨热烈参加讨汪大会》(一),《少年中国晨报》,1940年4月15日。
② 《三藩市全侨热烈参加讨汪大会》(二),《少年中国晨报》,1940年4月16日。

爱国白话剧，剧名"锄奸"，用以策动侨众洗雪国耻情绪。救国总会对内宣传科还乘播音车在华埠宣传数次，男女侨众，踊跃赴会，数达千余人。梁绍文副领事演讲称："多灾多难之五月国耻，完全由倭寇所造成，我侨永远不能忘记之国耻；我侨应以洗雪国耻，代替纪念国耻；检讨以往缺憾，发挥智仁勇之精神，以洗雪国耻。"①

华侨学校也重视对学生的抗日宣传。1937年12月1日，砵仑中华学校学生会假座中华会馆大礼堂，举行学生救国运动大会，作大规模的抗日宣传，并柬请埠上各抗日团体参加，请李廷栋博士演讲，放映中日战事画片，事先将大礼堂布置庄严，四周满贴抗日标语，礼堂左右高悬"毁家方可纾难""读书不忘救国"两横额，讲坛上缀有楹联一对，文曰"赢勿喜，输勿悲，抵抗长期，倭贼终须失败""手有铁，身有血，借凭一己，国联难助成功"。②

墨西哥华侨抗日救国总会于1940年12月开会，决定严防反宣传、伪报纸及惩戒收阅办法如下：（一）芝省（恰帕斯州，Chiapas）各地华侨如接有"南华""中华"汪精卫伪宣传报纸，须立即将原件检集，缴交当地所属救国侨团押存，以免流传广播；（二）各地华侨，如收到上述伪宣传报纸不肯缴交当地侨团者，一经查出有据，科罚墨银100元；（三）各地华侨如收到该项报纸，仍然摆开展看者，若经该会查明有据，则处罚墨银50元；（四）如收到该项报纸，转给别人参阅，或被别人借给拈回展阅者，一经查确有证，处罚墨银20元；（五）如犯有二三四等项，不拘何项，首次照规定办法处罚，如犯二次（第二次）则处以两倍处罚，如犯第三次，则视作汉奸惩戒，根据犯章处分；（六）不论何人，如侦得上项二三四五犯惩者有据，呈报该会，

---

① 《救国总会开雪耻宣传大会纪要》，《少年中国晨报》，1940年5月27日。
② 《侨生举行救国运动大会》，《世界日报》，1937年12月6日。

当将处分之款酬给一半,以资奖励;(七)芝省各地救国侨团职员,须负责随时侦察当地侨胞有否附逆,宣传或破坏救国工作等行动。如经查觉时,先由当地致函警告,并抄函检报该会,以便查办。①

各团体也利用各种纪念日、恳亲会,以及为国内人士举办的迎来送往等聚会,或请来宾演说,或请当地侨界精英、中国留学生等发表演讲。如1942年10月,萨克拉门托黄江夏云山总公所聚会时,该会主席黄仁俊发表演说:"我中国人之立国,先由家族扩大至国族,正如古人所谓家齐而后国治,国治而后天下平。现在抗战建国期中,吾人之责任更重,以后各昆仲要集中意志,集中力量,努力迈进,以期达到家齐国治,抗胜建成之目的。"②

(三)文艺宣传

美洲华侨亦充分利用文艺曲目开展救国宣传。陶行知在旅美期间就曾对华侨有过专门的指导,他说:

> 唱戏是一种最高的艺术,一举一动,不能丝毫有差。现在我们争取民族解放,是排演一出伟大的历史戏。世界是布景,中国是舞台,日本是配角,中国人是戏中的主人翁,而整个人类都是看戏人。我们若以演戏的艺术来争取我们的自由,自然可以叫座。舍路华侨演戏筹款救国,敬夫先生与夫人登台现身说法,唱救国之戏以救唱戏之国,迫将来白面汉奸、花脸强盗一经打倒,则我四万万五千万人,可以大唱太平戏了。③

抗战期间,来自祖国的书画家、音乐家、戏剧家、武术家与美洲侨社的文艺界人士、青年学生、妇女等,为募集赈款,上演了一曲曲

---

① 《根绝伪宣传流毒》,《华侨先锋》1940年第1卷第21期,第22页。
② 《二埠黄族昆仲集议纪要》,《少年中国晨报》,1942年10月27日。
③ 陶行知:《陶行知全集》第7卷,长沙:湖南教育出版社1985年版,第183页。

抗战大戏。一批批优秀的中国抗战电影也漂洋过海，在海外唐人街剧院播放。华侨剧院既是表演戏剧、放映抗战电影的舞台，也是动员华侨捐款的场所。如檀香山抗战剧团在抗战期间，通过演剧来宣传祖国抗战的神圣意义，用演剧来筹款救济伤兵难民，用抗战剧团的名义，号召爱国的男女青年团结一致，共同研究祖国抗战形势，替国家担负宣传工作。①

1937年12月26日，旧金山华侨成立叱咤音乐社，以提倡悲壮之救国歌曲为宗旨，当晚配合救国总会宣传员播音，其歌唱歌曲有《义勇军进行曲》《把敌人赶出领土》《锄头歌》《一致对外》等。②

纽约华侨抗战歌咏团在其简章中说明该团宗旨为：（一）我们不是为唱歌而唱歌，而是为争取中华民族的自由解放而唱歌；（二）我们要在华侨社会上，传播中华民族的雄壮激昂的歌声，增强侨胞抗战意志和振奋民族生气；（三）我们要向美国人士介绍中国的抗战歌曲，使他们在我们民族歌声感动之下，或为中国的好朋友；（四）我们要不断学习新歌曲，积极锻炼我们的歌咏技术，提高宣传的效率；（五）在华侨社会上积极提倡歌咏，使广大侨胞都高唱雄壮的救亡歌曲，使歌咏运动在美国华侨社会广泛展开。③

旧金山美洲华侨教育会，鉴于祖国抗战情势紧张，故加紧做宣传救国工作。如纽约埠举行全美侨童抗日画展会，教育会即通告所属九校侨童参加抗日画展会。九校侨童作品，凡百余件，汇交该会转寄纽约全美侨童抗日画展会陈列，以供各界人士欣赏。各侨童作品均含有抗日寓意，令人观之生复仇雪耻之爱国心。又旧金

---

① 李汉文：《为什么我们要组织抗战剧团》，檀香山抗战剧团八一三纪念日《抗战文艺特刊》，新中国报1940年刊印，第17页。
② 《叱咤音乐社成立》，《世界日报》，1937年12月27日。
③ 《华侨抗战歌咏团简章》，《美洲华侨日报》，1942年6月8日。

山市预祝金门万国博览会开幕庆典之大巡游,该会通令九校选择女生 80 余名,组织提灯队,加入大巡游。①

1938 年 3 月,旧金山救国总会放映日军在南京残杀画片,连映两场,观众拥挤非常。此片所反映之敌人残忍横暴,为人世间所无,惨不忍睹,如强奸妇女后,再施屠杀;有浇以煤火烧毙者;有绑缚手足推入水中淹毙者,甚至排列数千难民,指为散兵,用机关枪扫射者。最惨者,有一妇女被奸后,颈上被斩数寸,头颅半悬,奄奄一息,尚未毙命,其残酷非笔墨所能形容。所映俱系真凭实据。此画片所表现事实,比其他各种战画,更为残酷,几经困难,始行摄得者。② 相较于言论的思想动员而言,此种暴露日军侵华之残忍暴行,通过艺术展演方式,对于刺激普通华侨之抗日情绪,当能取得更好的效果。

自抗战伊始,士得顿中华学校学生在该校教师指导下,深悉戏剧宣传,既能鼓舞抗战精神,又可团结众志,是以对于此事,不遗余力。由师长指导诸生合作,每月编演抗战白话剧一次,欢迎各界莅校参观,各生现身说法,以中国现在情形,直刺观众之心。此项救国工作,收效甚大。③

萨克拉门托中国青年社于 1940 年举行"一·二八"抗战纪念,并乘机向华侨筹款救济难童。游艺节目先由该社社员拍演独幕话剧《怒吼吧中国》,剧情激昂,博得观众同情之掌声屡起;次乃加插中西音乐拍和,男女吼粤曲。乐声悠扬,歌喉婉转,各尽佳妙;再次则演慈孝两全之悲情话剧《难为人妇》。此剧共分三幕,剧情缠绵悱恻,离奇曲折,幕幕演来,可歌可泣,不少观众同洒同情之泪。最

---

① 《华侨教育会宣传之工作》,《世界日报》,1939 年 2 月 14 日。
② 《救国总会消息汇志》,《世界日报》,1938 年 3 月 16 日。
③ 《士得顿中华学校学生救国工作》,《世界日报》,1939 年 6 月 4 日。

后加演《呼声》,背景为流离号寒之难童,所以演至求助时,观众之银元,不期纷掷台上。①

1940年5月,斐市那华侨救国会演剧筹赈。劝销剧券期间,已在华埠中心区域,高悬"斐市那华侨救国会演剧筹款救济祖国伤兵难民"之大幅白布横额,借以激发华侨爱国之精神。会场门头贴有古色古香、充满抗战建国意义之九言楹联,文为"誓尝胆卧薪,十年兴越""看揭竿斩木,三户亡秦"。剧台两旁为长联,及发人深省之抗日救国标语,文为"看儿女英雄,奋斗牺牲,绝食谏亲,碧血丹心贯日月""会炎黄华胄,精诚团结,毁家纾难,埋头努力挽山河";"前方将士乃拼命抗战建国""后方同胞应决心毁家纾难"。②

总之,美洲侨社内部的宣传,主要有华侨报刊等的文字宣传、侨团组织的集会演讲,及侨社各方组织的文艺展演等。报刊报道与集会演讲的时机都与国内政局的发展有关,宣传内容也大多承传国内相关部门的宣传意旨和要点。美洲侨社内组织的舆论宣传,有效地填补了政府宣传工作的不足,也对华侨投身祖国救亡运动发挥了十分重要的思想动员作用。综上所述,国民政府及侨社对华侨进行广泛的舆论宣传工作,不仅加强了祖国与广大爱国华侨之间的联系,而且使华侨更真实地了解敌人侵略的残酷与抗日将士斗争的英勇,激励他们积极支持祖国的抗日救亡运动。

第三节 捐款捐物

美洲侨社组织诸多的抗日救亡团体,也通过华侨报刊、集会演

---

① 《二埠中国青年社举行一二八纪念》,《世界日报》,1940年2月18日。
② 《斐城华侨演剧筹赈详志》,《少年中国晨报》,1940年5月6、7、9、10日。

讲等方式对广大华侨进行思想动员,其目的就是让华侨充分认识到自己应履行的义务与责任,以捐款捐物、抵制日货、开展国民外交等具体行动来援助祖国抗战。抗战时期,华侨对祖国各种名目的捐款,是华侨支持祖国抗战的主要方式。

一、捐款种类与方式

全面抗战时期,就中央政府和广东地方政府倡议的募款活动,就有三次大规模的义款劝捐及公债劝销,两次募款购机,以及多次为前方将士与后方难民的筹赈倡议。华侨捐输种类约有两大类:第一类为购债,第二类为捐赈及慰劳。购债如救国公债、国防公债、美金公债属之。购债理论上原属一种投资,将国民余资暂借与政府,分期偿还,并加利息,原不能称为捐输,但抗战时期美洲华侨的购债,动机上并无投资图利、希望偿还之意。且美洲华侨巨富者绝无仅有,无独力认购巨额公债,或独捐巨款之人。无论募债还是筹捐,均须由各地救国会或筹饷机关,规定每人应购应捐之最低额数,多方鼓吹,普遍推动,零星凑集而来。债款或捐款,80%以上由店员、工人及一般侨胞所供献。由于中国债票未在美国注册,不能公开发行,美国政府在太平洋战争前禁止债票入口,所以华侨甚难直接收到债票。各地救国会为避免居留地政府干涉,多讳言募债,而以"义捐"名义办理。捐助及慰劳所包含之名称甚多,如赈济难民、救济伤兵、保养难童、救济青年、棉衣捐、雨衣捐、购车、购药、垦殖、慰劳等等。① 以萨克拉门托救国筹饷会为例,该会在全面抗战时期,除举办公债推销外,其余各项杂捐,有航空救国义捐、春节献

---

① 邝炳舜:《美洲华侨概况及抗战以来爱国运动报告书》(1941年春),美国加州大学伯克利分校族裔研究系图书馆麦礼谦档案室藏,AAS ARC 2010/1,Carton 14。

金、七七献金、双十节献金、胜利祝捷献金、棉衣捐、购赠药品捐、雨衣捐、蚊帐捐、草鞋捐、购置救伤车捐,及赈济难童捐等,不一而足。①

美洲华侨最大的救国组织——旅美华侨统一义捐救国总会主席邝炳舜认为,第一类之购债,约占捐输总数60%,第二类之捐赈慰劳,约占总额40%。购债均集中汇交南京国民政府财政部,捐赈及慰劳,则多视捐款人意志,汇寄所指定之机关。自1938年起,国民政府颁布统一捐输解缴办法后,除少数僻远小埠,或未明了汇解手续以外,多遵照财政部办法,将原币列入财政部账户,然后通知财政部折合国币,转交指定的收款机关,手续虽较繁,但办理较为严密。②

至于筹捐方式,大规模的筹款任务通常由各地救国会组织沿门劝捐来完成。在收到大使馆的募款通知后,各地救国会通常根据募款数额,制定捐款办法,以求华侨踊跃捐输,按期完成捐款工作。旅美华侨统一义捐救国总会为完成第一期义捐100万美元的募捐任务,特成立募捐队,并制定募捐队办事细则及进行计划。细则规定:募捐队设总主任一名,副主任二名,下设文书科、会计科、宣传科、调查科、筹赈科,主理募捐期内一切工作,以利进行。募捐队分为两种:先锋队和分名队。分名队共有10队,分别以"旅、美、华、侨、统、一、义、捐、救、国"10字为队名。为动员华侨捐款,募捐队开展以下宣传工作:发表募捐宣言;印制标语及图表,作标贴墙壁及商店之用,以资警醒;组织演讲队,分期在华埠戏院及唐人街

---

① 《金山二埠华侨救国筹饷会征信录》,二埠华侨救国筹饷会1947年9月刊印,第8页。
② 邝炳舜:《美洲华侨概况及抗战以来爱国运动报告书》(1941年春),美国加州大学伯克利分校族裔研究系图书馆麦礼谦档案室藏,AAS ARC 2010/1,Carton 14。

露天地方演讲,并借用播音车巡游华埠,鼓励华侨购买公债及义捐。在募捐后期,募捐队成立调查队,调查华侨团体地址及其经济能力;调查认捐尚未汇款者;调查该埠华侨姓名住址,以便全侨普遍捐款。救国总会还制定奖励办法,除政府规定华侨购买公债细则外,该会发给奖状如下:凡购公债500元至1000元者,呈请总领事签名发给;凡购公债1000元至1万元者,呈请大使签名发给;凡购公债1万元至5万元者,呈请国民政府财政部发给;5万元以上者,呈请国民政府及委员长蒋介石签名发给。募捐时,为激励各募捐大队积极募捐,还举行各队筹募公债成绩比赛,如数目比赛,人数比赛等。①

美中芝城华侨救国后援会制定第二期救国捐款章程,规定第二期捐款自1937年11月1日起,按月捐若干元,以长期输将,至抗战结束为止;第二期捐款,每月将数目结束,核算一次,在报章宣布,每6个月刊印征信录一次。月捐分甲乙丙丁戊五等办理:甲等按时估计其捐量;乙等每月捐美金9元;丙等每月捐美金6元;丁等每月捐美金4.5元;戊等每月捐美金3元。另外,每人每月至少捐宣传费0.25元。逾期十日不照章交款者,加倍处罚。第二期首次捐款时,如各铺户人等缴齐捐款,即由该会标贴捐款凭证于其门帘,以示识别,但各铺户所雇佣工伴,须其人已捐款有据,或愿补捐者,方能雇佣,否则,唯该铺主人是问。根据月捐条例,有按时估计一项,为提倡多捐,以裕饷源起见,将生意入息及个人丰裕者,估计其捐量,由公决定之。②

罗省华侨拒日后援会议决,凡男女侨胞,其年龄在18岁以上

---

① 《救国总会筹备募捐》,《世界日报》,1937年8月25日。
② 《芝城救国会会议纪要》,《世界日报》,1937年10月28日。

有职业栖身者,每人最低限度额捐大洋 30 元,其富厚者必须努力多捐,如现当失业,须要将失业事由报告该会,方能谅情缓收,以俟日后补捐,至年老无告,听其自便。倘若抗捐,一经查明属实,即行惩罚,以为不爱国者戒。①

必珠卜由中华会馆负责召集抗日大会,议决下列捐款办法:(一)凡必珠卜范围内华侨,不论曾否自动捐输,佣工者最低限度额捐大洋 25 元,营业者最低限度额捐大洋 50 元,唯劝捐员得以随时量力鼓励分别加捐;(二)凡华侨有抗例拒捐者,全体于社会上、经济上要与他断绝关系,并由抗日救国后援会设法惩戒,任何社团不得袒护包庇(此案经该埠安良工商会及协胜公会赞助,协助施行);(三)凡后援会之经常费及其他应支之特别费,概由协胜及安良两社团支理。②

墨国下加省苑善打(恩塞纳达,Ensenada)华侨团体会议决长期额捐,为工者将其月中所得之薪水,每百抽十,以作捐款。商店园口,则分为甲乙丙丁戊五级征收。甲等每月 100 元,乙等每月 30 元,丙等每月 20 元,丁等每月 10 元,戊等每月 6 元。至失业之侨胞,得以自由义捐。③ 墨国沙省华侨组织成立沙省华侨抗日救国会,统筹全省华侨抗日捐款事宜,并订定每月救国额捐,将侨商分为甲乙丙等级科捐,业工者每月定额捐 5 元,失业者自由捐输。该会主席认额捐每月 50 元,以至日本崩溃为止,并通函各侨团,照样进行救国额捐。④

1937 年七七事变后,旧金山救国总会为在两星期内完成第一

---

① 《罗省华侨拒日会近讯》,《世界日报》,1937 年 10 月 13 日。
② 《必城抗日救国后援会成立》,《世界日报》,1937 年 9 月 9 日。
③ 《墨国侨胞长期捐助战费》,《世界日报》,1937 年 12 月 10 日。
④ 《旅墨沙省华侨抗日救国会成立》,《世界日报》,1937 年 9 月 3 日。

期美金100万义捐任务,组织募捐队,以"旅美华侨统一义捐救国"十字为队名,分组十大队,并于1937年8月27日正午按照全部计划,召集全侨代表在中华总会馆出发,各界代表出席者122人。救国总会宣传处处长赵九畴定妥出发秩序,主席邝炳舜宣布全队出发募捐公债意旨,随请募捐队主任邓祖荫向全体队长队员指导出发募捐计划,并分发各队捐款收据、宣传品及各队区域表各一份。出发时,各队员高呼口号"同心救国!""抗战胜利!""中华民国万岁!"①根据救国总会募捐队主任邓祖荫的报告,此次募捐,各队员极为奋勇,日夜奔走,沿门募捐,当誓师出发时,曾议决募捐额100万元,并须于两星期内完成,果然达到目的,此乃旅美华侨有史以来破天荒之伟举。此次募捐成绩,以个人论,则以捐5 000元为最多;以团体论,以捐2万元为最多;以商店全体伙伴计,则以中兴公司捐11万余元为最多。②

萨克拉门托华侨救国筹饷会议定1937年8月30日上午11时,全体劝捐员集中中华会馆,候命出发,以推销10万元国币公债为目的,额定每一成年华侨,额捐美金10元,多多益善。该埠华侨多经营什货、肉铺、货仓、洗衣、酒庄、餐馆、药材店、理发所、鸡鸭铺等生意,人数超过2 000人。9月8日,筹饷会将所集之公债折国币7万元,汇交中央政府财政部。1938年1月7日,该会议决举办第二期救国公债。由于当时南京失守,国民政府迁都,日本因以乘机造谣,蛊惑人心,一般意志薄弱之华侨,被日本虚伪宣传蒙蔽,以为皮之不存,毛将焉附,故该会举办第二期公债略受影响。该会第二

---

① 《救国总会全体出发募捐》,《世界日报》,1937年8月28日。
② 邓祖荫:《旅美华侨统一义捐救国总会募捐成绩报告》,《世界日报》,1937年9月18日。

期公债,以 20 万元国币为额。不料劝捐人员,衔命出发,不旬日而筹集国币 13 万元。1939 年 2 月 1 日,发动推销第三期美金公债,限定每一成年华侨,额捐美金 50 元,多多益善。是次出发,依照往年习惯,分区募捐,计 3 日内收队结束,共集美金 4 万余元,打破以往记录。①

除沿门劝捐外,尚有利用插花、售章、开彩、演剧、塞球、义卖、游艺、书画展览、名人演讲等方法筹款者。小童有将春节"利市"钱捐出者,旧金山的学童,曾有擦靴等捐之举,方法不一。几乎数日一捐、一月数捐,无非设法多筹义款。又有各种献金,如元旦献金、国庆献金、七七献金,每次均可收集巨款。此外尚有各种婚丧庆吊之献金,如结婚献金、寿辰献金、生子生女献金,丧葬亦有节约献金,可为应有尽有,筹款方法,层出不穷。② 以萨克拉门托为例,该埠华侨在全面抗战时期,或团体或个人自动捐赈者,不胜枚举,名目虽殊,用途则一。例如演剧筹赈捐,公所落成开幕献金,毕业典礼献金,学生节约献金,儿童擦靴捐赈,团体庆会献金,祝寿献金,弄璋弄瓦志庆献金,嫁娶献金,丧礼节约捐赈及商店新张捐赈等等。抗战时期,每一华侨商店,都有该埠华侨救国筹饷会救济箱之设备,箱面绘有中国难童凄怆惨状图画一幅,中西人士见之,顿发慈悲,解囊帮助。计历年所得之成绩,约达万余金。③

上文已述,抗战时期,各种形式的文艺表演在对华侨进行情感及思想动员方面发挥了重要作用,是鼓动华侨捐款救国的重要方式。如墨京华侨抗日救国后援会曾请华侨乐、新洪声两班剧员演

---

① 《金山二埠华侨救国筹饷会征信录》,二埠华侨救国筹饷会 1947 年 9 月刊印,第 4 页。
② 邝炳舜:《美洲华侨概况及抗战以来爱国运动报告书》(1941 年春),美国加州大学伯克利分校族裔研究系图书馆麦礼谦档案室藏,AAS ARC 2010/1,Carton 14。
③ 《金山二埠华侨救国筹饷会征信录》,二埠华侨救国筹饷会 1947 年 9 月刊印,第 8 页。

剧筹款,救济祖国伤兵难民,并于日夜两场中加插陈华姬、麦丽颜两女生唱《我国军人》及《柳摇金》两曲,故华侨购票者,倍形踊跃。演出剧名为"国家兴亡官民有责",系新编之时事佳剧。各华侨感于两女士之热忱救国,纷纷赠送花篮及奖金。两女士以该次登台唱曲,纯出于救国热忱,故将所收奖金 165 元,悉数捐出救济伤兵难民。在场华侨,更为感动,解囊义捐者闻风兴起。顷刻之间,即收得 200 余元,联同抗日会妇女队插襟章所募得之 300 余元,当场合计约捐得 700 元左右。①

美西大埠二埠福泰、永利源、福来、福昌等所组织之兆年堂,每年夏历元旦后,例设春宴,遍请两埠侨界,以庆贺新春,并酬惠顾之盛意。1938 年初,该堂同人鉴于国难严重时期,哀鸿遍野,暂不举行,将所应开销之筵席费,全数支出,拨交赈济难民之用,计在旧金山支销费用国币 1 250 元,如数交救国总会,在屋仑支销费用国币 1 500元,则交屋仑统一义捐支会接收。② 罗省华侨救国青年团在华侨统一拒日后援会领导下,由各团体青年合组而成,以雷子迅、黄世宣为主任,自成立以来,积极从事救国运动。1940 年初,该团鉴于祖国战区逃离后方之难民饥寒交迫,嗷嗷待哺,于是趁春节期间,举行舞狮筹赈难民,两日筹得美金 1 690 元,为舞狮筹赈空前之伟举。③

屋仑救国会还举行楼业地业捐。为实行此种捐款,该会组织楼业地业审查委员会,推定刘根盛等七位委员,从事审查该埠置有楼业地业之华侨,请其填报,据情酌量认捐。1938 年 3 月以来,"到

---

① 《墨京华侨演剧筹款救国》,《世界日报》,1938 年 1 月 19 日。
② 《兆年堂移春宴费助赈》,《世界日报》,1938 年 1 月 20 日。
③ 《罗省青年团舞狮筹赈盛况》,《世界日报》,1940 年 2 月 24 日。

该分会填报实业之侨胞,络绎不绝,计填报者已有数十人,其中以填报楼业者为最多,地业次之。屋仑救国分会举办楼业地业每月有一定之出息,应捐一个月之租银。若无生息者,可以商量或减或免,但均须照实填报,以便审查"。①

举办"中国夜""华埠之夜"等,也是各地华侨筹款的一种方式。萨克拉门托华侨于1939年8月16、17、18三日举办中国夜开彩筹赈大会。会场位于华埠内,即南太平洋车站对面之位置。会场两头建有高约五丈之中国式牌楼两座,堂皇雅观。牌楼四周遍悬中美国旗及三角形纪念旗帜,迎风招展,极为美观。北边牌楼伴以楹联,文为"救灾恤邻,顾全人道主义""依仁游艺,愿博友邦同情"。南边牌楼贴有楹联一对,文为"拼生命,打冲锋,争持九国公约""救难胞,捐义捐,胜造七级浮屠"。在中国夜期间,所有附近会场之华侨商店,一律张灯结彩,遍贴楹联。中国夜巡游秩序,极为丰富,且带有东方文化色彩。前来参加的侨团来自远近各埠,有旧金山、斐市那、士得顿、葛仑(Courtland)、汪古鲁(Walnut Grove)、乐居(Locke)等。该埠全体侨团侨胞共2 000人参加,浩浩荡荡,均能透露精诚团结、救难恤邻、济弱扶倾之新气象也。沿途观众,人山人海。据西报记载,万头攒动争看中国夜之中西人士,不下10万人。所谓盛极一时,开华侨有史以来创举也。中国夜共筹善款24 000余元。②

另外,还有餐馆衣馆等,将其一日所得捐给救国会。旧金山唐人街积臣街安乐园餐馆新开张当天,特请准旅美华侨统一义捐救国总会派员前往该餐馆,将该日收入全数缴交总会,作为救济难民

---

① 《屋仑救国会楼业捐消息》,《世界日报》,1938年4月7日。
② 《金山二埠华侨救国筹饷会征信录》,二埠华侨救国筹饷会1947年9月刊印,第6—7页。

之用。核计该餐馆新张之日,共卖餐值银89.67元。① 奥克兰妈杰街信利偈厂男女同胞奋起捐输,联助饷糈,顷刻间已捐集美金共1 804.5元。该厂同人并以后每月所得之工金十分抽一,以为长期捐助,直至抗战胜利结束而后已。②

二、捐赠主体

在如火如荼的抗战浪潮中,在各救国会有效的组织动员下,美洲华侨各界各阶层积极踊跃捐输。其中各堂会、姓氏团体、地缘性会馆等最为踊跃,不甘人后。关于各堂会援助祖国抗战详情,可见第七章。各姓氏团体的捐款活动,也较踊跃。七七事变不久,罗省黄云山公所同人召集会议,决议通过捐助大洋1万元,而在席各成员亦皆踊跃输捐,约计当场收到捐款共大洋4万余元。③ 旧金山李凤仪堂同人也开全体会议,众以救国事急,不容稍缓,于是全体通过,购买国难公债国币2 000元,并由同人等购买公债汇齐,直交救国总会。④ 溯源总堂在救国总会第二期义捐期间,以辛亥革命时期变产助饷精神,努力捐输,将该堂产业两座,每座每月租金的美金800元,按总会规定交与救国总会,另加捐美金500元,凑捐国币7 000元,并以溯源堂名义,加捐国币3 000元,合为1万元。⑤

其次,各侨商及其商号也踊跃捐输。七七事变后,洛杉矶孖结(Market)工商华侨召集全体商议,筹助军费,旋决议组一救国义捐

---

① 《安乐园餐馆新张报效一日收入》,《世界日报》,1937年9月13日。
② 《屋仑信利偈厂捐款抗日》,《世界日报》,1937年8月24日。
③ 《罗省黄云山公所捐款》,《世界日报》,1937年8月26日。
④ 《李凤仪堂购公债助军费》,《世界日报》,1937年9月8日。
⑤ 《溯源总堂慨捐万元救国》,《世界日报》,1937年12月10日。

会，主持长期募捐，当场选定职员，出发募捐，已捐得美金 3 000 余元。① 旧金山裕荣公司车衣厂及其所属兴利、兴华、昌兴、屋仑、全利等各男女工，以日本侵略中国国土，甚为痛切，特筹款捐助军费抗敌，并筹得国币 6 000 余元，由广东银行寄交南京国民政府财政部。该公司决定以后每月额捐美银 50 元，各厂男女工伴，每月发薪时每一元扣捐一毫，为抗日军需，捐至战胜为止。② 波特兰兆兴隆全体店伴，以祖国抗战，前线将士，奋勇杀贼，当此战地严寒之际，急需棉衣，为热心所驱使，共捐得美金 4 510 元。③

中兴公司自全面抗战以来，除职工踊跃捐输外，公司总理周崧第一期慨捐国币 5 万元，第二期义捐初捐 1 万元，旋在屋仑分会又捐 2 000 元，后再向美字队加捐 38 000 元，共为 5 万元，另照总会章程缴纳一个月实业租金国币 5 500 元，合计 55 500 元，两次共计国币 10 万多元，且概不领取政府所发正式义捐券据，以为各界倡。④

战时美洲华侨妇女成立救亡团体，组织各种募捐活动，积极捐款捐物，援助祖国抗战。旅美华侨统一义捐救国总会组织第二期义捐时，其妇女队六日募款达 6 万元。该队队员合计共 51 人，均为埠中最优秀之名媛，与最能干之夫人。妇女队募捐方法，凡有职业，及生活略佳者，均一律力劝认捐百元以上，以匹妇有责之义，勿示弱于男子，为言委婉说词，使之感动，踊跃认捐，如确甚无力，始允减低。"查过去五日，女界认捐约六百余人，据查认捐百元及超过百元者占半数，捐五百元者数人……有一西人保险公司，内有华人土生女子职员十余人，经曾女士等与该公司经理接洽，特准召集

---

① 《罗省孖结华侨组织救国义捐会》，《世界日报》，1937 年 8 月 22 日。
② 《裕荣公司各伴捐款救国》，《世界日报》，1937 年 8 月 21 日。
③ 《宋美龄函复兆兴隆店伴》，《世界日报》，1939 年 2 月 7 日。
④ 《周崧君慨捐第二期义捐五万余元》，《世界日报》，1938 年 1 月 5 日。

全体华人女职员谈话,历数十分钟之久,各人均极感动,一律认捐百元以上。有一栋虾工之夫妇二人,子女五人,全家入不敷出,生活穷苦不堪,见及募捐队,询及来意,倾囊认捐国币二十元。"①

旅美华侨妇女战区难民筹赈会全体会员,以焦土抗敌,为国民早具之决心,恤难救灾,为国民应有之责任,二十天来,劝销善款,已达1 200余元,该会推定麦李慕兰女士亲往旧金山中兴公司,与该厂接洽,将该会筹赈之善款先拨800余元,请以批发价,购买衣料,并请该公司工厂全体男女工友百余人,于1937年10月2日贡献一日时间,为难民裁制寒衣,所有线料,一概由该厂免费提供。②该会还承会员李有栋夫人召集其轩辕车衣厂全体女工开会,用该厂名义,捐赠"爱国巾"千余条,交由该会劝销,借以筹款。此种"爱国巾"为美国著名上等丝织品,式样质料,精美绝伦。至美术装饰设计,由该厂工伴通宵达旦,各出心裁而制成者,或绘以国旗,或附以富有爱国劝善意义之各种题词,而资劝勉。该会会长麦李慕兰还特携备"爱国巾"亲往统一义捐救国总会报告,计划分队出发劝销,并慨捐一元,自购一条,以为爱国乐善之倡。③

华盛顿华侨男女约有八九百人,妇女仅五六十人。自中日发生战事后,即行组织美京妇女协会,以王正廷大使之长女主之。筹款救国之工作,因华人人数较少,成绩不佳,于是该会发起向西人求捐。京中西人闻讯,不特大表同情,而且极力解囊捐助。1937年8月下旬,该会在华人莲园餐馆公宴,并请王正廷大使演讲。中西到宴者600余人,当晚筹得现款1 500元。又1937年11月4日,

---

① 《妇女队成绩达六万元》,《世界日报》,1937年12月4日。
② 《中兴工友赞助妇女筹赈会》,《世界日报》,1937年10月2日。
③ 《劝销"爱国巾"急赈难民》,《世界日报》,1937年10月9日。

及冬节时,开卖物会。所售货物,概由各埠华商送来。三日内,共筹得现金4 000元。又1938年2月8日在疏涵旅店开纸牌会,兼表演中国古装。该日到会者500余人,筹得现款3 000元。以上三款,西人捐助者,十居九五,合共8 500美元。①

  侨校学生在战时亦本"读书不忘救国"之义,节约平时零用钱,捐献救国。1937年8月,萨克拉门托荟华学校学生激于日本侵华之义愤,将其平日糖食游乐之资,捐作输将救国之费,计得国币150元。② 波特兰中华学校学生会积极进行救国贮金运动,各生为救国情绪所激发,无不踊跃捐输,均将平日个人购买麻糖及玩具等钱,悉数捐出。该校学生贸易部,亦将每星期营业所得盈利,拨作救国贮金。③ 1938年春,救国总会为养成儿童之爱国心与同情心,作普遍宣传计,特印赠"利是"红纸,劝勉小童将利是所得,酌为移捐伤兵难民之用。日来各界儿童已陆续将款缴交总会。如冯夫人之子女四人移捐美金20元,黄妙年姊妹四人共捐3元等。④ 斯托克顿中华学校全校学生130余人,得各教员之悉心指导,各生对于救国工作,努力不懈,分工合作。各生每星期最低限度节费5分,交学生会存储,汇寄祖国,救济难民。1938—1939学年,已积得汇回国币1 100余元。⑤ 1940—1941学年,该校各同学节约救济捐款,已达美金110余元,该埠"一碗饭"运动时,售纪念小木刀又得款48元。⑥

---

① 《美京中国妇女协会抗日工作》,《少年中国晨报》,1938年5月21日。
② 《荟华学校筹款救国》,《世界日报》,1937年8月23日。
③ 《侨生举行救国运动大会》,《世界日报》,1937年12月6日。
④ 《各儿童捐"利是"之踊跃》,《世界日报》,1938年2月5日。
⑤ 《士得顿中华学校学生救国工作》,《世界日报》,1939年6月4日。
⑥ 《市作顿侨校学生节约捐赈》,《少年中国晨报》,1941年6月16日。

华侨艺术界人士为援助祖国抗战,也踊跃输财出力。1937年8月,旧金山大舞台戏院、大明星剧团、全体男女艺员等,自动捐助军费,共捐国币7 800元,其中新靓就(即关德兴)捐献1 300元。① 23日,大舞台戏院大明星剧团全体男女艺员,音乐部、编剧部及院内职员等,奋起筹款救国,全体报效演剧筹款一天,将所筹得款项概汇返南京国民政府财政部。② 25日,又上演名剧《抗敌英雄》,乃明代民族英雄戚继光救国实事,剧员落力拍演,唤起群众努力救国,观者无不动容。该剧团当晚共筹得美金1 395元,合国币4 650元。③ 大舞台戏院大明星剧团编剧家张展猷、名伶新靓就还将卢沟桥事变后二十九军大刀队英勇杀敌之事迹编成佳剧开演,观者甚众,全场充满热烈爱国情绪。演至杀敌时,淋漓痛快,令观者兴奋,皆为切齿,恨未将日军头颅尽戮。全班名伶,落力拍演,尤以新靓就所唱之抗日歌,为最有意义。当演剧时,各剧员向观众筹款,为救济祖国战地难民。④

抗战时期,来自香港的大舞台戏院名伶新靓就艺术高超,尤富爱国心,他一方面协助救国总会及各埠侨团开展救国工作,如演戏筹募赈款等;另一方面,自己也设法通过艺术表演来筹款救国。1937年8月新靓就发表捐款宣言,分三方面捐款:(一)将跌打丸出卖,共得银88.65元,经汇国币300元,交南京国民政府;(二)捐一月工金国币200元;(三)将200年前古力弓,放在大舞台门口,如有中西人士,能连开尽三次者,奖金一元,此款要入落抗日捐款箱内。如不能开该弓者,请以银一毫入抗日箱中,迟日续汇返国,以

---

① 《大明星剧团男女职员捐款救国》,《世界日报》,1937年8月18日。
② 《大明星剧团演剧筹款救国》,《世界日报》,1937年8月18日。
③ 《大明星剧团汇款救国》,《世界日报》,1937年8月25日。
④ 《大舞台表演时事佳剧》,《世界日报》,1937年9月11日。

助抗日军费。① 新靓就还亲赴救国总会,愿意捐助钻石镶玉戒指一枚,值港币400元,请总会印备开彩票1 000张,每张售价1元,由他负责推销,将来售票满额,则在大舞台戏院当众抽票开彩,中彩得此戒指。② 至1938年5月,新靓就前后已佩箱筹募赈款10次,共约筹得赈款美金3 000元,又曾自捐结婚戒指开奖得1 000元,共约得赈款美金4 000元。③ 至1939年1月,新靓就佩救济箱,奔走各埠,募得美金4 900余元,购救伤车5架。④

三、捐款纠察与惩罚

为保证既定捐款任务得以按时完成,各救国会通常制定规章,规范筹捐、汇款手续等,要求所有团体和个人,向华侨募捐时,需在当地救国会备案,方可进行。对履行捐款义务者,通常发给收据之类的凭证,以应付救国会调查捐款时之用。如由《纽约公报》承印、编号为3288的登记证,由纽约全体华侨抗日救国筹饷总会发给赵华炳作购买公债之凭证,上有"敌人侵略一日不止,我们捐款一日不休"的宣传广告,并注明收执人籍贯、年龄等信息,其用途相当于华侨在华埠及出入国的通行证。登记证载明:"兹为证明各侨胞公债捐款数额,俾便稽查,及各侨胞过埠,或回国时有所证明起见,特发给登记证,分期登记,以资证实。"该证背面也特别说明其用途:(一)该证书宜常时携带,以备该总会调查员随时检查之用。(二)凡购公债或捐款时,须要携带该证书到该总会登记。若离埠太远,可将该证书并银由挂号信寄来,或托人带来,亦听其便。

---

① 《新靓就捐款抗日宣言》,《世界日报》,1937年8月17日。
② 《新靓就捐钻石镶玉戒指开彩筹款》,《世界日报》,1937年9月18日。
③ 《新靓就又募得赈款百余元》,《世界日报》,1938年5月26日。
④ 《名伶关德兴君定期返国》,《世界日报》,1939年1月12日。

（三）凡侨胞年在十八岁以上者，每人须遵章按期购买公债及义捐，以完成个人捐款救国之义务。（四）凡餐馆、衣馆、商店请人做工，必要先行查察该人曾经遵章完尽个人捐款救国义务，方得雇请。倘若违例，一经查出，唯该东主是问。（五）该证书如若遗失，须报告该总会备案，由该人觅社团或商店具函担保，然后补发新登记证。①

每次义捐行将结束时，救国会等组织都要对华侨捐款情况进行调查，对避捐、逃捐乃至暴力抗捐者予以惩罚。1939年初，旅美华侨统一义捐救国总会连日由特别队出发严密检查，未捐者多纷纷认捐。特别队全体队员查获未捐带往总会问话者甚众。旋查获余治和，自抗战以来，第一期第二期义捐，及第三期美金义捐，均未认捐分文，又不依章到总会报告，当即由特别队判交游街，以示惩戒，即书一"图避义捐，凉血动物，与众共弃"之游街牌，由特别队提出游街示众。②

萨克拉门托华侨救国筹饷会举行募捐第二期救国公债，有少数不明大义之华侨，视该会定章为具文，屡经该会布告劝请遵章认捐，均置若罔闻，该会以当此国难在前，救亡之责，众共与之，义不容辞，倘若优容，则于救国进行影响至大。该会授权特别队主任雷家位召集该队队员会同出发，依章从严办理。对于未见认捐者，要其立即遵章认捐，而恃顽抗捐者，则协同拘上该会公同申饬，责令当场遵章认捐外，并罚款多元，以为救济难民之用。③

芝加哥厉行普遍捐款，各侨胞均热烈捐助，不料有梁光其人，

---

① 《侨胞购买公债救国义捐登记证》，纽约全体华侨抗日救国筹饷总会刊印，美国加州大学伯克利分校族裔研究系图书馆麦礼谦档案室藏。
② 《余治和避捐游街示惩》，《世界日报》，1939年2月3日。
③ 《二埠救国会近讯》，《世界日报》，1938年3月25日。

年少有职业，遇美中芝城华侨救国后援会募捐员到时，竟匿入厕所，故意不捐，反骂捐款者为"羊牯"，众以其破坏募捐进行，大动公愤，均谓非立予惩戒不可。至其到华埠，经纠察员盘诘查实，即令其企立街旁，纸书"违反抗日捐款之凉血动物某某"字样，签插其衣领，围观者颇众，莫不谓其咎由自取。梁光于示众后，仍罚捐大洋100元。①

1940年4月，奥克兰救国会调查义捐，依照户口本登载之次序，先后出发，计未缴清捐款者，共400余人。经一周之调查，已有百余人遵例缴清捐款，数十人到会具情填报。收队时，见华埠行人众多，顺便在街上向行人检查收条，适有刘藻成迎面而至，调查员即请其交出收条检验。刘某谓入息无多，历次捐款，未有尽责，无收条缴验。调查员见其如此放弃责任，即将其带回分会，交审查员处理。审查员以其年富力强，有工可做，多方劝导，望其觉悟，但刘某充耳不闻，并且为乐意受处分，审查员乃判以游刑之惩戒，交由调查队执行，后某殷商因素来与刘某有交情，知其经济状况，胜过常人，乃与其商肯代交捐款，而刘遂免了游刑。②

1940年4月，救国总会为严密义捐工作，使人人均尽义务，不得规避，且叠接各埠救国会来函，力主严查取道旧金山回国华侨，是否已在各该埠克尽各种捐输义务，故特于4月12日柯立芝总统船开行时，由调查处派出调查员前往码头逐一检查。查得此次回国华侨达200人。除旧金山外，计纽约、芝加哥、西雅图、洛杉矶、波特兰、波士顿、匹兹堡、布法罗、圣何塞、巴尔的摩、墨西卡利、休斯敦等埠，均有华侨取道旧金山回国。经调查员逐一询问，均分别

---

① 《违抗救国捐者受惩戒》，《世界日报》，1937年9月8日。
② 《屋仑救国会调查义捐近讯》，《少年中国晨报》，1940年4月13日。

提出各埠救国会或中华会馆之证明文件或捐输凭证。唯查得李琳荣等未尽足义务，当即由调查员劝勉其捐输，缴足各项义捐，然后始准其登船。①

萨克拉门托华侨救国筹饷会举行第三期募捐公债时，遇到不少波折。少数不明大义之华侨，辄视该会规定为具文，劝捐员为仇敌，对一切义捐，置于脑后。有等一见劝捐员到达时，不但态度冷淡，更不理睬；有等奸猾取巧，无事生端；有等专讥风凉话，讥讽劝捐人员。广东中山籍华侨吕文让年约40余岁，贩瓜菜，稍有积蓄，1940年2月，该会调查员到吕文让住宅，请其缴纳认捐公债，吕乱讲臆话，并伤害该会办事员，一方面将情向当地警署报案，欲请保护；一方面密告美国政府暗探，向该会办公室搜查证据；一方面又诬告该会重要职员，向他打单，希图一网打尽，摧毁公债推销运动。华侨救国筹饷会遂召集会议，讨论执行惩戒办法：（一）将吕文让怙顽抗捐及叛众行为，呈报驻美中国大使馆；（二）将吕文让怙顽抗捐，妄逞武器，报衙滋扰，夫妇朋比为奸行为，登诸报端，以儆效尤；（三）着令全侨与吕文让断绝来往交易，违者当与众共弃之；（四）呈请中央政府、广东省政府及中山县政府饬令将吕文让在中国之家产没收，以为汉奸者戒。②

奥克兰开洗衣馆之黄益三，经募捐员数次登门，劝其捐款，讵黄益三每次均托词抗捐，且出言不逊，并与日人洗衣店有生意往来，募捐员将该衣作为凭据，带回分会，不料黄投报当地警署。当地警署出拘人票，并带同西警二名，探查三名，到分会索回该衣，并

---

① 《救国总会严查归侨》，《少年中国晨报》，1940年4月15日。
② 《金山二埠华侨救国筹饷会征信录》，二埠华侨救国筹饷会1947年9月刊印，第5—6页。

将募捐员拘去。该分会为此开紧急会议,议决处罚黄益三美金500元,关于带警到会拘人事,须登报道歉。① 黄益三后摄于抗日团体之压力,不得不在报上刊登启事,承认错误:

> 弟月前于贵会进行筹购药款时,屡次抗捐,自知违背众例,至于交衣日人代洗,亦属罪不容赦。幸贵会同人,知弟愚昧,俯允所请,从轻处罚,非常感激。愿自后遵守救国规章,努力追随列位出财出力,共救国家于危亡,达到民族复兴之目的,则弟之罪过,庶几稍赎。更望列位将鄙意登报发表,以证弟捐弃卖国之念,而入于爱国救国之途,不胜幸甚。②

四、数量统计

依邝炳舜1941年春的估计,截止1940年底,美洲各国各埠捐款如下:旧金山之旅美华侨统一义捐救国总会各项捐输合计,共达美金330万元,纽约筹饷总会220万元,芝加哥后援会100万元,仅此三会,为数已达美金650万元。其他如新英格兰、波士顿、克利夫兰、华盛顿、底特律、洛杉矶、萨克拉门托、斯托克顿、弗雷斯诺、西雅图、波特兰等埠均在二三十万元以上,故以美国而论,为数已在美金1 000万元以上。加拿大约为美金150万元至200万元。古巴100余万元,墨西哥数十万元,中南美洲各数十万元,檀香山约80万元,总计全美洲侨胞自抗战至今,捐输总数在美金1 500万元以上。"此数如以现在汇率计算,几达国币三亿以上。此项巨款,系零星捐滴所凑集,由每一侨胞节衣缩食所捐献。捐款在美金三万元以上,至

---

① 《屋仑救国分会惩罚黄益三》,《世界日报》,1938年9月10日。
② 《黄益三愿受处罚》,《世界日报》,1938年11月11日。

今仅有三人。百分之八十五,系由美金一百至五百元之数。"①

据学者兼侨务官员的陈汝舟记载,全面抗战八年来,每一侨胞平均每年最少有美金 100 元以上贡献于祖国抗战,旅美十万余华侨,总有六七成以上缴纳捐款者,则八年来旅美侨胞之捐输当在 5 000 万美元以上。②

据《华侨革命史》所载,当时美洲华侨人数共计 235 330 人,八年全面抗战华侨所得总收入为 2 546 544 000 美元,汇款总数为 595 233 600 美元,捐款总数为 69 156 115 美元。其中美国人数不到美洲人数一半,但其捐款总数达 56 000 000 美元,占美洲华侨捐款总数的一大部分,达 81%。③

除捐献资金外,华侨也以抗战期内,祖国医药、军用物资乃至生活用品缺乏,故努力采购并捐献之。统计美洲华侨所捐赠之药品,达 1 600 "单位"以上。仅旧金山之旅美华侨统一义捐救国总会所捐赠者即达 820 单位之多。每一单位药品,初购时值美金四五百元,减去其中三数不甚需要之药品,每一单位约需美金 200 余元。旧金山救国总会所支之购药费,共达美金 21 万余元,约合国币 300 万元。其次救伤车,美洲所捐约在 200 辆以上,以纽约一次捐百辆最多,曾有"捐车百辆运动"。④ 其他物品还有救护车、飞

---

① 邝炳舜:《美洲华侨概况及抗战以来爱国运动报告书》(1941 年春),美国加州大学伯克利分校族裔研究系图书馆麦礼谦档案室藏,AAS ARC 2010/1,Carton 14。
② 陈汝舟:《美国华侨年鉴》,中国国民外交协会驻美办事处 1946 年刊印,第 393 页。
③ 华侨革命史编纂委员会编:《华侨革命史》下册,第 683—694 页。
④ 邝炳舜:《美洲华侨概况及抗战以来爱国运动报告书》(1941 年春),美国加州大学伯克利分校族裔研究系图书馆麦礼谦档案室藏,AAS ARC 2010/1,Carton 14。除金鸡纳霜及几种注射药液外,经常所购药品,多系依照军政部所列药单,配足全料,称"单位"制度。每一单位,计有药品 50 余种,视需要略有增减。每一单位之数量,足供 500 名伤兵之后方医院一个月之用,如稍节俭,可增至 750 名伤兵一个月之用。

机等。

南洋华侨在太平洋战争前,捐献祖国的国币为4亿多元,而据邝炳舜的估算,美洲华侨在1941年春已达国币3亿元。南洋地区沦陷后,当地华侨因自身生计困难,有些成为难侨回国,需要政府救济。美洲侨团曾发动当地华侨对从南洋回到广东的难侨进行救济,可见在太平洋战争后,南洋华侨对祖国的捐献不多。美洲华侨在太平洋战争后,响应国民政府的号召,积极支持居住国的反法西斯战争,经济上踊跃购买居住国发行的公债,对祖国捐款有所减少。根据国民政府侨务委员会1947年编著的《侨务十五年》所载,当时亚洲华侨为7 217 222人,约占华侨总数的95.46%,主要集中于南洋地区,而美洲华侨为209 039人,占华侨总数的2.76%,[1]两地人数悬殊,但从捐款数量来说,美洲华侨区区20万人,捐款总额毫不逊色于南洋华侨。

第四节　抵制日货

全面抗战开始后,在美洲各国华侨抗日救国团体的组织下,抵制日货运动也在美洲侨社中持续开展起来。在以旧金山为中心的美国西部地区,华侨青年是抵制日货的急先锋。他们组织华侨,集队出发,在日人所开的商店门前聚集,实行对日经济的封锁。他们一旦看到有人到日本商店购物,便以最诚恳的态度劝阻。同时,他们还印发卡片,在唐人街分发西人,请求他们援助。卡片上写着:

　　欢迎你们到唐人街,唐人街以至诚欢迎你们。但如果你

---

[1]《侨务十五年》,侨务委员会1947年编印,第26—27页。

们购买日本出产的货品,你们便会伤害我们的友谊了。因为日货所得的盈利,是资助日人屠杀我们人民的。请你们打定主意不买日本制造的货品,否则你们便是帮助日本屠杀我们的人民,轰炸我们的城市和大学了。同时这种行动,也足以危害在中国的数千美国人的生命财产的。请你们以不买日本货的决心,帮助我们将这个世界建成为一个安全的住所吧。更请你劝导你们的亲朋不买日本货吧。①

旅美华侨统一义捐救国总会调查处为统一华侨抵货行动,还制定抵货规章:不买卖敌人货物;不代敌人充当任何工作;不得充敌人任何经纪人;不乘敌船;其他属于抵制范围者。凡属中华民国国民,均有侦察与敌人交易或破坏全侨一致行动之责任。为谨慎调查起见,凡来该处报告之大小事情,均应携有证实凭据,不得诬捏,或借端生事。凡商店售卖日货,被执有据者,罚银500元(旧存者不在内);凡私人购买日货在5元以下者,罚银5元。在5元以上者,照其价值处罚;凡经处罚一次,而且与日人交易被执有据者,加倍处罚;凡属与日人交易,故犯总会规章者,则由总会召开全体大会,另议严厉惩罚办法;凡故意破坏总会规章,拒绝缴纳罚款者,总会得召集全体或会员议决应用各种有效方法,或向各埠报馆宣布其姓名,但其所属之社团或姓氏团体,不得袒护之;凡热心协助该会,破获一切私与日人交易之案件者,总会概将各该案件所得罚款之半酬报之,或由总会给以奖状。此规章由执监联席会议通过之日发生效力。②

旧金山救国总会鉴于华侨居留区多有日商杂处,外埠游客,间

---

① 黄慰慈、许肖生:《华侨对祖国抗战的贡献》,第206页。
② 《救国总会消息汇志》,《世界日报》,1937年10月7日。

有欲入华店购物,而误入彼店者,救国总会有见及此,为对外宣传起见,特印制橙黄色黑字醒目标语,陈列华商店户。该会印就标语1 000张,由《世界日报》报效纸张及印工,并通告侨商到救国总会领取陈列。①《世界日报》承印的标语中文翻译如下:

> 致美国友人书:中国现时之奋斗,端赖君等予以同情,兹请君等拒绝援助侵略者,以消除其暴行。当君等光临华侨区时,以惠顾陈列有此等硬纸标语之华人商店为盼。②

七七事变后,纽约中华商会重申该会于济南惨案发生时抵制日货之意旨:"当此举世同情制裁日贼之际,我侨商尤宜继续抵制,肃清仇货,万勿日久玩生,贻笑外人。本会特于十月四日召集全体会员特别会议,议决一致执行前案,并通告各会员自行检查存货,所有劣货,尽行毁弃,免至激成众怒。"③

1937年11月,芝城华侨救国后援会开执监委员会联席会议并议决,"所有侨胞出车者及各商店,不准卖货与日贼,并不得在日贼之商店及餐馆做工,以示吾人统一抗战之意义。倘有恃顽弗遵,私行与倭奴交易,或做工者,则其人必为甘心自绝于中华民国,一经查出,视同汉奸,即予以严厉之处分,决不姑宽"④。

旧金山华埠妇女方圆社也发出通告,呼吁华侨妇女抵制日货,不购丝袜:"窃思国家财政,胥借贸易,而美国所用生丝,多系日本运入。本社爰于9月18日通过议案,请求妇女侨胞协助同人等,对丝料能少用即自动少用,丝袜之类,其尤著者也。同人等固知丝袜

---

① 《救国会之对外宣传品》,《世界日报》,1937年10月9日。
② 《救国总会消息汇志》,《世界日报》,1937年10月11日。
③ 《纽约中华商会抵制劣货》,《世界日报》,1937年10月17日。
④ 《芝城救国会之通告》,《世界日报》,1937年11月6日。

之不易废弃,但在华埠以及家庭之中,吾人决能尽一份子抵制之责任。本社会员,对此运动,无不竭诚赞助,并已实行穿着棉毛及人造丝等袜。当此国难期间,此节牺牲谅非重大,务希鼎力维持,使是项运动得广收效果。"①

总的来说,全面抗战时期,在民族危机不断加深的情势下,在中国朝野及美洲侨社的大力宣传下,美洲华侨民族主义情绪不断高涨,他们开始捐弃前嫌,走向团结,美洲各地的华侨救国团体普遍建立起来,一些跨地区、大规模的华侨抗日团体也开始出现。在这些抗日救国团体的组织动员下,广大华侨均以"国家兴亡,匹夫有责"之义,纷纷投入到这场轰轰烈烈的抗日救国运动中来,以各种方式捐款捐物、抵制日货,掀起了华侨抗日救国的高潮。

---

① 《方圆社运动抵制仇货》,《世界日报》,1937 年 9 月 30 日。

第四章　民族主义话语与抗战时期华侨祖国认同的构建

自九一八事变以来，日本帝国主义侵占中国的野心昭然若揭。在民族危机日益加深的社会背景下，中国人民的民族主义情绪空前高涨。为打赢这场事关中华民族生死存亡的战争，中国人民上下一心，精诚团结，奋力抗击日本帝国主义的侵略。在南京国民政府的全民总动员中，作为中华民族的重要组成部分，离散在世界各地的华侨也是其努力争取的对象。特别是全面抗战爆发后，如何争取华侨的财力人力资源以援助祖国抗战，成为战时侨务工作的重心。囿于身处异邦、交通信息不便等因素，华侨对日本侵华战争以及祖国抗战的情况了解有限，且在与居住国及祖国的双边互动中，其民族认同也表现出一定的游离性。在民族危机关头，及时有效地向华侨传达祖国抗战信息，充分揭露日本帝国主义对中国领土主权的侵略和践踏，以及对人民生命财产的侵害，以激起华侨对日侵华的愤慨，通过政治和文化的手段塑造华侨的祖国认同，从而在情感和思想上动员华侨为祖国抗战捐输，是一项十分重要而紧迫的工作。实际上，以南京国民政府为主体的各派政治力量开展了史无前例、声势浩大的侨务宣传工作，通过侨刊乡讯、对华侨的广播和函电、派员赴海外侨社发表演说，以及海外侨报、侨团、侨领的舆论宣传等方式,揭露日本侵华的罪行,加强海外华侨与祖国的联系,增进华侨对祖国的感情,从而最大程度地动员华侨支援祖国抗战。

第一节 领土主权:构建华侨对祖国的国家认同

民族主义学说产生于欧洲,对于近代民族国家的形成、发展以及合法性来源具有正面作用。民族主义研究的著名学者安东尼·史密斯(Anthony D. Smith)认为,民族认同是"对构成民族与众不同遗产的价值观、象征物、记忆、神话和传统模式持续复制和重新解释,以及对带着那种模式和遗产及其文化成分的个人身份的持续复制和重新解释"①。他认为,民族共同体的建构主要有两种模式:一种是领土—政治(公民)型的,另一种是族裔—文化型的。西方国家大多属于前者,而东方国家大多属于后者。领土政治模式强调历史性的领土、法律政治意义上的共同体、全体成员在法律政治意义上的平等关系,以及共同的公民文化与意识形态是民族的主要构件;而族裔文化模式则强调血缘、方言、习俗和传统是民族的主要构件。史密斯认识到民族是一个复杂的社会文化现象,每个国家的民族主义产生条件、表现形式和发展脉络都不大一样,因此他又对上述民族认同的两种模式进行补充:"每一种民族主义都在不同程度上,以不同形式包含了公民的与族裔的两类要素。在有些时候,公民和领土的要素占据主导地位,而在另一些时候,族

---

① [英]安东尼·史密斯著,叶江译:《民族主义:理论,意识形态,历史》,上海:上海世纪出版集团2006年版,第18页。

裔和方言的成分凸显出来。"①值得注意的是,史密斯关于民族认同的理解,实已含有国家认同的意涵。

对于领土的政治文化含义,不同学者都从不同层面进行阐述。西班牙学者胡安·诺格(Joan Nogue)认为,领土并不仅是一个国民生活劳作的空间场所,还是国民的共同精神家园,因为民族领土是"一种'历史的'、唯一的、有别于他者的领土,它具有一种与土地联系在一起的认同和记忆。历史把一块土地民族化了,并使那些最独特的地理因素有了神话内容和神圣感情。这样,领土就变成了一种集体意识的载体"。② 在领土政治的民族模式中,领土因对公民身份和政治参与、国家主权等具有决定性作用,从而对民族认同产生重要影响,因为"人口和土地必须彼此相属"③。主权是民族国家的固有属性,强调独立国家对其管辖区域独一无二且至高无上的权力。领土赋予国家的权力包括属地管辖权、资源的排他性占有权以及边境控制权等,确定了国家主权的核心内容和权力管辖的空间范围。黄兴涛认为,民族主义是"一种建立在'主权'观念基础上的民族自我意识,一种追求、保护本民族利益和发展壮大自身的主体自觉状态。它对外贯注着反抗压迫、维护国权的主权诉求,对内则充溢着国民平等而又团结统一的精神感召,并凝聚为建立和发展现代民族国家的持久冲动"④。独立行使主权是国民对民

---

① [英]安东尼·史密斯著,王娟译:《民族认同》,南京:译林出版社2018年版,第14—23页。
② [西]胡安·诺格著,徐鹤林、朱伦译:《民族主义与领土》,北京:中央民族大学出版社2009年版,第55、56页。
③ [英]安东尼·史密斯:《民族认同》,第15页。
④ 黄兴涛:《情感、思想与运动:近代中国民族主义研究检视》,《广东社会科学》2009年第3期,第79页。

族国家最基本的政治诉求。纵观历史,民族国家无不追求主权独立,没有真正的主权独立,就不可能解脱帝国主义强权的压迫,不可能在国际社会争取平等的发展机会,其国民也难以获得国际社会起码的尊重和公正的待遇。如果说领土是构成民族国家的物质空间,主权是维护民族国家生存与发展的政治权力,那么,人民则是构成民族国家的活动主体和核心。在近现代民族国家里,民族成员衍化为具有主权国家的国民身份属性。在此,国民不仅在法律身份上归属其民族国家,而且对民族国家的安全与发展负有义不容辞的责任与使命。

近代以来,中华民族在西方列强的不断侵略下,民族危机日益加深。与此同时,西方的民族主义思想也随之传入中国。1912年后,中国人民对新生的中华民国领土主权意识及国民身份的归属感逐渐增强。然而,民族主义成为一种广泛的社会思潮,则发生在九一八事变后的中日战争中。抗战期间,针对日本帝国主义对中国领土的不断进犯,以南京国民政府为主体的社会各界积极通过侨刊乡讯、对外广播、华文报刊、侨社公共活动等来阐发民族主义话语,不断揭露日本帝国主义对中国领土主权的侵略,及对中国人民所造成的空前灾难,以激发华侨的民族主义情绪。

九一八事变后,国民党政权一方面采取"攘外必先安内"的方针,实行不抵抗主义的政策,并压制国内民众的抗日运动;另一方面却利用国民党海外部驻外支部向华侨进行大量的民族主义宣传,揭露日本的侵华罪行,以动员华侨抗日救国。中国国民党美国罗省分部就日军侵占中国东三省发表《为倭贼侵害告全美侨众宣言》,谴责日本帝国主义灭绝人道公理,"乘我之天灾,作侵占之毒计,侵我领土,据我沈阳,戕杀我官兵,残杀我人民,尤复包藏祸心,野蛮作战,毁我名城,焚我军实,攻我客车,以犀利之火器,杀无辜之平民。近更变本加厉,率彼军舰,入我内河,狼行虎视,作示威挑衅之举,视吾国如无物,以吾民作鱼肉",并发出感慨:"我亲爱的侨胞同志乎,其宁能仳仳睍睍,低首下心,甘作亡国之人民乎!……吾人其果只有五分钟之热气,忍令彼倭奴侵犯我之领土乎!"①中国国民党驻墨西哥芝省支部也在国民党海外部美国总支部的喉舌《少年中国晨报》上发表告侨胞书,先是历陈日本帝国主义近代以来对中国领土主权侵犯之种种事实及侵略手段之残暴:"我国近百年来,外受帝国主义者之侵侮压迫,悲惨备至,然各帝国主义者之以最惨酷、最残忍之手段侵略我国,莫若蕞尔三岛之倭奴矣。其从来侵占、威胁、残杀、割据我国之过去事迹,无所不用其极。"然后指出日本侵占东三省的罪行,并激励华侨一致奋起抗日:日本"近更乘我国灾难……鲸吞我国,悍出贼兵,袭据我国东省,毁我城市,戮我同胞,劫夺我财富,改易我旗帜,俨以我国锦绣版图之东省,视为彼倭奴之征服地。呜呼!倭奴之横暴,恶矣极矣,咄咄迫人矣,辽吉已非我有矣!嗟夫!以我国四千万方里之大,四百兆优秀民族之国家,岂忍呻吟于蕞尔三岛倭奴之下,任彼沦亡而不思振奋报复者哉!"②可见,借由民族主义的话语表达,强烈的领土主权意识被国民党政权用作动员华侨支持中国抗战、维护领土完整与主权统一的思想武器。

日军侵占东北后,更是得陇望蜀,对中国的侵略得寸进尺。1933年1月,榆关失陷,侨委会官员刘清斋向海外华侨发表播音演讲,谴责日军侵略罪行及阴谋:"九一八事件发生以来,迄傀儡政府

---

① 中国国民党罗省分部宣传股:《为倭贼侵害告全美侨众宣言》,《少年中国晨报》,1931年10月6日。

② 《中国国民党驻墨芝省支部为日贼侵略我国敬告侨胞书》,《少年中国晨报》,1931年11月28日。

成立,和最近马占山败退以后,七千五百万方里的版图,可说完全丧失了。三千万人民,可说都在水深火热当中,叫苦连天的过生活!……日人之在我国,无论何种动作,都不外他们一贯的大陆政策的实施。以前的朝鲜灭亡,济南惨案,前年的九一八,去年的一二八,制造傀儡政府,以及最近的进窥热河,夺取榆关,威迫秦皇岛等,不过是他们大陆政策的一部分。"①在榆关失陷的民族危机下,刘清斋不仅谴责日军的侵华罪行,更是揭发日军一贯实施"大陆政策"、蚕食华北及"制造傀儡政府"等侵犯中国领土主权的阴谋,并以东北同胞的不幸遭遇告诫侨胞,进而激发华侨保卫国土、捍卫主权的决心。

1934年,著名的抗日将领蔡廷锴周游列国,到海外华埠宣讲抗日救亡的主张。他于当年10月抵达美国得克萨斯州圣安东尼奥,并在华侨学校大会场对侨界发表演说:"余在荷兰时,有荷兰新闻记者以嘲笑口吻询余曰:'敝国费数千万元始能填海地几万亩,寸土寸金,寸土不能让人;贵国地方辽阔,一旦失去四省土地,视为九牛一毛,不足轻重,可谓阔矣。'廷锴闻言,面红耳赤,无词以对。"②作为华侨心目中的抗日英雄,蔡廷锴在海外亲自宣讲抗战,并以其亲身经历,谈到荷兰人如何珍惜其国家土地,如何嘲笑中国人在领土上的"阔气",来增强华侨对国家领土的认知。

东北的沦陷也意味着中华民国对东三省行政管辖权及资源占有权的丧失,而任凭日本在东北这块领土上成立傀儡政权,掠夺各种经济资源,并对人民实行恐怖统治。1939年,陈曙风在侨刊上发

---

① 刘清斋:《本会第六次播音报告 榆关失陷告侨胞》,《华侨周报》1933年第23—24期,第53页。
② 蔡廷锴:《蔡廷锴自传》下册,第360页。

表《现阶段的抗战要义》一文,揭露日本侵犯中国领土主权、掠夺中国资源的险恶动机。文章称:"日本要把中国做成他的原料地。中国的工业兴起的时候,还向什么地方找原料! 这是中日两国所以大冲突的原因。敌人假如将我国的一切矿山、森林、棉田、牧场、麦田,一切的生产通通统制起来的时候,中国只得眼巴巴看见敌人工业天天发达,自己永远不能发达工业,只得做一个农业附庸国! 一个社会的进步是跟着他的生产而进步,如果做了人家的农业附庸国,一切工业不能发达,试想到了那地步的时候,我们还有进步之可言吗! 我们还能做世界上平等的人吗!"①

实际上,针对日军九一八事变后接二连三的对华侵略,国内相关机构发表了诸多告侨胞书,世界各地华侨也纷纷组建抗日救国团体,并在当地侨报上发表成立宣言,以民族主义话语揭露日本侵华的罪行,不断塑造华侨的领土认同和国民身份归属,从而在情感观念上动员他们援助祖国抗战。美国必珠卜华侨拒日救国后援会成立时发表宣言称:"侨胞乎,同胞乎,我中华民国国民乎! 耻辱莫甚于亡国,惨痛莫切于为奴。然亡国之耻辱,为奴之惨痛,固非有意识之民族所能堪乎! 今倭寇既侵入我国门,霸占我领土,岂忍视祖宗遗留二万万方里锦绣山河变色而隶属日贼版图之下乎! 倭寇又将入我房屋,冲破我庭闱,岂再忍令老亲娇妻稚子和亲爱之兄弟姊妹被俘虏为日贼之奴乎! ……凡我同胞,本兴亡有责之大义,尽民族争存之天职,亟应毁家纾难,倾囊助饷,此必诚华侨拒日救国后援会之组织所由起也。"②纽约抗日救国后援会发表组织成立宣言称:"当此国家处于千钧一发、生死存亡之际,凡我中华之国民无

---

① 陈曙风:《现阶段的抗战要义》,《华侨先锋》1939 年第 1 卷第 6—7 期,第 15、16 页。
②《必珠卜华侨拒日救国后援会宣言》,《少年中国晨报》,1932 年 1 月 5、6 日。

不怒发冲冠,悲愤填胸,均欲效汪锜之执干戈以卫社稷,效卜式之输财助边,以救危亡,宁愿头可破,身可戮,祖宗惨淡辛苦得来之国土,分寸不得让与外人也……今当倭贼入寇,正男儿请缨报国之时。而我旅美侨胞,远隔万里,未能荷枪执械效命于疆场,而诛倭寇,亦应联络一致,同心协力,厚集款项,以济军需,及对内外宣传,俾外人共表同情,主持正义,而加以援手也。此乃本会组织成立之意旨,庶尽国民之天职。"①

从领土型民族主义的角度来看,当时华侨并不居住在中华民国领土范围以内,而且华侨祖籍大多位于我国南方沿海的闽粤两省,他们的文化程度不高,对东三省的认知是较模糊的,情感和心理上是有距离的。因此,为塑造华侨的领土主权意识和情感归属,除了不断地揭露日本对中国东三省侵犯的事实,以及通过报刊和图书向华侨普及中国地理知识外,还需要其他的话语策略。1933年4月,成立于上海的东北协会致书海外华侨,先是将国人被迫出洋谋生的悲惨命运,归因于东北的"大好河山"和"无尽宝藏"因我国内忧外患未能得到很好的开发:"辽吉黑热四省,为天府之区,不仅我民族命脉之所系,亦国际目光众视之所注,徒以数十年来,我国内忧外患,纷起迭乘,致未遑尽力开发,坐视货弃于地,亦唯职此之故,使我亲爱侨胞,弃乡井,涉重洋,依傍他人门户,为他人斩披荆棘,楚材晋用,舍己耘人,殊堪悯惜!"接着将收复失地与未来的开发计划联系起来,"本会同人……又不仅在积极努力目前之收复,并欲谋深虑远以图将来之开发",最后动员华侨"一致兴起,共御外侮,或组织分会,热烈参加,或输财纳粟,踊跃捐助,务使人竭其力,财尽其用,庶几内外一德,全民勠力,速歼顽虏,早复失地,以

---

① 《纽约抗日救国后援会宣言》,《世界日报》,1932年1月18日。

恢宏旧物,湔雪国耻,实中华民族之幸,亦我邦家之光也"。① 实际上,从当时的交通运输和气候环境来看,对于闽粤两省民众来说,赴南洋谋生要比赴东北三省更为便利可行。但东北协会的告侨胞书通过其叙述策略,将华侨的命运置于祖国、日本、居住国及华侨本身的四方互动中,先是巧妙地将东北的未尽开发、华侨出洋与日本的侵略联系起来,继而将华侨的援助祖国抗战、东北收复与华侨回归等联系起来,以塑造华侨对我国东北领土的感知和认同,进而动员他们支持祖国人民驱赶日军于东北。

故乡是人们出生或居住过的地方,对于民族成员而言,爱乡与爱国是相辅相成的。胡安·诺格认为:"大地—母亲、故国、故乡这些概念,比民族主义性质的其他象征更受到崇拜和敬重,它是集体认同和民族认同最杰出的象征。"②中华民族素有家国情怀,且乡土观念浓厚。对于华侨而言,侨乡是他们及其先辈的故乡,承载着他们的集体记忆,也是他们寄托精神的心灵家园。关于海外华侨与广东的关系,侨务委员会副委员长周启刚指出:"广东地方是中华民族领土的一部分,广东人民是中华民族的血裔……因为海外各地不啻是广东人的第二家乡,也就形成广东与华侨有不可分离的现实,然则因广东才有华侨今日的地位,抑因华侨乃有广东今日的地位呢?无疑地广东不过因地理形势上给予华侨以交通的便利和冒险创造的个性,这是天然环境的惠赐;而广东许多特殊事态,则又不能不说是华侨贡献的结果了。"③

七七事变后,随着日军对华侵略的不断升级,尤其是对侨

---

① 《本会致海外侨胞书》,《东北协会文献辑要》第1集,出版者不详,1933年刊印。
② [西]胡安·诺格:《民族主义与领土》,第56页。
③ 周启刚:《广东与华侨》,《侨务月报》1936年第11—12期,第1页。

乡——广东的进犯,广东侨乡官民纷纷行动起来,以官府为主导,以民间组织为主体,向海外华侨开展了声势浩大的思想动员工作,将日军在侨乡的残暴行径昭告海外华侨,以激起他们对日本侵略的愤慨,及对家乡人民的同情,从而激发侨胞捐款救乡的热情。

1938年7月,广东省政府主席、华侨抗敌动员总会会长吴铁城在动员华侨认债购机时称:"倭寇侵我,变本加厉,近半月来,敌机大队不分昼夜,狂炸我粤垣,猛轰我城市,残杀我同胞,以广州市区之民房学校商店,毁焚盈千,无辜之市民,死伤逾万,断头折肢,模糊莫辨。尸骸山积,惨不忍睹。弹痕所至,尽成焦土。灾情奇重,亘古未有。各国人士莫不共愤。举国同胞,更益痛恨填胸。当此国家民族已至最后关头,凡属国民,亟应激发天良,尽其所能,共纾国难。"①

由中国共产党支持、创刊于巴黎而复办于纽约的《救国时报》也向华侨呼吁:"广州是我国目前唯一的咽喉,是我中华民族解放运动的策源地,是中华民国创造者孙中山先生的故乡,是我海外千百万华侨田园庐墓寄托的所在……广东民众素来是站在民众解放运动的最前线,我阖粤海外侨胞对于资助与参加祖国解放运动,有过伟大与光荣的历史。所以在今天国难家仇同时到临的时候,我们更加应当一致动员和团结,集我海内外全体同胞的力量,以保卫我们大广东,保卫我们大武汉,和保卫我们自己的家乡!"②可见作者在华侨动员中,从广州在我国抗战中的重要地位、在中国革命中所扮演的独特角色,以及国父孙中山及华侨与广州的特殊关系等

---

① 《吴会长之通告》,《华侨战线》1938年第1卷第7、8、9、10期合刊,第16页。又见《华侨抗敌总会通告侨胞》,《世界日报》,1938年7月26日。
② 《保卫广东》,《救国时报》,1938年10月21日。

多个角度,赋予了广州多重象征意义,以取得华侨动员的最大效果。

任启珊在动员华侨购买广东国防公债时,先是从圣贤文化、华侨文化的角度谈到广东的重要性:"广东,是国父诞生的圣地,创造革命的圣地,尤其是华侨中最伟大最优异的人物生长的圣地,我们非牺牲一切来保卫这个最后的圣地不可。抗战中的广东,特别是现阶段抗战中的广东,在人文方面,充满着革命精神,而在地文方面,高峙着革命和抗日诸先烈的坟墓园林和纪念建筑以及其遗物与遗迹。"任启珊进而从国家与地方的关系角度谈到保卫广东之于保卫祖国的重要性:"有一寸国土在,我们要抗战!有一个同胞在,我们要抗战!任何一部国土,我们要保卫!任何一个同胞,我们要保卫!保卫大广东,购买广东国防公债,不过是保卫祖国的一种方式一种行动。保卫祖国任何部分,购买祖国抗战中任何公债,也不过是保卫祖国的一种方式一种行动!牺牲我们一切的一切来保卫整个的祖国,方是我们整个的目的和整个的行动!"①

海外侨团、侨报等在动员侨胞救乡救国方面也发挥了重要作用。1939年4月,《纽约台山宁阳会馆告全体邑侨书》称:"慨自日贼南侵,羊城被劫而后,江门战讯愈逼而愈紧。三台风鹤,亦愈趋而愈近。迩者江门失陷,广海告警,公益、台城、白沙、斗山诸繁盛市区,迭遭轰炸,死伤惨重。我三台秀丽完善之区,已有如上数处,变成瓦砾之场。我六都亲睦慈祥之民,已成千累百身受鱼肉之惨。所炸毁者,或者吾侨之家乡,或为比间。所死伤者,或为吾侨之族党,或为亲邻。失群鸡犬,四处惊逃。旧社枌榆,摧废芜秽。伤日

---

① 任启珊:《国防公债与华侨》,《华侨战线》1938年第1卷第2期,第10页。

贼之凶横,叹难民之无依。"①1940年,墨国芝省莫埠隆镇同乡济难会为敌寇再犯中山发文呼吁华侨应急筹赈:"中国者,吾人之祖国也;隆镇者,吾人之家乡也。爱国爱乡,人有同情。当此敌骑驰骋,遍地烽烟,惨遭浩劫,备受凌辱,凡我同乡,应如何自爱自动,以卫国救乡为天职,尽最大之责任与努力,毋负列祖列宗之期望,保守先人遗业,维护此光华灿烂之祖国,可爱之家乡。吾人责任与义务,既如上述,则旅居是邦之各同乡,尤应闻风兴起,慨解义囊,接济家乡守土战士,施赈受难同胞,内外一致,扩展救国救乡运动。敌寇虽凶顽,终必惨败;家乡虽失陷,亦必克复。"②诸如此类日军侵犯侨乡并造成人民生命财产重大损失的消息,占据了战时海外华文报刊的大量篇幅。广州、台山、中山等侨乡是海外华侨的故乡,寄托着华侨难以割舍的桑梓情怀。广东侨乡官民和华侨社团动员侨胞救乡时,多以"救乡即是救国""救乡所以救国"这样的民族主义话语,号召华侨救乡救国,将华侨的救乡运动统一到救国运动中来,使其以实际行动维护中华民国的领土完整和主权独立。

就民族国家而言,中华民国政府依法享有对中国领土、主权及人民的独一无二的管辖权。但随着九一八事变后日本侵华的不断深入、中国大片领土的沦丧,中华民族的危机空前严重。在亡国灭种的忧患面前,南京国民政府一方面揭露日本帝国主义对华的侵略,另一方面也通过民族主义的思想宣传,增强华侨的中华民国国民身份意识,强调包括华侨在内全体国民抗日救国的责任。中国国民党美国斐市那分部发表《我们应一致奋起抗日》,向华侨灌输中华民国的领土主权观念和华侨的国民责任意识:"东三省的领

---

① 《纽约台山宁阳会馆告全体邑侨书》,《世界日报》,1939年4月27日。
② 《墨国芝省莫埠隆镇同乡济难会筹赈》,《少年中国晨报》,1940年5月19日。

土,是我中华民国的领土!东三省的同胞,是我炎黄的裔胄!东三省的领土可以割让给别人,则我全中华民国的领土也可割让给别人了!东三省的同胞可以任人管治,则整个的中华民族也可任人管治任人鱼肉了!我们是中国人,我相信决没有谁肯甘愿做日贼的奴隶的!"①该部宣传股在国庆纪念日指出华侨的中国人身份,并呼吁华侨誓死捍卫祖国的每一寸领土:"我们的先哲告诉我们,头可断,身可碎,此志不可磨。我们既生为中国人,当死为中国鬼。我们的先祖遗传下来的虽'寸土之微',也当尽我们之责任去保全它。东三省乃我中华民国的领土,我们能垂手一任日寇之侵夺以去吗!所以今天纪念国庆,我们应要勿忘总理和先烈创造中华民国之艰难,誓以头颅赤血而保全之。"②

加拿大温哥华侨团发起组建拒日救国会,并定期开会,演讲日军侵华之凶暴情形,以激起华侨爱国观念,并谋雪耻办法。该会发表宣言称,日本"重兵大出,不宣而战……贼军所经之地,焚毁屋宇,残杀良民,甚至奸淫抢掠,无恶不作。此种举动,不仅弁髦国际公法,抑亦直以高丽第二看待我中华民族也",进而呼吁华侨,"愿自此案发生后,凡有血性之中华国民,莫不悲愤填胸,同仇敌忾。国内同胞经有系统之组织,一方面促政府对日宣战,决一胜负,一方面对日经济绝交,以制其死命。我旅云侨胞,爱国素不让人,于是有拒日救国会之组织,响应国内,以期收一致对外之效力,所望我侨胞本国家兴亡匹夫有责之义,联合起来,下一日存我亡、我存

---

① 中国国民党斐市那分部宣传股:《我们应一致奋起抗日》,《少年中国晨报》1931年10月2日。
② 中国国民党斐市那分部宣传股:《我们应怎样庆祝今年的双十节》,《少年中国晨报》,1931年10月10日。

日亡之决心,与日作一最后死战"。①

卢沟桥事变后,蒋介石在庐山发表谈话,事实上标志国民政府正式对日宣战。不久,国民政府侨务委员会发表《告海外侨胞书》,强调华侨的中国国民身份属性,当履行毁家纾难、报效国家的责任:"故今日国土,已无所谓前方与后方,国民无论为现役军人与一般公民,均应各尽其捍卫国家之责任,抱最大之决心,为全力之应付。我远方之侨胞,为我国民之一分子,虽身处海外,然精神必早已飞驰于国内,生活虽属安全,然相信必痛感前方将士浴血抗战之艰苦,牺牲之壮烈,时刻萦念,思有以助之劳之,以尽国民之天职,则此时唯一之责任,端在物质上之供给,诚能源源接济,以为后援,则其裨益于抗战前途,自必宏大……深望我侨胞激发其报国忠诚,毁家纾难,以共挽民族空前之浩劫。"②1940年10月,蒋介石发表双十献词,以国民义务勉励全体军民抗战到底:"就国民义务来说,人人守住岗位,努力奋勉,竭尽自己的责任,就是对民族作最大的贡献。今后我们愈在困苦艰难之中,愈要担负起一面抗战一面建国的责任……全体军民必须忠于国家,忠于职守,忠于主义,忠于法令,勇于舍身报国,勇于忍痛从公,集中我们的心思才力,贡献我们的一切能力、自由和生命,在抗战中间努力于建国。"③

可以说,中华民国的成立铸造了具有国家思想的新国民,为包括海外华侨在内的所有中国人民的国民意识觉醒创造了亘古未有的契机,使得他们从几千年封建社会的压迫中翻了身,不仅对法律所赋予的国民身份怀有崇敬之意,而且甘愿履行国民的义务。抗

---

① 《云高华侨拒日救国会宣言》,《大汉公报》,1931年10月22日。
② 《侨务委员会告海外侨胞书》,《中央日报》,1937年8月20日。
③ 蒋介石:《蒋委员长双十献词——勖军民抗战到底》,《现代华侨》1940年第1卷第6—7期,第4页。

战时期,华侨在法律上属于中国国籍,为中华民国国民,这决定了他们需担负一个国民理应捍卫祖国领土主权完整的责任。在此,国民的义务与责任成为南京国民政府动员华侨践行国民职责、支援祖国抗战的有力话语。在民族主义者的大力宣传下,"国民之一分子""尽国民之天职""国民的立场""唯一的天职"等论调不断增强华侨的祖国领土主权意识和国民身份归属,激励华侨发愤图强,支援祖国人民收复失地,捍卫祖国领土完整与主权独立。

第二节　共同命运:构建华侨与中华民国的命运共同体

民族共同体的形成有赖于民族成员对民族共同命运的感知和认同,自愿将其个体命运与民族集体命运融合在一起,进而将本民族构建成为一个休戚相关、荣辱与共的命运共同体。法国学者吉尔·德拉诺瓦(Gil Delannoi)认为:"没有'命运共同体'就没有民族特征。所有不同的民族理念都试图创造并保存共同命运。民族将历史转变成命运……并不是所有的命运共同体都是民族,但所有的民族都是命运共同体。"①安东尼·史密斯认为,民族认同最主要的功能,就是提供一个强大的"历史与命运共同体",从而将人们从个人湮没的深渊中拯救出来,并重塑集体信仰。② 无论是过去、现在还是未来,民族共同体始终强调一种集体主义的"共生共存"理念。

为构建华侨与中华民国的命运共同体,南京国民政府及知识

---

① [法]吉尔·德拉诺瓦著,郑文彬、洪晖译:《民族与民族主义:理论基础与历史经验》,北京:生活·读书·新知三联书店2005年版,第199页。
② [英]安东尼·史密斯:《民族认同》,第195页。

界将华侨与祖国的互动关系置于中国、日本、侨居国和华侨这四方互动中进行考察,并注重塑造和影响华侨祖国认同的历史认知、现实感受和未来预期这三个相互作用的因素。

一、帝国主义侵略与近代祖国及华侨的悲惨命运

近代以来,由于旧中国的积贫积弱以及帝国主义的侵略,中华民族遭遇亘古未有的耻辱与苦难,特别是日本帝国主义的侵略致使中华民族陷入灾难的深渊,加速了中国半殖民地半封建化进程,对中国人民的伤害最深。在这样的背景下,越来越多的民众无以生存,只得背井离乡,有些还在帝国主义的威迫利诱之下,成为"猪仔华工",远渡重洋,赴外谋生。民族主义者特别强调这样的侨史叙事。1939年,张九如历数历史上日本对中国的侵略及对华侨这一群体命运的影响:

> 我侨胞遭遇之惨,推原祸始,要不能不太息痛恨于倭寇也……半世纪以上我侨胞之吞声饮泣于异域,无面目视祖先于地下,不能与其他民族并肩齐立,无一非倭寇对祖国之侵略有以致之。我侨胞其知之否!总之,我侨胞祖先之厄之遘,倭寇厄之遘之也。谚云:"冤有头,债有主。"我侨胞祖先之客死于异方,我侨胞本身之忍死于他乡,无一非倭寇为之。人谁不死,可死之机亦甚多,天灾可以死,盗贼可以死,水火可以死,疾病疫疠可以死,惟吾侨胞不死于天灾、盗贼、水火、疾病、疫疠,而独死于倭寇,何能瞑目![①]

实际上,大批华民被掳掠、拐贩出洋始于鸦片战争之后,且英

---

① 张九如:《侨胞将何之》,《华侨先锋》1939年第1卷第5期,第11页。

国、法国、西班牙等列强扮演了重要角色。但当时的知识界通过其历史叙事,特别强调日本侵略中国的历史,及其所造成华侨在外谋生的苦难经历,以建构华侨的创伤记忆,激起华侨对日本的愤慨。

在民族主义知识分子看来,一方面华侨被迫抛妻别子,离乡背井,在异国他乡谋生的悲惨境遇,是以日本为首的帝国主义侵略中国的结果;另一方面,华侨在海外所遭遇的种种不公正待遇,又是侨居国和殖民地政府歧视和压迫的结果。1938年,对乾指出华侨在侨居地遭遇的各种不幸:"侨胞们因为生活所迫,不得已远涉重洋,投奔异域,可是一出国门,居留地的官警土霸,压迫奴役,几乎无所不用其极,这种国未亡而身已先为奴隶的苦痛。"①陈安仁详细列举了世界各国及殖民地政府施行歧视和排斥华侨的苛例:"世界各国殖民地的苛例,大概都是为华侨而设的;南洋各国殖民地的苛例,也大概都是为华侨而设的。各殖民地的政府,何以敢频频设立苛例特对华侨,就是轻视中国没有复兴强盛起来。"他列出几十种苛例,并说这些苛例"五光十色,应有尽有",涉及华侨生活的各个方面,如人头税、入境税等等。②

自辛亥鼎革以来,海外华侨十分珍惜新生的中华民国,并希冀其能够发展成为一个强盛的国家,进而增强他们在海外的社会地位,帮助他们摆脱被歧视的命运。但随着日本帝国主义侵华的不断深入,中国不但没有改变半殖民地的国家地位,反而有亡国灭种的危机。在南洋殖民地及美洲国家,排华事件层出不穷,致使华侨生命财产损失巨大,难以在当地立足。

华侨惨痛的人生经历使得他们清楚地认识到,华侨的命运与

---

① 对乾:《目前侨胞几件重要责任》,《抗战华侨》1938年第1卷第1期,第6页。
② 陈安仁:《复兴中国与保障侨民》,《新生路月刊》1937年第2卷第2期,第18页。

祖国的命运休戚与共,没有强大的祖国作后盾,华侨会沦为"海外弃儿",遭遇各种不合理的待遇,这也是他们支持祖国革命、振兴中华的原因。客公在《华侨之保护与自觉》一文中称:"无论为有色人种或无色人种,又无论属于强国或属于弱国,但有合法之国籍,即可称为国际人,亦可享受公法上之权利;反是,有民族而无国家,虽走遍天下,号称富豪,如今之犹太人者,莫不视为贱种。故人人以有祖国为荣,以爱祖国为天职,如木之有本,水之有源也。民十六年北伐成功,收回汉口英租界,宣布关税自主及进行修改商约,一时各国为之改容,华侨在海外亦受相当之重视,此即侨民与祖国休戚相关之明证。"①

1938年,郑华撰文表示,帝国主义的压迫激发了华侨的民族意识:"为什么在民族革命过程中,华侨爱国族的热情,反比国内的同胞高出许多呢?这无非是他们亲身受到了帝国主义的压迫的痛苦,故深知道要得到地位和外人一般的自由平等,必须有一个强盛的祖国为其后盾。所以,环境的困难,便是热烈地激增他们民族意识的原因。"②对乾也认为,华侨在海外的悲惨命运让他们"深深[体]味到无国家保障的悲惨,要求自己民族振兴的迫切;可是他们亦深深地知道,民族要能够复兴,要能够打倒一切外力的压迫,又非自己国内政治的积极改革,做成一个现代国家,不能获收全功。这就是他们为什么热心革命的原因,亦就是他们不惜牺牲的原动力……侨胞们这种勇敢,这种牺牲,并不是站在旁观者立场的'赈助',亦并不是'披发缨冠'者的义举,而是为着自己,为着自己的民

---

① 客公:《华侨之保护与自觉》,《华侨周报》1932年第19—20期,第5—6页。
② 郑华:《怎样发展华侨抗战力量》,《抗战华侨》1938年第1卷第1期,第8页。

族。即如上面所说,他们是有目的的——民族解放,政治改革!"①

如同上述知识界一样,国民政府行政院长孙科也认为,华侨出洋谋生,是因封建政府的政治压迫及经济剥削,致使他们在国内无以为生。由于"国内政治不良,国势日弱",清政府被迫与列强签订一系列不平等条约,而华侨在侨居地也感到,"厥为祖国未能尽保护之责,自己在国外未有地位","且时时在他人欺凌压迫之中",所以他们积极支持孙中山领导革命,建立近代民族国家,以图"祖国富强,解除不平等条约之束缚"。②

上述人士有关华侨苦难与创伤的历史叙事,以及对华侨热衷祖国民族民主革命的探讨,无非启迪华侨对自身命运与祖国命运关系的思考,让他们认识到,在帝国主义的侵略压迫下,千疮百孔的祖国没有国际地位,海外华侨在居住国遭遇了种种不公正待遇,权益受到侵犯,而得不到祖国强力的交涉和声援,因此,他们感受到,他们在其侨居国的社会地位折射了中华民族的兴衰荣辱,自身命运与祖国命运休戚相关,救国就是救自己。

二、华侨命运与祖国抗战的关系

为动员华侨援助祖国抗战,一些人士从民族国家的命运角度来揭示抗日战争的伟大意义。学者伍藻池指出,只有抗战,才能"维持我们国家民族生命的延续与安存",国民才能获得应有的生存地位,并呼吁,"凡是中国国民,每一个应负上绝对的责任,以担当国家重大的职务"。③ 侨委会委员长陈树人从正反两面来阐明抗

---

① 对乾:《目前侨胞几件重要责任》,《抗战华侨》1938年第1卷第1期,第6页。
② 孙科:《中美中英新约与华侨之关系》,《华侨先锋》1943年第5卷第2期,第1—2页。
③ 伍藻池:《国家生存的价值及其抗战使命》,《华侨战线》1938年第1卷第7、8、9、10期合刊,第6页。

战对中华民族的意义:"抗战胜利,然后国家民族之独立生存自由平等可以确保;抗战失败,则四万万五千万之人民必将为敌之俘虏,为敌之奴隶,纵横数万里之膏腴土地,必将沦为暴敌蹂躏之场所,上下数千年之历史文化,亦必将随之毁灭净尽,无复存留。"①

中国抗战的成败决定中华民族的前途命运,也关乎华侨的切身利益。南京国民政府外交部部长郭泰祺在美国旧金山侨社发表演讲,向华侨阐明祖国抗战对于华侨的意义:"此次中国抗战,目的即在争取民族之生活,国家之屹然独立,及自由平等之地位,意义至为神圣。侨胞自抗战以来,踊跃输将,出财出力……相信抗战胜利之后,国际地位提高,海外侨胞可以获得保障,而改善侨胞生活。"②陈绍贤指出华侨命运与祖国抗战的关系,抗战"既为民族生死存亡所系,海外同胞……荣辱成败,实与祖国人民相同",进而指出祖国抗战的胜利对华侨的积极意义:"民族斗争中,吾人能得最后胜利,则不独失地收回,一切不平等条约,亦可解除。居留地之苛律,亦可修改而归于平正。侨胞前途,始有发展。昔日人与我旅居越南者,皆有身税负担,自国势渐盛,当地政府遂予豁免,而与欧美人士相等待遇,即此可为例证。"③

集学者和官员身份于一身的张九如首先用三个"如抗战而胜"排比句详细阐述抗战胜利对祖国及华侨的积极意义:

> 如抗战而胜,则祖国必成为国际间第一等强国,祖国之青天白日旗,将永远高竖在侨胞足迹所至之处,而受全世界人士之尊敬,我侨胞在此旗帜掩护之下,亦必永受全世界人士尊

---

① 陈树人:《二期抗战与吾侨任务》,《华侨先锋》1939年第1卷第8期,第2页。
② 《救国总会热烈欢迎郭部长》,《少年中国晨报》,1941年5月21日。
③ 陈绍贤:《华侨与抗战之联系》,《华侨战线》1938年第1卷第1期,第11页。

敬,获得全世界民族之平等待遇,吐尽数百年低首下心之气;如抗战而胜,则我侨胞父老妻儿在故乡所受之耻辱,可以尽涤,我侨胞在异域所受之虐待,可以改变,一切苦,有祖国为之解除,一切事,有祖国为之援助,一切惨淡经营而犹不能成之事业,可迎刃而解,立呈光华灿烂之观;如抗战而胜,则祖国将成为安定世界之一大柱石,外伏侵略之恶魔,内建和平之新国,我侨胞无论投资国内国外,均可一本万利,我侨胞无论服务何国何土,均可一帆风顺,全地球茫茫五万万九百九十五万方里之上,均可为我侨胞安居乐业之所。①

接着又用三个"如倭寇之鲸吞实现"排比句来揭示中国抗战失败对祖国、侨居地及华侨此三者的危害:

> 如倭寇之鲸吞实现,则祖国亡,同胞奴,我侨胞均为无国之民,均为无名誉无势力无凭借之人,全世界不复有"华侨"一名词之存在,若有之,流民耳,亡国奴耳……如倭寇之鲸吞实现,则我侨胞辛苦经营之事业,悉如海市蜃楼,绝无把握;我侨胞数百年缔造之成绩,又如邯郸一梦,羌无实际,其被倭寇扫荡之易,必过于风卷残雪,即欲求如今日之处境,亦不可复得……如倭寇之鲸吞实现,则南洋各地,皆为倭寇之囊中物,南洋侨胞,皆为倭寇之刀下鬼,即侨居其他各地者,亦必尽遭倭寇之排挤驱逐。虽拥有巨资,亦将如今日之犹太民族,到处受人戮逐,天地虽大,亦无复我侨胞侧身之所矣。②

在民族国家中,国民的命运与民族国家的命运具有内在统一性。

---

① 张九如:《侨胞将何之》,《华侨先锋》1939年第1卷第5期,第12页。
② 张九如:《侨胞将何之》,《华侨先锋》1939年第1卷第5期,第12页。

对于抗战期间的中国来说,抗战胜利则能确保民族国家之独立平等与人民的生存自由;反之,中国的领土主权、历史文化以及国民的生命财产将遭践踏。海外华侨兼有中华民族成员和中华民国国民的双重身份属性,那么抗战成败与华侨前途命运自然是紧密相关的。祖国抗战胜利了,国家强大了,就能给予海外华侨更有力的权益保护;祖国抗战若失败了,海外华侨将沦为没有祖国的亡国奴,在居住国毫无地位,而任人宰割。有鉴于此,有关人士运用民族主义话语,通过对抗战成败这两种结局的分析,增强了华侨对中华民族命运共同体的感知和认同。特别是一些人士从反面角度阐释抗战失败对祖国及华侨的消极影响,以图警示华侨必须树立国家民族意识,将个人命运与民族国家的命运结合起来,援助祖国抗战,也是在解救自己。

一些人士用国家统一、民族解放、民族复兴等话语概念阐明抗战建国的成败与华侨前途命运的内在关联。1935 年,侨委会副委员长周启刚在中央纪念周演讲时突出国家统一的重要性及对华侨的意义:"还有一个与我们华侨荣枯最大的问题,就是要我们的国家能够完成真正的统一,因为有统一的国家和权力健全的中央政府,才有充实的国家力量。那么,华侨的地位自然增高,华侨的一切困难痛苦,都比较容易得到相当的解决。"①

1938 年 3 月,创建于广州的华侨抗敌动员总会在《告华侨书》中指出,中国民族解放没有成功,中国国际地位卑微,导致海外华侨遭遇不公正的待遇:"你们远寄于异国之中,也经受了种种非理的压迫和痛苦……我们国家之国际地位所以不能提高,国人到处所以受人虐待,完全是因为民族解放革命没有成功的缘故。现在我政府认为已到了'最后关头',实行给予打击者以打击,发动空前

---

① 周启刚:《华侨前途与国家统一》,《海外月刊》1935 年第 32 期,第 3 页。

的民族解放大斗争。这一斗争,就是我们摆脱被压迫和痛苦的机运。因此,我们应各各发挥自己的力量来赞助这一斗争,以达到我们自由独立平等的目标。"①1938年,朱伯康从民族解放的角度,强调抗战建国对海外华侨前途命运的影响:"现在,中国是在抗战中怒吼了,中国的强盛与否,全系于此次的一战。华侨如果欲解除自身的苦痛,必须使祖国强盛起来,必须积极支持抗战的胜利,必须加入抗日的统一战线,共同争取民族的解放,以致于自身的解放。民族的解放如果没有前途,个人的辛勤挣扎是不会有前途的。"②范正儒也从民族解放的角度,来说明华侨与祖国命运一体的关系:"站在民族解放的观点上,华侨要希望彻底解消各殖民地政府对于华侨一切不平等之待遇,及取缔华侨教育等苛例,并依赖国力以保障华侨在居留地所有一切合法权利,只有积极参加总动员的对日抗战工作,争取抗战最后胜利,才可以完全达到。同时也只有在这个实现民族解放的大前提之下,我们的政府才能健全外交的机构,增强使领的权力,贯彻保护侨民,扶助侨民拓殖的政策。"③

为激励华侨抗战,增强华侨抗战信心,流行于抗战时期的"中华民族复兴"话语,也被相关人士用以构建华侨与祖国的共同命运意识。在民族危机下,蒋介石、刁作谦、陈安仁等人均强调中华民族复兴对海外华侨前途命运的积极意义,如"祖国之复兴,即为侨胞之复兴;侨胞之繁荣,亦即祖国之繁荣","祖国复兴,侨胞在外所受种种压迫与障碍,方可望有解除之日";④"倘中国复兴起来,各殖

---

① 《华侨抗敌总动员会告华侨书》(一),《大汉公报》,1938年3月26日。
② 《如何统一华侨战线》,《华侨战线》1938年第1卷第2期,第6页。
③ 范正儒:《展开华侨的救国工作》,《华侨战线》1938年第1卷第1期,第20—21页。
④ 刁作谦:《中国复兴与南洋侨胞之关系》,《新生路月刊》1937年第2卷第2期,第12页。

民地政府,必能以平等相待,而我国政府,亦可以根据正义人道……把所有的苛例,一刀两断,而解除我海外侨胞万千的痛苦"①;"须知我民族复兴大业完成之时,即为我侨胞享受平等自由与光荣之日,前途非远"②。

二战期间,中国人民的英勇抗战为世界反法西斯战争作出了重要贡献,赢得世界的尊重。1942年7月,旅美华侨统一义捐救国总会举行大规模"七七"五周年纪念活动,发动百万献金运动,邀请27个同盟国及韩国、自由法国、民主西班牙、丹麦等国领事及人民团体参加。中国驻旧金山冯执正总领事在纪念大会上对各位华侨说,同盟国领事团曾表示外交人员从未参加地方上外国侨民之任何巡游,唯中国抗战已五年,为同盟国中最先抵抗敌人的国家,为向中国将士人民致敬,及表现同盟国家决与中国携手奋斗到底起见,特破例参加巡游。冯执正特别强调:"我海外侨胞今日有此光荣地位,推其本原,实由于五年来前线将士与全国人民艰苦牺牲所换来。"③

1943年1月,为联合抗击法西斯侵略,英美两国分别在中国重庆、美国华盛顿与中国签订了《中英新约》和《中美新约》,宣布废除其在中国的领事裁判权等治外法权。南京国民政府行政院院长孙科、司法院院长居正、国民党中央党部海外部部长刘维炽等政府要员纷纷撰文,以此机会来构建话语,塑造华侨与祖国人民的命运共同体意识,进而动员华侨抗战。孙科认为,海外华侨在抗日战争中,有钱出钱,有力出力,打击敌人,帮助盟友,不遗余力。一方面使敌人幻梦无由实现,另一方面使盟友识得我之功劳。④ 居正指

---

① 陈安仁:《复兴中国与保障侨民》,《新生路月刊》1937年第2卷第2期,第18页。
② 《为敌寇犯粤:蒋总裁电告海外侨胞》,《华侨动员》1938年第12期,第13页。
③ 《七七纪念大会盛况详志》(七),《少年中国晨报》,1942年7月15日。
④ 孙科:《中美中英新约与华侨之关系》,《华侨先锋》1943年第5卷第2期,第2页。

出,"曩者国人欲去异邦,往往受异邦入境法规的限制……然而外国人士之出入我国通商口岸,至为自由,我国以受条约之束缚,不能稍加限制",但根据新约,"今后在华之外侨,固不再享有特殊的权利,傲居于优越之地位;海外华侨,亦将不再遭受歧视,而与当地人民或他国侨民享有同等权利"。居正特别强调:"我国此次取得国际上平等地位,固系全国军民五年余坚强抗战的结果,也是本党五十年来在总理总裁先后领导之下坚毅奋斗所得到的成效,本党的革命,在内政外交上有今日之成就,华侨协助之功实伟……今日中国国际地位之增高,追根穷源,不得不归功于侨胞,故侨胞今后在海外法律上地位之增进,亦系应得之报酬。"①刘维炽也指出:"不平等条约废止以后,我国在国际上已与列强立于平等地位,我海外侨胞前此所遭受之种种不平等待遇,如移民苛例之束缚,居留地法律之歧视,政府必为负责交涉,一一改善,使我海外侨胞事业日臻发展,共享幸福,绝无疑义。"②主权独立是民族国家的基本属性,《中英新约》《中美新约》的签订及不平等的治外法权的废除,捍卫了中华民国的独立主权,提高了海外华侨作为中华民国国民在侨居地的社会地位。可见,这些官员在侨务宣传中,利用中英、中美不平等条约的废除,一方面通过新旧对比,将华侨在国内外的命运起伏与祖国的强弱和国际地位的高低联系起来;另一方面也强调海外华侨对孙中山领导的辛亥革命以及对国民政府组织的抗日战争的大力支持,对不平等条约的废止,起到很大作用。这些言论的话语动机主要是通过历史与现实的对比,将华侨命运与祖国命运

---

① 居正:《中美中英新约与华侨》,《华侨先锋》1943 年第 5 卷第 2 期,第 3—4 页。
② 刘维炽:《为取消不平等条约勖勉海外侨胞》,《华侨先锋》1943 年第 5 卷第 2 期,第 5—6 页。

联系起来,强化华侨对祖国命运一体的认知与认同,旨在激励他们继续支持祖国抗战。

旅美华侨统一义捐救国总会于1943年国庆纪念日举办献金运动,救济全国伤兵难民,特发表告侨胞书,说明祖国地位之提高,华侨在美国待遇之改善,完全是中国将士多年浴血抗战之结果,以劝募华侨踊跃捐输:"自抗战以还,我将士之浴血疆场,抗彼倭寇,实为国家复兴之所寄托。我国国际地位之提高,不平等条约之取消,平等条约之订立,与夫今日美国朝野之建议修改对华移民苛例,皆数年以来我国奋斗自强之结果,是则我人对我英勇抗战而致受伤之将士,与流离失所之难民,为表示崇公报德及鼓励其战志计,自应乘国庆之良辰,献金以慰劳救济之也。"①

随着日军对南洋侵略的加深以及太平洋战争的爆发,反抗日本侵略也成为华侨居住国或殖民地迫在眉睫的任务。日本对华侨侨居地的侵略,直接损害当地国的利益,也损害华侨的利益,这在客观上决定了中国民族主义者需要从世界反法西斯联盟国家这个更高层次命运共同体的角度,在华侨、中国及居住国三方互动的跨国空间中阐明华侨与祖国的共同命运关系。太平洋战争爆发后,日本等法西斯国家成为中国、美国、英国等国家的共同敌人,蒋介石发表《告海外侨胞书》,并由海外部、侨务委员会、各地使领馆转海外侨胞:

> 我海外侨胞对于创造母国,赞助革命,久著勋劳。抗战以来,输财输力,贡献尤为宏伟,我黄炎华胄之民族大义与传统文化精神,皆赖我海外侨胞之努力,发扬光耀于世界,为友邦

---

① 《旅美华侨统一义捐救国总会为庆祝国庆敬告侨胞书》,《世界日报》,1943年10月13日。

所重视。今者侵略狂焰已弥漫于全球,国际反侵略国家与侵略暴力分野鲜明,势不两立,反侵略各友邦之立场与利益,已结为一体而不可分。友邦之敌人,即吾人之敌人,友邦之成败,即为吾人之成败。我海外侨胞秉民族优良之天赋,积多年勤苦之经营,对所在各地均有重大密切之关系,不啻为第二故乡,务望奋其义勇,协助友邦贡献一切人力物力,为消灭共同敌人,达成最后胜利,而作英勇坚毅之奋斗,对于当地一切战时工作,皆应各竭其能,毅然担任,如当地政府有需吾侨胞参加作战之工作,并望一致踊跃参加。凡吾侨胞在海外之努力,将不下于在祖国效命疆场之战士,发挥我中华民族慷慨赴义之精神,完成吾人在此一伟大时代中之使命。①

可见,蒋介石的告侨胞书将中国的命运与华侨居住国的命运有机融合在一起,即"反侵略各友邦之立场与利益,已结为一体""友邦之敌人,即吾人之敌人",并将侨居地称为"第二故乡",以激勉海外华侨顾全大局,支持居住国的抗战事业,维护世界和平与正义,进而实现抗战建国目标。

中国驻加拿大首任公使刘师舜在向加拿大华侨发表演讲时,劝勉华侨要努力投身于加拿大政府的反法西斯侵略工作:"侨胞有许多是生于斯、食于斯,加拿大不啻第二故乡,休戚相关,荣辱与共,况且加拿大是我们的友邦,是我们并肩作战的联盟国,所以加拿大政府战时工作,间接就是我们政府的战时工作,侨胞应当尽量的协助。"②

可见,不论日本侵略中国还是华侨侨居地,都关乎中国、居住

---

① 蒋介石:《蒋委员长告海外侨胞书》,《新生路月刊》1941年第7卷第4期,第27页。
② 《刘公使在本埠全侨欢迎大会演辞》(四),《大汉公报》,1942年6月25日。

国、华侨自身乃至全人类的共同命运。日本法西斯是祖国、侨居地及华侨的共同敌人。海外华侨不论是支持祖国抗日,还是支持侨居地抗日,实际上都是支持联盟国家的反法西斯侵略。中国本土的抗战牵制日军主力,延缓日军对南洋的侵略及对华侨的侵害,而华侨在侨居地的抗战则直接支持侨居地的抗战,间接地支持了祖国的抗战。在此,国民政府将中国的命运与华侨居住国的命运有机结合在一起,激勉海外华侨顾全大局,树立抗战信念,支持居住国的抗战事业,进而实现抗战建国目标,维护世界和平与正义。

第三节 血缘纽带:增强华侨对中华民族的骨肉亲情

民族主义不仅在领土、主权与人民之间确定"三位一体"的必然联系,也需要在其民族成员间构建社会文化纽带,形成共同的民族意识。实际上,民族力量的强大源于民族成员的内在凝聚力和团结力,而种族、历史与文化则是凝聚民族成员力量、塑造民族认同的重要因素。早在民族国家产生之前,人们基于共同的血缘、共同的历史记忆以及共同的民族文化,在长期的社会实践中共同缔造了民族大家庭。可以说,在现代民族国家里,种族、历史与文化不啻为一种联络民族成员情感、增进民族成员对本民族归属感与认同感的强有力纽带,也是民族成员民族主义力量的重要来源。

中华民族在几千年的历史实践中逐渐形成一个自在的实体,并在近代的反侵略反压迫斗争中成长为一个自觉的实体。[①] 展开历史长卷,种族、历史与文化等原生性因素不独在中华民族自在实

---

① 参见费孝通:《中华民族的多元一体格局》,费孝通等:《中华民族多元一体格局》,北京:中央民族学院出版社1989年版,第1页。

体的孕育、诞生以及成长过程中起到凝聚作用,而且与近代救亡图存的民族主义思潮相结合,促进中华民族自觉实体的形成。尤其是抗日战争时期,中华民族空前强烈的民族主义思潮,可以说是中华民族全体成员在严重的民族危机面前,基于共同的种族、历史与文化因素而生发的原生性情感与社会各界思想动员有机融合的结晶。值得注意的是,针对处在中国领土主权范围以外的华侨这样一个特殊群体,南京国民政府及知识界一方面充分揭露日本帝国主义对华侵略的罪行,强调华侨的国民身份属性和责任,增强华侨的国家认同和命运共同体意识;另一方面又从种族、历史与文化等方面着手,注重从大众的、道德的和情感的维度,努力维系海外华侨与中华民族间的情感和思想纽带,塑造华侨的民族认同,激发他们的抗战热情。

对于南京国民政府来说,想要有效地动员居住在中国领土主权以外的华侨,族裔血统自然成为一种重要选择。在民族认同的族裔模式中,重要的是虚构的血统与想象的祖先。虚构的血统造就了"超级家族",其成员都认为他们的族群是由相互关联的家族构成的,这些家族由关于世系与祖先的神话性纽带联结在一起,共同形成一个巨大的"家庭"。① 史密斯指出,在族裔型民族中,个人则没有选择民族的余地,"无论你留在自己的共同体内,还是迁移到其他共同体中,你仍然是你所来自共同体的无法改变的、不可分割的一员,并且身上永远带着这个烙印"。换句话说,一个民族"主要是一个拥有相同血缘的共同体"。②

众所周知,中国是一个重视血缘关系的社会,家庭、家族、宗族

---

① 参见[英]安东尼·史密斯:《民族认同》,第31页。
② [英]安东尼·史密斯:《民族认同》,第18页。

等不同层次的血缘共同体构成了中国社会的基本单位,并且血缘组织的原则和伦理规范也通过拟制或比照的血缘关系渗透到人们的日常生活、社会经济和政治活动中,影响到整个中国社会组织的建构和运作。从中国国籍法来说,血统也是确定国民法律身份的主要依据。1909年,清政府以血统为依据颁布中国第一部成文国籍法——《大清国籍条例》,明确规定海外华侨属于中国国籍。①1929年,南京国民政府制定新的国籍法,仍沿袭清政府的血统主义原则,确定海外华侨属于中国国籍。② 实际上,以血缘为基础的国籍法,对塑造华侨的祖国认同具有一定的积极作用。学者伍藻池根据血统主义原则和社会文化习惯,解释"何为中国人"这个问题,并明确指出,华侨也是中国人:

> 我们之所以为中国人,不是我们自己去经过一回思考来选定的,因为我们的父母是中国人,我们的遥远祖先也是中国人,我们的生活习惯,一半是后天的获得,而有一半是先天的遗传,故此,我们中国人,其父母是中国人,而又生长在中国的。我们的行为举动,言语习惯,自然和我们的父母与其他中国人,是十分相同的。假使我们——如我们许多侨胞——偶然生长在外国的,我们也是我们中国同胞,而不是生长那地方的国人,因为我们的外表与心灵生活与习惯都是遗传我们的父母,富有中国的气分……每一个国家的国民,或许身处异

---

① 1909年,清政府以血统为依据颁布中国第一部成文国籍法——《大清国籍条例》。条例第一条规定:"凡下列人等,不论是否生于中国地方,均属中国国籍:生而父为中国人者;生于父死后而父死时为中国人者;母为中国人而父无可考或无国籍者。"参见中国二十世纪通鉴编辑委员会编:《中国二十世纪通鉴》第1册,北京:线装书局2002年版,第463页。

② 参见《国籍法及国籍法施行条例》,《行政院公报》1929年第21期,第1—17页。

国,散而之四方,但他们民族的灵魂,是不远千里而共通的。对于他们自己国家的领土,刻刻怀着爱恋之情,有时比子女之于其父母,更为亲切与怀念。①

如果说民族可被视为一个具有最大外延的"泛血缘共同体",那么想象、追溯和树立该民族的共同祖先,无疑能够起到增强其民族成员共同身份意识的作用。近代中国民族主义者在反帝反封建、创建现代民族国家的过程中,也通过对传统的发明、复兴和改造,注重构建民族始祖的文化符号,以增强民族认同,从而为广泛的社会动员奠定基础。② 九一八事变后,以血缘关系为基础的社会文化纽带被国民政府及知识界创造性地糅合到民族主义话语中,以构建华侨的祖国认同,淬励华侨支持祖国抗战。首先是用"炎黄子孙""轩辕子孙""黄帝子孙"等这样带有中华民族始祖的文化符号来指称海内外的中国人。美国纽约省中部华侨抗日后援会发表成立宣言称,日本"犯我东省……非使我之锦绣山河,变为倭奴之征服地不止;非使我之轩辕子孙,变为倭贼之奴隶不已也……我亲爱之同胞乎,苟能合四万万人于一心,共同讨日,何难荡平三岛,尽雪我国之奇耻,杀绝倭虏,维持世界之和平哉"③。中国国民党墨西哥迪关拿(蒂华纳,Tijuana)分部发表告侨胞书称,日军"入寇沈阳,犯我国土,据我要隘,杀我官民,焚我城市,烧我乡村,坏我物业,掠我资

---

① 伍藻池:《国家生存的价值及其抗战使命》,《华侨战线》1938 年第 1 卷第 7、8、9、10 期合刊,第 4—5 页。

② 参见沈松侨:《我以我血荐轩辕——黄帝神话与晚清的国族建构》,《台湾社会研究季刊》第 28 期,1997 年 12 月;孙隆基:《清季民族主义与黄帝崇拜之发明》,《历史研究》2000 年第 3 期;黄兴涛:《重塑中华:近代中国"中华民族"观念研究》,北京:北京师范大学出版社 2017 年版,第 281—304 页。

③ 《纽约省中部华侨抗日后援会成立宣言》,《少年中国晨报》,1931 年 10 月 24 日。

财……凡我轩辕子孙,无不发指眦裂……呜呼,同志乎!侨胞乎!舆图变色矣,大陆将沉矣!我们亲爱热血的同志同胞乎,如甘为倭人之奴隶牛马则已,否则,惟有振其不屈不挠之精神,誓持不死无归之勇敢,以与倭寇作殊死战,雪此奇耻大辱。宁为玉碎,不为瓦全!"①

1939年,蒋介石在实施全国精神总动员的广播演讲中表示:"我们大家都是炎黄子孙,战争只能暂时隔绝我们形迹上的接触,可是隔绝不了我们爱国良知和我们血脉情感的交流。在这个时候,如果我们国民之中,还有醉生梦死的,还有苟且偷生的,还有自私自利的,还有意志分歧的,还有不知发奋自强的,那就不是我们中华民族的同胞,亦就不是我们黄帝的子孙了……如果我们这一代不能复仇雪耻,真是上无以对祖宗,下无以对子孙……我们每一个有志气有血心的炎黄子孙,要决心对国家尽大忠、对民族尽大孝,就是要忠于责任、忠于职守、忠于法令、忠于纪律来完成我们责无旁贷的抗战建国的使命。"②蒋介石的这篇总动员讲话是面向包括华侨在内的全体国民的,并刊登在著名侨刊乡讯《新宁杂志》上,发送到海外台山人较为集中之地。此篇讲话充分体现了血缘族裔型民族主义的话语建构和动员。1939年,侨委会常委谢作民指出中华民族种族基因的优越性:"华侨移殖海外,所以能树立坚固的基础,完全由于民族的自信心自尊心,因为自信为黄帝子孙,是优秀的种子,力能克服一切困难,所以无远弗界,足迹遍于全部地球

---

① 中国国民党迪关拿分部:《为倭贼犯我疆土痛告侨胞书》,《少年中国晨报》,1931年10月30日。
② 《全国精神总动员开始实施 蒋委员长广播演讲》,《新宁杂志》1939年第12期,载广东省立中山图书馆编:《近代华侨报刊大系》第1辑第12册,广州:广东经济出版社2015年版,第388页。

的表面。"进而激励海外华侨为支持祖国抗战建国贡献力量。①1944年,中央侨务委员会委员长陈树人为华侨青年致辞,勉励他们继往开来,肩负起抗战建国的责任:"我青年侨胞,尔等乃中国青年,炎黄子孙,为复兴民族,为建立国家,必须如我上述,负起抗建之责任,发扬过去侨胞革命之精神,完成抗战建国之伟业。"②王棠撰文动员华侨继续努力抗战时称:"栖身在海外各地的黄帝子孙们,你们受不到炮灰的威胁,听不到炸弹的轰击,也看不到祖国正受摧残和蹂躏,可是'锦绣山河,化为豺狼出没之墟;百万生灵,竟成凶兽蹄下之鬼'的情景,总会想到吧! 你们的责任已放在你们的肩上了!"③

其次就是用"中华民族儿女""中华儿女"来指称包括华侨在内的全部民族成员。1938年,范士文在动员华侨捐献以支持祖国抗战时称:"海外侨胞,是中华民族俊秀儿女之一部分,是民族意识最浓厚、革命情绪最热烈的一支生力军。"④任启珊在一次笔谈会上称:"祖国的同胞,思想统一了,侨外的同胞,思想统一了,中华民族的革命儿女们,思想都统一了,这是真力量,这是真抗日的力量,这是侨胞的真保障,这是祖国的真保障!"⑤吴钧在《华侨对于祖国抗战应有的认识》一文中也用这样的称谓语:"光复神州,建立新邦,是我们每一个中华儿女的神圣义务,也就是我们的伟大权利。我们何幸而生逢此伟大时代,但愿大家各尽所长,努力以赴。海外侨

---

① 谢作民:《国民总动员与华侨的实践》,《华侨先锋》1939年第1卷第13—14期,第43页。
② 陈树人:《告华侨青年》,《华侨青年》1944年第1卷第1期,第5页。
③ 王棠:《愿侨胞继续努力抗战》,《黄花岗旬刊》1939年第1卷第9期。
④ 范士文:《侨胞应怎样献金》,《华侨战线》1938年第1卷第11、12期合刊,第16页。
⑤ 《笔谈会:如何统一华侨战线》,《华侨战线》1938年第1卷第2期,第5页。

第四章　民族主义话语与抗战时期华侨祖国认同的构建

胞,更须发扬固有的坚苦卓越的精神,尽力出财,完成此历史之使命,异日故国重归,当见一灿烂幸福的新中国!"①1941年6月,国民党驻美国总支部第八次代表大会发表宣言,动员侨胞努力援助祖国抗战时称:"我国此次抗战,为求中华民族之自由平等,凡属中华儿女,本国民之责任,发爱国之天良,万众一心,遵守'民族至上,国家至上'之原则,作'意志集中,力量集中'之行动,或流血疆场,或输财出力,贡献国家,争先恐后。"②从认识论的角度来看,南京国民政府及知识界采用了一种隐喻的修辞方式,使用了大量的亲属称谓语,将抽象的"中华民族"比喻为人们熟悉的家庭,将民族成员称为她的儿女,使得华侨更好地理解和把握自己在中华民族大家庭中的位置和与其的关系,并对民族成员产生一种兄弟情谊,从而激发出民族意识。

近代著名的报人张季鸾于1940年6月撰写《祖国与侨胞》一文,将华侨与祖国的关系,比喻为家庭中儿女与慈母的关系:"祖国是伟大的,祖国的前途是灿烂的,世变愈亟,我们对于祖国的信赖也愈深切了……我们的侨胞,正像是离家远行的游子,游子们披星戴月,露宿风餐,为的无非是要光复门楣,为的无非是慈母的噢咻与鼓励,每当万里漂流,历尽风霜的时候,回望家门,愈觉得家庭之可爱,愈觉得重振家声之刻不宜迟,同时也虔心祝祷,希望留在家内的弟昆,能相期共勉。"③

再次,既然中华民族成员都是"炎黄子孙"或是"中华民族儿

---

① 吴钧:《华侨对于祖国抗战应有的认识》,《新粤》1938年第3卷第2期,第25页。
② 《中国国民党驻美国总支部第八次代表大会宣言》,《少年中国晨报》,1941年6月15日。
③ 张季鸾:《祖国与侨胞》,《季鸾文存》下,上海:上海书店1947年版,第157—158页。

女",那么成员间就可以"同胞"①"侨胞""兄弟姐妹"等相称,以区别民族共同体外的他者及敌人。1932年,马占山在动员国人支援东北义勇军抗日救国时称:"我东北同胞,深受亡国之惨痛,只有日益加剧;我忠勇爱国之将士,牺牲于黑山白水之间,为民族争光,为国家争人格,为人类保持公道正义,前赴后继,踵接无断;我全国海内外父老兄弟,诸姑姊妹,系念东北国土之沉沦,救助东北同胞之流散,以及物质的、精神的激励奖勉我奋不顾身、杀敌致果之前线将士者,仁至义尽,无以复加矣!……今当九一八国难纪念日,占山敢披诚以告我爱国同胞,东北失地一日不复,占山奋斗一日不息;虽至余最后一粒子弹,亦须杀敌一人以报国家。"②

广州、武汉沦陷后,中国进入长期抗战阶段。除动员华侨继续捐输祖国之外,有关人士还发动海外华侨写慰劳信寄给前方战士,以给他们精神上的安慰。《华侨动员》上刊载一文,详细说明慰劳信的价值作用,以及写信时注意的语气、逻辑、内容、称呼等,并附上一位英属马来亚侨生高英兰小姐写的慰劳前方战士的信作为模板。该文提示,信的署名要"亲切而有意义",如"你远隔万里的弟弟○○○""最敬佩你的妹妹○○○"等。③ 可见,有关人士在发动华侨给祖国前线战士写信时,意图一方面赞扬战士们为国献身的伟大牺牲精神,另一方面通过亲属称谓语的使用,来构建华侨与祖国人民血脉相连的民族情感。

1939年,蒋介石在《国民精神总动员与侨胞》一文中,就运用很多这样的亲属称谓语,用充满深情的、极富感染力的文字叙述,肯

---

① "胞"本指胞衣,后衍生为"同父母所生的兄弟姐妹,或同国或同民族的人"。参见商务印书馆辞书研究中心编:《现代汉语词典》,北京:商务印书馆2002年版,第41页。
② 《九一八国难周年纪念日 马占山痛告国人书》,《华侨周报》1932年第10期,第29页。
③ 洪流:《推进侨胞写慰劳信运动》,《华侨动员》1938年第13期,第17—19页。

定华侨的援战对前方抗战将士的精神安慰和激励作用,生动地展现海外华侨与祖国人民"四海一家、炎黄苗裔的手足之情",以及"中华民族海内外同胞血汗交织"的团结奋斗精神:

> 当前方将士浴血抗战的时候,听见海外侨胞节衣缩食供给祖国,以血汗所得慷慨捐输,足以使保卫祖国的将士感奋;当前方将士扶伤裹创的时候,见着一批一批的救护人员、救伤车辆,由侨胞们亲自驾驶着,远自万里以外,赶回来救护祖国的兄弟们,一批一批的药物,远自全世界的各方寄来,为自己的兄弟裹伤疗创,前线的战士,觉得远在异国的同胞,没有把保卫祖国的兄弟们遗忘,使他们困病俱起,忠勇激发;当国内同胞正在敌人残暴轰炸下挣扎奋斗,牺牲了许多田园家室,无辜性命,又或在敌兵蹂躏下切志复仇,以老迈柔弱之躯,向丧失人性的寇兵反抗的时候,得了海外侨胞不断的接济振救,使国内被难的同胞感觉得在海外度着和平生活的同胞没有把在苦难中的兄弟忘记,真能分衣推食,救死扶伤,这种四海一家、炎黄苗裔的手足之情,使国内的同胞想念起来得着许多安慰,减轻了不少痛苦;当着国内在抗战中建设、军事紧张的时候,眼见一批一批的侨胞离开安乐平静的家庭,回到整天在血火中奋斗的祖国,有钱的出钱投资,有技术的出力服务,使国内同胞更加奋发。二十三个月来国外的人力物力财力源源接济,物质上的效果,固然收了实效,而精神的感动,尤其使国内的军民奋发。因此,我可以告诉海外的侨胞们,你们流的每一滴汗,国内的战士是在流一滴血来报答你们,前方的战士和国内的同胞决不辜负你们的赤诚。你们的力量,将来一定都取得光荣的代价,你们所出的人力财力决不虚掷,以中华民族海

内外同胞的血汗交织,定能奠定建国的基础。①

1940年,国民党中央宣传部副部长潘公展在动员华侨抗战时,也凸显海外华侨与祖国人民"兄弟姊妹"的血脉情谊:"敬爱的侨胞们,伸出你们温暖的手,让海内和海外的兄弟姊妹更能紧紧地互握吧! 我们确信在海内外同胞的共同努力之下,三民主义的新中国,独立、自由、平等的新中国,很快就会出现在我们的乃至全世界人类的眼前。"②

可见,南京国民政府及知识界通过使用"炎黄子孙""中华民族儿女""侨胞""同胞""兄弟姐妹"等这样富有亲缘色彩的称谓语,旨在构建海外华侨与祖国人民之间的血缘关系和手足之情,以及中华民族团结友爱、同舟共济的民族精神,塑造华侨对祖国的血缘认同和民族情感,进而激励华侨支持祖国抗战。

第四节　历史纪念:构建华侨对祖国的集体记忆

民族是人们共同历史活动的产物。民族认同需要以民族成员共享的历史记忆为前提,通过叙述集体记忆的方式将个体记忆融合到对本民族的集体记忆中。英国学者安东尼·史密斯认为,民族主义者也时常"利用阅兵、纪念仪式、周年庆典、阵亡者纪念碑、誓词、货币、旗帜、对英雄的颂扬和对历史事件的纪念等方式,不断强调认同与统一,从而唤起同辈公民对他们的文化纽带和政治亲

---

① 蒋介石:《国民精神总动员与侨胞》,《华侨先锋》1939年第1卷第13—14期,第22页。
② 潘公展:《侨胞的光荣历史》,《新宁杂志》1940年第2期,载广东省立中山图书馆编:《近代华侨报刊大系》第1辑第14册,广州:广东经济出版社2015年版,第254页。

缘的记忆"①。

　　重大历史事件对民族国家的建立与发展往往具有里程碑意义,因此与其相关的纪念仪式也就具有独特的认同建构价值。作为民族主义思潮的重要表征,国耻是一种无法磨灭的集体创伤记忆。抗战时期,南京国民政府及社会各界人士重视国耻纪念活动,其目的就在于要国民认识国耻,铭记国耻,培养国民的民族国家观念与责任感,然后要"知耻而后勇",将民族国家所遭受的不幸与不公正待遇转化为奋发图强的热情与动力,以誓雪国耻。

　　侨委会官员刘清斋于1933年在《为五月诸纪念日告侨胞》中首先写道:"现在这个五月是来了! 在目前,正当日本威迫平津,前方的炮声震惊世界声中,我们来纪念这个五月是更有严重的意义的。我们知道,造成这悲哀沉重的五月各纪念日,就是日本帝国主义,不是它直接造成,便是间接和它有关。它现在又来威迫我们的平津了,它要试验我们民族的抵抗能力,要试验我们民族的决心。在这生死存亡的关头,纪念以往的创伤,我们是应如何努力改造历史,将悲哀的纪念换为欢呼的庆祝啊。"然后文章略述5月里各种纪念日的由来,最后呼吁华侨:"吾人纪念五月的那些日子,应努力于打倒造成我们沉重的五月之帝国主义者。"②

　　1938年5月,广东民众动员委员会常务委员邢森洲在侨刊上发表纪念济南惨案十周年的文章,先是回顾日军在济案中对国人所犯下的罪行:"十年前的今日,残暴刻毒、穷凶极恶、野兽不如的日本帝国主义者,悍然不顾人道、不顾国际公法,出兵山东,阻扰北伐军事的进展,对中国官民为有组织有计划的射击,用大炮轰击济

---

① [英]安东尼·史密斯:《民族认同》,第197页。
② 刘清斋:《为五月诸纪念日告侨胞》,《华侨周报》1933年第34期,第29页。

南,全城几化为灰烬,很残忍地屠杀我军民至五六千以上,洞胸穿腹,惨不忍睹。至于人民财产之损失,更难以数计。"接着揭露日军当前侵华的暴行:"我们的民族敌人,铁骑所至,无恶不作,越是非战斗员越遭惨杀,越是妇孺越遭蹂躏,见物即抢,见屋即烧,往往数十里内无人烟,竟是'五三'惨案事件的继续和扩大。"最后呼吁侨胞行动起来,抱着牺牲到底的决心,争取抗日战争的最后胜利,洗雪一切奇耻大辱:"此种极人世的悲惨境遇,不是世界上稍有人格的民族所能忍受的。不报此仇,不雪此耻,不湔此辱,非惟无以对自己,无以对已死的同胞,并且无以对未来的子孙,无以对世界人类。每一个富有民族意识的同胞,想起这新仇旧恨,耻上加耻,应当怎样加深同仇敌忾的决心,献身国家,努力雪耻复仇的工作啊!……忍辱十年了,现在正是到了以热血洗涤民族无限耻辱的时候。我们要加紧团结起来,强调民族的复仇意志,抗战到底牺牲到底,争取民族解放的最后胜利,来洗雪我们历史上的冤仇大辱!"①

剑南在九一八事变两周年时发表纪念文章,特别指出日本两年前对中国领土主权的侵犯,以及两年来在东北施行的暴力统治及给东北同胞造成的恶果:"日寇暴力侵占东北,迄今已二整周年。数百万方里之土地,尽被寇蹄践踏,数千万东北之同胞,惨遭暴力宰割。两年以来,日寇暴行,变本加厉,综观一切措施,无不模仿灭亡朝鲜之故智,冀达其逐步吞并东北之目的。吾人今日痛定思痛,其毋忘数千万亡国同胞,日夕在延颈伸勃盼望吾人之援救,毋忘数百万方里土地收复之责任,正重压吾人之双肩也。"②

---

① 邢森洲:《强调民族的复仇意志》,《华侨战线》1938 年第 1 卷第 5、6 期合刊,第 13 页。
② 剑南:《"九一八"二周年纪念之认识》,《华侨半月刊》1933 年第 31 期,第 6 页。

蒋介石在九一八事变九周年纪念日,发表告同胞书称:"今天是敌人侵犯我们领土,强占我们东北'九一八'的九周年纪念日,回想北大营的炮轰,沈阳城的失陷,我们整个中华民族蒙受如此的奇耻大辱,转瞬已是九年了……但是,我们到今天还不能解放我们东北的同胞,收复我们的失土和主权,这就是没有达到我们抗战的目的,无以安慰已死先烈的英灵。"接着他又详细描述当前东北同胞在日本统治下的惨况:"现在伪满统治下的东北同胞,不只生命财产毫无保障,而且生活行动毫无自由,一切生杀予夺之权,都操在敌人的手里,一举一动,无不受敌人的严酷的监视和限制","人民只许做劳役,作牛马,不行自营生业,伪满境内所有民营大小工业,非被强制收买,即被整个没收,悉归日人社会经营"。最后他指出纪念九一八事变的目的:"今天这个重要纪念日,我要唤起我们全国同胞,一致遥念东北同胞所受的痛苦……我们九年来忍苦奋斗,三年余奋勇抗战的目的,就为要恢复我们国家的独立主权和领土,要解放我们三千余万的东北同胞";"我们应该如何同情东北同胞的痛苦,我们更应该如何珍重我们自身的责任,趁这时候,人人不辞牺牲一切,来求得我们国家民族世代子孙独立自由的幸福。我们更须知道,敌国所唱的'东亚新秩序',他的目的,就是要使我们全国四万万同胞都和现在东北同胞一样,做他们的奴隶牛马"。①

七七全面抗战周年纪念也是战时动员全民抗战的一个重要纪念日。华侨抗敌动员总会在全面抗战一周年纪念时,发表告侨胞书:

  亲爱的侨胞呀!一年来我们拿鲜血来争取独立,拿铁血来换取自由,我们先烈的血,已写下我抗战必胜,建国必成的

---

① 《蒋总裁"九一八"周年纪念告同胞书》,《少年中国晨报》,1940年10月2、3、4、5日。

光荣历史的新页。今天纪念抗战,就要踏着先烈们的血迹前进,我们要为死难的同胞复仇!我侨胞散居全球,身处异国,平日耳闻目见,深知弱小民族的痛苦滋味,是以爱护祖国无微不至,助战救亡,惟恐后人,革命之母的盛誉,早已彪炳史册,中外同钦此。今日眼见祖国为雪百年无穷耻辱,为保五千年古国文明,高擎四万万五千万双铁臂,奋起御侮,英勇杀敌,赖我最高领袖指挥若定,屡败屡战,愈战愈勇,我侨胞自应人人兴起,发扬我侨胞革命精神,保持我侨胞光荣的历史,出钱出力,各尽所能,使我民族复兴大业,于持久战口号下,急速地完成!①

"二十一条""济南惨案""九一八事变"等是日本在中国犯下的滔天罪行,也是新生的中华民国所遭受的奇耻大辱。南京国民政府借助这类纪念活动,铺陈与再现中华民国所遭受的屈辱历史,契合民族危机下中国人民的情感宣泄与价值导向——既揭发日本帝国主义的惨无人道以及亡我中华民族之心不死,以激起海外华侨的愤慨,又激励海外华侨不忘国耻,支持祖国抗战,从而捍卫祖国的领土完整与主权独立。

孙中山先生领导的辛亥革命孕育于中华民族危机日益加深的特殊历史环境下,凝结着革命志士的民族情怀与奋斗精神,具有光前裕后的作用。由于辛亥革命是海内外华人共同参与的,共同的经历也应当成为海内外华人的共同记忆,因而也具有特别的纪念意义。在抗战时期,举办孙中山诞辰和逝世及相关的革命纪念活动,成为南京国民政府塑造海外华侨认同、动员华侨抗战的重要手

---

① 《为"七七"抗战建国周年纪念告侨胞书》,《华侨战线》1938年第1卷第7—10期合刊,第51页。

段。九一八事变不久,中国国民党驻美国总支部宣传部在1931年孙中山诞辰时,撰文叙述孙中山救国救民的革命事迹,及三民主义革命的目的,然后向华侨党员呼吁:"总理虽离我们而长逝,他的精神则领导我们于无穷!我们相信中华民族产生了这样一个空前绝后的伟大人物,当是国家决不会亡的征兆!我们今日应该卧薪尝胆,以十二万分的努力,完成总理未竟之志。我们要捍卫他所创造的中华民国,要发扬光大他所最爱的中国文明!"①

1936年9月,蒋介石在纪念孙中山首次革命纪念日时表示,"我们现在既负起治国建国的整个职责,就要秉承总理和先烈的革命精神……以安慰总理和一般先烈在天之灵","现在就是革命成败、国家兴亡最大关键",并勉励各界同志同心协力,努力奋斗,巩固革命基础,完成复兴民族的伟业。②

1938年3月,为纪念孙中山先生逝世十三周年,范正儒发表祭辞,阐明三民主义革命的目的,激励华侨服务抗战:"总理所创的三民主义,是民族复兴斗争中的唯一指针。在这抗战洪流激荡的大时代,三民主义不只是我们抵御敌人的思想战最坚强的精神武器,而且是巩固民族统一战线的最高原则","今天是总理逝世十三周年纪念……我们后死的同志,忠实的信徒,应当提升这种悲痛的心情,来强化我们为主义而奋斗牺牲的决心,效法总理蹈危履险的争斗精神,服膺总理精审〔深〕渊博的革命遗教,统一意志,集中力量,让一切都服务于抗战"。③

---

① 中国国民党驻美国总支部宣传部:《总理诞辰告同志》,《少年中国晨报》,1931年11月12日。
② 蒋介石:《复兴中华》,《华侨半月刊》1936年第94期,第7页。
③ 范正儒:《一切服从于三民主义——总理逝世十三周年祭祀纪念辞》,《华侨战线》1938年第1卷第2期,第7页。

1944年,国民党中央宣传部部长梁寒操在孙中山诞辰暨国民党最初组织兴中会成立50周年时,撰文缅怀孙中山救国救民的革命事迹,呼吁华侨赞助抗战建国大业:"纪念总理本博爱精神献身生命,一生无私人,无私仇,无私财,凡热心革命的,无不推诚相与;凡破坏革命的无不声罪致讨……总理给我们的宝贵遗产,不但有其精神博大的主义,永为吾人所信仰;有其崇高伟大的人格,永为吾人所宗式,还有一个愈经改组而愈强大的党,作为我们实行主义完成革命的动力……我想我美洲侨胞在总理生前,参加革命最早,赞助革命最力,总理逝世以后,亦各本其爱国爱党的精神,出钱出力,无或间息。当此革命将近完成阶段,必更能倾其全力来助成抗建工作,使中国永久适存于世界,永作世界和平的础石。"①

　　抗日战争时期,有关孙中山及其革命的纪念活动不仅唤起华侨对革命先辈献身中国革命、救国救民的英雄事迹的历史记忆,更强化了华侨"革命尚未成功,同志仍须努力"的意识,以及对中华民族的历史责任与使命的认知与认同,激励华侨发扬"华侨为革命之母"的光荣传统,牢记三民主义精髓,继承孙中山先生为"振兴中华"而不畏牺牲的革命精神,完成抗战建国大业。

　　国庆节是近代独立主权国家诞生的标志,与其相关的纪念活动也当成为国家开展社会动员与凝聚社会力量的重要方式。中华民国是无数革命先烈前赴后继用鲜血和生命换来的果实,抗战时期,中华民国诞生日也被南京国民政府用作动员社会各界力量的重要时刻。1931年双十节国庆,正值九一八事变发生后不久,国民党驻美国总支部宣传部借此机会,开展大量的抗战宣传工作。在国庆节当天,该部发表《国庆纪念日敬告同胞》一文,先是唤醒华侨

---

① 梁寒操:《告美洲侨胞》,《华侨先锋》1944年第6卷第9—10期,第109—110页。

第四章 民族主义话语与抗战时期华侨祖国认同的构建 255

的辛亥记忆,动员华侨继承革命烈士的精神,抵抗帝国主义的侵略,誓死保卫中华民族:"同胞乎,诸君记取……辛亥革命时期历次起义中革命的青年、爱国的志士,断了多少头,流了多少血!无非为打倒腐败卖国的满清,建立中华民国,以抵抗帝国主义的强权,保全我民族,拯救我同胞。今者,当我同胞正在水深火热之中,而日贼肆虐横行,满清余孽、军阀政客乘机复起,中华民国金瓯已缺,岌岌可危。吾人除继续当年烈士的精神,以头颅热血,与帝国主义者及其走狗军阀卖国贼等,作殊死战外,别无他法以保育培植此伟大灿烂的中华民族之花也!"文章接着指出帝国主义的侵略,致使中华民国蒙受奇耻大辱,号召华侨在此悲壮的国庆纪念声中,铭记使命,誓雪国耻:"同胞同胞,吾人不幸,今年今日在千疮百孔、风雨飘摇中,度此至可宝贵之国庆大典,吾人痛恨二十年中,帝国主义、军阀政客、亡清遗孽等,破坏我民国无微不至,无时或息,致使我国民,我政府,无全力以从事建设,布置国防,而有此次之奇耻大辱!但愿我全国同胞,从今以后,认清仇敌与汉奸,抱定决心与毅力,脚踏实地,从根本准备,誓平日贼!……望我同胞于今日悲壮的国庆纪念声中,铭心刻骨,深志不忘,则大仇可报,大耻可雪,而后来的双十节,当为欢欣鼓舞,气象万千之国庆纪念日也!"①

中国国民党三藩市分部在国庆日向当地华侨散发传单,号召华侨纪念革命先烈就必须捍卫他们用生命换来的中华民国,继而揭露日本侵略我国东北使国家蒙受巨大耻辱,最后动员华侨抱定牺牲一切的决心以雪国耻:"今日为国庆纪念日,吾人纪念革命先烈以宝血换来之中华民国,同时须决心湔雪国耻!日贼强占我南

---

① 中国国民党驻美国总支部宣传部:《国庆纪念日敬告同胞》,《少年中国晨报》,1931年10月10日。

满,炸毁我城市,屠杀我同胞,凡有血气者,无不发指眦裂!乃日贼犹以为未足,派遣军舰数十艘,向我沿海沿江一带示威,甚至干涉我国之排日运动,视我国为其殖民地。呜呼!是可忍也,孰不可忍也!日贼之蛮横凶狠,决不可以理喻。吾人为我中华民族之光荣,只有奋起与日贼一战!惟与日贼决战,我国国民必须牺牲一切,团结一致,始有胜利希望,因我国无坚甲利兵之可恃,所可恃者乃我四万万同胞之一心一德,同仇敌忾耳!"①

1940年,蒋介石在双十国庆献词中强调:"回溯我们中华民国成立的经过,我们要一致追念毕生为国、革命奋斗的总理,由于我们总理伟大的领导,与我们无数先烈的慷慨赴义,我们在二十九年前的今天,终得推翻帝制,建造共和,但辛亥革命的成功,不过是建国事业的发轫,不过是国民革命过程的第一步……但是中国建国事业之所以如此迟钝迟延,没有继辛亥革命而完成者,其最大的症结,还是外在的原因,就是因为有日本军阀这一个重大的障碍。我们应该痛切认识,日本军阀是中国建国之死敌,日本军阀的侵略政策,是三民主义势不两立之死敌……在今天抗战紧要关头和世界空前巨变之际,我全国忠勇军民,必须一秉总理的教训,抱定坚强的信心,作勇锐之努力。我们要驱逐敌人,完成先烈未竟之业,就要有先烈的革命精神和战斗精神。"②

鸦片战争以来,中国饱受帝国主义侵略与压迫,中国人民迫切希望建立一个拥有独立主权的民族国家,来保卫人民安全。"双十节"是中华民国的国庆节,在此特殊节日,南京国民政府及社会各

---

① 《纪念国庆须誓雪国耻》,《少年中国晨报》,1931年10月12日。
② 蒋介石:《蒋委员长双十献词——勖军民抗战到底》,《现代华侨》1940年第1卷第6—7期,第2—5页。又见《蒋委员长双十节告全国军民》,《少年中国晨报》,1940年10月30日。

界追忆革命先烈推翻清政府、建立民国的艰难,缅怀他们的革命精神,进而揭露当前日本的侵略给中华民国所造成的巨大危机,最后号召海外华侨发扬先烈的革命精神,与祖国人民一道誓死保卫中华民国。

第五节　文化纽带:增强华侨对祖国的精神归属

文化是民族的血脉和灵魂。世界上每一个民族都有其独特而鲜明的文化,并为民族成员所推崇与膜拜。安东尼·史密斯认为:"民族主义要求重新发现和恢复民族的独特文化认同……作为一种文化形态,民族主义者的民族是这样的一种民族,其成员对他们自己的文化一致性和民族历史具有强烈意识,并且献身于运用本地的语言、习俗、艺术和风景,通过民族的教育和制度来培育他们自己的民族的个性。"①中华民族在几千年的历史中孕育出多民族交融发展、兼容并蓄而博大精深的民族文化,这种民族文化逐渐渗透到全民族成员的血液中,成为中华民族的精神基因。作为中华民族的成员,海外华侨身上早已打上中华文化的烙印。实际上,在文化背景迥异的异国他乡,华侨正是以他们对故土的历史认知,建立唐人街,构造一种共同的社会记忆,营造一种与家乡相仿的文化环境,使他们最终有立足之地。针对近代华侨对原乡文化的依赖,美国华人学者余英时指出:"文化对人有'安身立命'的功能;个人想寻求精神的归宿仍舍文化莫属。这在移民身上尤其看得清楚。移民不得已离开自己的文化本土,纵使在物质上空无所有,在精神上仍拥有丰富的文化资源。他们凭着这些文化资源才能在新土重

---

① [英]安东尼·史密斯:《民族主义》,第34页。

建基业。"①世界各地处处生根的唐人街俨然成为中华文化的象征符号,彰显中华文化的生命力。究其政治社会功能而言,中华文化不断地塑造海外华侨的精神世界,架起他们与祖国人民心意相通、灵魂共鸣的精神桥梁。

纵观人类历史,民族的振兴无不以民族文化的繁荣昌盛为保障,而民族的衰败也往往以民族文化的沉沦为预兆。随着广州、武汉沦陷,中国抗战进入战略相持阶段。这是关乎中华民族生死存亡的时期,胜则实现抗战建国,败则遭到亡国灭种。为此,南京国民政府提出"抗战必胜、建国必成"的政治口号,动员最广泛的社会力量抵御外侮,挽救民族危机,复兴中华。这一阶段,南京国民政府重视民族文化的建设和宣传,通过开展大规模的国民精神总动员运动,努力将中华民族优秀文化转化为政治化的大众文化,赋予其神圣的意义与珍贵的价值,进而培养海外华侨的民族自豪感,树立他们的抗战信心,激发他们的抗战热情。

源远流长的五千年文明,彰显中华文化的坚韧与优越性。在华侨动员中,南京国民政府将中华民族的屹立不倒归因于中华民族文化的先进和中华民族精神的伟大,进而增强华侨的文化自信心。陈树人在侨校教职员讲学会开学典礼上指出:"中华民族凭着固有道德和五千年文化的传统,故民族精神的根基,至为深固,我们民族也曾遭遇了不少次的挫折,结果并未消灭了我们复兴的概念……有的经过十年的斗争,有的数百载的奋抗,时机一至,便可光复故物。这不是靠着人多,也并不是凭着地利,所依赖的而是经过优越的文化陶冶的民族精神。而这精神的遗留,不特仅在祖国

---

① 余英时:《钱穆与中国文化》,上海:上海远东出版社1994年版,第270页。

能如此,华侨也能如此。"①侨委会常委谢作民指出,"中华民族之所以有五千年的璀璨文化,中华民族之所以能保持五千年之历史于不坠,决非偶然!许多过去曾经一度强大的民族,在都盛极而衰之后,终于没落灭亡;而中华民族乃能蔚然独存,自是由于民族自信心之所维系",并策励海外华侨加强抗战必胜建国必成的信念,发扬民族自信心自尊心,进而支持祖国取得抗战胜利。②廖崇圣在《为侨胞团结问题进一言》一文中同样强调中华文化的优越性,"在过去五千余年的悠久历史当中,我中华民族,虽尝一再沦亡于异族之手,顾以其同化能力之磅礴,终克维持其政治独立于不坠,这无疑是我社会文化超越乎异族之明证",并呼吁海外华侨"站在民族的立场","本着过去披荆斩棘的伟大精神,再来一度心理的改造",团结抗战。③

1938年初,曾在美国留学并办过华文报纸的学者黄文山在侨刊上撰文指出:"我们要认定民族高于一切;认定'非我族类,其心必异';认定'夷而进于中国则中国之';认定天下'可禅,可让,可变,可革,而不可以异族间之'。大家尤应惕然于天下兴亡,匹夫有责之义,一心一德,协力同心,来拯救民族的危亡。我们列祖列宗伟大的文化遗产,无论如何焦土化,灰尘化,不能有一草一木,一矢一石,举以奉诸异族之倭寇。质言之,我们要有民族的自觉——觉悟到民族生命的绵延,觉悟到民族与个人的不可分离的关系,觉悟到倭寇蹂躏我们的乡土,践踏我们的子女所给予的苦痛。我们还

---

① 陈树人:《侨校教职员讲学会开学典礼开会词》,《侨务月报》1937年第3期,第7—11页。
② 谢作民:《国民总动员与华侨的实践》,《华侨先锋》1939年第1卷第13—14期,第41—44页。
③ 廖崇圣:《为侨胞团结问题进一言》,《华侨先锋》1940年第1卷第19期,第10页。

要有民族的自信——相信民族文化的伟大,相信我们的领袖,必能领导整个民族抗日到底以及复兴我们的民族文化。"①可见,黄文山在文中指出民族与个人的关系,中华文化的优越性,以及中华文化对于维持中华民族的重要意义,并强调华侨要有"民族的自觉""民族的自信"。

鸦片战争以来,虽然中国传统文化遭受西方文化的巨大冲击,但博大精深的中华文化所蕴含的文化精髓始终是中华民族在遭遇无数次挫折的情况下,仍然能够复兴的根源,并造就中华民族坚忍不拔、团结统一的伟大精神。在此,南京国民政府及知识界通过重温中华文化的悠久历史,增强华侨对中华民族文化的自豪感和归属感,增强他们的抗战信心,进而汇聚中华民族抗战建国的力量。

华侨的优秀品质及奋斗精神来源于其母体中华民族的文化。在民族危机时刻,有关华侨的历史叙事也被用以塑造华侨对中华民族的文化认同。谢作民将华侨能够在海外拓殖发展一方面归功于华侨身上有中华民族的"优秀种子",另一方面也强调其继承了中华民族的优秀文化。他说,华侨海外创业,"因为有自尊心,所以所用能保持自身固有文化,本着信义和平的精神,以与全人类和平共立,这种精神是我华侨中间的瑰宝……中华民族是世界最优秀民族之一员,而华侨又多是中华民族中的优秀分子,以其坚强的独立的冒险精神分布于世界的各个地区,本其祖国自身的文化精神,排除一切的困难,此其分布于世界和排除困难的精神,便是独立性和创造性的表现,用这种在外披荆斩棘的精神,发挥而为建国而为

---

① 黄文山:《侨胞应如何援助祖国抗战——一封给旅美侨胞的公开信》,《华侨战线》1938年第1卷第1期,第157—158页。

抗战,绝对没有不成功的理由"①。朱化雨这样写道:华侨向外发展,"赤手空拳,孤舟漂泊,冲波涛,破风浪,跑到海外,只本着坚韧卓绝之精神,刻苦勤劳之习性,以求谋生活。他们与自然界斗争,与土人斗争,与帝国主义斗争,近更与日本人斗争,其能披荆斩棘,把荒芜土地变为黄金领土,其创业之功绩,很使人佩服的,此足以表现我中华民族力量之伟大。倘能把华侨这样伟大力量,善为利导,使之投效祖国,参加这次民族解决运动,强化抗敌阵容,其裨益于国家民族,实甚重大"②。任启珊认为:"华侨的民族精神,特别丰富,特别悠久,是有特别历史的。赤裸裸的说,就是有特别遗传性的。尤其是,侨外最久的同胞,他们这种遗传性特别强固,特别浓厚,所以,无论祖国如何衰微,如何变乱,异族如何威胁,如何利诱,总是保存民族人格,反抗异族侵略,不改生活形态,不入外国之籍。纵然偶有例外,可是,心爱祖国,反抗侵略,这种特别遗传性,决不会稀薄的!"③类似这样的华侨叙事还很多。④ 可见,这些文章通过对华侨在海外拼搏奋斗的叙述,指出华侨所承继中华民族坚韧不拔、刻苦勤劳、敢于冒险之精神,是其在异国他乡险恶环境中能够生存发展、抵御或融合他者的重要力量。这种华侨叙事有意识地将中华民族的优秀文化植入到华侨的经济生活中,以图建构华侨的中华民族意识,增强其民族自信。

---

① 谢作民:《国民总动员与华侨的实践》,《华侨先锋》1939 年第 1 卷第 13—14 期,第 42—43 页。
② 朱化雨:《华侨总动员之重要性》,《华侨战线》1938 年第 1 卷第 2 期,第 11 页。
③ 任启珊:《对日抗战是华侨的最高奋斗》,《华侨战线》1938 年第 1 卷第 1 期,第 9 页。
④ 详见李宗黄:《华侨对党国之贡献及今后之新使命》,《海外月刊》1932 年第 2 期;吴铁城:《新年致海外侨胞书》,《华侨先锋》1941 年第 2 卷第 13 期;《如何统一华侨战线》,《华侨战线》1938 年第 1 卷第 2 期。

"忠孝节义"是中华民族传统文化的重要内容。1938年,国民党中央政治委员会主席林森通过民族主义话语的改造,指出"忠孝节义"是中华民族的正气:"民族的正气,是每个民族所必须具备,所不可缺乏的,尤其是我们中华民族所以能够在地球之上立国数千年,有数千年的灿烂文化,有数千年的光荣历史,其最大的力量,就是建筑在四维八德,以及忠孝节义等的正气之上……古代的所谓忠,本来是忠于君,现在是民国,则这个忠字,应该要忠于民,忠于国……怎样叫忠于民、忠于国呢?简单的讲,就是每一个人,都应该忠于他自己的职守。"①他继而认为:"中国有四万万人,每一个人都能够这样忠于他自己之职守,则国家的进步,当然可以一日千里,当然可以赶上现代国家的资格,那弹丸三岛的敌人,就不敢来犯我们,就不敢来压迫我们,因此我们可以知道,我们要复兴国家,要复兴民族,只要我们全国人士,大家做到一个忠字,就可以达到这个目的。"②1939年,教育部部长陈立夫对华侨进行国民精神总动员时,阐明"忠孝仁爱信义和平"的主要内涵:"抗战期间,所需要的道德,乃救国的道德,即总理所倡导的忠孝仁爱信义和平。当兹寇焰高涨、河山变色的时候,我们更当秉此八德,以发扬我们的民族精神,对国家尽忠,尽忠于国民的天职,以保卫国家的独立与自由;对民族尽孝,尽孝于民族共同的祖先,以维护民族的生存;以仁爱之心同情于我同胞的惨被杀戮,必能同仇敌忾;以信义之心尽我国民应尽的职志,以能团结赴难;以和平之心视强暴者之凶横,必能攘臂抵抗,以求得永久的和平。华侨同胞平素身受环境的压迫,最富思想,在此抗战期间,正民族国家存亡绝续之时,更当能体念

---

① 《林森主席广播演讲"中华民族的正气"》(一),《大汉公报》,1938年3月22日。
② 《林森主席广播演讲"中华民族的正气"》(二),《大汉公报》,1938年3月23日。

精神总动员意义的重大,联合所有侨胞,确立此共同救国的道德,以发挥我民族精神无穷的力量。"①可见,借由民族主义的话语改造,"忠孝节义"的传统价值理念被用来强调"忠于民,忠于国""忠于职守",以激励海外华侨尽国民最大的义务和责任,助成抗战建国大业。

爱国主义精神是中华文化的重要组成部分,也是民族危机时激励海外华侨爱国爱家、抵御外侮的思想动力。抗战时期,爱国主义精神成为南京国民政府动员华侨抗战的重要话语。1933年,当日军侵占热河、威胁平津时,侨务委员会发表告海外侨胞书,动员华侨捐款抗日:"我侨胞挚爱祖国,夙具热忱,过去赞襄革命,迭著功勋,今日大敌当前,为势之危殆,实万倍于清季,尚望踊跃输将,继续努力,兴亡有责,当知吾侨胞之不后人也。"②1939年,蒋介石在对海外华侨进行精神动员时高度赞扬华侨的爱国主义精神:"抗战开始以后,全世界各地的侨胞们以兄弟急难的精神,动员了海外的人力、物力、财力,来报效祖国,这表示了我们四万万七千万同胞的一心一德。这种伟大的爱国精神,不独在国际上博得人类的高尚同情,增高我们的国誉,而对于国内,你们所出了的财力人力,更有伟大的效果。"③1941年,学者陈训慈指出华侨身上所富有的爱国主义精神时称:"原侨胞祖先之离乡远征,何曾计虑祖国是否能积极保护,事实上清代政府实较漠视,但他们对于保护祖国的责任,却不肯丝毫放松。家乡可以远离,而国家必须出全力去保。这

---

① 陈立夫:《为国民精神总动员告侨胞》,《华侨先锋》1939年第1卷第13—14期,第22—23页。
② 《侨务委员会为爱国义捐事告海外侨胞书》,《华侨周报》1933年第35期,第3页。
③ 蒋介石:《国民精神总动员与侨胞》,《华侨先锋》1939年第1卷第13—14期,第21—22页。

种纯洁的天真的爱国精神,由三民主义的感召而更见纯化强化。我们深信中华民族的前途,赖有海外同胞的此种精神,而益增其光明。我们尤望侨胞领袖,继往开来,就上举之数义,作因势之利导,则侨胞对祖国的抗战与国防建设,必更有无限量的贡献。"①"天下兴亡,匹夫有责"是中华民族爱国主义精神的真实写照。在民族危机时刻,爱国主义话语能够勾起海外华侨对祖国的深切眷念之情,激发他们的爱国情怀,进而推动他们将伟大的爱国主义精神内化为支持祖国抗战、赢得民族解放的精神动力。

中华民族在历次反侵略战争中,涌现了一批维护民族利益并为之献出宝贵生命的民族英雄。抗战时期,经过民族主义者的历史叙事,民族英雄所体现的爱国精神也是塑造华侨民族认同、激励华侨奋起抗战的精神动力。美国北架斐华侨反日救国后援会发表宣言,以中国历史上的著名皇帝如秦始皇、汉武帝等开疆拓土,威震世界的英雄事迹坚定华侨的抗战信心:"忆昔我黄帝开国以来,南征北战,四方来归,那〔哪〕有受外族之欺凌。秦之始皇,汉之武帝,明之成祖,其对外武功之大,为世界所惊闻,为万国所钦服,而今竟以亡国闻!"②1938 年 3 月,中国国民党中央政治委员会主席林森在广播演讲中称:"我们要复兴整个国家,要复兴整个民族,我们必须希望全国的同胞,大家都像岳飞的精忠报国,都有文天祥的浩然正气,都有史可法与国同存亡的精神,这样不但我们这次的抗战一定可以得到最后的胜利,并且一定可以达到复兴整个国家、复

---

① 陈训慈:《国民参政会会后寄语海外侨胞》,《华侨先锋》1941 年第 2 卷第 19 期,第 12 页。引文中"上举之数义"指加强基本信仰,协助国民外交,积极投资本国,踊跃认购公债等。

②《北架斐华侨反日救国后援会宣言》,《少年中国晨报》,1931 年 11 月 26 日。

兴整个民族的目的。"①

　　《少年中国晨报》上刊登的一篇文章，先是历数中华民族五千年来所涌现的民族英雄，"我中华立国五千余年，贤豪辈出，代产忠良，为民族主义而奋斗牺牲者，何可胜数！忠勇如岳武穆，壮烈如文天祥，慷慨如史可法，坚韧如郑成功……至于中山先生之推翻满清，反抗帝国主义尤为伟大无伦，要皆中华民族精神之表现，国家不亡之象征！盖以泱泱大国，莽莽神州，素以忠义气节立国之中华，断不至无人崛起，一任异族之凭陵践踏也"，然后指陈当下，大力弘扬抗日爱国将领马占山在东北誓死抗日、保卫国土的英雄事迹，以激励华侨志气，奋勇援战抗敌："今者马占山将军于举国若狂、誓灭日贼声中，独能以战争手段，力御强寇，保存三省之一，稍雪无抵抗之耻。壮哉，将军，好男儿当如是也！以将军忠义之气，勇敢之节，当激动全国民气，至于沸腾，以抗灭侵我民族之大敌！……军人以捍卫国家为天职，凡能为民族主权光荣而战者，我数万万民众无不钦之敬之，以实力后盾之！生为爱国之英雄，死作忠义之烈士！大名与民族共存，精神历万古不灭！"②

　　回溯历史，岳飞、文天祥、史可法等人是保家爱国的英雄人物，虽经朝代变迁，但在抗战时期其英雄事迹被中华民族赋予特殊的意义，不断激励着中华民族全体成员继承其"精忠报国""浩然正气""与国同存亡"的精神。在民族主义语境下，林森等人通过颂扬民族英雄人物，再造包括海外华侨在内的中华民族全体成员对民族英雄人物的记忆，激励华侨反对强权，抵抗侵略，保障整个国家、整个民族的生存。

---

① 《林森主席广播演讲"中华民族的正气"》(二)，《大汉公报》，1938年3月23日。
② 彭湖：《壮哉好男儿马占山将军》(续)，《少年中国晨报》，1931年11月19日。

1938年底,在日本侵略者威逼利诱之下,国民党内部亲日派汪精卫集团公然叛国投敌,并在南京建立汉奸政权,这对全国抗战的局面破坏极大。为此,国民政府一方面大力弘扬爱国主义精神和民族英雄事迹,另一方面也严厉声讨汪精卫的叛国投敌运动,肃清其叛国行为在国内外所造成的负面影响,团结华侨坚持抗战,反对投降。国民党中央海外部的对外广播严厉抨击汉奸的"和平运动"谬论,揭露汉奸们出卖民族利益的罪行,并从文化的角度批判汉奸对民族文字语言的玷污:"汉奸们给予我们民族这个污辱比敌人之加之于我们的耻辱还要可恨,他们用中国文字去写反对民族利益的言论,他们的刊物污辱了我们的文字!他们用中国语言,替侵略中国的敌人讲话,他们的播音污辱我们!语言的同胞们,我们能忍受这个侮辱吗?如其不能,就撕毁一切汉奸报纸,把汉奸刊物聚集起来焚烧,用焚烧汉奸刊物的火焰烧净了民族的污点吧!"①文字语言是民族文化的核心要素,也是确定民族成员身份和认同的重要标识。可见,海外部广播词在抨击汉奸们对民族文化污辱的同时,也在以语言为手段,用"语言的同胞们"这一概念来凝聚和强化华侨的民族意识。

南京国民政府提倡爱国主义的同时,也劝勉包括华侨在内的国民要有民族意识、团结精神、大局观念,放弃狭隘的宗派主义。刘清斋于1933年为榆关失守发表告侨胞书并指出:"我国人民,还有一种重视个人、家族和氏族的狭小观念,而忽略了民族,我们要知道氏族、家族和个人,都是民族当中的个员,皮之不存,毛将安附。我中华民族,在这险恶的波荡中,惟有广大的团结,去谋生存,那家族、氏族、个人等狭小观念,实不可过于重视,我海外侨胞,对

---

① 《中央海外部广播演词》,《华侨先锋》1939年第15期,第41—42页。

第四章　民族主义话语与抗战时期华侨祖国认同的构建　　267

于此点,要特别注意。"①1938年,黄天爵提出抗战要以"三民主义"为中心思想,摒弃地域、姓氏派系、帮派等小团体主义:"海外华侨因为种种关系或者是商业竞争利害冲突,彼此感情互无联络,确实造成不小意见,而地域观念,牢不可破,如广帮、客帮、琼帮、潮帮、闽帮以及外江帮的对立,姓氏派系的不同,会馆公所的歧异,彼此间发生许多误会,甚至堂斗,都是无可隐讳的事实。如何能集中意志统一行动呢?我们以为意志先于行动,侨胞必须集中意志于三民主义之下,先把中心思想建立起来,才能以抗战建国为统一行动之目标。"②1942年6月,中国驻加拿大公使刘师舜在华侨欢迎大会上发表演辞,勉励加拿大华侨牢记国民精神总动员纲领,发扬爱国主义精神,团结救国:"现在国内无论政治上的各党各派,或是私人方面,恩怨亲疏,都是打破政治上的,或个人嫌怨,精诚团结,共赴国难。海外侨胞,离国万里,平时本应合作,共谋发展,战时尤应如此。各位侨胞,过去如有意见不能尽同,希望此后能化除畛域,先公后私,先国后家,达到亲爱精诚团结救国的目的……发挥侨胞爱国救国的精神。"③

海外华侨间根深蒂固的宗派观念产生于复杂的社会文化背景,在抗战时期分散了华侨的抗战力量。面对寇深祸亟、险象环生的时局,华侨唯有团结一致、共御外侮,方能实现抗战建国。在此,"民族意识""三民主义"等民族主义话语,阐明国家利益和民族利益高于一切,任何狭隘的、自私的宗派主义都应被摒弃,从而呼吁华侨精诚团结,化除畛域之见,共赴国难。

---

① 刘清斋:《本会第六次播音报告 榆关失陷告侨胞》,《华侨周报》1933年第23—24期,第55页。
② 黄天爵:《抗战建国中侨胞最基本之认识》,《华侨先锋》1938年第1卷第4期,第7页。
③《刘公使在本埠全侨欢迎大会演辞》(四),《大汉公报》,1942年6月25日。

话语对认同的建构具有一定作用，而认同则是社会行动的情感和思想基础。抗战期间，动员华侨从人力物力及财力上援助祖国抗战，首先必须增进华侨对祖国的情感和思想认同。实际上，针对日本帝国主义对中国领土的不断侵略，及所造成的空前民族危机，以南京国民政府为主体的社会各界积极通过侨刊乡讯、对外广播、华文报刊、侨社公共活动等来阐发民族主义话语，一方面以领土、主权与人民为话语要素，揭露日本的侵华罪行，激起华侨对日本侵略者的愤怒和对祖国人民的同情，塑造华侨的领土主权观念与国民身份意识，构建华侨与祖国人民的共同命运意识；另一方面又超越民族国家的领土主权边界，运用华侨与祖国间存在的血缘、文化等纽带关系，塑造华侨的中华民族认同，推动华侨支持祖国抗战建国大业。从上文分析来看，国民政府鉴于战时特定的环境和动员对象，采取领土政治与族裔文化这两种模式并重的策略，构建华侨的祖国认同。总的来说，华侨支援祖国抗战的第二次革命高潮的形成，固然与祖国民族危机的不断加深、侨居地政府对华侨的歧视和排斥，以及晚清以来历届政府的侨务政策和侨务工作密不可分，但抗战时期民族主义的话语动员也在情感思想上增强了华侨的祖国认同，激发他们积极投身到祖国抗日救国的洪流中。另外值得注意的是，抗战时期南京国民政府的话语动员，也有强化华侨对国民党意识形态及其政权认同的意涵。

第五章 美洲华侨与战时国民外交

战时情报和宣传工作尤为重要。英国作家路威氏曾说:"一国的情报处,是政府应付战争的晴雨表。"赖恩威也说:"一个宣传机构,等于一国对于作战的大本营。"① 由于华侨长期生活在海外,处在政府与国际关系的最前线,对国际动态、外交演变都易于观察,加之对于当地言语、习惯较为熟悉,与当地人士有较多的接触机会,如果政府能对其加以适当组织、训练或宣传,必然可以产生莫大的效果。而战时美国华侨也因美国的强国地位,其地位更加凸显。因此,在国内外局势的推动下,在中国政府的组织动员下,美洲华侨,尤其是美国华侨掀起了一轮又一轮国民外交运动的高潮。

第一节 美洲华侨开展国民外交的背景

国民外交是指"心中有国"的国民以争取国家利权和民族尊严为出发点的国际交往,主要以舆论甚至运动的形式出现。梁启超曾指出:"所谓国民外交者,非多数国民自办外交之谓也,乃一国外

---

① 汪竹一:《华侨与国民外交》,《广播周报》1940年第186期,第21—23页。

交方针,必以国民之利害为前提也。"①华侨经常与居住国的人民接触,且华侨自身具有强烈的爱国心、艰苦卓绝的精神、积极的革命性和雄厚的经济实力,因而是开展国民外交的天然使者。

一、日本在美国的舆论宣传及中国政府外交之选择

抗战期间国际局势纷繁复杂。日本帝国主义入侵中国,企图通过占领中国实现其称霸亚洲的野心。1939年第二次世界大战爆发后,欧洲各国硝烟弥漫,无暇东顾,唯有美洲未受到战争波及,且美国作为一战后崛起的新兴强国,其经济实力、军事地位及民众开化程度皆位于世界前列,但在中国抗战前期,美国社会普遍存在着这样一个基本现象,那就是政府和公众的注意力都集中在国内政治与经济问题上,对远在太平洋彼岸的中国的抗日活动并不怎么关心。所以,太平洋战争爆发以前,美国政府在东亚的外交政策主要是怎样避免与日军交火,防止美国与日本的战争。虽然罗斯福总统发表了著名的"防疫"演说,打破了对东亚局势的缄默,但美国政府既无援华的计划,亦无制裁日本经济的打算,更未承担保卫中国的责任。美国民众也受孤立主义的影响,并不主张美国介入东亚事务。

日本主要担心其自九一八事变以来一系列的侵华行为引起远东局势发生重大变化,导致美国的不满和干涉,因此对美国的宣传策略便极尽可能地美化其在华行动,掩饰其侵略罪行。特别是1937年中日战争爆发后,日本在美从事大量宣传工作,通过多年的经营与发展,日本在美已形成一套严密的宣传体系。从方法上看,

---

① 梁启超:《梁任公在国际税法平等会之演说词》,《东方杂志》1919年第16卷第2期,第6页。

既有正式、公开的宣传,也有私下、秘密的宣传,前者由日本政府代表、工商界机关、人民团体等进行,后者则为日本私下雇佣美国机关与个人进行。从宣传目标来看,主要包括以下几点:继续日美商业关系;停止美国援华行动;使美国严守孤立及中立政策;停止美国扩充海军计划;预备美人心理,使其接纳远东和平的新条件;引诱美人在日本统治下到中国投资。从宣传对象来看,日本除对美国政要、主流媒体、社会精英等进行宣传外,还重视对天主教徒、黑人等群体进行游说宣传。日本还在美国广泛设立各类机关,如日本学社、南满铁路公司、日本商业博物院等,印刷、发行包括《日美评论》《日本时报》《日邮通讯》《日美画报》在内的报纸杂志,为日本创造经济效益的同时也起到文化输出的重要作用。① 此外日本还大量收买美国文人,为日本发声,并投向各大报纸,以期在舆论上为日本侵华寻找"合理"依据。同时日本还暗中津贴美国电台,请若干曾至日本或伪满免费游历的大学教授及新闻记者为其侵略行为进行粉饰。②

日本为开展对美宣传,投入了大量的人力和财力,"日人之宣传费,每年达五百至八百万元",美国日侨也积极配合与支持,日本在美国的宣传费,"一部分系由在美之日侨工商界所捐助"。③ 美国西部旧金山日人,为应付"支那事变"起见,曾于1937年9月组织时局委员会,以高桥一雄为委员长,并得到日本人中央会、旧金山日本人会及商工会三团体的援助。该委员会多次开会,讨论七七事变后的形势与对策,所有费用,均由日侨分摊,成效卓著。该委员

---

① 《日本在美国之宣传工作》,《世界日报》,1939年12月7、8、9日。
② 《国际宣传应努力进行》,《世界日报》,1938年9月29日;《国际宣传应努力进行》(续),《世界日报》,1938年9月30日。
③ 《日本在美国之宣传工作》,《世界日报》,1939年12月7、8、9日。

会工作如下:(一)刊印小册子三种,共五万册,分赠美国人以明了"支那事变"的"真相";(二)刊登报纸广告,如旧金山四大西报不能刊登美国人士有利于日本的意见,即以广告形式发表;(三)派人演讲,派出演说家在加州各地阐明日本立场;(四)与纽约、罗省、舍路、芝加哥及檀香山各埠同样之委员会互相合作,交换小册子,交换美国重要人士意见书,广播通知,及其他联络,借以达到该会目的。① 上述活动为日本在美国的战争宣传筹措了大量经费,对其发动战争而占领舆论高地起到了重要作用。

而中国抗战,其目的在于争取自由与平等,是正义的战争,有利于整个世界的和平与稳定。但国际上仍有很多人为日本摇旗呐喊,甚至为了利益资敌人以武器,助其继续破坏和平,究其症结所在,便是中国对国民外交工作,未能运用极致。② 中国的国民外交面临的困境主要有:(一)通讯社组织零散。受物质条件的限制,中国通讯社组织尚不健全,国外电讯,须由外国通讯社代发,俯仰由人,自不能指挥如意,收国际宣传之效;(二)印刷设备匮乏。自抗战以来,上海的印刷机器技术无法利用,而内地印刷设备又不完备,宣传资料的印发十分受限,给宣传工作带来了极大的阻碍。③

在此情况下,中国对美国等美洲国家开展国民外交,说明中国抗战的性质和世界意义,揭穿日本的虚伪宣传,从而争取美洲人民对中国抗战的同情和支持,就显得尤为必要且迫切。但由于中国与美洲国家空间上相隔太远,国家间语言文化和价值观念隔阂更深,加上近代比较落后的交通和通讯技术,当时中国与美洲国家间

---

① 《救国总会消息汇志》,《世界日报》,1937年10月25日。
② 唯我:《目前为运用国民外交之重要时期》,《少年中国晨报》,1940年6月14日。
③ 《国际宣传应努力进行》,《世界日报》,1938年9月29日;《国际宣传应努力进行》(续),《世界日报》,1938年9月30日。

普通民众几无往来，无法在国家间扮演国民外交使节的角色。实际上，国民要开展国民外交，需要对双边国家语言文化和社会制度有一定程度的了解和熟悉，更需要通过长期的跨国联系，将自身社会关系嵌入到双边社会之中，从而跨越地理、文化、制度的障碍，游走于双边国家之中，进行信息的跨国传播及跨文化的交流，以增进双边国家的认知和互信。而美洲华侨具有中国文化的背景，又生活在美洲社会之中，尽管当时华侨受到当地社会的长期歧视，但随着德日法西斯政权的建立及欧亚两个战争策源地的形成，美国对华态度也出现一些积极的变化。在此情况下，不少华侨，特别是一些中国留学生克服重重困难，与当地社会建立良好关系。这样，中国对美洲开展国民外交，美洲华侨就自然成为中国政府首选的对象。

二、国民政府及美洲侨社的指导

抗战时期中国外交战略的重点主要是美国。为了更好地得到美国的支持和援助、反击日本的对华侵略，除政府外交外，国民政府需要利用美洲华侨的在地化优势，拓展国民外交工作。当时的中国政要和知识界精英认识到，美洲华侨，特别是美国华侨具备诸多优势，动员华侨就地开展国民外交，争取美国这个在东亚有诸多利益纠葛的大国支持，也是华侨支援祖国抗战的重要途径。

抗战时期，很多人士认为，动员华侨开展国民外交，让世界各国了解中国抗战的性质和意义，为中国抗战争取更多的援助，是战时侨务工作的重要一环。侨务活动家陈光润指出了华侨开展国民外交的优势和任务，侨务工作应加强对战时华侨的引导，务必使华侨对此予以重视，并付出行动。他说："华侨所处的地位是最适合于实行国民外交工作，所以我们要将敌人征服世界的野心，和敌人屠杀平民的种种暴行向当地各国人士剀切宣传,务使他们认识我们抗战的意义,使他们知道我们是为自卫而战争,敌人是为侵略而战争;我们是为伸张人类正义而战争,敌人是为毁灭人类文化而战争。要是我们能够使各国人士深刻认识清楚我们和敌人的战争目的,我们在国际上就可获得很大的成功了。"①蒋介石也非常重视华侨在国民外交方面的工作,希望他们"加强与国际友人的合作,扩大国际宣传,并随时暴露敌人的阴谋和活动……同时,要扩大国际宣传,供给友邦人士以正确的消息,暴露敌人的虚伪宣传。此外,我们对于友邦的各种慈善事业,尽可能赞助,而在遵守友邦政府法令原则之下,对于友邦人士援华反日运动,也尽量参加"②。中国国民党驻美国总支部第八次代表大会于1941年6月在旧金山召开,国民党中央海外部部长刘维炽给大会致辞时,勉励美国华侨努力从事国民外交:"美国为世界民主政体之大邦,其人民酷爱和平,拥护正义,重视自由平等,深恶武力侵略,与中华民族之德性正复相同,且中美传统邦交夙称敦睦。吾国抗战以还,其人民与政府不断表示对我国之同情心理,诚可感念……我国旅美侨胞为数不少,诸同志自宜乘此时机,策动侨胞与其朝野人士倍加亲善,从事宣传,参加社交,或为当地政府服务,或任必要之兵役,以收国民外交之宏效,而促进最后之胜利。"③1940年6月,旅美华侨统一义捐救国总会为筹募宣传费,发表宣言,强调该会国民外交工作与筹募救国义捐"相持并重,积极推进","盖救国义捐,所以充实国家战时经济,而国民外交,所以联络西人对我之同情援助。凡此两者,皆与

---

① 陈光润:《抗战与华侨》,《华侨战士》1937年第1期,第5页。
② 蒋介石:《国民精神总动员与侨胞》,《华侨先锋》1939年第1卷第13—14期,第27页。
③ 《中国国民党驻美国总支部第八次代表大会特刊》,《少年中国晨报》,1941年6月10日。

抗战建国有关"。①

为使华侨担负起国民外交的责任,当时的政府官员、涉侨报刊都对华侨进行了大量宣传。刊登在《华侨先锋》上的《二期抗战中的宣传战:吾侨应人人以宣传战中的尖兵与先锋自任》一文,文字激扬,号召华侨行动起来,针对日本抛出的"东亚新秩序"论调进行反击,在宣传战中人人务必做到"以尖兵先锋自任":"我全体同志侨胞,人人奋起,在宣传战的阵岁〔线〕中,以尖兵先锋自任,相信敌人这一次的所谓'东亚新秩序'的扩大宣传,必定很快的偃旗息鼓,自甘败北,得到他应该得到的教训……日本在抗战以后无孔不入、无微不至的宣传工作中,例如传单、小册、各种外国文字的——指日语以外的文字——日报、刊物、通讯稿,大批整套的免费宣传世界各地,其他比这些花钱更多,费力更大的宣传行动,更是有目共见……列位同志侨胞们,于今正是我们英雄有用武之地了。所谓'东亚新秩序',是什么东西!粉碎它这一次的扩大宣传,就在我同志侨胞的人人以宣传战中的尖兵先锋自任,起而一致予以致命的打击。"②林云谷也指出:"关于国际宣传和国民外交的责任,实应设法使海外华侨担负其一大部分……华侨在海外分布的范围既广,印刷各种国际宣传用品的地方可以说所在皆有,加之华侨在海外与各友邦人士接触的机会又多,关于当地语言文字的使用,亦丝毫不生困难,所以只要华侨动员起来,以有组织的有计划的行动负担关于国际宣传和国民外交的大部分责任,则其所收的效果,纵不能使各友邦人士个个发生本身利害与中国抗战胜败攸关的观念,但

---

① 《旅美华侨统一义捐救国总会筹募宣传费宣言》,《少年中国晨报》,1940年6月12日。
② 《二期抗战中的宣传战:吾侨应人人以宣传战中的尖兵与先锋自任》,《华侨先锋》1939年第1卷第10期,第32—34页。

至少亦可使他们认识我们抗战建国关系人类正义世界和平之大，促成他们在精神上，或物质上援华制日的国际运动。"①

华侨报纸、侨领也重视宣传和策励华侨创造条件，积极为祖国开展国民外交。中共在纽约创办的《先锋报》指出："我们侨胞虽然远处海外，多数不能立即返国效命疆场，但是，假若我们能够利用居留地的便利，助成欧美各国千百万和平民主人士的广大援华抗日运动，使我国在海外能够得到一切帮助而使日寇在海外什么也得不到，那么我们侨胞对于祖国抗战的贡献，并不下于亲赴前敌，挥戈杀贼。"②旅美华侨统一义捐救国总会领导人赵九畴在《抗战期中国民应有之责》一文中，指出国民外交的重要性及华侨的责任担当："两国交兵，中立国举足轻重，而中立国之态度，又每视其人民之态度为转移，故凡为国民者，须设法联络友邦人士之感情，使其同情于我而不同情于敌，积以时日，则可由人民之舆论，而影响其政府之态度，此乃国民外交之目的，乃吾人所能为、所当为，而政府反不易为之者也。"③

对于海外华侨以何种方式开展国民外交，对外宣传的内容、任务和目的何在，一些人士提出了较为实际的工作建议，引导华侨做好国民外交工作。陈光润指出："我们预定一方面发行各种外国文字的刊物，将中国抗战的决心和力量宣达于世，同时将敌人在中国的暴行尽情揭露；一方面训练海外的侨胞成为国民外交的干部人才，利用他们所处的地位，天天和外国人士接近的机会，实行国民外交的工作，一有机会就宣传，将敌人征服世界的野心和屠杀平民

---

① 林云谷：《动员华侨问题》，重庆：重庆励记启文印刷所1938年刊印，第7—8页。
②《华侨与抗日外交》，《先锋报》，1938年1月20日。
③ 赵九畴：《抗战期中国民应有之责》，《世界日报》，1937年9月18日。

的罪恶和盘托出,使各国人士认识我们抗战的意义,知道我们是为自卫而战,敌人是为侵略而战,我们是为伸张人类正义而战,敌人是为毁灭人类文化而战。"①

国民外交的开展是为了调整国与国之间的关系,但究其本质仍是人与人之间的互动。对华侨来说,国民外交就是通过建立良好的族群关系来改善居住国与中国的国家关系。如何从族际互动的角度来开展国民外交,也成为当时许多人士讨论的一个重要问题。杨畅茂强调不同阶层华侨开展国民外交时应注意选择其不同的工作对象,从而达到更好的效果:"各国华侨应尽量将敌人在中国的惨无人道行为及中国统一团结的实况、英勇抗战的精神报告于当地住民,华侨商人不断把这些消息报告于地方商人,华侨工人不断把这些消息报告于地方工人,一地方之华侨务使一地方各阶层民众洞知日本帝国主义者的凶暴丑态,而同情于我国的抗敌战争。我国各侨胞进行此种救国工作尤须时常明了祖国抗战情形及敌人凶横举动,最要有系统的通讯组织,迅速接得祖国各种抗战情形之报告,以作宣传资料。"②陈光润则从制度性因素着手,认为跨越族群关系障碍,组织国民外交性质的协会,是开展国民外交非常重要的做法,最好由各地华侨知识分子联合各国同情中国的人士组成,如孟治等在美国组织的中美协会、曾廷泉等在菲律宾组织的中菲协会、冀朝鼎等在纽约组织的美国中国人民之友社、熊式一等在伦敦组织的英国中国人民之友社、陈光润在加拿大和各大学教

---

① 陈光润:《本总会成立之经过及目前中心工作》,《华侨战线》1938年第1卷第1期,第32页。
② 杨畅茂:《如何策进华侨的对外工作》,《华侨战线》1938年第1卷第7、8、9、10期合刊,第9—10页。

授组织的加拿大中国人民之友社等便是。① 实际上,这些跨族群团体的建立,有助于华侨与当地人士保持长期而密切的交往与联系,进而取得当地人士对中国人民及中国抗战的同情、理解与支持。

开展国民外交,可以我为主,主动出击,也可借助友我团体和个人,协助其援华工作,甘作配角,有时事半功倍,效果可能更大,毕竟西人团体和个人在当地社会人脉更广,影响更大。《先锋报》出于作为抗战喉舌的责任,也多从族群关系角度考虑,建议华侨积极配合和协助当地友华或援华团体和人士开展工作:(一)与一切同情中国的西人各政党、各宗教慈善团体、各民众团体、各反战与和平组织、各名流学者、各报馆记者,特别是各地现有援华和友华团体接洽,促进西人援华团体的建立;(二)帮助和推动西人援华团体联合各文化、慈善、宗教机关,发起救济捐募之独立机关,推广抵制日货,停运军火赴日,反对借款与日本;(三)帮助西人援华团体召开各种群众大会、代表大会,用群众大会,或个别名流学者签名的方式,来进行对日使馆抗议,并向各国政府当局请愿,采取措施,制裁日本;(四)推动西人团体组织医生、护士、飞机师、工程师等技术人才,赴华效命;(五)组织各国西人代表团赴华参观,以便其在返国后扩大宣传;(六)帮助西人团体,供给以必要材料,使之向各报纸杂志投稿,出版新刊物,编制戏剧、影画、播音演讲,来揭露日本侵略兽行与其武断宣传,宣传我国为争取民族生存、维护太平洋集体安全和世界和平而英勇抗战,以及说明我国现在在外交上、经济上、军事上,以至被难妇孺所需要的具体援助,向国际人士作具体的号召。②

---

① 陈光润:《华侨与国民外交》,《华侨战线》1938 年第 1 卷第 2 期,第 17—18 页。
②《华侨与抗日外交》,《先锋报》,1938 年 1 月 20 日。

总之，抗战时期，有关人士就国民外交的性质和作用，国民外交中华侨的责任担当，华侨开展国民外交需要注意的方式和应用的手段，华侨从事国际宣传的内容等若干方面，对美洲华侨进行了大量的思想动员，提出了诸多建议和指导性意见，这对美洲华侨提高认识、履行责任、充分发挥其在地化优势、积极开展国民外交，起到一定的推动作用。

第二节　从事国际舆论宣传

捐资助战，赈济伤兵难民，是美洲华侨支援祖国抗战的一个方面。然而美洲华侨毕竟人数不多，财力有限，只不过占美洲国家经济的一小部分。但美洲华侨如果通过国民外交工作，取得所在国民众对中国抗战的理解和支持，让所在国家和广大民众在财力、物力乃至人力上多援助中国，以达"四两拨千斤"之效，这就显得尤为重要。因此，拓展国民外交工作，反击日本的虚假宣传，争取美洲国家政府和人民对中国抗战的同情和援助，在国民外交这个没有硝烟的战场上，夺取美洲舆论宣传的高地，成为战时美洲国家，特别是美国华侨的另一项重要工作。

一、创办报刊，出版图书

创办报纸杂志，出版图书等印刷品，以文字形式宣传报道祖国的抗战情况，是美洲华侨开展舆论宣传最重要的渠道之一。其中北美地区的中国留学生因其语言文化优势，融入当地程度较高，因而在对外宣传方面能够起到先锋表率作用。1937年8月，美京中国学生会议决组织宣传委员会，每周集会一次，轮流担任开会主席，其主要工作如下：编辑《抗日周刊》，专对美国人士宣传，每星期一出版；联络新闻记者；撰写有系统的专论，纠正不实的宣传；派员轮流到宗教场所演讲；举行宣传大会。① 另外，美国华裔学者也编印《日本侵略中国》《救中国与救世界和平》《日本军阀暴行实录》等英文小册子，在美国人士中散发和传送。

卢沟桥事变发生不久，纽约衣联会举行抗日大会，发表抗日宣言，号召扩大抗日运动，竭诚与各界抗日团体亲密携手合作。该会为扩大对外宣传，揭发日军残暴行为，印发大批英文传单，交由各衣馆同业携回衣馆。每包衣均放一张在内，以便对西人进行广泛宣传。② 纽约衣馆联合会鉴于衣馆业华侨向西人顾客宣传祖国抗日情况，需要英文宣传品，因此印就"告美国人士书"传单十万份，详述日本的侵华暴行不但威胁中华民族之生存，且危害世界和平，因此呼吁美国民众一致起来，对日本进行政治、经济、道德上的制裁，要求美国政府联合太平洋沿岸国家，使用企洛及九国公约，制裁日本对华战争，停止将军火运往日本，并予中国人民以精神上与物质上的援助。在抗战全面爆发仅半年的时间里，华侨洗衣店的工人就向顾客散发抗日传单和各种小册子达万份以上。③《申报》对此有过报道：

> 此间华侨宣传颇为有效，华侨所设之洗衣作以小册子附于衣袋中，分送各主顾，吁请援助中国，以抵制日本侵略。现接到此项小册子者已达数万人，华人洗衣作此举已获有捐款若干万元，为南京政府声援。④

---

① 《美京中国学生会积极推动抗日宣传工作》，《三民晨报》，1937年8月27日。
② 《纽约衣联举行抗日大会》，《三民晨报》，1937年7月22日。
③ 《衣联会印发抗日西文传单》，《先锋报》，1937年8月19日；任贵祥：《华侨第二次爱国高潮》，北京：中共党史资料出版社1989年版，第263页。
④ 《美国华侨热忱爱护祖国》，《申报》，1937年8月25日。

旧金山旅美华侨统一义捐救国总会于1937年10月议决编印英文小册子一万册,分送美国各名流、公团、学校、报馆、工会,使其悉知日本侵略中国国土之野心,轰杀中国无辜平民之残暴,并准备11月10日出版,照原案发送,并通告墨西哥、中美洲、南美洲等地各埠团体商店或个人,宜取该英文小册子分送西人者,即向总会宣传处事务科领取,以广宣传,并揭破日本种种狡辩。① 1938年4月,旧金山救国总会印发第二种英文小册,借用中华总会馆名义印发,名为《中日冲突之分析》,内容包括由赵九畴译成英文的《蒋介石告全国国民之无线电播音演说词》,胡适博士所作《远东冲突之背景》,林语堂所作《中日之冲突》,前光华大学女教务长布拉利女士所作《美国在远东之孤注》,方玉屏女士所作《致美国妇女之公开函》,陈受荣博士所作《日本对白种人之经济战争》等。全书共印2万册,分寄美国各名人各团体及报告图书馆等处。②

1938年3月,忒士省(即得克萨斯州)第一届民众和平大会在休斯敦召开,农业、工业、商业、宗教、妇女、青年、种族等70余团体都有代表参加,所代表之会员达73 000人。各界到会演讲者有休斯敦市长、和平民主同盟副会长、中国驻休斯敦汪清沦领事等。大会决议19宗,与中国有关者凡9宗,如重申拥护企洛非战条约,以维持世界和平;致函国务卿赫尔,主张由美国召集裁军会议;赞助国会议员奥康尼提案,禁止卖军械与侵略国,并不得予以任何援助;赞成美国不承认主义,指斥德意日为侵略国,赞成重开九国会议,设法援华;举行抵制日货运动;赞成美国与各国互商合作取一致行动;重申信赖罗斯福总统对于世界和平及隔绝侵略国之主张。圣

---

① 《救国总会消息汇志》,《世界日报》,1937年11月9日。
② 《总会印发第二种英文小册》,《世界日报》,1938年4月17日。

安东尼奥抗日会代表伍匡亚、伍策勋,休斯敦华侨公会代表陈镜堂等人协办此次大会,出力甚多。伍匡亚等人在会场陈列了抗日宣传品10余种,共500余册。在大会中,华人代表参加重要的分组讨论,并提出重要意见。大会产生忒士省和平民主委员会,伍匡亚被推为委员之一。①

佐治亚州奥古斯塔(Augusta,华侨时称"握加市打")殷商胡湘棠接到美国人民不参加日本侵华会付来该会特迅,报告近日工作,及宣传品一份,内有该会会长前任国务卿士点臣,及该会副会长、前美国驻远东舰队总司令杨尼路将军致美国民众公函二封,义正词严,故特商请该埠各大西报登载,以资宣传,而促进国会对日本禁运之实施,维护世界和平。②

加拿大华侨积极从事各种对外宣传,为争取友邦同情,常用英文编印各种小册,分送各地友邦人士,尤以《中国的战争与加拿大》及《救中国与救世界和平》两书,内容充实,剖析分明,对友邦人士影响最大。③

二、致电总统、游说政府

同美国政府进行联络、游说或交涉,是美国华侨开展国民外交十分重要的一个方面。美国总统是美利坚合众国的国家元首、政府首脑与三军统帅,美国总统的决定对美国乃至世界都有着巨大的影响力,故向总统表露诉求,乃是美国华侨开展国民外交的重要工作。

---

① 《忒士省和平大会议决援华方案及购送救护车》,《先锋报》,1938年3月17日。
② 《胡湘棠君运用国民外交》,《世界日报》,1940年4月3日。
③ 《华侨爱国自动捐献》,侨务委员会侨务研究室1969年刊印,第86页。

北美洲中国学生会于 1937 年 8 月 16 日发出电报二则：一则致美国总统及外交部部长考路，一则致美国会军火审查委员会主席乃尔，呼吁美国政府不应实施对于中国及太平洋局势不利的中立法：

> 白宫劳士委总统、外交部长考路暨国会议员诸公钧鉴：际兹中国生存被胁，守土御侮，寰求同情，共吁正义，贵国为九国华府会盟之倡议国，亦为签约法人，尊重中国领土完整，谅所矢守弗替。贵国夙与中国邦交敦睦，敝会敬请维护道义及责任，强力警戒毁盟蔑约之日本。贵国中立法对于中国损害特甚，倘即宣布施行，非特使中国民众惨遭残酷，抑授日本凶毒野心，日以滋长，行见跋扈飞扬，贻害世界和平。明哲诸公，幸以国际集体安存为重，勿施行中立法，免为侵略凶横之日本为隐援，使中国民众得制其暴行，悉尽维护世界和平之志责。

致乃尔委员长电文如下：

> 美京乃尔委员长鉴：报载贵会现正集议中日问题，多以维护贵国福利为原则，行将宣布中立法，以避转入东亚战争旋涡，苟然，则守土抗战之中国，其防御侵略之力，将蒙重大阻碍，且不啻为侵略者增援。明哲诸公，幸能以己心喻人，己利兼人，察近届远，则世界和平之基始臻巩固，敝会为此特请勿施行中立法，使中国能克尽人事，以战胜毁约侵略之日本，而尽我维护世界和平之职责。①

1937 年 8 月，旧金山日本人商会总干事渡边锭，致函市长罗士（Rossi），控诉华人有破坏其物业之非法行为。中华会馆于 9 月 7

---

① 《中国学生会致美总统电》，《世界日报》，1937 年 8 月 31 日。

日致函市长,指责渡边锭挑拨是非,混乱众听。① 次日,旧金山中华总商会负责人李扬圣就日人商会向市长抗议"华人暴徒"捣毁设在华埠之日人商店事,致函市长罗士,辩白此事,并借此宣传中国抗战的正义性,及日本对华侵略中的各种卑鄙行为。原函大意如下:

> 市长罗士钧鉴:顷悉日人商会总干事曾致函贵市长,抗议"华人暴徒"捣毁设在三藩市华埠之日人商店事。窃思吾人素不容许破坏他人物业种种不法举动,如有故意违犯者,亦应依法从严处罚,以儆效尤。惟吾人对于日人商会函中所有"华人暴徒"等等侮辱三藩市华侨名誉之字样,实属惊异,夫造成"事件"以期借口侵略中国,实为日本之惯技。此种"破坏举动",或亦为企图引起外人表同情于日本之一种"事件",抑尤有进者,日本政府目无法纪,调兵遣舰,侵略中国,以飞机大炮毁灭教堂、医院、学校等物业,杀戮无辜农民与妇孺,蔑视九国公约、奇洛非战公约等等国际条约,而其人民竟指责别人"破坏物业""不法行为",实属无稽之极,不值识者一笑。阁下明察,当不为谣言所惑。吾等对于维持三藩市之治安,定当予以诚恳之合作也。②

为了统一部署全美华侨宣传事宜,1939年年初,太平洋海岸华侨在旧金山召开会议,讨论设立总宣传处的计划,并一致通过。宣传处为美西海岸收发中国宣传材料之总机构,负责与华侨及美人团体接触,其宗旨在于:(一)使舆论赞同罗斯福总统修正中立法案的主张;(二)使国会通过立法案,授权罗斯福总统区别侵略国家,而禁运军火前往该国;(三)宣传并扩大抵制日货;(四)组织并合

---

① 《中华总会馆致市长辩白函》,《世界日报》,1937年9月8日。
② 《中华总商会致市长辩白函》,《世界日报》,1937年9月9日。

作在太平洋沿岸宣传工作。① 总宣传处的设立,有效地连接了中国与在美 50 余处华埠的通讯,是华侨社会开展舆论宣传的中枢。

1938 年,美京华侨还在抗战周年纪念之际,组织华侨集会巡行,并致函罗斯福总统,请求其对日实施禁运战略物资。美联社对此有过报道:"顷此间有中国侨民三百名,纪念抗战救国周年召集大会,及出发巡行,并议决吁请美总统罗斯福,对侵略者实行'检疫工作',即日禁止军用品运往日本,援助蒋委员长。"②1939 年 2 月,美京华侨抗日会在美国国会开会前,决议举行活动征求美国人士签名,呈递总统、议院,要求国会通过取消有利于日本而危害世界和平的中立法案,并要求禁运军需及战争原料赴日。后印备签名单数千份,并分发所有餐馆衣馆,及一切同情中国的西人团体,务求征得千千万万签名,期望国会能俯顺民意,而实现禁运军火赴日。③

1939 年 3 月,旅美华侨统一义捐救国总会积极推动西人签名禁运军火赴日请愿运动,印有请愿书 15 000 张,每张可签 25 人,分发各埠侨团及同情中国的西人团体签名,汇寄美京国会参众议院外交委员会及美国总统与国务卿等。连日来,各埠纷纷来函报告,各埠西人均甚同情,乐于签名,所寄请愿书不敷应用,请继续多寄,救国总会乃特再加印,以便各埠索取。同时以国民政府定自 3 月 6 日起至 12 日止为第二期抗战第一次宣传周,救国总会决依此办法,扩大对外宣传工作,将签名运动扩大至 100 万人,提倡"百万签名运动"口号,并致函各埠侨团,提出推动办法,以便划一步骤,期

---

① 《华侨在旧金山闭会 筹备设立总宣传处》,《申报》,1939 年 1 月 30 日。
② 《抗战建国周年纪念 留美侨胞集会巡行》,《华侨动员》1938 年第 10 期,第 18 页。
③ 《美京抗日会运动禁械赴日》,《世界日报》,1939 年 2 月 10 日。

收宏效。①

加州大学中国学生救国会于1939年3月联络该校师生,响应美国前外部长士点臣的主张,组织不参加日本侵略中国委员会,得到该校副校长门罗多治及知名教授、学生会领袖多人支持,于4月20日、21日,请该校员生签名,请美政府禁运军火赴日。两日时间,计共签名3 100人。该委员会并致函美总统罗斯福,及上院外交委员会主席毕文,表示美西大学生绝对反对将军火原料售与日本。②

1940年1月24日,纽约美洲华人土生总会总理李培等人,鉴于美日商约将要期满,特分函美国国会参议院之48个州的议员,请求制裁日本。其英文函原意如下:

> 本总会代表全体会员,诚意敬请先生竭力赞助毕文议员、士伟伦议员及故连议员提议之禁运军用品军械赴日三提案,使该案从速通过,免除美国无意的伴同侵略中国之咎。若仍继续以商务军械助日,继续侵略中国,中国人民与美国籍民在中国之权利,亦继续受害更甚也。③

1941年3月11日,美国国会通过《租借法案》,其原意在于援助英国抗击德国法西斯主义。此案一出,便遭到大部分人士的指责,认为援助国应该包括所有的民主国家,所有正在与侵略者对抗的国家。而作为最早与侵略者抗争的中国,此时正与日本进入战略相持阶段,急需外援。为使《租借法案》适用于中国,时任旧金山中华总商会会长兼旅美华侨统一义捐救国总会主席的邝炳舜听闻

---

① 《总会推行百万签名运动》,《世界日报》,1939年3月8日。
② 《加大中国学生救国会近况》,《世界日报》,1939年6月7日。
③ 《纽约土生会之救国外交》,《世界日报》,1940年2月2日。

消息后,乃领导美国侨胞,各向其熟知之美参众两院议员解释,请求对华予以同等对待,卒获同情赞助。①

太平洋战争爆发后,美国对日宣战。但此时美国的主要策略乃是采取"先欧后亚"的方针。1942年1月,时海军部长弗兰克·诺克斯(Frank Knox)发表公开谈话,表示"近期内美国海军不会在太平洋对日本采取大规模行动,因为美国首先要在欧洲把希特勒击败"。他的讲话引起了美国华侨极大的愤慨。数日后,纽约市16个华侨团体便向罗斯福总统发了一封电报,以此抗议诺克斯谈话中"欧洲优先"的计划。②

美国华侨致电总统、议员等政要,游说政府,对美国中止孤立主义、调整对华策略、加大援华力度,乃至最终对日宣战都起到了一定的推动作用。

三、发表演讲

为使美国社会各界充分了解中国抗战的真实情况,不少华侨纷纷走出华埠,四处讲演。美国华侨妇女余金莲(国民党中央执行委员、侨务委员会常务委员林叠博士之妻)及子女修文、修娟,自抗战以来即奔走于西人团体及大学,演讲达2 000余次,热心捐输救国,使美国各界颇受感动。③ 旧金山爱国侨领邝炳舜,数十年致力于祖国抗战事业,1941年回国慰劳后,不辞辛苦走访美国26个州广大城乡,向各地侨胞和友人宣传祖国抗战的实情,聆听者众多。

1939年3月,罗省华侨统一拒日后援会认为对外宣传为当务

---

① 《海外名人录》,《华侨先锋》1941年第2卷第19期,第28页。
② 转引自于仁秋:《救国自救》,第136页。
③ 陈汝舟:《美国华侨年鉴》,第20页。

之急，乃召开执监委员大会，通过加紧对外宣传案，并议决如下宣传计划：成立对外宣传办事处，设常驻干事二人；动员西人签署请愿书；聘请西人名流，在播音台演讲；动员本埠有名牧师及其他闻人，代我方到处游说；装置宣传汽车，每日周游埠中；择相当地点，树立宣传大招牌；印便各种宣传品，派发国际人士；期限两月为扩大宣传运动工作。①

旅美华侨统一义捐救国总会鉴于日方时常派员或贿串无赖西人到凤凰城各团体演说，颠倒是非，西人意志薄弱者，每为所惑，对于抗战前途，实为一大阻力，故特派宣传部长邓悦宁到该埠 KOY 播音台及各西人团体演讲，将对方谬点，逐一斥驳，"谁泾谁渭，孰薰孰莸，西人聆之，自能了解"。邓悦宁演讲之对象，计有扶轮会、狮子会、工程学会、市府长官会、乐观主义会、天主教领袖会，及其他团体。自经邓君演讲之后，"西报前曾为倭寇张目者，今则变其论调矣。西人前其狐疑之心者，今则易变其态度矣。宣传之力，岂不伟哉"②。

美国华侨也积极配合，协助美国友华或援华团体开展工作，或参与其活动当中。位于纽约的美国中国人民之友社和反战反法西斯会于 1937 年 10 月 1 日晚在马迪逊大剧场开群众援华大会。大会是援助中国的联合战线，主要目的是反对日本进攻中国，同情中国自卫战争，主张要求美政府改变"中立政策"，发动抵制日货，并筹款救济中国难民。参与发起的团体有 40 余个，包含工会、教会及许多和平团体，代表数百万的有组织的群众。纽约华侨积极配

---

① 《罗省华侨对外扩大宣传》，《世界日报》，1939 年 3 月 16 日。
② 《菲匿救国会最近工作》，《世界日报》，1938 年 8 月 3 日。"菲匿"或作"斐匿"，即指亚利桑纳州凤凰城。

合,主动组团参会。他们认为,此举不仅是为难民捐款赈济,也可借机宣传日军暴行,将之深入普及于美国人士,这是他们应有的责任,因此是日参加者异常踊跃热烈,华侨男女老幼一致参加者约2 000人。《先锋报》《公报》《纽约商报》《民气报》四报馆均有记者到场记录,中国学生会并在门口售卖抵制日货纪念章。是晚会场布置甚为生色,中悬极庞大的彩色中国地图,傍以中美国旗。场内四周,贴有"中国待你援助""抵制日货""停止运械日本"等语。冀朝鼎博士在大会演讲,首先以中国人民之资格,感谢美国人士之同情援助。他强调中国全国一致,坚决抗战,誓不屈服,次将中日战争力量的对比,详细说明。冀朝鼎并声明,中国并不是坐待日本崩溃,而是自己起来抗战争取最后胜利,使日本人民早日倾覆军阀,用人民的意志去决定日本将来的命运。冀朝鼎最后指出,中国人民不仅是为自己奋斗,而且是为世界和平及民主而奋斗。倘若日本法西斯的武力不打倒,对于全世界和平都有危害。[①]

美南中华爱国会团体甚大,在美南素具政治上之力量。该会自成立以来,努力工作,对外宣传,尤不遗余力,深获宣传效果。1937年10月,夏仑隶埠奥他梨会社之国际关系会,举行一国际联欢午宴会,要求各国代表参加,中华爱国会对外宣传组杨一伟亦被邀到会。杨君将中美亲善和合作关系详细发挥,次述及日本侵华政策,以意外事件为口实,实行侵略,以完成大陆政策迷梦,继而指出日军一切横侵事件,和非人道凶狂之轰炸,惨杀无辜妇孺,摧残一切文化机关、医院,破坏国际和平,违反《巴黎非战公约》及九国公约的精神与尊严等。是次联会,除会员外,尚有来宾数十人。八国来宾代表中,有中、英、意、俄、墨等国代表。时西人团体纷纷函

[①]《二千侨胞参加美国援华大会》,《先锋报》,1937年10月7日。

请爱国会到会演讲中国抗日事件,给予华人一个对外宣传的最好机会。①

墨京抗日会自成立以来,对于对外宣传,莫不殚虑竭思,冀收效果。如与西人亲华会之接洽,及与西报馆之周旋,亦皆尽其力之可能者为之。至于亲华会开演讲排日大会,至1938年8月,已有三次,可见其工作积极。其每次到会演讲人员,非墨政府重要人物,即当地社会领袖,男女各界人士,凡十余人,且加播中国音乐,以娱众听,故听讲者听之,莫不欢呼起舞,鼓掌之声不绝于耳。同时排日声浪,甚为紧张。②

古巴夏湾拿中华民族救国联合会的抗日对外宣传甚为活跃,主要表现在两个方面:(一)在西人无线电播音台演讲,业已举行多次。如1937年10月17日由该会职员谭玉堂、梁超群等赴播音台演讲,报告抗战消息,演讲中华抗日前途。(二)参加西人反战反法西斯的援华大会。如1937年10月24日古巴青年联合会代表千余人在湾京卷烟总联合会开代表大会,该会派吕戈子等代表参加,并发表演说。③

四、举行游行示威

美国是一个自由民主国家,游行示威是其公民表达民意的一个重要渠道。美国华侨身处此国,耳濡目染,也在重大纪念日、重大突发事件等时机举行示威游行,表达华侨反对日本侵略、援助祖国抗战、要求美国政府采取措施制止日本侵略的意愿和决心。

------

① 《美南爱国会对外宣传》,《世界日报》,1937年10月19日。
② 《墨京华侨热心救国》,《世界日报》,1938年8月9日。
③ 《夏湾拿埠华侨抗日运动的活跃》,《先锋报》,1937年11月11日。

第五章 美洲华侨与战时国民外交

1937年10月,日本宣传员松冈洋右等五人乘龙田丸船来美宣传,企图洗刷日本侵华及残杀中国平民的罪恶,并劝说美国工人停止抵制日货。该船到码头时,旧金山西人六大工会会员约500余人,及酷爱和平之市民数百名,内有华人男女200余名,合共约达千余名,各佩标语,群集于码头以外,举行示威。警署派出警差数十名,乘汽车到场,维持秩序。其时群众大呼各种口号:"阻止日贼向中国侵略""勿忘日贼在上海残杀""抵制日货""美国人应当宣布日贼罪状""阻止接济日贼"。此等标语,凡数十种。①

1937年11月6日下午1时,在美国反战反法西斯会及中国人民之友社的号召下,中、美、日、菲、韩五国人士约200余人集合于纽约华尔道夫旅馆前后,手持各种反日援华旗帜,并散发抵制日货传单,向日本宣传团示威。当地群众同情围观者不少,街上行人愈聚愈众,该旅馆主人叫来警察到场干涉,警察到后问明事故原委,不特不予干涉,反指示示威群众站立演讲适宜地点。示威团遂举美国抵制日货委员会会长达第、美国教育会代表轩女士、中国人民之友社书记加劳女士、《先锋报》主笔陈其瑗、韩国援华会书记玄君等为代表团,入旅馆内向日本宣传代表、《日日新闻》总理质问日本侵略中国及残杀中国妇孺、难民之事,该总理无词以答。代表团退出后即在旅馆旁举行露天演讲,由各代表报告质问情形。群众听完报告,无不痛骂日本,同情中国抗战。②

1938年5月,纽约华侨救国筹饷总会得到总领馆报告,谓中国政府自台儿庄获空前大胜利后,即定5月3日至9日数日,通过海内外民众举行抗日大巡游,以振起全国抗日精神,争取最后胜利,

---

① 《倭寇宣传员抵埠激动公愤》,《世界日报》,1937年10月28日。
② 《美东美西同日向日代表示威》,《先锋报》,1937年11月18日。

即议决"五九"全侨抗日大巡游,遥为海内影响,并作国际宣传。① 5月9日,纽约全体华侨举行"五九"抗日大巡行,是日华埠所有商店一律休业,即各房口亦皆关门,故此次巡游,全体华侨一律参加,人数之多,为向来巡游所无。此次巡游,全埠华侨出动,但以民众组计,每组共6队,每队178人,10组共有9 000余人。此外有妇女队300余人,青年妇女提大旗队百余人,职员队四五十人,大中小旗队百余人,两唱歌队五六十人,参战军人队五六十人,抗日图画队50余人,醒狮队及武士队百余人,中乐仪仗队二三十人,侨生唱歌队四五十人,男女童子军百余人,两中乐队40余人,救伤车女看护队10余人,两扮色车20余人,各标语及图画车30余人。另有指挥队5人,总会帅旗数人,及10余副男女军乐队400余人,合计当有12 000余人。"此次巡游,队伍极长,历点余钟,绝无凌乱,况华侨精神壮旺,气象万千,自朝至晚,绝无倦容。"此次巡游,为向外扩大宣传计,由勿街经坚尼路街、布律委、稍化梨、市的、拿所、柏路而回华埠。此次巡游还谒见纽约市长乐嘉德,由筹饷总会主席致辞,由两男女童赠物,内有一联,曰:"增进中美友谊,维持世界和平。"此抗日巡游,所过各处,虽其时落雨,"然观者尚途为之塞,或则以精神赞助,或则以物质输将,当大旗经过布律委时,白银纸币,掷者纷纷,结果竟得八百余元"。② 救国青年团所唱之《义勇军进行曲》及《中国不会亡》诸歌,充满抗战意义,令人听之,恍如置身前线,尤令人兴奋,且声调极高,慷慨激昂,娓娓动听,无怪西人报以掌声也。至各图画,由名画家冯保罗主绘,而尤以撕毁九国公约一幅,在国际宣传为最有力量。若论队伍,则以华人退伍军人队为最出色,且

---

① 《纽约抗日大巡游之盛况》,《世界日报》,1938年5月13日。
② 《纽约抗日大巡游之盛况》,《世界日报》,1938年5月14日。

最易打动美人同情助我,盖此等退伍军人,为美国锋镝余生,汗马功劳,群皆景仰,故凡经各地,美人皆脱帽致敬,故以队伍论,以退伍军人队最有价值。此次巡行准备仓促,未遍请美东各埠华侨参加,而各埠华侨为爱国热情所动,竟不约而至,计纽瓦克有数十人,波士顿有阮本万等数人,即远如底特律、圣路易斯市,亦有华侨前来参加。① 此次万余华侨列队前进,步骤齐整,有条不紊,其所表现出来敌忾同仇的气象,深得筹饷总会"集合全体侨胞,发扬团结抗日救国精神"的意旨,充分展现了中华民族精诚团结、通力合作、组织精密、纪律严明、不懈奋斗、积极牺牲的民族精神。②

旧金山圣玛利中学之国乐班、醒狮团、童子军、游艺组等,于1938年曾赴西人社团演艺助庆,并向外宣传工作凡二三十次。1939年1月、2月间亦有8次。该校学生又先后参加金门万国博览会举行的国际儿童游艺大会、爱尔兰人在旧金山举行的大巡游、旧金山美人兄弟会演艺舞狮助庆等。③

1942年7月,旅美华侨统一义捐救国总会决定举行大规模"七七"五周年纪念活动,发动百万献金运动,还邀请27个同盟国国家领事及人民团体参加开抗战后华埠第一次国际性大巡游。7月3日,旧金山中华总商会委员长邝光林也代表该会发出通告,要求所属各侨商积极配合,踊跃捐输:"查本年七月七日,乃祖国发动全面抗战之五周年纪念,全国军民愈战愈强,故世界各国推崇备至。我侨商远处是邦,虽不能躬自参加前线抗战工作,最低限制,宜各踊跃输将,得以救济祖国伤兵难民。旅美华侨统一义捐救国总会业

---

① 《纽约抗日大巡游之盛况》,《世界日报》,1938年5月15日。
② 《万众一心空前未有的五九抗日大游行》,《先锋报》,1938年5月12日。
③ 《圣玛利中学注意向外交际工作》,《世界日报》,1939年3月17日。

已发起纪念'七七'大巡游,及劝募一日所得捐,为此通告所属侨商,请届期休业一天,俾店伴得以参加巡游,并请与总会合作,踊跃捐款。"①7月5日,中华总会馆发出通告:"旅美华侨统一义捐救国总会举行七七抗战五周年盛大纪念,普劝侨胞热烈献金,并邀请各同盟国领事及团体参加巡游,以广声援,为此特行通告,仰我侨胞届日踊跃参加巡游,并慨解义囊,俾集成巨款,以赈恤我受伤被难之军民,是岂特侨界之光,即祖国抗战前途,实利赖焉。"②

七七纪念中西大巡游于1942年7月7日下午7时出发,中西各界参加巡游队伍。大巡游由中华总会馆前出发,环唐人街巡游一周,至华人游戏场,举行纪念大会。大巡游共分领队组、省防军、同盟国组、工人组、本埠团体组、爱国团体组、华人组这七大组。该年因值同盟国联合作战之际,故纪念仪式不仅有各同盟国领事代表及民众参加,且情绪远较往年热烈。大巡游队伍仪容壮盛,28个同盟国旗帜飘扬于全华埠,中西人士参观大巡游者众,途为之塞,均充满敌忾同仇精神。③ 计参加队伍60队左右,参加巡游者有美、英、加拿大、荷兰、澳大利亚、比利时、菲律宾、墨西哥等22个同盟国及朝鲜等。每辆汽车均有其本国国旗标识,随后又有各国侨民队伍,均穿着本国服装,高举国旗及标语,象征全世界反侵略爱自由人类,与中华民族共同奋斗之伟大结合。后又有华系退伍军人及鼓乐队参加,充分展现中国与各友邦并肩作战的意识。同盟国及国际大队之后,各中西队伍依次而列。最后有华侨各团体队伍,各界爱国妇女百余人,平提中华民国青天白日满地红大国旗。此

---

① 《中华总商会通告》,《少年中国晨报》,1942年7月4日。
② 《中华总会馆通告》,《少年中国晨报》,1942年7月5日。
③ 《七七中西大巡游秩序》,《少年中国晨报》,1942年7月7日;《七七五周年纪念志盛》,《少年中国晨报》,1942年7月8日。

第五章　美洲华侨与战时国民外交　　295

外还有献金宣传播音车等。各参加之中西队伍中,以美国工业联合委员会所属各工会人数最多,充分表现联合助华与反侵略之热烈情绪。朝鲜侨美人民,亦以争取独立自由的激昂热情,男妇老幼均列队巡行,并高举韩国国旗及中美国旗,沿途所经,无不掌声雷动,表示欢迎此有历史民族之复兴。①

巡游后各队经检阅台,并表演各种体操技术。接着加州州长奥路臣、冯总领事、市长罗士、助华分会主席格林、救国总会主席邝炳舜,及同盟国领事团代表英国总领事菲沙等用英语广播演讲。演词激昂沉痛,除对中国抗战五年将士致敬外,并表示积极援华,同盟国家决心联合作战到底,摧毁轴心侵略暴力,奠定世界和平。②加州州长奥路臣演词译文如下:

> 今天本人代表全加省人民,一致对英勇抗战五年之中国人民谨致敬意!五年以来,中国人民不仅为本身生存而奋斗,且为我人而抗战。我人及全体同盟国家已认识此次大战,实由于日本首先向爱好和平之中国发动武力侵略而起,我人深觉对于野蛮暴戾之日本及轴心国家之危害,认识太迟,但现在我人已团结一致,并肩携手,对敌人作战,深信我人一定获得最后胜利。过去,我人未能以有效方法禁止一切对日接济及贸易,致令日本及轴心暴力得有制造凶残武器之物质,势成坐大。由于中国之惨重牺牲,及其在此次自由战争中之领导地位,我人已与中国及各同盟国联合,共同从事于为人道与正义而奋斗之战争。三藩市华埠过去与我人合作已有深长历史,

---

① 《七七纪念大会盛况详志》,《少年中国晨报》,1942年7月9日;《七七纪念大会盛况详志》(二),《少年中国晨报》,1942年7月10日。
② 《七七纪念大会盛况详志》(三),《少年中国晨报》,1942年7月11日。

现在我人更愿对中国人民宣布,廿八同盟国现在携手前进,已在胜利途中,并已积极援助中国驱逐敌人所必需之一切军器。美国之海陆空军已参加中国及各同盟国之战争。我人决奋斗到底,决不中途妥协言和,决不半途而废,我人决心驱逐敌人回窜东京,并摧毁轴心暴力,使其永不能抬头以扰乱世界和平而后已。①

冯执正总领事在七七纪念大巡游检阅台演词译文如下:

主席先生、奥路臣省长阁下、劳士市长先生,与联合国代表各位来宾:

在今日之大巡游中,我人联同向我为国牺牲之军民致崇高之敬礼,对尚在前线奋斗杀敌之勇士致鼓励之热情。五载以来我四万万五千万之人民,在蒋委员长领导之下,抗彼癫狂撕毁一切国际公法之兽军,为人类之自由与正义而战。我国人民所受敌军之蹂躏惨状,虽难形容,然我国将士以死有重于泰山之精神,勇往直前,毫无所惧,盖深愿牺牲"小我"之个人,以保存"大我"之国族也。

现在联合国之人民,并肩作战,相依为命,虽血泪洒草莱,亦所不辞,决竭全力勇往奋斗,摧毁轴心集体之暴力,而我人深知联合国一国之失败,即为我全体之失败,一国之胜利,即为我全体之胜利,盖休戚相关、利害与共之故也。我国有贤明之领袖,人民战志坚强,疆场将士用命,今日之所需求者,仅为我友邦应从速以大量之军械,协助我之抗战耳。我同盟国若能从速以大批轰炸机、战斗机,运华助战,则我人必能为联合

---

① 《七七纪念大会盛况详志》(五),《少年中国晨报》,1942年7月13日。

国转捩太平洋之战局,早日完成消灭倭寇之目的。①

据统计,此次旧金山救国总会七七献金成绩优异,超过原定募集国币 100 万元的目标,而达国币 150 万元。② 美洲其他各埠救国会也举办座谈或游行等纪念活动。纽约华侨筹饷总会与美国助华总会联合举行"七七周年纪念会",请中西各界名流演讲,发动当地人士捐款,共得"七七献金"国币 87 万元。③

另外,在"双十节"国庆纪念等节日,旧金山、洛杉矶、纽约、芝加哥等地侨团,也与当地政府或援华会合办或协办演讲会、巡游大会等活动,动员华侨输财出力,扩大国际宣传,并从事筹款工作。④ 有些巡游活动规模较大,可与"一碗饭"运动媲美。美国、墨西哥等地侨团还主动参加居住国的节日或重大事件的纪念活动,以便加强族际联系,开展国民外交。⑤

---

① 《七七纪念大会盛况详志》(六),《少年中国晨报》,1942 年 7 月 14 日。
② 《救国总会结束七七献金》,《少年中国晨报》,1942 年 8 月 24 日。
③ 《纽约筹饷总会七七献金已达国币八十七万元》,《少年中国晨报》,1942 年 7 月 23 日。
④ 关于旧金山华侨国庆纪念大巡游活动,参见《庆祝国庆及大巡游纪盛》(一),《少年中国晨报》,1942 年 10 月 13 日;《庆祝国庆及大巡游纪盛》(二),《少年中国晨报》,1942 年 10 月 14 日;《庆祝国庆及大巡游纪盛》(三),《少年中国晨报》,1942 年 10 月 15 日;《庆祝国庆及大巡游纪盛》(四),《少年中国晨报》,1942 年 10 月 16 日;《庆祝国庆及大巡游纪盛》(五),《少年中国晨报》,1942 年 10 月 17 日。关于洛杉矶华侨纪念国庆巡游活动,参见《罗省华侨筹备国庆巡游》,《少年中国晨报》,1942 年 10 月 6 日。《双十节罗省市政厅升中国国旗致贺 罗省华侨举行巡游盛况》,《少年中国晨报》,1942 年 10 月 14、15 日。
⑤ 有关美洲他埠华侨参加游巡活动情况,参见《祖笋华侨参加美国国庆巡游之光荣》,《少年中国晨报》,1942 年 7 月 25 日;《墨国尾利打埠华侨参加墨国国庆巡行》,《少年中国晨报》,1942 年 10 月 31 日;《顷城华侨国庆日参加慈善会大巡游》,《少年中国晨报》,1942 年 10 月 26 日;《珍珠港周年纪念大巡游》,《少年中国晨报》,1942 年 12 月 6 日;《墨国芝邑巴省华侨公立国民学校员生参加墨国独立完成纪念》,《少年中国晨报》,1942 年 11 月 14 日。

五、协办旧金山世界博览会

　　1939年旧金山世界博览会是美国华侨又一次充分把握而展开国民外交运动的时机。金门博览会开幕以来,日本运用大量金钱作种种虚伪宣传,并以博览会定4月29日日皇生日为"日本日",特从日本聘美女百数十人前来表演,并订购大批入场券,分送美国人士,邀请其参加庆祝会,企乘机作虚伪宣传,以遂其欺蒙国际之阴谋。旅美华侨统一义捐救国总会为此特集会并议决请华商展览场于是日举行救济难民日活动,在华展场作救济难民宣传,请各界人士伸出援手,而寓暴露敌人暴行之深意。救国总会筹备各种有意义的游艺,如音乐、舞龙、舞狮,及女子时装表演等,借以吸引多数西人游客同情。① 4月29日,旅美华侨统一义捐救国总会与华商展览场特于同日举行救济难民日活动,救国总会事先印就英文难民宣传品一万份,在场中张贴及分派,另制大饭碗两只,一置于正门之空地上,一置宝塔附近之花园中,由总会男女职员轮流看管。是日,除救国总会与华展场全体职员到场主持一切外,还有西报记者、大观影片公司职员到场探访及摄制新闻影片。是日游艺节目繁多,除华展场原有抬大竹、武剧、广东戏、傀儡戏、舞狮等外,还增加时装表演等。武剧每次将完场时用魔术变出"打倒日本"标语及中美国旗,观众无不鼓掌。② 救国总会中国难民日筹委会以时装表演向获西方人士欣赏,故特请方圆社领袖黄碧琴、方玉屏两女士负责筹办"云裳表演大会"。两女士本战时组织精神,短时间内邀集

---

① 《救国总会定倭皇生辰日在华展会举行救济难民日》,《世界日报》,1939年4月27日;《救国总会大规模筹备难民日》,《世界日报》,1939年4月28日。
② 《华展场难民日之情况》,《世界日报》,1939年4月30日;《华展场难民日之情况》(续),《世界日报》,1939年5月1日。

侨社富有热心爱国乐善之妇女 40 余人，妥备富有中国特色的各种服装，登台表演。参加表演者，以华贵雅丽的服装，表演中国的文化色彩，女红制作精致，颜色和谐，皆能随时代而进化。中国妇女服装，古香古色者，多绣有龙凤，因龙凤表示贵族阶级。次则绣有花卉蛱蝶，表示中国民族"一生爱好是天然"的崇高伟大思想。又次为绣有"福""禄""寿"等字样者，表示中国民族"善颂善祷"仁慈博爱之意。①

在博览会中，有华商私人经营的中国村，村中举行中国战争救济日活动，借以消除日本宣传的影响。而在旧金山水滨，则置有纠察线，反对战争物料运往日本。日本驻旧金山博览会办事员，备就精密程序向美国公众散发通告，以图博得美国人民同情。日本大使亲莅博览会，在宝岛战争纪念歌剧院中宴请宾客，欢迎美国高级官员、外国各办事专员以及旧金山民事领袖。美国中国战争救济联合会各会长明了此种宣传对于美国人心将有重大影响，乃访宝岛中国村管理人，准备在宝岛上举行"一碗饭宴会"，与日匹敌。此一宴会，较"日本日"博得美国人士更大的同情与援助，是日募得中国国币 4 万元。② 总之，该运动示威游行、募捐和阻运军火并行，事半功倍，成功瓦解了日本企图通过外交宣传麻痹美国人民的美梦，赢得了美国政界和人民的普遍同情与支持。

1940 年 6 月 18 日正午，金门博览会华商展览场为答谢中西各界赞助，招待中西各界领袖、报界记者，中西名流到者百余人。有旧金山三大华人电台同时广播。博览会总理马士刁演述，略谓博

---

① 《华展场难民日之情况》(三)，《世界日报》，1939 年 5 月 2 日。
② 《旧金山博览会中 美国人士鼓舞援华 华侨及美人举行对日示威 码头纠察队禁止军火运日》，《申报》，1939 年 5 月 24 日。

览会得华展场参加,获益匪浅。中美为两大民主国,友谊素隆。中国现因抵抗侵略的特殊环境,未能正式参加,幸有当地华商,组织此华展场,使中美友谊亦得于博览会中表现。美政府驻博览会代表企路演讲,谓美国人民对中国人民的英勇抵抗侵略,无限敬佩。美国人民应知今日不能独善其身,孤处一长城中而能安全,凡有益国家者,固应大胆表示,即对中国人民的抵抗日本侵略,亦应尽其所能,加以援助。《江尼古》西报总理演讲,谓金门岛中的华展场虽属一小事业,但足证中国在受侵略者摧残中,实具有伟大的建设及复兴能力,且对世界文化及和平有莫大的贡献。美国人民实不应以汽油、废铁及战争材料售与侵略国。① 从以上美国人士的演讲中可以看出,美国华侨充分利用展览会这一平台,对中国抗日战争进行了真实、全面的宣传,引发了美国人士对于中国抗战的同情与支持,取得了良好的效果。

总而言之,美洲华侨以各种形式向当地政府和人士宣传中国抗战,无情地揭露和抨击了日本发动侵华战争、蹂躏和屠杀中国人民的残暴罪行,热情地宣传和歌颂了中华民族奋勇抗日的正义斗争。这一方面唤醒了广大侨众,激发了他们抗日爱国的热忱,另一方面也博得了美洲人民对中国抗战的同情和支持,对后期美洲国家大规模援华运动起到了十分重要的推动作用。

第三节 "一碗饭"运动

在各种形式的国民外交工作中,以"一碗饭"运动最具代表性。美国一些正义人士鉴于中国惨遭日本空前的残暴侵略,爰有激发

---

① 《华展会招待中西各界志盛》,《少年中国晨报》,1940年6月21日。

义愤,筹办"一碗饭"运动,急赈中国难民之举。主其事者,为美国罗斯福总统之子小西奥多·罗斯福,联络全美相关人士,在纽约组立"美国救济中国难民联合会",各埠组织分会,以发起大规模的筹款运动,期集巨资。董事会成员由中美名士担任。"一碗饭"运动其意为每人节省"一碗饭"的开支,支援中国人民抗日战争。这一运动自发起之日便得到了包括华侨在内的美国各族群、各阶层的广泛支持和积极响应,成效颇为显著。本节以旧金山湾区"一碗饭"运动为中心,详细论述旧金山华侨联手美国援华组织为筹款救助中国难民而举办的三次大会,以此透视美国华侨的国民外交运动。

一、第一次"一碗饭"运动

1938年5月,美国筹赈中国难民联合总会通告各埠分会,报告全美筹赈中国难民情形,谓全美48个州已一致定6月17日为人道日,筹款赈济中国难民。旧金山分会以此事体大,非集合全力,不能收巨效,故特请旅美华侨统一义捐救国总会协助办理,以华埠为会场,举行"华埠之夜",借以吸引美国人士之注意,而勤力输将。美方由美国前总统胡佛、《旧金山纪事报》主编史密斯负责统筹策划,华方则由旅美华侨统一义捐救国总会及中华会馆牵头,92个华侨社团共同合作完成。运动前夕,中国驻金山总领事馆致函美洲各埠中华会馆:

> 近有救济中国民众联合大会,将于6月17日夕,举行全美国总集捐运动,预期于七百城市组织"一碗饭",团体一致发动,本馆鉴于"五九"纽约侨胞大游行之空前成功,深望全美洲各地侨界于该会大举以前,一致举行庄严盛大之游行,借资协助,宣传此举,固不限于积捐爱国之效用,且有反抗日本武力

侵略，及表扬中国民族团结之重大意义。①

旅美华侨统一义捐救国总会随后也发出布告，诚挚邀请美国各界人士前来参加：

> 中国人民现因抗拒强暴，为本身生存、人类正义及世界真正和平作英勇奋斗，死伤者百数十万人，流离失所者数千万户，折胆洞胸，啼饥号寒，惨不忍睹。贵国人民现为提倡人道举行"一碗饭"运动，为灾民请命，足见美国人民之爱好和平，主持正义。敝会谨代表全华埠九十一团体欢迎贵国士女于六月十七晚光临华埠参加盛大游艺会，无任感盼。此致爱护和平之美国人民。②

通告一出，时任旧金山的市长罗士立马表示支持，他说道：

> 作为（旧）金山市长，我注意到，我市将于六月十七日（周五）晚举行盛大"一碗饭"运动，用以救济中国因日本侵略而遭受战乱的妇女和儿童。在我看来，这是非常切合实际的。目前，中国平民救济联合会、劳工协会、商业协会以及各类社会救济组织正在抓紧行动，以作人道之努力。我在此宣布，六月十七日将作为（本市）"人道日"，全面致力于推动救助难民、反对战争和追求和平的工作。③

1938年6月13日，旅美华侨统一义捐救国总会为"华埠之夜"大运动向华侨通告三事，希各侨注意：

---

① 《驻金山总领事馆致各埠中华会馆函》，《少年中国晨报》，1938年5月29日。
② "Rice for the Bowls of China," *San Francisco Chronicle* (June 15, 1938).
③ "Rossi Proclaims Friday As Humanity Day in Rice Fete," *San Francisco Chronicle* (June 15, 1938).

(一)各商店原有各种反侵略宣传品,应摆设于铺窗最醒目地方,以广宣传,惟公众地方有违法律者,则请各界注意,勿擅行张贴。本总会现尚存硬卡片数十张,明日派员分送,希各商店领用。(二)请各界男女侨胞,勿着用日本丝袜、衣服、领带等,扩大抵制运动,而免贻笑西人游客。(三)为使华埠充分表现中国化精神,使西人游客对华埠留一深刻印象,请各界男女侨胞于该晚尽量穿着中国式服装。①

1938年6月17日当天,金山各侨团齐聚唐人街,敞开"国门",热切欢迎中西人士前来参观和募捐。西人方面,在《旧金山纪事报》主笔史密斯的组织协调下,已提前准备就绪。华埠乃事先预备好鼓乐队、提灯队、醒狮团、难民色车等各类活动所需,一应俱全,处处洋溢着中国色彩;著名影视演员关德兴(艺名为新靓就)也参加此次盛大活动,并扮演难民一角。② 唐人街内之通衢及里巷、街道房屋,处处都贴标语和楹联。所贴红纸楹联,皆可作抗日救国标语观。如孜修学舍之"人犹若此""我则何如",香亚茶室之头门"天怒人憎倭国贼""海深山重友邦情",室内茶话处之"筹一碗饭""捐五十仙",天民面店之"所求惟此一碗饭""胜利在后五分钟",及某住户之"每饭莫忘恩我者""痛心不共戴天仇"等等,皆语不离宗,富

---

① 《美洲举行"一碗饭"运动——三藩市"华埠之夜"盛况》,《华侨动员》1938年第10期,第15—17页;又见《"一碗饭"运动三藩市"华埠之夜"实录》(一),《少年中国晨报》,1938年6月19日。
② "Chinatown Holds Open House Tonight," *San Francisco Chronicle* (June 17, 1938); "Twelve Tongs to Participate," *San Francisco Chronicle* (June 17, 1938); "Sze-Sze, Chinese Lion, Aids Rice Bowl Fete," *San Francisco Chronicle* (June 16, 1938); "Rice For China's Bowels," *San Francisco Chronicle* (June 16, 1938).

有宣传效能。①

是日下午5时半,参加华人巡行队之各团体队伍,陆续齐集中华总会馆门前,依次乘车出发前往市中心区;6时半,华人巡行队已完全抵达市政府厅前,随即按编定次序排列;至7时,西人巡行队亦已先后聚齐,市政厅四周灯火齐明,庄严璀璨。将近8时,警察厅之播音车提前出动,以英语播音宣传,请市民往游华埠;8时屋仑码头号笛大鸣,盛大巡行即时开始。当晚的巡行秩序、华人队伍以及巡行标语如下:

巡行秩序:西人巡行队启行之时,由警察数名驶摩托单车作先导,在警察摩托单车队之前,有本埠消防队车开探射灯照耀前路。中西巡行队共分四大队:第一队为警察鼓乐队。警察厅长奎因(Quinn),高级警官、巡行总指挥茂路科烈等骑马随行;继为自由车队,市长罗西〔士〕及黄总领事朝琴同乘一车,消防队长勃连宁等乘一车,救济中国难民筹赈会职员数名同乘一车,旅美华侨统一义捐救国总会职员合乘数车。第二队完全为西人巡行队。参加者有派报之工人音乐队,森林会男女鼓队及操演队员,男女土生会鼓队,天主教男女青年会鼓队及操演队员,市政厅音乐队。第三队为华人巡行队,内置难民之大饭碗。第四队为西人巡游队,参加者有晓路士哈拔农人骑士队及西方骑士队。

华人队伍:领队前导者为穿古装华服之余群,司头锣及持罗伞者十二人随行;次为旅美华侨统一义捐救国总会,华埠之夜大运动筹备会职员队,约一百五十名;继为欢迎外宾莅临华埠之布制牌,以六人举之而行;随后为各团体参加巡行之队

---

① 《"一碗饭"运动华埠之夜实录》(四),《世界日报》,1938年6月21日。

伍,即中华音乐队、退伍军人会华系支会乐队及会员,圣玛利学校华服女生花球队及提灯队,圣玛利学校醒狮团,男女学生救护队及救护车,中国人民之友社飞机模型及该社中西社员,新靓就、靓少佳等领导大星星、胜寿年两班男女剧员及圣公会学校学童扮演之难民队,裕荣公司难民救伤车;华埠侨校男女学生联合鼓乐队,美以美及青年会童子军,圣玛利学校童子军,列治文中美学校军乐队及操演童队员,中华青年联合总会难民色车,名义寄庐醒狮团,加省乐居埠难民学校难民色车,随后又有两班粤剧员,所扮演难民队中之大饭碗一座,及琛记电光色车,统计华人巡行秩序共有二十余项目,参加人数约七百名……新靓就扮演一名山东大汉,独自肩担背负小孩四名,剧员数人以床板及小车抬受伤难民随行,靓少佳、靓次伯率领剧员扮演难民,牵大饭碗一座,沿途向观众乞求施赈,由琛记色车随后开大电灯照射,同时在车上鸣锣,并燃放爆竹,西人遂纷纷向"大饭碗"投掷银币,有如雨下。

巡行标语:"请帮助中国难民充满其饭碗""你们五毫银可买一百碗饭""五毫银可救中国难民的命""饥饿的中国难民需要饭食,你们帮助他吗?""数千万中国难民需要你们在今晚的帮助""一个仙可以供给中国难民一天的粮食""你们的五毫可以帮助人道日的成功""你们捐助中国难民米粮就是作和平努力"。①

9时许,巡行结束,华埠各种游艺活动遂相继开始。如国技表演在华人游戏场露天台举行。事前宣布员用播音机向众说明技击为中国国粹之一,中国大刀队在前线杀敌之壮烈,皆为素有技击修

---

① 《"一碗饭"运动三藩市"华埠之夜"实录》(一),《少年中国晨报》,1938年6月19日。

养所致,故一时引动西人观众源源而来,万头攒动。参加表演者俱为侨界素负盛名之拳术家,所表演各种技术,五花八门,美不胜收。其中最令人称羡者如静少芳的大刀飞舞与洪术拳,猩猩仔的长棍舞与洪门拳,李剑魂的二郎拳与奇门剑,刘维锐的洪门追打拳与长棍飞舞,李炳霖的连锁拳与达摩剑,黄沃的美人装香棍与翼德枪,李长焕的梅花棍,黄凤良的长凳舞,周启明的花拳与真军,新靓就的佛拳,周乾儒的木棍舞,及幼童刘鸿新、刘耀垣的对棍。以上演员,均尽力表演,各尽所长。每次演毕,掌声如雷。总之,此次国技表演,武术精湛,令西人得一深刻良好印象。①

是晚中西人士赴华埠参观者,万头攒动,人山人海,摩肩接踵,街道水泄不通。据警厅报告,该晚游客人数,9 时已达 15 万人,10 时 25 万人,10 时 45 分约 30 万人,较预定之数超出四五倍,诚华埠有史以来所仅见,亦足见美国人士反对日本暴行、同情中国之一斑。②

据《旧金山纪事报》记载:

> 是日,前往唐人街参加者,不下二十万人,各处通衢,人山人海,拥挤不堪,各项车辆均无法通行。警察亦束手无策。多数出口轮船,亦因之临时延期驶出。一日之中,共募得捐款五万余美元。其他各城市参加者人数,纽约有三万余,本雪文尼亚州萨兰登城有两千五百余,亚拉巴马州白明汉城有一万余。华府方面,是由社会党与各工会在中心区某大饭店举行跳舞会募捐,参加者亦甚众。主特基州路易维尔城美国劳工联合会,与工业改进会所属各工会领袖,共同主持此项募捐运动,

---

① 《"一碗饭"运动华埠之夜实录》(三),《世界日报》,1938 年 6 月 20 日。
② 《"一碗饭"运动华埠之夜实录》,《世界日报》,1938 年 6 月 18 日。

成绩极佳。①

全美 48 个州中,同日共有 20 个城市举行此项运动,参加者100余万人,募集款项国币 100 万元。有趣的是,此次"华埠之夜",节目中设有"临时法庭"一项,用于出售人道襟章,每枚 50 美分。"法庭"约法三章:(一)凡入华埠者,不论中西人等,必须悬挂"人道"襟章,方准游行道上;(二)进入华埠的中西男女,必须以维持人道为宗旨,遵守华埠统一义捐总会规定的法则;(三)来游华埠的中西男女,允宜大解金囊,尽量献金,务求贮满大慈大悲之大饭碗,用以救济五千万被难灾黎,使之免受饥饿之凄苦。② 对不遵章办理者加以罚款,但被罚者皆面有喜色,开世界任何法庭之先例。

此次旧金山"一碗饭"运动,由中美两国民众本精诚团结、亲善互助之精神,竭力合作,筹赈惨遭日本残酷迫害的中国难民,其规模空前,其意义非表面 5 万美金赈款,而在于充分表现华侨精诚团结,全体动员之事实。很多侨团和个人任劳任怨,担任各项繁杂工作,踊跃输财出力,也通过该运动向西人展现中华优秀文化、中国民族的抗战精神,以及中国人民遭遇日本侵略的处境,让更多西人了解中国抗战的局势和意义,取得他们对中国抗战的理解和支持。

---

① "300 000 Throng Chinatown For Rice Bowel Fete," *San Francisco Chronicle* (June 18, 1938); "S. F. Tops 700 Cities in Gifts to Rice Bowel, $55 000 Raise at Festival," *San Francisco Chronicle* (June 19, 1938); "Chinatown Filled For Gay Festival," *San Francisco Chronicle* (June 18, 1938); "$50 169 Collected in Rice Bowel," *San Francisco Chronicle* (June 26, 1938);《美人伟大同情 二千城市举行一碗饭运动 募款救济我难民成绩良好》,《申报》,1938 年 7 月 17 日。"本雪文尼亚"即宾夕法尼亚,"亚拉巴马州白明汉城"即阿拉巴马州伯明翰市,"圭特基州路易维尔城"即肯塔基州路易斯维尔市。

② "Humanity Badge Sale Continues," *San Francisco Chronicle* (June 18, 1938);《临时法庭之有趣威严:三藩市"华埠之夜"》,《华侨动员》1938 年第 10 期,第 19 页。

二、第二次"一碗饭"运动

1940年新春之际,"一碗饭"运动在旧金山再度上演。事前,组织方就在旧金山湾区四处广播,向华侨及美国友人传播唐人街将于2月9日至11日再次举办"一碗饭"盛事的讯息。① 接着又将日程安排予以公布,号召湾区民众前来参与。具体日程如下:

表5-1 1940年2月9日至11日旧金山"一碗饭"运动日程表

项目	时间			地点
	2月9日	2月10日	2月11日	
时装表演	21:00—22:00	20:00—22:00	20:00—22:00	圣玛丽礼堂
音乐和歌曲表演	19:00—1:00	19:00—1:00	19:00—1:00	格兰特街、杰克逊街
街头嘉年华	18:00—1:00	18:00—1:00	18:00—1:00	克莱街、萨克拉门托街
杂技表演	21:00—22:00	20:00—21:00	20:00—21:00	唐人街广场
临时(人道)法庭	21:00—1:00	21:00—1:00	21:00—1:00	格兰特街、华盛顿街
戏剧表演	22:00—23:00	21:00—22:00	21:00—22:00	唐人街广场
乐队演奏	21:00—1:00	19:00—1:00	19:00—1:00	格兰特街、萨克拉门托街
艺术展览	19:00—23:00	19:00—23:00	19:00—23:00	(中国)基督教青年会

---

① "Radio Joins in Boosting Benefit Fete," *San Francisco Chronicle* (February 7, 1940).

续表

项目	时间			地点
	2月9日	2月10日	2月11日	
烟花表演	23:00	23:00	23:00	布伦罕姆广场
舞狮和武术表演	—	22:00—24:00	22:00—24:00	唐人街广场
舞蹈表演	—	19:00—1:00	19:00—1:00	(中国)基督教青年会
龙狮表演	—	—	14:00	唐人街广场
物品拍卖会	—	19:00—24:00	19:00—24:00	韦弗利广场
游行	—	—	15:00	唐人街广场

资料来源:"The Program for Three Days of Festivities," *San Francisco Chronicle* (February 9, 1940); "The Complete Program Today and Tomorrow," *San Francisco Chronicle* (February 10, 1940).

2月5日,为顺利开展"一碗饭"运动,中华总商会发布通告,要求各华商一律遵守以下几点:(一)各商店在大会未开幕以前,应尽量上足货物,以减少会期内之车辆拥塞;(二)各商店宜将门面及饰窗内一切积秽清除,尽量装饰,及张灯结彩,以壮观瞻;(三)所有店员,其有美丽华服者,在大会期内,取出穿着;(四)各商店切勿将爆竹售与西友,及未成年之男女,免其随意燃烧,而致发生危险;(五)该会印备英文请帖,及请求西友捐助函。如有商店或侨胞欲请其西友参加庆会,或请其捐助者,可到该会取用;(六)华埠各商店在会期内请一律开门营业,每晚最早亦要10点方可休业,但在15、16、17三天,则应提前下午5时收市,以资调剂;(七)经旅美华侨统一义捐救国总会决议,及该会同意,请各商店将会期内的零售生意收入,照规定抽出,拨交中西人士同办之一碗饭筹赈大会,以表中美合作之诚意。①

---

① 《金山中华总商会通告》,《世界日报》,1940年2月11日。

2月9日晚,第二次"一碗饭"运动拉开帷幕。这次活动复制了第一次运动的程序与辉煌,并在之前的基础上增添了新的内容:烟花表演、大旗帜(45英尺×75英尺)、物品拍卖和舞龙表演。① 烟花表演定于每晚11点准时进行,在烟花的照耀下,唐人街一些预先设计好的展览和图案将一一呈现在观众面前:国民政府委员长蒋介石和罗斯福总统握手的合影、中国战区难民惨状展览、中国抗战战绩展览、大饭碗。② 这些图片的展示,不仅无情地揭露了日本法西斯蓄意挑起战争的事实,还将中美两国的深厚友谊生动地再现出来,为动员美国民众慷慨解囊、支援中国抗战发挥了重要作用。

　　在此次运动中最受瞩目的还是属各类物品的拍卖。拍卖会由乔治·爵先生主持,数十家企业予以赞助,物品涵盖观音像、宝石、玉环、金杯、花瓶、书画、剧院门票。③ 拍卖后的各项资金将兑换成现金上交救济难民委员会,然后统一汇回中国。

　　除此之外,龙狮表演也是本次活动的亮点之一。龙狮作为中华传统文化的象征,一般只有在春节和重大场合才能出现,此次旧金山筹办"一碗饭"运动正值新春佳节,故在此上演龙狮意义非凡。它不仅预示着在新的一年里为华人带来祥瑞,更重要的是还能为

---

① "S. F. Welcomes Annual Rice Bowl Party: Glamorous Inaugural Fete in 1938 Vividly Recalled," *California Chinese Press* (May 2, 1941).

② "Cool Figures in Flame Will Light the Sky," *San Francisco Chronicle* (February 9, 1940).

③ "The Auction: Ten Teams of Block and Hammer Men Will Call Sales," *San Francisco Chronicle* (February 9, 1940); "Kuan-Yin, Above the Crowd, Smiles at Bidding and Sales," *San Francisco Chronicle* (February 10, 1940).

身处战乱中的中国难民募集大量救助资金。① 接连三天,整个旧金山华埠热闹非凡,处处人满为患。据当时报纸记载,参加本次运动人数,不下 40 万人;至于募得善款方面,旧金山湾区约 75 000 美元(最后统计数据为 86 000 余美元),全美其他华埠 55 000 余美元。②

旅美华侨统一义捐救国总会鉴于友邦人士人道正义之光辉,与华侨救国热忱之高涨,赞助合作,完成伟举,在运动结束当天,发表恳挚之中英文宣言致谢中西各界。英文宣言发刊各西报,中文宣言如下:

> 中国为民族生存、国际和平之正义圣战,早为世人所周知。此次本会联合友邦人士举行第二次一碗饭筹赈大运动,连续三日,参加士女,达三四十万众,尤足证友邦人士之正确认识,真切同情。凡此人道正义之光辉,与侨胞之爱国热忱,益足坚强抗战必胜、建国必成之信心,固不仅难胞受惠已也,本会于感慰之余,谨对此次中西各界,直接间接参加工作,报效人力物力捐助赞助,俱致其最恳挚之谢忱。③

这是继 1938 年后的第二次大规模募捐运动。此次大会筹备数十日,动员数千人,复得数十万慈善士女之热烈赞助。此次"一碗饭"运动,初定募捐 75 000 美金,实际成绩达 8 万多美元。在各

---

① "Lion Dance: Here Is the Inside Story," *San Francisco Chronicle* (February 11, 1940); "The Dragon Had a Busy Time," *San Francisco Chronicle* (February 10, 1940).

② "More about Chinatown's Record Party," *San Francisco Chronicle* (February 12, 1940); "$75 000 S. F. Party Fund Tops Nation," *San Francisco Chronicle* (February 13, 1940); "But San Francisco Has a Quota," *California Chinese Press* (May 2, 1941).

③《总会致谢中西各界赞助》,《中西日报》,1940 年 2 月 12 日。

项收入中,出售人道章所得最多,达 46 389.26 元,中西捐款救济箱、商业部征收华埠营业义捐等也较多。参加人数也超过第一次运动的 30 万人。① 统观各项成绩,无不暗合救国总会所预期,而大会树立的三大目标,即筹募巨额赈款,扩大对外宣传,及繁荣华埠商业三者,亦均一一达到,足证华侨伟大的团结力量。② 此次运动从组织策划到实际举办都得到了中西友人的广泛支持和帮助,正如中国战事救济委员会方主席(B. S. Fong)的感谢辞所说:"'一碗饭'运动之所以取得成功,应归功于《旧金山纪事报》主编保罗·史密士和中国平民救济协会的联合领导,以及美国人民直接或间接的支持。"③

三、第三次"一碗饭"运动

1941 年 5 月,第三次"一碗饭"运动在旧金山再次上演。4 月 24 日,旅美华侨统一义捐救国总会联同中华总商会发布通告,规定一碗饭会商店报效赈款:

> 第三次一碗饭筹赈大运动,现定五月二日三日及四日一连三天,在华埠举行,届时华埠全部装饰,并有各种室内室外游艺,预料将来有中西人士数十万人参加,华埠商业必见旺盛。兹经本会等商定,依照去年成例,华埠各项商业,在该三日内营业收入,酌提一部为赈款。④

---

① 《一碗饭运动大会实得美金八万一千余元》,《世界日报》,1940 年 2 月 25 日。
② 《第二次一碗饭大会连日举行盛况详志》(九),《世界日报》,1940 年 2 月 19 日。
③ "S. F. 's Chinese Thank the City for Its Support," *San Francisco Chronicle* (February 12, 1940).
④ 《救国总会 中华总商会会衔通告》,《少年中国晨报》,1941 年 4 月 27 日。

4月25日,加州州长奥路臣致函救国总会,宣布自4月28日至5月3日,为加州"一碗饭运动周"。其函如下:

> 照得美国医药助华会为救济中国难民起见,过去三年,每年在美国各埠举行一碗饭运动大会,华人在加罅宽尼省朋友颇多,故一碗饭运动,募捐成绩,为全美各省冠。美国人民之传统慈善心,加以美国政府援助被武力侵掠国家的公开国策,对于筹款救济中国战区难民之一碗饭运动,受良心之驱使,本年尤应踊跃赞助。根据上述所言,本人以加罅宽尼省长之资格,郑重公布,由四月廿八日起,至五月三日,一连七天,是为加省"一碗饭运动周",同时请求我们全体公民在此期内,尽力捐输,筹集巨款,以完成救济中国难民,及无家可归之妇孺的善举。①

旧金山救国总会为第三次一碗饭运动大会,筹备数月,动员2 000人,规模异常庞大。《少年中国晨报》记者草拟大会各部分楹联。中华会馆楹联为:

> 中美本共和友邦,义赈三次,令五千万战区灾民,向罗上校虔申衔结;
>
> 华日无妥协余地,抵抗四载,合九十六侨众团体,拥蒋委座宏济艰难。

游戏场牌坊楹联为:

> 西欧变局,十五国受敌沦亡,幸宗邦焦土图存,战绩盛传新大陆;

---

① 《加省省长宣布"一碗饭周"》,《少年中国晨报》,1941年4月28日。"加罅宽尼省"即加利福尼亚州。

北美同侨,二千人动员筹赈,荷群众捐金纾难,义声横溢太平洋。①

救国总会宣传部在"一碗饭"运动前,除每晚在救国总会中美亲善播音台、金星播音台及西商电台用中英语广播"一碗饭"运动外,还利用广告宣传,将印有各种富有意义的标语及美术牌,分布于各街车、火车,与全市各街头之西报售报摊位;又连日分派播音车巡行全市各处,鼓吹友邦人士踊跃到华埠参加"一碗饭"大会,协助各售章员劝销人道章,以使大会能圆满成功,筹集大宗赈款。救国总会宣传部还在开会前,遍请该埠附近各西报记者、美国各重要通讯社驻旧金山记者,及各播音台播音员到华埠参观,并设招待处于三民主义青年团楼上,以供其休息及作访问新闻之所。查一连四晚,被邀请而到宣传部办事处者,共 200 余人。②

中国驻美大使胡适特为大会发来电文表示祝贺:"中国之抗战,深得美民之同情与拥护,斯不特为中国本身之原因,抑以中国之抗战,乃人类自由和平,抗拒残杀破坏暴力之远东堡垒。中国之抗战,盖全部人道战争之一环也。予相信,唯中国抗战之世界意义,乃使三藩市暨屋仑、卜技利,及列治文诸友华,在过去之数年中,尽心尽力致力于中国之筹赈工作。诸君历次举行之一碗饭运动,均有异常之成绩,予对诸君之刚毅热诚,谨伸谢忱,并望此次一碗饭大会有更大之成功。"③

运动当天,唐人街别有一番景象。整个华埠到处打着"庆祝一

---

① 《三藩市救国总会第三次"一碗饭"筹赈大会联语》,《少年中国晨报》,1941 年 5 月 2 日。
② 《救国总会举行第三次一碗饭大会盛况》(六),《少年中国晨报》,1941 年 5 月 9 日。
③ 《救国总会举行第三次一碗饭大会盛况》(二),《少年中国晨报》,1941 年 5 月 5 日。
"卜技利"即伯克利(Berkeley),"列治文"即里士满(Richmond)。

碗饭运动成功"的标语,其主干道格兰特街已改名为蒋介石路,斯托克顿街也改名为林森路,就连燃放烟花爆竹的布伦汉姆广场也被重新命名为重庆路,西媒是日刊出的报道文章直接以《你现在中国》冠名。① 华侨商店、剧院、餐馆等场所都如前两次一样,充斥各色人群,时装表演、中国音乐、中西武技、人道法庭、美术展览、中国烟火、舞狮、大众跳舞、文艺演出、拍卖活动等节目层出不穷。在此次运动盛行期间,涌现了许多感人的场面:

> 设在旧金山唐人街天后庙街之拍卖场,所拍卖货物,系由中西各界及商户所捐送,用以拍卖,所得之款,为赈济中国难民。是晚虽寒雨纷纷,而在场人数,照常踊跃。如鸡蛋一个,香蕉一只,竟售至五元。又香蕉一打,计卖出又复送回。侨商李策解囊以35元购一粒花生,场众为之鼓掌如雷。周勤生夫人以50元、李定夫人以51元,各购葱头十磅。②
>
> 一个名叫休(Soo Hoo Shew)的商人成功拍到一件价值510美元的金盾,后听拍卖委员会说585美元刚好是1 000元国币,可以救济1 000个难民,于是多追加了75美元,最后以585美元成交。另外,很多价值低廉的物品也以极高的价格拍出。如10磅重的洋葱拍到108.5美元;按打出售的香蕉以每个5美元出售。③

所有这些,无一不体现美国人民同情和关爱中国受难民众之心。据不完全统计,截至5月6日凌晨,旧金山共募得各项资金93 029.65美元,远远超过预期。详细情况见下表:

---

① "You're in China Now," *California Chinese Press* (May 2, 1941).
② 《救国总会举行第三次一碗饭大会盛况》(五),《少年中国晨报》,1941年5月8日。
③ "H. K's Column," *California Chinese Press* (May 9, 1941).

表 5-2 第三次"一碗饭"运动各项募捐数额

项目类别	总金额(美元)
人道襟章出售	46 925.16
捐款	10 622.45
餐券、票券	10 883.88
临时(人道)法庭	3 964.56
拍卖	3 902.85
出售国旗	5 589.02
花车	7 862.94
其他各项估计	3 278.79
总计	93 029.65

资料来源:"The Results: $100 000 Rice Bowl Goal to Be Surpassed," *California Chinese Press* (May 9, 1941).

至于美国其他城市,其收获也颇为丰厚。

总而言之,"一碗饭"运动为抗战时期美国华侨开展的一次比较完全的国民外交活动,具有持续时间长、参与人数多、覆盖阶层广的特点。它于 1938 年在旧金山发源,后在美国全境推广,在多地产生了联动效应,掀起美国社会支援中国抗日的浪潮。一般来说,华侨人数较多的华埠,如纽约、芝加哥等地,其开展的"一碗饭"运动规模较大,影响深远。而一些华侨人数不多的小埠,则需要联合邻近的其他小埠,共同举办"一碗饭"运动。如加州乐居、汪古鲁、葛仑三埠就由当地侨团联合组织举办①;加州斐市那、轩佛、孖写、勿爹罉、快些梨五埠侨团联合成立筹委会,与西人共同举办"一

---

① 《大坑三埠侨胞举行"一碗饭"运动之热烈》,《少年中国晨报》,1938 年 6 月 27 日。

碗饭"运动①；加州市连拿(沙林纳斯，Salinas)、挖慎委利、纲自李三埠联合，共同举办"一碗饭"运动②。

关于"一碗饭"运动的成效，从旅美华侨统一义捐救国总会于1938年6月24日动员各埠开展该运动函件中可见一斑："查我国抗战以来，深获国际人士同情，精神物质，积极援助，以支持我国抗战者，所在多有，尤以最近敌机连续狂炸广州，惨绝人世，舆论一致抨击，美国人士，素以爱护和平，主持正义著称，迩来反对侵略，提倡人道运动，日见高涨。美国政府外交政策亦渐趋强硬。最近'一碗饭'运动，普遍美国，成效卓著。如三藩市'华埠之夜'大运动，参加者达三十万人，筹得赈款五万金，足见美国人士同情中国之一斑。此种国际人道正义之表现，影响美国外交政策，及国际动向者至大，其有助于我国之抗战，尤非表面数万赈款已也。"③实际上，这一运动不仅为祖国募集了大量捐款，而且对美国上层及广大民众进行了一次声势浩大的舆论动员，其政治意义和经济意义一样重要，可谓一举两得。

第四节 阻运军用物资赴日

日本生产资源极其匮乏，绝大部分军事物资必须仰赖外国供给。太平洋战争爆发以前，美国保持中立，不断向日本法西斯输送军事原料，这无异于做日本侵略中国的帮凶。为此，美国华侨开展

---

① 《斐市那 轩佛 孖写 勿爹罅 快些梨策动一碗饭筹赈之热烈》，《少年中国晨报》，1941年4月13、14日。
② 《市连拿、挖慎委利、纲自李三埠一碗饭大会之联谊盛宴》，《少年中国晨报》，1941年4月29日。
③ 《救国总会通告各埠举行"一碗饭"运动》，《少年中国晨报》，1938年6月27日。

了如火如荼的阻止军事原料赴日的运动,以切断日本军用物资补给的生命线,从而间接支援中国抗战。这一运动不但可以唤起美国民众的注意,而且还能对主流社会产生蔚为可观的影响。

七七事变爆发不久,美国就发生了名噪一时的"广源轮案"。广源轮号,系日商以中国烟台永源公司名义向美国苏登克里相森轮船公司购置所得,原名为爱娜克里相森(Edna Christensen),后改名为"广源轮"。1937年8月,广源轮号试图将2 000余吨的废铁运赴日本大阪制造军火。该轮船长、机轮长及大副均为日本人,二副以下及船员20人则为华人。当时中日战争已开,旧金山领事馆以该轮运铁赴日为通敌行为,乃将案情电呈外交部,建议将其扣留或征用。这一事件引起了国民政府的密切关注,蒋介石遂启动了《军事征用法》,将该轮征为国有。该船滞留美国期间,当地华侨奔走相告,大力支持,与日对簿公堂,最终在黄朝琴总领事的带领下取得完全胜利,成功阻断了废铁运日的恶劣行径。据《广源轮案》记载,华侨在此次阻拦广源轮船运铁赴日过程中发挥了较大作用:"广源轮初泊港内,首感困难有三。一曰监视问题;二曰交通问题;三曰伙食问题",旧金山"华人虾寮工会,有会员六十余人","华人虾寮九家,每家皆有汽艇,散在该轮停泊附近。自本案发生,虾寮工友不仅无形中为该轮唯一监视人,不使该轮被日人船长偷开出港,即岸上与轮上之交通,一切消息之传递,亦皆惟虾寮工友之汽艇是赖。其后事态扩大,金山华侨各界同情于我英勇海员之抗日,又纷纷赠送物品,如食物、燃料、衣服、用品之类"。①

1938年12月,希腊货轮"市拜路士号"自洛杉矶码头接载废铁5 000余吨,续抵旧金山,停泊第45号码头,继续接载废铁运往日

---

① 黄朝琴编:《广源轮案》,北京:中国书店2015年版,第80、5、80—81页。

本,并将不日开行。时西人抵制日货委员会号召中西人士举行大规模纠察运动,借以阻止运铁赴日,时间定在16日。旧金山华侨以此等废铁,系用以制造军械,残杀中国人民,决定以华人联合会名义热烈参加。是日参加纠察者达千余人,男女老幼均有,群情汹涌。两名华人手举中美国旗为前导,其余各手执标语牌,或标语带,列队巡行于码头外。标语大意是"停止废铁运日""反对侵略者""供给日本废铁无异帮助日本残杀中国人民""购买日本货即系残杀中国人民"。旅美华侨统一义捐救国总会主席邝炳舜、救国总会对外宣传科主任李泮霖、华工合作会主席彭飞及救国总会职员等多人,指挥纠察工作。纠察运动持续至11时许,见有火车一列,拖带废铁火车三辆运入码头,12时各码头工人放工午膳时,纠察员即高呼口号:"请各码头工人参加纠察""停运废铁上船"。该船为一万吨之大货轮,上有中国海员许忠礼等三人。三海员获悉该轮载铁赴日消息后,即登岸至救国总会及总领事馆,表示拒绝回轮工作,要求黄总领事援助,向该轮船公司交涉,停止赴日。① 12月17日参加纠察者尤为热烈,圣马利、南侨等校员生千余人参加,总计全日参加纠察者达5 000人以上,为自有纠察运动以来空前盛况,引动全埠注意。救国总会以此举为千载一时机会,密切与各西报及各无线电播音台联络外,并供给三大通讯社消息,使之广传全美及全世界。② 12月18日大雨淋漓,道路泥泞,各男女群众,均依时齐集,尤以女青年会、叱咤社、基督联会、长老会女馆、建中学生等为最热烈。抵码头后,即列成图阵,循环进行,男女华侨均衣服尽湿,身上所挂红字标语,因雨湿褪色,成为血布,俨如战场无数将士

---

① 《三藩市中西群众大举纠察运铁轮船情形》,《世界日报》,1938年12月17日。
② 《中西纠察运动愈形扩大》,《世界日报》,1938年12月18日。

之浴血杀敌,而大雨不息,各人面上雨珠,又有如热泪,诚所谓如血如泪。各人冒雨巡行数小时,仍毫无倦容,有老年女侨胞多人,虽系昔年缠足而后解放者,不良于行,亦参加巡行。若干老年侨胞,驼背鹤发,状似龙钟,亦与青年壮年侨胞同到纠察队中。各界华侨以男女群众多人,自晨起即行纠察,饥寒交切,纷纷捐赠各项食品。① 华侨妇女雷陈氏,任多利公司职员,为尽国民一份责任,冒寒风,御冷雨,抱病参加此次纠察运动,致伤寒病重,后不幸身故。②

1938年12月,旅美华侨统一义捐救国总会以美国国会下月开会,为乘机扩大宣传,印备对外宣传函件6 000份,及请求美总统修改中立明信片6 000份,分寄全美各地同情中国西人签名寄发,以表示民意。救国总会以此次纠察大运动,收获空前宣传效力,故将该项函件赶速印就,继续发寄。查该函大意系说明美国售军火原料与日本,无异为侵略中国之帮凶,请明达之美国人士,自行制止此种非人道之贸易。③

自纠察运动发生后,工人停工,船务公司以与码头工会订立合约为理由,胁迫工会履行合约开工,不得擅自停工。码头工会以船务会态度强硬,一方面顾虑合约之法律责任问题,及工人之实际生活;一方面为同情中国,当即举行会议,议决即去电美国总统、外交部长、工务部长、商务部长等,请示办法:

> 二千余中国侨民妇女儿童及同情中国之美国人民,纠察市拜路士号载运废铁赴日,阻止我人工作,船务联合会现限工

---

① 《中西男女冒雨继续运动》,《世界日报》,1938年12月19日。
② 《华工合作会妇女协会联合纪念雷陈氏追念大会宣言》,《世界日报》,1939年1月21日。
③ 《总会发对外宣传函六千份》,《世界日报》,1938年12月28日。

人立即开工,请总统立即宣布载运军火原料赴日,否则太平洋商务将受大影响,劳资将发生大纠纷,请政府立即有所行动,并请复电指示。①

从此电可知,该纠察运动已收获成功。此次纠察运动,其意义在引起码头工人的同情心与美国人民的注意,进而推动美国外交政策的转变,并非单独阻止该船运铁赴日问题,因事实上美国几无日不运废铁及军用原料赴日,市拜路士号仅其中之一船而已,故纠察运动目的不纯在阻止该船之运铁,而在借此作广大宣传。

对于中美纠察队的举动,世界各地纷纷拍报以示赞扬。同时美国民众数百人,对于准许战争原料之运往日本,特向罗斯福总统及代理国务卿威尔斯提出反对,并催请立即禁止此种运输。

如火如荼的中西群众纠察运铁助敌轮船的大运动,因船务联合会以全港胁迫工人开工,恐累及旧金山同情中国的全体工人生计,不得已暂停纠察,改为示威运动,另筹扩大宣传工作。1938年12月21日,西人抵制日货委员会及华人联合会联合发表英文宣言:

> 数日以来,三藩市华侨及同情中国之美国人士,在四十五号码头,纠察希腊轮船市拜路士号。蒙码头工人之同情,自动停止装载旧铁,使美国人士更深切感觉,运载旧铁赴日,用以制造子弹,实无异帮助日本残杀中国无辜人民。然在此现行美国法律之下,虽有此种国际同情与认识,仍未能阻止不道德之贸易,而此种贸易即为残杀中国人民者。此次纠察运动之表示,我人深信非仅我人之纠察而已,同情于中国者,实尚有

---

① 《纠察运动尖锐化 船务会以封全港迫工人开工》,《世界日报》,1938年12月20日。

千千万万之美国人士,而此千千万万之同情中国之人士,正渴望国会明悉此种对日本军火原料之贸易之严重,而急欲有以纠正之。①

总之,此次示威游行运动,不仅得到了美国各界的广泛同情,而且还在美国政界引起轰动。

1939年初,洛杉矶华侨拒日会接到该埠援华会纠察大运动案,经大会议决全体总动员之计划,准于1月20日始,连续三天,每日8点起,齐集中华会馆门口乘车,以便9点抵步码头,与西人会齐进行纠察工作,计每天分作三批,第一批11点至6点,第二批由6点至翌日2点,第三批由2点至10点。为统一华侨纠察运动,洛杉矶华侨拒日会发出通告:"凡各姓界各社团等,须自行竭力搜集人夫,不拘男女老幼,尽量劝其参加工作,惟须自行编列分批,以期踊跃,更须先列名单报告为要。凡来参加者,由该团体自己派出队员,以十人编一人为队员,以便次序整齐,而壮声势。凡各男女学生,须尽己所能,鼎力劝助,以尽国民天职,而各学校教职员等,更须热烈参加,自行领导儿童,表示诚意。"②

1939年1月20日晨8时,参加纠察运动的华侨在中华会馆前集合,男女老幼编队出发,分乘大巴士15辆,开往郎必治码头。另各华侨开私家汽车前往参加,会同西人男女,分批轮流工作,彻宵达旦。每批数千人,手持标语,高呼口号,循纠察线巡行示威。标语注明"实行杯葛,制裁暴日""向美政府请愿修改中立律""禁运废铁军用品,速行经济绝交,使侵略野心之国,无所施其伎俩"。1月21日晨8时,各侨鹄立中华会馆门口出发,虽大雨滂沱,仍更热烈,

---

① 《纠察停止后扩大宣传工作》,《世界日报》,1938年12月22日。
② 《罗省总动员纠察资敌轮船》,《世界日报》,1939年1月20日。

争先恐后上车,齐往码头接访。各学校教员,领导男女学生列队,次第上车。街市农产商会各侨商,宁愿牺牲个人商业,勤力工作,日夕无时休息,奔驰往复,如捐款、征求报效粮食、担任车货来往,不独输财出力,对外宣传及交际种种,厥功甚伟。①

波特兰华侨救国统一会自1939年3月4日起,动员全埠华侨举行大规模纠察希腊船公司货船丁士的惕号(Ann Strathatos)载运废铁资敌行为,直至16日凌晨2点始行自动撤退,计前后共历13天,为全美国各地华侨纠察时间最久者,深博中西人士同情,在对外宣传上,可算获得空前伟大成功。② 为扩大宣传,借以激发友邦人士对中国之同情,进而使其实力援助,该会还与波特兰政、教、工、学诸领袖合作,在市立公共大会堂开民众大会,当时参加市民数达2 500余。该市学务委员会主席波林夫人、救国统一会会长李廷栋、西雅图中国友谊会主席彭佩市利、码头工会主席布鲁市等出席,并相继演说,均主张援助中国,制裁侵略,及绝对同情码头工人停止落铁,主持正义。③

美国华侨开展阻运军用物资赴日运动也在美国其他港口城市开展起来。在西雅图,日轮海安丸也被华侨和当地人士阻截,一无所获离去。④ 在华盛顿,地巴利号货轮载运废铁500吨赴日,被中西民众阻拦未能成行。据不完全统计,美国各大港口华侨阻止货轮运日的抗日活动至少在10次以上。⑤ 这些行动的有序进行,使得美国运日军火原料大为缩减,削弱了日本侵略中国的军事力量,

---

① 《罗省华侨热烈纠察详志》,《世界日报》,1939年1月24日。
② 《砵仑华侨纠察运铁已告结束》,《世界日报》,1939年3月25日。
③ 《砵仑华侨纠察运铁之宣传》,《世界日报》,1939年3月14日。
④ 华侨革命史编纂委员会编:《华侨革命史》下册,第655—656页。
⑤ 刘伯骥:《美国华侨史续编》,第574—577页。

间接地支援和配合了祖国的抗日战争。

美国华侨阻运军事原料赴日的行动,是华侨团结一致、对外斗争的一个缩影,它充分表现了广大华侨强烈的爱国心和民族责任感。在运动过程中,华侨社团、援华团体以及其他同情中国的组织和个人都积极参与,有效地制止了美国继续输送军事物资往日的恶劣行径,极大地削弱了敌人的军事实力,积极配合了祖国的抗日救国斗争,对日后美国改变中立政策、调整对华政策起到了十分重要的推动作用。

总之,抗战时期美国华侨团体、各侨领及普通华侨在中国政府及相关人士的积极引导下,在国难时期利用其在地化优势,为中国抗战开展舆论宣传,以文字出版、街头演说、游行示威等方式,一方面通过对抗型国民外交,无情地揭露日本政府和在美日人对其侵华行径的虚假宣传和粉饰;另一方面也积极大力开展合作型国民外交,向美国总统、政府表达中国政府和人民对日侵略的立场和态度,联络国会上下院议员,在国会作援华言论与提案,联合西人举行纠察运动,均尽最大努力,收到了良好成效。各地的"一碗饭"运动,多由华侨赞助,取得了巨大的反响,不仅为国内战场筹集了巨额资金,更有力地宣传了中国抗战的正义性,展现了中华民族的优秀文化与精神风貌。美国华侨开展的国民外交运动,有力地驳斥日本侵略者的虚假宣传,在一定程度上弥补了中国政府外交的不足,改变了一些美国人的对华态度,为国际上孤立日本帝国主义,为中国赢得国际舆论同情、争取美国援助、壮大中国抗战实力,发挥了独特作用。抗战时期美国华侨的国民外交运动,也在一定程度上改变了美国社会对华侨的态度和看法,促进了美国华侨与美国当地社会的融合,有助于其在美国的长期生存和发展。

第六章　美洲华侨的航空救国运动

"航空救国"是指中国近代发展过程中,中华民族的有识之士和广大民众,通过促进中国航空事业发展以救国救民的革命思想和实践。"航空救国"最早由孙中山先生提倡和发起于清末,在抗日战争时期发展至顶峰。在此过程中,美洲华侨很早就参与到航空救国运动中来。九一八事变爆发后,海外华侨群情激愤,发出"舍航空无以救国"的呼声,通过组建航空救国团体、兴办航空学校、筹款购机、回国服务等方式将航空救国运动推至顶峰,为捍卫我国领土和领空,打击侵华日军作出了重大贡献。

第一节　美洲华侨航空救国运动缘起

早在1900年到1920年间,美国夏威夷和旧金山地区一些华侨飞行员就返回中国进行飞行或者创建航空公司,后经孙中山及国民党海外组织的宣传和支持,逐步形成了蔚为大观的华侨航空救国运动。

一、孙中山与美洲航空救国运动的兴起

孙中山对航空事业在革命中的重要性有着非常充分的认识,

曾不止一次对航空人才的培养、航空机构和空军部队的建立及飞机的生产制造等事宜进行阐释和论述。1910年5月31日,孙中山在从檀香山前往日本的旅途中,复函李绮庵时说:"飞船练习一事,为吾党人才中不可缺,其为用自有不可预计之处……兄既有志此道,则宜努力图之。"①1915年2月20日,孙中山在致函南洋革命同志时,特意强调他们要协助美国华侨飞行家谭根在东南亚的飞行活动:"兹有同志谭根为飞行大家,声誉著于世界……不日前往南洋各埠飞演,并拟就南洋演技筹款,开办飞行学校……飞行机为近世军用最大利器,谭君既有此志,于国家前途,吾党前途,均至有裨益,用特预为介绍于诸同志,倘谭君到时,尚祈费神招待,并希代为设法开场试演,劝销入场票位。"②1921年7月8日,他在致廖仲恺的信中,谈到其拟就的国防计划中关于发展航空事业的九条设想:(一)各军港、要塞、炮台、航空港之新建设计划;(二)发展航空建设计划;(三)举行全国国防总集员之大演习计划;(四)向列强定制各项海、陆、空新式兵器。如潜水艇、航空机等,以为充实我国之精锐兵器和仿制兵器之需;(五)聘请列强军事专门人员来华教练我国海、陆、空军事学生;(六)组织海陆空军队之标准;(七)我国之航空建机计划;(八)训练不败之海、陆、空军队计划;(九)列强之远东远征空、海、陆军与我国国防。③ 这是孙中山关于发展中国

---

① 黄严:《孙中山航空言论辑录》,关中人、[加]帕蒂·哥莉编,谢昂译:《五邑华侨与中国航空》第1卷(中国航空第一市),中国航空史研究会、恩平市政协文史委员会2003年版,第33页。
② 黄严:《孙中山航空言论辑录》,关中人、[加]帕蒂·哥莉编:《五邑华侨与中国航空》第1卷(中国航空第一市),第34页。
③ 黄严:《孙中山航空言论辑录》,关中人、[加]帕蒂·哥莉编:《五邑华侨与中国航空》第1卷(中国航空第一市),第35—36页。

航空事业的系统设想。

孙中山不但在理论上强调航空事业的重要性,还在革命实践中对学习航空技术的革命同志给予鼓励和支持。早在辛亥革命前,孙中山就鼓励华侨青年学习航空技术为革命效力,以振兴中华。1910年3月,孙中山在檀香山极力倡导当地华侨创办"飞船制造公司",并鼓励他们学习航空技术。1911年8月,孙中山命美洲致公堂黄三德、同盟会会员李是男等在旧金山合设洪门筹饷局。9月,美国芝加哥同盟会成员梅培建议组织飞机队,请由筹饷局拨款购机,并雇佣美国机师回国参与战事。此后,梅培经过一个多月的努力,雇佣美国"飞机工程师维尔霍斯(Wilcox)一名,及购置寇蒂斯(Curtis)厂制单翼飞机六架"①。1914年,孙中山在日本建立中华革命党,并将培养航空人才、建立空军力量作为革命工作的重要内容。次年,孙中山在日本友人梅屋庄吉的赞助下在日本八日市创办了"中华革命党航空学校",并亲临训话,谓"飞机将是未来战争决胜之武器"②。

为了进一步发展中国的航空力量,培养华侨航空人才,中国国民党在美洲地区建立了多所航空学校。1916年在孙中山的授意和支持下,在美国华侨的捐助下,国民党美洲总支部委任黄伯耀为校长,在美国加州红木城(Redwood City)飞行场创立"美洲飞行学校"。学校聘请美国飞行家为教练,开设了驾驶、建造、修理三门课程。华侨青年陈庆云、张惠长、叶少毅、陈乾等均在该校接受过训练,并相继于1917年毕业。其中部分学生被分送至美国纽约寇蒂

---

① 冯自由:《革命逸史》上,北京:新星出版社2009年版,第381页。
② 毕居正:《孙中山的航空救国思想及其影响》,《军事历史》1993年第3期,第10页。

斯飞行学校学习。① 在加拿大,中国国民党于1919年5月至1922年间在萨斯喀彻温省(Saskatchewan)萨斯卡通市(Saskatoon)建立了强华航空学校,招收来自中国国内及美国和加拿大两国的中国青年,训练航空人才。

为响应孙中山的号召,美国各地的国民党支部积极筹款组建航空学校,培养航空人才,如1916年旧金山的民强航空学校,芝加哥的民智航空社等都是在这一背景下建立的。此外,美国芝加哥国民党分部还办有航空训练班,并有党员被送入美国飞行学校学习。②

1919年,在孙中山"航空救国"思想影响下,美国华侨在旧金山组织成立了图强飞机公司,购有新机两架,并招生训练。③ 图强飞机公司是集航空人才培养和生产飞机于一体的航空机构,具有培养航空人才和制造飞机的双重目的。公司创办人主要有陈树苹、蔡司渡、杨仙逸等10人,赞助人主要有谭学徐、周崧、李是男等95人。④ 这些人均为美国旧金山地区的华侨。如作为该公司主要赞助人之一的周崧,祖籍中山沙溪龙头环村,是当时旧金山地区的著名侨商。周崧的父亲周简廉,曾在中山设馆授徒。周崧自幼随父就读,誓言"若我得考,当振兴教育"。长大后,周崧前往美国经商,创办中兴公司,成为华侨富商,为当时旅美华侨中知名的企业家,曾任旧金山美洲同盟会评议员,国民党驻美国总支部委员。周崧热心捐资助学,曾在家乡中山和美国加州分别设立周崧学校,吸收

---

① 刘伯骥:《美国华侨史续编》,第668页。
② 刘伯骥:《美国华侨史续编》,第668页。
③ 刘伯骥:《美国华侨航空救国的事迹》(上),《广东文献》第10卷第2号,第2页。
④ 中国航空工业史编修办公室编:《中国近代航空工业史(1909—1949)》,北京:航空工业出版社2013年版,第38—39页。

家乡和加州的华人儿童接受教育。抗日战争时期,周积极捐资支援抗日,被聘为国民参政会第二届参政员和侨务委员等。①

毕业于这些航校的华侨航空生,大多回国参与了孙中山领导的革命活动,为中国革命事业作出了重要贡献。据冯自由记载,自1911年辛亥革命至1920年间,美洲华侨革命党员曾五次组织空军支援孙中山的革命事业,"一为民元南京总统府之飞机队,二为民三美洲救国社之训育航空人才,三为是年孙总理对于谭根飞机队长之委任,四为民五山东潍县之中华革命军东北飞机团,五为民九讨桂逐莫之飞机队"②。清末民初第一个驾驶自制飞机在中国飞行的美国华侨冯如、第一个制造出水上飞机的谭根、参与1920年广东讨伐军阀莫荣新之役的美国华侨杨仙逸等,都是在孙中山先生的影响和鼓励下回国发展中国航空事业的。

二、南京国民政府对海外航空救国的宣传和支持

1927年以蒋介石为核心的南京国民政府成立后,高度重视航空事业,并在海外华侨中积极宣传和推动航空救国运动。1932年国民政府派遣曾任代理外交部部长的李锦纶为"华侨宣慰使",同时又派时任军政部航空署第六队队长黄毓沛赴美宣传航空救国,登记华侨航空人才,以便征召回国服务。③

为了进一步鼓励和促进发展航空事业,南京国民政府专门成立了中华航空救国协会和全国航空建设协会等机构。中华航空救国协会系"民众团体性质",是在国民政府航空署的指导下,由商

---

① 中山市地方志编纂委员会编:《中山市志》下,广州:广东人民出版社1997年版,第1460页。
② 冯自由:《革命逸史》上,第382—383页。
③ 吴剑雄:《海外移民与华人社会》,第239—240页。

界、实业界及海外侨界代表组织筹备,成立于1933年1月1日,在工作重心上偏重募款、购机,以"辅助政府扩充空军之用"。全国航空建设协会成立于1933年5月20日,是"政府机关",侧重于"党政军警及各机关公务员飞机捐之征收",以"集合全国官方力量,努力于航空建设"为宗旨。① 1936年9月16日,为了集中力量发展中国航空事业,国民政府决定将中华航空救国协会和全国航空建设协会合并重组,成立中国航空建设协会,专门负责推进全国航空事业。该团体成立后,积极筹设海外分会,寻求华侨支持,在推动海外华侨参与航空救国方面起到了重要作用。

1932年"一·二八"事变后,中国航空建设协会发起献机运动,号召全球华侨献机救国。中国航空建设协会呼吁海外华侨集中力量协助祖国建设空军,并向海外各直属支会颁发《海外捐款奖励条例》,规定"凡独立献捐达国币10万元者,得以捐款人之姓名,命名飞机一架";凡支会或区会筹募会金捐款达40万元、120万元、360万元不等者,可用该地区或地方华侨的名义为各队命名。② 中国航空建设协会海外分会还积极开展航空人才培养活动,为中国航空事业输送人才。如中国航空建设协会直属旧金山支会曾积极举办航空技术培训班,"普及航空知识,及灌输青年以航空兴趣,鼓励航空工作",热烈欢迎各有志航空的华侨青年参加,且不收学费。③ 除了中国航空建设协会外,抗战时期,中国滑翔机总会还专门设有滑

---

① 严斌林:《1935年武汉放空展览会研究》,硕士学位论文,华中师范大学中国近现代史专业,2013年,第19页;熊斌:《抗战前后中国航空建设协会述论》,《山西档案》2016年第2期,第178—179页。
② 中国抗日战争史学会、中国人民抗日战争纪念馆编:《海外侨胞与抗日战争》,北京:北京出版社1995年版,第243页。
③ 《航空会工作近讯》,《世界日报》,1938年9月2日。

翔机劝募委员会,向海外募捐。该劝捐委员会还向美国华侨劝募500架滑翔机器材。①

美洲国民党海外支部因应国家发展的需要,响应国民政府的号召,积极指导和推动美洲华侨社会成立航空协会和学校,培养华侨航空人才。早在1927年1月,国民党洛杉矶分部就发起成立了洛杉矶中国航空同志会,通过筹款购买飞机等方式开展航空救国活动。② 1932年1月31日,砵仑美洲华侨航空救国会筹办航校第二期之际,位于该埠的国民党支部领导组织成立了美洲华侨航空救国义勇团,并筹得4100余元经费。③ 该团推举代表李玉聘回到南京会见陈树人,决定捐助飞机12架,并派遣飞行技术精良的华侨80人返回祖国,驾驶飞机奋勇杀敌。④ 1941年国民党中央海外部又发起"一元献机"运动,同样获得海外华侨的热烈响应。⑤

抗日将领、地方政府也积极派代表远赴海外向华侨宣传航空救国。"一·二八"事变之后,驻守于上海的十九路军奋起反抗日军的进攻,极大地提振了中国人民反抗日本侵略者的信心和士气,但由于日军在空军方面的优势,失去制空权的十九路军处境极为艰难。十九路军军长蔡廷锴亲自写信请美国华侨筹款购机,以压制日军的空中优势,其去函全文如下:

---

① 中国抗日战争史学会、中国人民抗日战争纪念馆编:《海外侨胞与抗日战争》,第245页。
② 《罗省中国航空同志会筹备之经过》,《民气日报》,1927年2月24日。
③ 刘伯骥:《美国华侨史续编》,第678页;刘天同:《美中芝加哥地区华侨爱国运动纪实》,《美中新闻》,1999年7月23日。
④ 张世均:《欧美大国和华侨对"九·一八"事变的反响》,《世界历史》2001年第4期,第59页。
⑤ 中国抗日战争史学会、中国人民抗日战争纪念馆编:《海外侨胞与抗日战争》,第243页。

> 金山中华会馆诸同胞鉴：暴日侵沪，经我军抗御，屡挫其凶焰，不任其得我寸土，惟其空军肆虐，炸毁我工业中心寓居九十万人之繁盛闸北，及我有名之有数大学，及文化机关，今又于乡村任意残毁，殊堪痛恨。查日本空军速力，每小时不过行一百七十余英里，而美国新机每小时已能行二百余英里。现拟在美购战斗机八架，驱逐机六架，毁炸机十架，组织一中队，以与之抗，有利器则不难对付，此项新机，据在沪调查，约需美金七十万元。素仰吾侨爱国热诚，昭善世界，敬恳尊处就令美侨胞，会同加拿大、古巴、墨国侨胞，用迅速方法，筹集此数，购赠政府，此种实际爱国工作，想吾侨必乐援助，请即调查上项机最快速度价值若干，尊处能捐助若干，速行电告，以电分头向各处募集，以足其数，及派人来美接洽。国家安危在此一举，谨电待复。①

鉴于广东籍华侨众多，且财力可观，1932年，广东空军司令部特派广州空军总司令张惠长夫人薛锦迥、空军第二大队司令胡锦雅及空军政治训练处主任余兆祺等组成宣传团，"募款购买飞机，以充国防"。宣传团前往美国各地"宣讲十九路军作战之经过"及日本"并吞台湾，次及朝鲜，三入东三省"的侵略行径。宣传团特别强调了空军和飞机的重要性，指出"惟现在作战之精利者，莫如空军，以我国空军，比之倭奴，实有霄壤之别，是故急起直追，积极扩充，冀挽兹危局"，"又谓飞机之利，在战时固可以杀敌，如无战争，则用之为交通……极言振兴航空，为救国之唯一要图"。宣传团受到了中华总会馆及拒日后援总会的热情接待，对美洲华侨积极捐

---

① 《蔡将军电请侨胞筹款购办飞机》，《世界日报》，1932年3月1日；《蔡廷锴将军致华侨之公函》，《公论晨报》，1932年3月1日。

款支持十九路军抗战,起到了较好的宣传和推动作用。①

三、美洲华侨航空救国意识的觉醒和发展

由于孙中山对"航空救国"不遗余力的提倡和宣传,再加上20世纪二三十年代中日矛盾的加深,以及国民政府对海外侨社支援祖国抗战活动的宣传和策动,海外华侨在发起抵制日货运动,组建拒日会、后援救国会等组织的同时,"遵照孙中山先生航空救国之遗训,提倡'舍航空无以救国'之口号",积极宣传和实践航空救国的意义和价值,"侨社思想亦为之一变"。②

1912年中华民国成立之后,华侨青年对学习航空的兴趣逐步增加,他们或成立航空学会,或自行组织航空学校(训练班),或进航空学校学习,拟通过学习航空技术,推动中国航空事业的发展。洛杉矶华侨指出,飞机之于中国至少"大有裨于国防""有裨于交通""有裨于治安","飞机为适应时势之怪物,已为世界各国所公认。我国处此环境,正宜急起直追",并号召华侨,"政府既锐意经营,国民应竭诚赞助……愿作前驱"。③

1928年5月,日本侵略者制造了震惊中外的济南惨案,美国纽约华侨基于义愤,发起组织美洲华侨航空救国会,"一方联络航空界及与航空有关系之科学专门人才,研究航空学术,以期将来对祖国有相当之贡献;一方联络有志航空青年及热心同情于航空事业者,协助国府,谋中国航空事业之发展"④。

---

① 《拒日会欢迎三代表演说》,《公论晨报》,1932年3月14日;《张夫人等来美筹款购飞机》,《公论晨报》,1932年3月13日。
② 刘天同:《美中芝加哥地区华侨爱国运动纪实》,《美中新闻》,1999年7月23日。
③ 《罗省华侨航空救国大运动宣言》,《民气日报》,1927年2月24日。
④ 《旅美华侨航空救国热》,《民气日报》,1928年7月19日。

20世纪30年代,随着日本对华侵略的加深,以及世界航空技术的日渐发达,华侨对航空救国运动的认识和实践有了新的发展。一般而言,1931年九一八事变之前海外侨胞的航空救国活动多是侨胞的个人行为,影响力较大的侨团尚未参与进来,因此关于航空救国的活动当时也未得到侨社的大力资助。但九一八事变后,中国国内关于抗日战争的宣传日盛,海外侨界对航空救国的认识也进一步提高,"舍航空无以救国"的思想得到了快速传播和认同。

1931年九一八事变之后,海外华侨社会群情激愤,纷纷为驱逐日本侵略者建言献策。有美国华侨呼吁:"国危矣,家亡矣,祸已迫于眉睫矣,吾同胞其将何以自处乎,曰实行武力,驱逐倭寇出境一也;厉行对日经济绝交二也;从速组总侨胞航空救国会,训练航空学生回国参加对日战争三也。在此三者,则家可保,国可全,不共戴天之仇可雪,否则国破家亡,危在旦夕,吾同胞其猛醒,吾同胞其猛醒。"[1]纽约反日救国会发起创办航空学校,"并四处筹款,向当地定购新式战斗机,聘请美国富有经验航空教员为教授",拟在最短期间内培养3 000名航空人才。砵仑、旧金山、洛杉矶、檀香山等地华侨"变卖产业为国输将者有十余人之多,而自愿加入航空学校为决死队者共计有五千余人"。[2]

美洲华侨认为飞机是中国对战日本强敌的制胜法宝,对于推动中国的国防、交通、治安发展具有重要意义,纷纷呼吁通过航空救国方式驱逐日本侵略者。美洲华侨航空救国会呼吁:"国危矣,家亡矣,吾同胞宜猛醒,急起直追,共图挽救矣。其将何以挽救乎?则莫若航空之快且捷,亦莫若飞机之美且善也!同人为增厚空军

---

[1]《砵仑华侨拒日救国后援会成立宣言》,《公论晨报》,1931年10月19日。
[2]《广州民国日报》,1932年1月7日。

实力，以固国防计。"①洛杉矶华侨认为飞机在保家卫国的战斗中必不可少，"上海中倭之战，与现在倭寇侵热之战，飞机之作用，已有最显著之明证。我国现处于强邻压境之秋，非扩充空军，不足以图存"②。

华侨对空军在中国战争史中地位的认识也颇深刻。有华侨指出，"昔以长城为我国百撼不摇国防线，今则虽有铜墙铁壁亦不能禁制敌人之来侵。昔日攻守，止于海陆，今则扩展于杳冥之上。昔日交战，只限于沙场之一隅及少数之士卒，今则及于交战国全境与全体人民。是故自有空军创立以来，战争方式全部变化，而攻守之势，胜负之机，亦与畴昔迥然不相同。"③

许多华侨认为只要有了空军，中国便可以对日本本土进行空中轰炸，进而可以快速消灭日本侵略者。美国洛杉矶航空会的筹款宣言称："今惟有一途，足以战胜日贼者，端赖飞机，盖古者战争，重在陆军，近世战争，重在水军，尤其是重在飞机。查飞机在军事上之重要，已为世人所公认。吾人若欲炸沉倭奴三岛，雪我不共戴天之深仇，只须训练航空人材四千，战斗机二千架，每架配足机关枪两枝，猛烈炸弹五百磅，集中吾国渤海，战事一发，同时动员，先以东京为目的地，次炸横滨神户长崎，想倭奴住宅，多由木质构成，苟遇暴烈火性，势必燎原，区区三岛，其不变成灰炉者几希？"④费城华侨宣称："训练强健的空军，预备参加太平洋上之第二次世界大

---

① 《美洲华侨航空救国会缘起及简章》，《公论晨报》，1931年11月13日。
② 《罗省华侨组织航空学校》，《世界日报》，1933年3月18日。
③ 黄伯英：《立体化我国战斗力》，中国航空救国协会美洲总分会编：《航空救国》，《中国航空救国协会美洲总分会特刊》，1938年8月13日，第7页。
④ 《罗省华侨航空会筹款宣言》，《世界日报》，1931年11月13日；《公论晨报》，1931年11月14日。

战,灭了三岛之倭寇,清除世界之蟊贼,复我东省之领土,雪我空前未有之耻仇,实不能稍缓须臾也。"①纽约华侨指出,通过举办航空学校,"训练空军劲旅,日贼纵然占据我国,美洲华侨之空军可以救回祖国,驱逐日寇,并可炸碎区区三岛之贼巢,雪空前之奇耻大辱,还我祖宗遗落之锦绣山河"②。从美国砵仑华侨拒日救国后援会的成立宣言中,我们可以一窥当时美国侨胞对航空救国运动的认识:

> 曷言乎从速组织侨胞航空救国会,训练航空学生回国参加宣战,夫日寇所恃以欺我者,唯兵利甲坚,飞机战船而已。但此次战争,彼攻我守,而战区又在我国境内,海军战舰无所用也,倘我国陆军空军势力,能与彼抗,则日寇虽悍,恐亦难施其技俩。现我国陆军计有二百万,皆属百战健儿,锋镝余生,与日寇对抗,自能一战……惟可虑者,空军缺乏,无力助战,若敌机来袭,势难应付,故目前唯一要图,厥为加紧训练航空学生,购置飞机,增厚空军势力。查国内现有航空学校,只广东一间,而规模狭小,造就人才,究属有限,至技术粗浅,更不待说,所以海外侨胞,亟宜从速组织大规模之航空救国后援会,募集巨款,购置飞机,设立华侨航空训练所,挑选华侨弟子,加紧训练,以备送回祖国参战。③

在中国遭受日本侵略的生死关头,许多美洲华侨青年抱着"为我国家争地位,为我民族争生存,为我国民争人格"的理想和信念,将自己的志趣放在"学好飞行技术,报效祖国"上。洛杉矶华侨航空会会员谢恩良,为了学习飞行理论和技术,先后在洛杉矶尊尼亚

---

① 《费城华侨宣传航空救国》,《世界日报》,1932年1月19日。
② 《纽约抗日救国演讲大会》,《公论晨报》,1931年10月17日。
③ 《砵仑华侨拒日救国后援会成立宣言》,《公论晨报》,1931年10月20日。

大学专习飞机工程,"对于机身构造、飞行原理、发动机及气象学等科,极有心得",并在课余时间进入"菲烈飞行学校练习驾驶技术",且所有费用全由其"课余工作,赖以自给,生活非常清苦",但见到日军侵略中国日甚一日,故"宁减衣缩食,抱百折不回之志,专心苦习",希望将来为国效力。① 美国华侨女飞行员张瑞芬说:"鉴于祖国多事之秋,认定航空救国为唯一之目标,是以不计学费之艰难,由林肯航空学校毕业后,再从陆军飞行专家教授各种飞行术,费五年时间,实地练习,领得国际飞行执照,始能参加是次飞行比赛大会,并望将来得有机会,飞回祖国,效力疆场,以尽匹妇救国之责,庶不负我怀抱。"② 她回顾自己最初的志向时说:"原在广州时,(我)专志研究音乐,到美国后,仍追求原有课程。自九一八国难发生,妹受此种刺激,感觉航空救国为我国唯一之出路,由是变我初衷,转学飞行,费五年苦工,实地练习,略得相当成绩……自后对国对家,断不负我亲爱伯叔婶母、兄弟姊妹所期望,仍望各本此志,父勉其子,兄勉其弟,注重飞行,使我全国成为航空化,东北失地,不难在短期间收复矣。"③

第二节 美洲华侨航空救国运动的主要内容

从孙中山不遗余力在海外宣传航空救国,到抗日战争全面爆发后航空救国运动达到顶峰,美洲华侨主要通过成立航空救国团体、航空学校、筹款购机、回国服务等方式开展航空救国运动,极大

---

① 《中国飞行学生之苦学》,《世界日报》,1931 年 12 月 6 日。
② 《龙冈亲义总公所欢迎张瑞芬》,《世界日报》,1936 年 8 月 6 日。
③ 《龙冈亲义总公所欢宴张瑞芬》,《世界日报》,1936 年 8 月 8 日。

地支援了中国抗战。

一、成立航空救国团体

鉴于飞机在中国抗战中的重要性,美洲华侨成立了专门的航空救国团体。1931年10月,美国洛杉矶华侨"对于东三省为倭奴强占,莫不义愤填胸,佥以航空为救国要图",遂成立航空会,并选举临时干事、中文书记、西文书记、理财员开展日常会务,"征求会友,研究航空实习",为祖国抗战作贡献。① 美国砵仑中华航空学生会青年对日本发动九一八事变表达了极大愤慨,表示"日贼此次侵略我满洲,残杀我同胞","誓与倭贼不两立",时刻准备报国杀敌,"对于飞行已卒业者,亦加紧操练,并议决联合该埠华侨所组之航空救国会,俾将来一致回国与日贼决一死战"。② 随后,砵仑中华航空学生会联合该埠华侨男女各界组织美洲华侨航空救国会,举定埠中热心国事者为筹办委员,③以"专办航空救国事宜",负责培养航空人才,以及负责"筹款购机"等事务。④ 11月,南美智利华侨在"外患日亟、国家危亡"的背景下,在"要齐齐起来救国,更且要迎头赶上去,发展航空,就是救国的唯一捷径,也是我们应尽的责任"的呼声下,组织了"旅智利华侨组织航空救国协会"。⑤ 12月,旧金山华侨航空青年组织三藩市中国航空联合研究会,并建章立制,进行

---

① 《罗省华侨组立航空会》,《公论晨报》,1931年10月8日。
② 《砵仑中华航空学生会对日之愤激》,《公论晨报》,1931年10月20日。
③ 《美洲华侨航空救国会成立》,《公论晨报》,1931年10月28日。
④ 《航空救国会派员劝捐》,《世界日报》,1931年12月7日;《美洲华侨航空救国会筹捐处成立》,《公论晨报》,1931年12月8日。
⑤ 《旅智利华侨组织航空救国协会宣言》,《少年中国晨报》,1931年11月27日。

第六章　美洲华侨的航空救国运动

筹款,以图购机组设航空学校。①

美洲华侨成立的航空救国团体起到了统筹协调当地华侨开展航空救国运动的作用,其日常活动涵盖筹款购机、培训航空人才等,最终目的是推动中国航空事业的发展。其中,培养航空人才是诸多规模较大航空救国团体工作的重中之重。中国航空建设协会美洲总分会成立后统一领导旧金山各华侨航空学会,"力谋集中力量,加强组织及推动各项工作不遗余力",在会员扩充和航空人才培养方面,"成绩可观,极为侨界所赞许"。② 其中,在人才培养方面,该会聘请了美国空军少尉为飞行教师,在旧金山市南飞行场对学员开展飞行训练,并在每周二和周四的晚上8点半"分别教授气候、航线、原理等科"。③ 同时,该会"为适应各同学将来回国服务之需求起见,故特添设国语班",在每周三和周五的晚上8点半授课。④

各地航空救国会课程,大同小异。所有课程大致分为两类,一为航空理论,二为空中驾驶实践,涉及航空、天文、航线、交通法则、高飞摄影、掷炸术等。旧金山飞鹏航空学会的主要课程有驾驶、航空掷炸、航空射击、航空无线电、航线、气象、机身构造及修整等。⑤ 旧金山航空学会所授课程皆以美国航空课程为蓝本,如"航空商业交通学,根据美国现行之条例以符美国飞行牌照之规章","所有之航空术,皆取法于美国现行最良善之公立私立之军事制度"。⑥ 洛杉矶华侨航空会练习所"每晚附设夜学在会所,由教师葛治讲授航

---

① 《美洲三藩市中国航空联合会简章》,《公论晨报》,1931年12月12、13、14日。
② 《中国航空协会美洲分会近讯》,《世界日报》,1938年4月4日。
③ 《航空会工作近讯》,《世界日报》,1938年9月2日。
④ 《中国航空协会美洲分会近讯》,《世界日报》,1938年4月4日。
⑤ 《华侨飞鹏航空学会成立》,《世界日报》,1933年2月11日。
⑥ 《三藩市旅美华侨国防空军宣言》(二),《公论晨报》,1932年4月17日。

空、天文、航线、交通法则等学术,及飞行技术"①。

关于各地华侨航空救国会的宗旨、组织结构等,由砵仑美洲华侨航空救国会的章程可见一斑。该会以训练航空人才,对外为巩固国防,对内为发展航空事业,永不参加任何政争内战为宗旨;设理事会为执行机关,内设理事九人,由会员大会选举之,再由理事互推主席一人,秘书一人,财政一人;凡爱国青年,思维清新,身体健全,品行端正,无不良嗜好,经理事会之认可,及有股商保护者,均得谓练习生,不收学费;凡练习生须受理事会之指挥,学满毕业后,须在该会服务三年,并由该会酌给薪水,但在对外战争时期,薪饷则由政府支理,服务期满,自由受聘于别种机关,唯该会加聘时,仍要先就该会职务。该会计划实施步骤有三:(1)先在最短时间,购置练习机两架,聘请专门教师,专司教授事宜;(2)练习生学成后,再由该会资助,以求深造,及研究军事战斗术;(3)设立飞机制造厂,以为国防航空实力之补充,及制造民用飞机发卖,以为营业,或设学校教练青年,以期中国航空之势力宏大。②

总之,美洲各地航空救国团体是美洲华侨开展航空救国运动的专门机构,是美洲华侨办理有关航空救国宣传、捐赠、人才培养的最主要的组织者和联络者,对美洲华侨航空救国运动的开展起到了重要的组织和推动作业。

二、创办华侨航空学校

九一八事变之后,由于中国空军力量弱小,无法应付日本空军

---

① 《罗省华侨航空会练习所近况》,《世界日报》,1932年5月2日。
② 《美洲华侨航空救国会缘起及简章》,《公论晨报》,1931年11月13日;《美洲华侨航空救国会章程及简章》(续完),《公论晨报》,1931年11月14日。

的攻击和轰炸,美洲华侨纷纷通过组织华侨航空救国会、设立华侨航空学校等方式培养航空飞行人员和工程人员。有华侨一针见血地指出,增强中国空军的要点主要有两个:"一空军战士之多量训练;二制造飞机技术人员之积极培养。"①

(一)华侨航空学校的特点

美洲华侨航空学校主要集中于美国,砵仑、旧金山、芝加哥、洛杉矶等华侨较为集中的城市分别成立了专门的航空学校,为中国培训、输送航空人才。一般而言,这些华侨航空学校具有以下办学特点:

第一,在办学宗旨方面,各华侨航空学校均以"为增厚空军实力,以固国防"为宗旨②。如旧金山旅美中华航空学校强调"以栽植航空人才,巩固国防,永不参加任何内战为宗旨"③,但"如祖国对外作战,即全部回国,效力疆场,如无对外战争发生,即为航空营业,及设学校训练国内青年,务期航空发达,永远捍卫国家"④。

第二,在组织方面,美国各地航空学校,一般均在美国政府正式立案,多隶属于华侨航空救国会或中华会馆。如纽约美洲华侨航空学校受纽约中华公所救国会的领导和监督,但该校学员毕业后,"须受纽约华侨抗日救国会之指挥"⑤。

第三,在师资方面,华侨航空学校多聘请侨居国的飞行技术人

---

① 邝炳舜:《扩展空军以救国》,中国航空救国协会美洲总分会编:《航空救国》,《中国航空救国协会美洲总分会特刊》,1938年8月13日,第11页。
② 《美洲华侨航空救国会缘起及简章》,《世界日报》《公论晨报》,1931年11月13日。
③ 刘伯骥:《美国华侨史续编》,第684页。
④ 《旅美华侨航空救国热》,生活书店编译所编:《海外的感受》,上海:生活书店1933年版,第460—461页。
⑤ 《美洲华侨航空学校简章》,《世界日报》,1931年11月25日。

员出任教官。美国砵仑美洲航空学校聘定西人坦氏为教师。坦氏系该埠国民飞行公司教师,领有美国航空会执照,有14年飞行经验,经其训练学生约有350余名,堪称良好教师。①

第四,在经费方面,航校经费来源通常有侨团筹资和学生学费两种。洛杉矶华侨航空会通过开办交际会的形式筹集资金,让"航空会会员,自行认捐"。②纽约美洲华侨航空学校的"所有教职员一切公费,由纽约中华公所救国会供给之",但学员的所有食宿费则由学生自己解决。③

第五,在生源方面,学员多为爱国的华侨热血青年,且多是航空爱好者,有一定的专业基础。航校对学生往往在思想、年龄和知识上有一定的要求,"须富有爱国思想,年龄在二十以上三十以下,体格健全,粗通中英文字,并无恶劣嗜好者方为合格"④。旧金山旅美中华航校的学员分别来自旧金山、洛杉矶、西雅图、芝加哥、纽约、夏威夷等十余个城市和地区。一些华侨青年在进入航空学校学习之前就已经具有一定的航空知识基础。砵仑美洲华侨航空救国会第一期生许子琛在进入该会学习飞行之前,"已在华盛顿省市卜顷飞行学校完全科毕业,及考取美政府飞行执照,后为再求深造起见,又自行购买飞机一架,专练习高等飞行长途飞行夜间飞行等"。⑤该校1932年招收的两名新生中,一人"曾在北京工业大学机械科肄业二年,来美后,即在芝城伊利奈大学研究飞机工程",另一人"曾在台山中学毕业,现在华盛顿大学,亦专攻飞机工程。两

---

① 《美洲华侨航空学校员生》,《公论晨报》,1931年12月17日。
② 《罗省华侨航空会开交际大会》,《公论晨报》,1931年11月25日。
③ 《美洲华侨航空学校简章》,《世界日报》,1931年11月25日。
④ 《旅美华侨航空救国热》,生活书店编译所编:《海外的感受》,第460—461页。
⑤ 《砵仑航空生继续归国》,《公论晨报》,1932年5月25日。

人均是致力于飞机工程者,堪称华人航空界中之人才"。① 还有一些华侨青年来校学习之前,就已经领有了"美政府特发的航空执照"②。还有一些学生毕业后被航空学校或航空救国会出资送入高级航空学校继续深造。③

(二)两所华侨航空学校的创办

在所有由美洲华侨创办的航空学校中,成绩最好者为砵仑的美洲华侨航空学校,及旧金山的旅美中华航空学校。

1. 美洲华侨航空学校

美洲华侨航空学校由砵仑华侨创办于1931年。1931年10月10日晚,美国砵仑华侨举行集会,演出爱国话剧《万宝山惨案》,邀请赴美募款的黄兴夫人徐宗汉女士讲演,并于当晚成立了美洲华侨航空救国会,第二天开始筹建美洲华侨航空学校,并选出30多人为筹备委员,其中9人组成理事会。④ 美洲华侨航空救国会还将创办航空学校一事呈报中国国民政府备案,政府复函嘉勉,并接纳该校毕业生回国效力。

美洲华侨航空学校于1931年12月13日举行开学典礼,并进行飞行表演。该校于抗战全面爆发之前共办过两期,共有华侨学生36人。课程有航空理论、技术和国耻史等,并购有教练机,聘请美国航空技术人员为教练。⑤ 抗日战争全面爆发前夕,该校为了加速培养更多的飞行人才,与旧金山的"旅美中华航空学校"合并,又

---

① 《华侨航空学校注重飞机工程》,《世界日报》,1932年6月26日。
② 朱安祺口述:《抗战期间华侨子弟返国投效空军纪实》,第54页,美国加州大学伯克利分校族裔研究系图书馆麦礼谦档案室藏。
③ 《旅美华侨航空救国热》,生活书店编译所编:《海外的感受》,第460—461页。
④ 刘伯骥:《美国华侨史续编》,第684页。
⑤ 方雄普:《美国华侨的航空救国活动》,《华侨华人历史研究》1988年第2期,第51页。

训练了第三期人数更多的飞行员,并于1938年资送回国服务。①该校学员共有32人归国服务,其中黄伴扬、陈瑞钿等4人后来升为中国空军大队长,成为抗战时期著名的空军英雄。②

2. 旅美中华航空学校

1933年2月3日,热衷于飞行学习的旧金山华侨青年,联合湾区的阿拉米达、奥克兰、圣马尼奥等处飞行学校内之中国学生,组织成立飞鹏学会。随后飞鹏学会向旅美华侨拒日后援救国总会提议,组织旅美中华航空学校,培养航空人才。救国总会于1933年7月26日接纳此议,用租机训练法,创设航校,由总会财政部拨款3000元为开办费。旅美中华航空学校以李圣庭为校长,谭光中为副校长,原飞鹏学会主席朱忠存为教务长。③

1934年春,第一期学生20人毕业;1937年初招收第二期,13名学员均为高级班;1938年由于"美洲华侨拒日救国后援总会"停止活动,遂由中华会馆于同年招收第三期学员,共招收飞行科学员30名,机械科学员22名。④ 第三期在中华会馆的主办下,"规模较广,绩效亦优",学员主要来自旧金山、奥克兰、洛杉矶、圣地亚哥、波特兰、西雅图、克利夫兰、纽约、芝加哥、夏威夷等地。⑤ 学校有教练机数架,课程设有机械原理、航空原理、空战战略、国耻史等,此

---

① 刘锦涛:《记抗战时期美国华侨回国参战事迹》,广州市政协学习和文史资料委员会主编:《广州文史资料存稿选编》第10辑,第114—128页。
② 任贵祥:《抗日战争时期华侨航空救国运动与对日空战》,《军事历史》1991年第5期,第53页。
③ 刘伯骥:《美国华侨史续编》,第683—684页。
④ 中国第二历史档案馆、《中国抗日战争大辞典》编写组编:《中国抗日战争大辞典》,武汉:湖北教育出版社1995年版,第526页。
⑤ 朱安祺口述:《抗战期间华侨子弟返国投效空军纪实》,第49—50页,美国加州大学伯克利分校族裔研究系图书馆麦礼谦档案室藏。

外还有初级飞行术、高级飞行术、夜间飞行术、军事飞行术等,并通过实际操作,使学员熟练掌握这些技能。①

至1941年初该校解散,八年间共办三期。由该校第三届办学章程可以大致窥见该校的办学情况：

一、定名

本校定名美洲中华航空学校。

二、宗旨

本校秉承中华总会馆决议案,以栽植航空人才、巩固国防为宗旨。

三、校址

(甲)本校教务处及课室暂借美国加省三藩市中华中学校。

(乙)飞行场及机械实习场设在美国加省亚罅尾打三藩市港湾飞行场。

四、组织

(甲)名誉校长 由中华民国驻美大使任之。

(乙)监督及财政保管 由七大会馆主席及中华总会馆通事为监督及保管财政。

(丙)校务委员会 由中华总会馆委权本校上届职员遴选若干人组织之,总辖本校一切重要校务事宜,任期一年,得连选连任,内设正副主席各一人。

(丁)校长 本校设正副校长各一人,掌理全校事务,任期一年,得连选连任,由校务委员会选任之。

(戊)教育长 本校设正副教育长各一人,掌理课室及飞

---

① 方雄普：《美国华侨的航空救国活动》,《华侨华人历史研究》1988年第2期,第51页。

行场等处功课,任期一年,得连选连任,由校务委员会选任之。

(己)秘书长　本校设正副秘书长各一人,掌理本校文书,任期一年,得连选连任,由校务委员会选任之。

(庚)司库　本校设司库若干人,司理本校财政之进支,由七大会馆主席互选之。

五、学费

本校不收学费,惟每名每月收堂费二元。

六、学额

(甲)本届招收飞行学生以三十人为限。

(乙)本届招收机械科学生以六十人为限。

七、课目

(甲)机场功课为"飞行术",有初级飞行术、高级飞行术、军事飞行术、夜间飞行术、霞雾飞行术。

(乙)教室功课为机械原理,有推动机构造及修理、机身构造及修理、航空原理、仪器用法、气象学、航线、航空无线电、空军战略、天文、地理、国语、国耻史、兵式体操、国文。

八、凡经训练满期取得美国飞行员执照或机械师执照再由本校考验各科及格即给与毕业证书,该生即当回国投效。①

除上述两所航校外,美国其他城市也成立了以培养华侨青年飞行员为目的学校和班级,如芝加哥三民飞行学校、底特律航校的中国学生班、匹兹堡航空侨校、洛杉矶华侨航空学校,以及波士顿、纽约、凤凰城的航空救国会等组织设立的航校等。纽约华侨衣馆联合会也曾组织华侨青年建立飞行学校,并雇佣一名美国空军少

---

① 罗达全、张秀明、刘进编:《侨乡文书抗战史料选编·五邑侨乡卷》上卷,广州:广东人民出版社2016年版,第20—21页。"亚辣尾打"即阿拉米达,Alameda。

校在布鲁林机场对他们进行训练,为回国参战做准备。除了由华人社团组织创办的航空学校外,一些美国人创办的航空学校也办有专门的中国学生班,培养华侨青年飞行员。①

需要指出的是,由于报国心切,以及师资力量的限制,华侨航空学校的培训能力参差不齐。一些华侨航空学校对学员的培训时间太短,其培训效果不能保证。如,纽约美洲华侨航空学校规定"学员共习飞行术三十小时为毕业。如该学员经过三十小时尚不能毕业者,本校即取消其飞行员资格,改习机械工程。该学员能依规定时间毕业者,本校给予毕业文凭,及准其续行飞机操练"②。这可能也正是一些华侨航空学生回国后,仍然需要进入中国国内航校再培训的原因。

三、筹款购机

除了组建航空团体、航空学校等方式外,美洲华侨还通过捐赠飞机、购买航空救国债券等方式支援中国航空事业的发展。抗战期间,美洲华侨的捐款购机活动以目的划分,大致可分为两种类型,一是为在侨居地培养航空人才进行的筹款购机活动,二是为提升中国空军装备而开展的筹款购机活动。

（一）为侨居地培养航空人才而筹款购机

开办航空学校所需经费巨大,且一些航空学校随着办学规模的扩大,教学设备、师资都需要扩充,经济压力巨大,不得不面向华侨募捐。砵仑美洲华侨航空协会开办后,虽然成绩斐然,"惟需财

---

① 刘天同:《美中芝加哥地区华侨爱国运动纪实》,《美中新闻》,1999年7月23日。
②《美洲华侨航空学校简章》,《世界日报》,1931年11月25日。

浩繁,独立难持,非向侨界同胞大呼将伯,无以奏其功"①。还有一些学校由于教学过程中的损耗导致教学中断,不得不再向侨胞筹款。1932年5月1日,洛杉矶华侨航空会在组织学员练习飞行技术时,一架教学用机因故坠毁,"致令一班青年中途辍学,惟该会再派员募捐,续购飞机,继续练习,冀达到预定之目的,免负热心君子之期望"。②

针对华侨航空学校经费紧张的情况,许多华侨团体为支持航空学校正常开办而慷慨解囊。砵仑美洲华侨航空救国会1931年建会伊始,为筹款项,开会决定将会员分为九队"向各界团体商户及男女侨胞劝捐",并做好"若在本埠所筹不足,并向外埠请求热心侨界襄助"的准备。③砵仑救国后援会不但创办航空学校培养航空人才,还进行航空救国的巡游宣传,曾"分陆空两路出发,向美西各埠联络航空人材,及请求各埠救国后援会,暨各团体,取一致行动,以期集合巨款,集中人材,务须于最短期间,归国杀敌"④。美国山旦寸华侨拒日会为筹款购机,曾"先在会场个人自动先行认捐,然后举员轮门劝捐,另行按各铺户生意大小及各华侨个人入息多少,逐月捐充"⑤。1932年3月,芝加哥台山宁阳会馆主席邝国华号召芝加哥华侨务必为航空募捐"鼎力解囊相助",以集腋成裘,"为救国之后盾"。⑥

一些华侨个人也踊跃捐款,支持航空救国运动。1931年10月

---

①《美洲华侨航空协会募捐之介绍函》,《世界日报》,1934年7月14日。
②《罗省华侨航空会募捐员出发》,《公论晨报》,1932年5月25日。
③《美洲华侨航空救国会筹款》,《公论晨报》,1931年10月28日。
④《砵仑义勇队联合航空人才救国》,《公论晨报》,1932年2月14日。
⑤《山旦寸华侨拒日会筹款购飞机》,《公论晨报》,1931年11月1日。
⑥《芝城航空拒日救国会之通告》,《公论晨报》,1932年3月8日。

10日,砵仑华侨组织成立砵仑拒日救国后援会,为了支持该会的募款活动,该埠华侨林若泉医生等"将所有产业变卖,捐助该会,以为训练航空人材、购买战斗机归国与日贼决战"①。砵仑美洲华侨航空学校创办后,林若泉即捐献教练机一架。② 一些航空学校的学生也自发组织起来开展筹款活动,以解决自身经费紧张问题。中华航校的学生会举办"游艺跳舞开彩大会",发动华侨个人和艺术团体(如南中音乐社、叱咤音乐社等)参与音乐、戏剧及魔术等节目表演,筹集经费。③ 广东南海籍华侨陈寿,在洛杉矶跟随名师学习民航飞行技术和军事学四五年,"苦学而有成"。鉴于此,广东南海籍华侨专门成立筹捐飞机办事处,欲筹捐数千元,为陈寿购置飞机,"为作育华侨航空人才之先声"。此举也得到了三邑会馆商董的支持,表示"皆愿为之尽力焉"④。

(二)为提升中国空军装备而筹款购机

美洲华侨社会各界还通过各种方式为祖国航空事业筹集资金,改善中国空军装备。如1939年前后,加拿大华侨组织成立中华航空促进会加拿大分会,为购买飞机而筹款。⑤ 美洲一些华侨团体还专门设置相应的筹款购机机构。如美国砵仑华侨在组织成立美洲华侨航空救国会专办航空救国事宜之后,为解决筹款购机款项问题,又专门组织成立了美洲华侨航空救国会募捐处,号召侨胞

---

① 《砵仑华侨组织拒日航空队》,《公论晨报》,1931年10月20日。
② 方雄普:《美国华侨的航空救国活动》,《华侨华人历史研究》1988年第2期,第51页。
③ 《中华航校学生会筹款之进行》,《世界日报》,1938年9月19日。
④ 伍宪子:《为飞行家陈寿君购飞机劝捐序文》,《世界日报》,1936年10月24、25日。
⑤ 李盈慧:《跨越边界:华侨在中国抗战、太平洋战争中的行动和意义》,《抗日战争研究》2016年第3期,第95页。

捐款。①

为改善中国空军的装备、购买飞机,美洲华侨开展了规模巨大的捐款活动。1932年"一·二八"事变后,十九路军的英勇抗战得到了海外华侨在舆论、财力、物力等方面的支持。由于十九路军官兵多是广东人,原籍广东居多的美洲华侨因而产生了由衷的自豪感,对待相关募捐活动更加积极。沙加缅度抗日会甚至规定每人的航空救国义捐款,不得低于50美元。② 美国首都华盛顿侨胞虽不足千人,却募得航空捐款47 838美元,人均约捐款50美元左右。据统计,截至1940年底,美洲华侨在航空救国方面的捐款多达630余万美元。③

1939年5月,檀香山华侨捐给祖国6万美元,指定认购"檀香山华侨号"飞机一架。1944年,美国加州20个侨团募集战时公债100万元,购买陆军运输机8架,运往中缅战区抗日。④

1940年,国民政府为办理航空募款购机及推进航空教育,特向美国、菲律宾等国华侨发行了总额为500万美金的航空救国券。航空救国券券面分为100美元、50美元、10美元、5美元4种面值。券面上部印有隶书"航空救国券"五个大字。券面正中央印有霍克II型等型号的战斗机图案,飞机两边均印有券面金额。航空救国券为无息债券,海外华侨每购买一张航空救国券,相当于为抗日战

---

① 《航空救国会派员劝捐》,《世界日报》,1931年12月7日;《美洲华侨航空救国会筹捐处成立》,《公论晨报》,1931年12月8日。
② 中国抗日战争史学会、中国人民抗日战争纪念馆编:《海外侨胞与抗日战争》,第85—90、247页。
③ 黄晓坚编著:《抗日战争时期华侨人口伤亡和财产损失》,北京:中共党史出版社2016年版,第106页。
④ 任贵祥:《华侨支援祖国抗战纪实》,北京:中国民主法制出版社1999年版,第100页。

第六章　美洲华侨的航空救国运动

争作出一份贡献。

1940年7月31日,陈庆云由香港飞到旧金山,借各埠抗日救国会之力,发起航空捐款购机运动,旧金山与纽约两华埠各认捐美金100万元,美中各埠认捐50万元,每人捐额50元。截至1942年,旧金山救国总会实汇629 600余元,纽约实汇392 100余元。其他各埠捐得者,芝加哥200 000元,底特律76 300余元,新英格兰150 000元,奥克兰66 000元,斯托克顿49 300元,洛杉矶100 000元,西雅图70 000元,华盛顿44 000元,费城35 000元,圣安东尼奥17 700元,休斯敦7 500元,连同大小各埠约捐得美金200万元。①

此外,还有一些华侨飞行员通过"驾机飞行"这一特别的方式为中国抗战筹款。华女飞行家张瑞芬,1931年进入林肯航空学校学习,1935年取得国际飞行执照,成为第一位获得美国飞行执照的中国女性。卢沟桥事变后,张瑞芬驾驶飞机从洛杉矶出发,先后飞抵旧金山、芝加哥、圣地亚哥等市,举办航空图片展览,发动侨胞支持航空救国。张瑞芬跨城飞行的方式,"对于唤起侨胞航空救国之视线",对于呼吁华侨为航空救国筹款购机帮助巨大。当时旧金山华侨曾捐款7 000美元,购买一架教练机赠予张瑞芬,作为她回国办航空学校之用。② 1939年,为了宣传抗日,美国华侨女飞行家、影坛明星李霞卿应美国援华药物局之邀请,驾驶"新中国精神号"单翼轻型飞机,环飞美洲30余座城市,为抗日救亡运动宣传和发起募捐。不幸的是,李霞卿后来在一次驾机募捐飞行中失事遇难。③

---

① 刘伯骥:《美国华侨史续编》,第579—580页。
②《张瑞芬女士飞游全美之壮举》,《世界日报》,1936年8月3日。
③ 中国人民抗日战争纪念馆、中华全国归国华侨联合会文化交流部编:《华侨与抗日战争》,北京:中国华侨出版社2006年版,第84页。

四、回国服务

抗战爆发后,掌握一定航空技术的华侨航空技术员纷纷回国服务。

1932年1月31日,美洲华侨航空救国会组织美洲华侨航空救国义勇团,筹得410万元经费,计划在美国各地成立6个团(波特兰义勇团为第一团,凤凰城为第二团,芝加哥为第三团,纽约为第四团,匹兹堡为第五团,波士顿为第六团),并拟成立一个空军别动队回国效力,1933年终因经费困难停办。① 波特兰侨界之女青年,亦有多人申请加入决死队,学习航空战斗术,归国救亡。② 1932年8月,美国华侨张森从美洲砵仑航空学校肄业,与同在美国航空学校毕业的同学一行12人第一批回粤服务,参加抗日。在回国时张森特意改名为爱国,叫张爱国。③

砵仑美洲华侨航空学校和旧金山旅美中华航空学校的学员毕业后,大部分选择了回国参战。其中砵仑美洲华侨航空学校先后训练了三批华侨航空学员,第一期共招收学员17人,回国者共12人,计有陈瑞钿、黄泮扬等,在1932年夏天结业后乘船返国,被广东空军全员接收。他们先被编入广东空军为照顾华侨子弟的特点而设的特别班学习,后又被编入广东空军军官班受训。④ 第二期学

---

① 任贵祥:《抗日战争时期华侨航空救国运动与对日空战》,《军事历史》1991年第5期,第53页。
② 《砵仑华侨组织拒日航空决死队》,《世界日报》,1931年10月19日。
③ 何根、张池:《飞将军张森》,《开平名人录》第2辑,开平县政协文史资料征集研究委员会、中共开平县委党史办公室1988年编印。
④ 刘伯骥:《美国华侨航空救国的事迹》(上),《广东文献》第10卷第2号,第3页;刘锦涛:《记抗战时期美国华侨回国参战事迹》,广州市政协学习和文史资料委员会主编:《广州文史资料存稿选编》第10辑,第114—128页。

员回国者共 10 人,计有雷炎均、林觉天等,1934 年从学校结业后,全部回国服务,前往南京航空委员会报到,并被全员接收。① 旧金山旅美中华航空学校共培养三期学员,第一期回国者 11 人,第二期回国者 10 人。第三期招收并培养合格飞行员 22 名,机械科学员 22 名。1939 年 4 月第三期学员毕业,多回国进入中央空军军官学校深造。②

特别值得一提的是,一些华侨妇女也加入到航空救国的行列。美洲华侨航空学校第二期学员中就有两位华侨女青年,她们是李月英和黄桂燕。1932 年 2 月,她们随男学员一道回国。李月英先后在杭州的航空署图书馆和上海虹桥机场任职,后返回波特兰当民航驾驶员,在一次航行中失事殉职。黄桂燕则在航空器材科当打字员,不久随航空署迁往南昌,最后病故在那里。③ 除此之外,还有王灿芝(秋瑾之女,美国留学生)等华侨女青年也选择了学习航空技术,利用飞机开展航空募捐,最后回国服务,支援中国抗战事业。

令人感动的是,许多华侨青年抛弃国外优越的生活条件,回国服务,屡立战功,其中许多人最终在中国抗战中献出了自己宝贵的生命,表现出了海外华侨以身殉国、英勇杀敌的大无畏精神。

全面抗战爆发后,在 1937 年 8 月至 12 月的南京空战中,就有华侨飞行员殉国。据侵华日军南京大屠杀遇难同胞纪念馆的研究人员袁志秀通过对现有档案史料的梳理,共有 27 名空军官兵在南

---

① 刘锦涛:《记抗战时期美国华侨回国参战事迹》,广州市政协学习和文史资料委员会主编:《广州文史资料存稿选编》第 10 辑,第 114—128 页。
② 朱安祺口述:《抗战期间华侨子弟返国投效空军纪实》,第 49—50 页,美国加州大学伯克利分校族裔研究系图书馆麦礼谦档案室藏。
③ 潮龙起:《美国华人史(1848—1949)》,济南:山东画报出版社 2010 年版,第 191 页。

京空战中以身殉国,其中包括华侨刘炽徽。刘炽徽自幼侨居美洲,在美国华侨航空学校毕业后回国,进入中央航空学校第三期学习,后任空军第三大队第八分队中尉分队长,1937年9月19日,在南京空战中牺牲。① 另外还有砵仑美洲华侨航空学校毕业生刘龙光在南京、林觉天在南昌、雷国来在太原、苏英祥在晋北作战阵亡。抗战后期,谭笑严在广州空战阵亡。②

据统计,美洲中华航空飞行学校先后有6名学员在抗战中献出了自己的生命,其中飞行员5人,机械科学员1人。③ 1987年7月17日,广州市人民政府立石镌刻《广东省航空纪念碑志》,镌刻在纪念碑上的255名航空英烈中,有79名是华侨,大约占全部英烈总数的三分之一。他们来自美国、加拿大、日本、新加坡、印尼、泰国、越南等7个国家和地区,其中美国华侨人数最多。④

还有一些华侨青年直接进入美国人开办的航空学校学习飞行技术,学成之后,回国报效祖国。1932年,旧金山华侨青年入普逊(Palson)飞行学校,肄习者20余名,其中毕业者9名,且领美国飞行证书,常驾机表演及夜航飞行。回国服务者有4名,其余继续深造。⑤ 华侨青年蔡飞凌在罗斯福飞行学校毕业后,于1933年回国,在中央航空学校第三期接受训练。刘华郁与容广成于1933年6月从罗斯福飞行学校毕业,1934年初回国,入广东航校见习毕业后,

---

① 张伯兴主编:《南京保卫战殉难将士档案》,南京:南京出版社2007年版,第1571页。
② 刘伯骥:《美国华侨航空救国的事迹》(上),《广东文献》第10卷第2号,第5页。
③ 朱安祺口述:《抗战期间华侨子弟返国投效空军纪实》,第51页,美国加州大学伯克利分校族裔研究系图书馆麦礼谦档案室藏。
④ 王建明:《留学生与近代中国军事航空研究》,博士学位论文,南开大学历史学专业,2012年,第208页。
⑤ 刘伯骥:《美国华侨史续编》,第683—684页。

被编入第一队当飞行员。至1936年,粤空军归顺中央后,刘华郁又在中央航校高级班飞行毕业。此后,刘华郁调入第二轰炸大队当飞行员,曾参加轰炸上海、东流、马当诸役,其后轮番调充飞行教官。容广成编入驱逐队,对于飞行技术及作战颇有心得,升分队长,训练使用俄制新式E15型驱逐机时,日本即以大队零式战机来袭,发生空战。容广成掩护友机撤走,英勇苦战,壮烈殉国。①

"飞虎队"是美国援华空军的俗称,大体可以分为美国志愿援华航空队、美国空军驻华特遣队、美国陆军第十四航空队三个阶段。1937年7月初,应南京国民政府邀请,陈纳德抵达中国考察空军,担任顾问。考察快结束之时,抗日战争全面爆发,陈纳德接受宋美龄的建议,在昆明市郊组建航校,以美军标准训练中国空军。1941年,在国民政府的支持下,中国空军美国志愿援华航空队(American Volunteer Group)正式成立,陈纳德任飞行教官,下属"亚当夏娃""熊猫""地狱天使"三个中队,共有68架飞机、110名飞行员、150名机械师。由于机身绘制有长有翅膀的飞虎和带有利齿的鲨鱼图案,中国空军美国志愿援华航空队又被中国军民俗称为"飞虎队"(Flying Tiger)。1941年12月20日,10架日本飞机进犯中国昆明,"飞虎队"驾着机首漆有鲨鱼牙齿的美国P-40战机升空首战日机,击落日机6架,初战告捷,一战成名。日军三菱KI-21型双引擎轰炸机遭重创后窜回河内基地。②

1942年3月,为适应战局变化,美国决定撤销中国空军美国志愿援华航空队,以原"飞虎队"队员为主组建第二十三战斗机大队,将"飞虎队"原有的第一、二、三中队改为第七十四、七十五、七十六

---

① 刘伯骥:《美国华侨史续编》,第680页。
② 陈鸿祥:《海外读史偶记》,《百年潮》2002年第1期,第76页。

战斗机中队,与派驻中国的第十六战斗机中队组成美国空军驻华特遣队,隶属美国陆军第十航空队,执行中国战区的任务。① 陈纳德从国民政府空军顾问身份转变为美国空军准将司令,原"飞虎队"的5名队员加入美国空军驻华特遣队,并分别担任中队长和分队长。美国空军驻华特遣队所使用的图案、徽章与"飞虎队"差不多,仍然使用"亚当夏娃""熊猫""地狱天使"三个中队的图案。美国空军驻华特遣队的飞行员认为,他们上受陈纳德准将指挥,下受成为中队长的"飞虎队"队员直接指挥,加上很多机械师、枪械师也曾经是"飞虎队"队员,所以他们仍称自己是"飞虎队"队员。② 1943年3月10日,美国陆军航空队将驻华特遣队编为美国陆军第十四航空队,陈纳德晋升为少将司令。陈纳德上任后,强烈要求罗斯福总统加强驻华空军力量,夺回中国战场的制空权,并伺机攻击日本本土。后陈纳德担任中国空军参谋长。由于第十四航空队的主要领导人和主力队员同美国志愿援华航空队、美国空军驻华特遣队有着一脉相承的关系,所以中国军民仍习惯将美国陆军第十四航空队称为"飞虎队"。

1941年12月20日至1942年7月4日,美国"飞虎队"实际在华的这6个月零14天的时间里共打下、摧毁日机298架,在50多次空战中,没有一次战败,击毙1 500名以上日军飞行员及座机内人员。"飞虎队"队员共有23人在中国战亡、被俘(4人空战牺牲,3人被俘,6人在地面阵亡,10人死于飞行事故)。③

在2 000多名"飞虎队"队员中,有相当一部分为广东华侨,特

---

① 《飞虎队与美国援华空军》编委会编著:《飞虎队与美国援华空军(1937—1945)》,重庆:重庆出版社2015年版,第129页。
② 西蒙·范·莱特:《美国"飞虎队"在中国》,《百年潮》2011年第5期,第46—51页。
③ 西蒙·范·莱特:《美国"飞虎队"在中国》,《百年潮》2011年第5期,第50页。

别是其地勤人员基本上都是祖籍广东的华侨。① 研究美国华侨史的麦礼谦先生也认为,这支军队以华人为主,士兵全是华人,官佐有三分之一是华人。② 美国华人学者黄玉智认为,美国陆军第十四航空队为美国华裔军人最为集中的部队,约占美国华裔服役美国军队全部人数的10%。③

"飞虎队"不仅在中国打击日军,还远赴东南亚与日军作战,并飞越喜马拉雅山,开辟了著名的"驼峰航线",把大量军用物资从印度运到中国。其中有许多美国华裔队员不畏艰险,置个人生死于度外,为保障境外战略物资通过"驼峰航线"顺利运往国内作出了重大贡献。美国华侨飞行员陈文宽上尉曾参与"驼峰航线"的测量和运输工作。1942年,随着滇缅公路被切断,"驼峰航线"成为盟军向中国运送物资的重要渠道,被称为"空中生命线"。据陈文宽先生回忆,这条沿途均为海拔4500—5500米的高峰,暴风雨、寒流频繁,运输线环境险恶,运输代价极为惨重。根据测算,"驼峰航线"上前后损失飞机563架(其中有107架为失踪),损失的机组人员超过1500人。④

第三节 美洲华侨航空救国运动的作用

美洲华侨开展的航空救国运动至少在人才、装备及战斗力等

---

① 王建明:《留学生与近代中国军事航空研究》,博士学位论文,南开大学历史学专业,2012年,第206页。
② 麦礼谦:《从华侨到华人》,第327—329页。
③ Kevin Scott Wong, *Americans first*, p. 162.
④ 《飞机师陈文宽》,《美洲国民日报》,1943年7月1、2、3日;柴逸扉:《飞虎队故事里的中美情谊》,《人民日报》(海外版),2015年9月12日,第5版。

三个方面为抗战时期中国空军的对日作战发挥了作用,从而为中华民族取得抗战的伟大胜利作出了巨大贡献。

一、为中国抗战输送大量航空人才

美洲华侨通过创办航空协会或学校等方式,为中国抗击日军培养并输送了大批航空技术人才。1937年卢沟桥事变以后,美国、加拿大等国华侨创办的航空学校培训的一大批航空技术人才先后回国服务,许多华侨航空人员成为中国空军的教练员、高级将领和后勤骨干。

根据战时国民政府航空署给"侨委会"的一份报告,抗战期间仅美国就至少有300余名华侨飞行员和空勤人员回国参加抗战。① 在国民政府的空军部队中,华侨占了驱逐机飞行员中的四分之三,他们绝大多数人来自美国和菲律宾。② 华侨飞行员是中国空军的重要组成部分,在中国的空防中起了重要的作用。

回国的华侨航空学生服务于中国空军的各个部门,或任飞行员,或任航空学校教官,或任飞机制造厂试飞员等。加拿大华侨黄鸿缵于1938年回国,任昆明航空第十七厂厂长,曾受托赴美购置新型战机,后在重庆述职途中遭日军空袭殉国。③ 砵仑美洲华侨航空学校第一批毕业生翁荡雁,回国后转学空中照相和航空测量,于1936年底任航空委员会第十三科(即空中照相科)科员。1937年抗战全面爆发后,翁改为担任航空场站管理工作,被派往甘肃省张

---

① 刘旭:《抗战中的华侨飞行员》,《百年潮》2019年第11期,第69页。
② 任贵祥:《华侨第二次爱国高潮》,第136页。
③ 中国致公党广州市委员会编:《祖国不会忘记:华侨与抗日战争》,广州:广东人民出版社2015年版,第135页。

掖任航空站长。① 砾仑美洲华侨航空学校第二批毕业生林觉天,回国后进入中央航校第三期驱逐科学习,随后留校任飞行教官。抗战全面爆发后,杭州中美飞机制造厂和广东韶关飞机制造厂撤迁到云南昆明后合并为第一飞机制造厂,并于1939年开始仿制苏联E-15式双层翼驱逐机,林觉天被调到该厂任试飞员,约在1941年,在一次试飞中不幸失事殉职。同样是该校第二批华侨学员的陈鸿汉回国后,被派到杭州中美飞机制造厂工作,抗日战争全面爆发后,随厂撤到云南昆明,被调到驻昆明的第十飞机修理厂工作,后担任该厂第五飞机修理厂厂长。②

美洲华侨对广东航空学校的创办也作出了很大贡献。孙中山早年在广东经营航空事业时,依靠的几乎都是爱国华侨。这些华侨在广东的航空活动,使"航空救国"的思想深入人心,为广东航校的创建准备了干部和技术基础。

1924年9月,为培养中国革命空军骨干力量,广东军事飞机学校在广州东山大沙头革命航空基地正式成立,其教学形式仿效苏联军队办学模式,由苏联顾问、革命军政府航空局代局长李糜兼任校长,聘请苏联、德国空军军官任教官。这是中国最早建立起来的一所新型军事航空学校,与黄埔军校同为国共合作的成果。广东航空学校的创建和发展,与广大爱国华侨密不可分,其中许多管理者、教官和学员均为华侨。③

考察广东航空学校历任校长,很多人是海外华侨。任职时间较

---

① 刘锦涛:《记抗战时期美国华侨回国参战事迹》,广州市政协学习和文史资料委员会主编:《广州文史资料存稿选编》第10辑,第114—128页。
② 刘锦涛:《记抗战时期美国华侨回国参战事迹》,广州市政协学习和文史资料委员会主编:《广州文史资料存稿选编》第10辑,第114—128页。
③ 周利成:《中国最早的空军和航空学校》,《文摘报》,2019年5月18日,第5版。

长的 8 位校长中,除王季子外,黄秉衡、黄光锐、张惠长、周宝衡、杨官宇、刘植炎、胡汉贤等 7 人,均为从美国和日本归国的华侨。如张惠长(1900—1980),祖籍中山张家边,幼时随父侨居美国,1914 年入纽约寇蒂斯航空学校学习飞行,1929 年任南京军政部航空署署长,"一·二八"事变时,曾组织广东空军支援十九路军。杨官宇(1901—1970),祖籍中山北台,檀香山华侨,杨仙逸堂弟。1923 年协助杨仙逸研制"乐士文"号飞机,1924 年被孙中山委任为东江飞机队队长。

先后担任过教育长的陈庆云、黄毓沛、刘植炎、周成均属爱国华侨。在教官中,除初办时有两名德国人外,其他教官均为华侨,不少是从美国和南洋归国的华侨青年。这些教官不仅理论基础扎实,而且飞行技术也十分高超。① 砵仑美洲华侨航空学校第一批毕业生陈瑞钿、黄泮扬于 1932 年归国后加入广东空军,后被广东空军选派赴德国留学,进入德空军学驱逐科学习。1936 年 8 月广东空军归并中央,陈瑞钿、黄泮扬两人从德国学成归来后,被派到位于杭州笕桥的中央航空学校任驱逐科教官。1937 年初,陈瑞钿被调任第三驱逐大队第二十八中队任副队长,黄泮扬则被任命为第三大队第十七驱逐中队中队长。②

除此之外,华侨航空技术人员在云南航空学校的开办过程中也发挥了重要作用。云南航空学校于 1922 年创办时,飞行教官几乎都是广东籍华侨。1922 年秋,唐继尧从香港购买美国飞机,并在昆明巫家坝陆军操场开辟飞机场,这是云南最早的机场。航空处处长是刘沛泉,下辖两个飞行队。第一队队长是广东籍华侨王狄

---

① 肖荣华:《民国时期的华侨航空学校》,《文史天地》2012 年第 7 期,第 62 页。
② 刘锦涛:《记抗战时期美国华侨回国参战事迹》,广州市政协学习和文史资料委员会主编:《广州文史资料存稿选编》第 10 辑,第 114—128 页。

仙,第二队队长是美国华侨张子璇。当时云南航空学校仅有 6 架飞机,聘华侨黄社旺、庄孟仙、司徒鹏等为飞机师。①

二、改善中国空军装备

中国人民的抗日战争是在敌我双方军事力量悬殊的情况下进行的,空军更是如此。抗战伊始,中国空军能派上用场的飞机只有 320 架,而日军仅在东南一隅的飞机就有 500 多架。② 然而,随着美洲华侨航空救国运动的开展,以及盟国的支持,中国空军所拥有飞机数量和装备也在不断增长和改善。这很大程度上是美洲华侨努力开展捐款购机、兴办飞机制造厂的结果。

抗战期间,美洲华侨的募款购机活动充实和改善了中国空军的装备。华侨捐献的飞机,成为抗战期间我国空军作战飞机的重要来源之一。③ 据统计,从 1931 年九一八事变到 1937 年全面抗战爆发,美国华侨就捐献 20 架飞机用于兴办航空学校培养人才和支援国内对日作战。从 1937 至 1942 年,海外华侨共向祖国捐献飞机 217 架,接近战时全国从国外进口飞机 2 300 多架的十分之一,约占国内外同胞捐机总数 1 270 架的 17%。④ 整个抗日战争期间美国华侨捐献的飞机总数至少有 35 架。⑤

针对当时中国航空事业落后的情况,一些华侨还通过组建飞

---

① 肖荣华:《民国时期的华侨航空学校》,《文史天地》2012 年第 7 期,第 63 页。
② 华侨革命史编纂委员会编:《华侨革命史》上册,台北:正中书局 1981 年版,第 639 页。
③ 王建明:《留学生与近代中国军事航空研究》,博士学位论文,南开大学历史学专业,2012 年,第 210 页。
④ 任贵祥:《华侨与中国民族民主革命》,北京:中央编译出版社 2006 年版,第 335—336 页。
⑤ 黄小坚主编:《海峡两岸"华侨与抗日战争"学术研讨会文集》,北京:中国档案出版社 2000 年版,第 169 页。

机厂的方式参与航空救国运动,一定程度上满足了战时中美两国对飞机及其零部件的需求。1943年初,在美国政府的支持下,留美学生、航空工程专家胡声求博士与洛杉矶华裔青年、研究航空工程的周树容,以"利用中国旅美人才及人力,制造飞机以增强联军(盟军)及中国空军力量,并训练航空技术人才,促进战后中国航空工业为宗旨"①,在美国旧金山发起成立中国飞机公司(China Aircraft Corporation)。公司董事长为何少汉,总经理为邝炳舜,副总经理为李扬圣,美国人福特里仁任厂长,胡声求任副厂长。②

中国飞机公司的兴办得到了美国政府和美国最大飞机制造企业道格拉斯(Douglas)公司的大力支持。在资金方面,该公司注册资本为25万元,由创办人筹足现款10万元,航空委员会驻美京办事处暂垫5万元,不足部分由美国政府拨付。美国政府还为该公司"按一般战时工厂协助办法",拨借厂房、设备及供给流动资金和生产费用。在工人技术培训和管理方面,道格拉斯公司"允予代为训练技术人员,及指导协助一切技术上需要"。③

美国华侨在中国飞机厂具体兴办过程中发挥了不可替代的作用。关于中国飞机厂的具体兴办形式,因为"由中国政府直接主持,则格于国际法律上之限制"不易操作,美国政府变通为"以中国侨民组织公司,照美国一般公司方式办理"。④ 美国华侨以民间身

---

① 《中国飞机厂招工启事》,《世界日报》,1943年8月25日。
② 中国抗日战争史学会、中国人民抗日战争纪念馆编:《海外侨胞与抗日战争》,第238—239页。
③ 《航空工程专家胡声求博士发起筹设中国飞机厂》,《世界日报》,1943年8月24、25、26、27日。
④ 《航空工程专家胡声求博士发起筹设中国飞机厂》,《世界日报》,1943年8月24、25、26、27日。

份参与中国飞机公司的创办,减少了中美两国直接参与公司创办经营带来的不便。

公司筹备完成后开始了大规模的招工,工人"不论男女,不论有无经验,亦不限土生华籍,凡年在十六岁以上,六十五岁以下,有工作能力者,均所欢迎"。在文化程度方面有一定要求:"如识英文或有初中一年级以上程度者,无论男女,可立即报名前往罗省德格拉斯厂受训,训练时间三个月。"①员工待遇较为优厚:"训练期内照给工资,训练三月后,视其学识经验及职位,以定工资,均系依照美政府所定工资标准办理。"②

1944年8月7日,中国飞机公司正式投产,当时接收了美国国防部关于生产500个A-26型轰炸机后机身的订单。1945年,公司员工数已增至500人,不但拥有相应的设计室和制造车间,还在旧金山吕宋街45号兴建了员工宿舍。③ 自1944年8月至抗战胜利,该厂共生产出1 000架轰炸机的后节机身。④ 该厂生产的大批零配件不仅用于装备美军,也用于装备中国空军。

三、加强中国空军的战斗力

在抗战中,华侨航空青年不畏牺牲,回国参战,极大地加强了中国空军的战斗力,为维护中国领土领空安全作出了重要贡献。广东省空军从队长以至队员,"全部以旅美华侨子弟为骨干,抗战初起,靠广东省七十多霍克式飞机为作战主力,因此华侨子弟伤亡

---

① 《中国飞机厂招工启事》,《世界日报》,1943年8月25日。
② 《中国飞机厂开始招工训练》,《世界日报》,1943年8月26日。
③ 中国航空工业史编修办公室编:《中国近代航空工业史(1909—1949)》,第98—99页。
④ 麦礼谦:《从华侨到华人》,第326—327页。

亦重"①。来自芝加哥的华侨青年黄毓全在1926年回国,先在广东空军学校担任中校飞行员兼教官,随后参加北伐,后前往南京服务。1932年"一·二八"淞沪抗战爆发,为配合十九路军地面对日战斗,黄毓全升空作战,先后击落日机3架,击伤2架,但最后不幸被敌机击中,坠机身亡。黄毓全是华侨参加中国空军殉国的第一人,时年仅28岁,距离他新婚仅10天。②美国屋仑斐摩上校飞行学校毕业生黄新瑞,1934年回国参战,积功升至大队长,曾击落敌机17架。③黄新瑞是洛杉矶华侨,受先辈影响,从小就有爱国之心,1932淞沪抗战爆发后,进入洛杉矶中华会馆开办的航空学校学习飞行技术,后又进入屋仑斐摩上校飞行学校深造,1934年春学成归国后历任广东空军第二队飞行员、中央空军第十七中队分队长、二十九中队队长、第五大队队长等职。1937年至1939年间,参加南京、汉口、广州、南雄空战。在广州空战中,26架日机对广州地区和粤汉铁路狂轰滥炸,中国驻粤空军第二十八、二十九两个中队共12架飞机联手应战,共击落日机7架,当中有3架为黄新瑞一人击落。自开战以来,他一人在多次空战中击落日机8架。1941年3月14日,日军大批驱逐机向成都袭来,黄新瑞时任第五大队队长,奉命率全队起飞迎战,双方在重庆与双流上空展开半个多小时的激战,击落日机6架,黄新瑞最终壮烈殉国。④

毕业于砵仑美洲华侨航空学校和旧金山美洲中华航空飞行学

---

① 刘天同:《美中芝加哥地区华侨爱国运动纪实》,《美中新闻》,1999年7月23日。
② 吴剑雄:《海外移民与华人社会》,第238—239页。
③ 刘伯骥:《美国华侨史续编》,第682页。
④ 参见刘伯骥:《美国华侨史》,第682页;中国人民抗日战争纪念馆、中华全国归国华侨联合会文化交流部编:《华侨与抗日战争》,第158页;杜容之:《华侨壮士 航空救国》,《世界周刊》,1993年11月7日。

校的学员在对日空战中,作战勇猛,屡立战功,展现了极强的战斗力。砵仑美洲华侨航空学校第一期学员陈瑞钿,回国后在诸次对日空战中表现卓越,极大地振奋了中国空军的士气。从 1937 年卢沟桥事变至 1939 年昆仑关之役,陈瑞钿共击落敌机 6 架,并协助僚机击落敌机 3 架,被时人称为"空军英雄"。① 同样是砵仑美洲华侨航空学校第一期学员的黄泮扬,是陈瑞钿的同学,1939 年 2 月 22 日和 23 日在广州空战中,黄泮扬率队击落日机多架,时人称之为"空军虎将"。②

---

① 参见吴剑雄:《中国战鹰:空军勇士陈瑞钿》,《海外移民与华人社会》,第 373—381 页;方雄普:《美国华侨的航空救国活动》,《华侨华人历史研究》1988 年第 2 期;任贵祥:《抗日战争时期华侨航空救国运动与对日空战》,《军事历史》1991 年第 5 期。
② 中国致公党广州市委员会编:《祖国不会忘记:华侨与抗日战争》,第 137 页。

第七章　美洲洪门与祖国抗战

九一八事变后,特别是七七事变爆发后,随着中华民族危机的不断加剧,广大侨胞本着爱国爱乡的情怀,继承清末反封建帝制的革命精神,在居住国开辟抗击日本侵略的海外战场,掀起以支援祖国抗日战争为中心的第二次爱国高潮。作为美洲侨社中有影响力的侨团,美洲洪门也在国内社会名流和国民政府的积极动员下,以民族利益为重,本着救国救乡的宗旨,抛弃过去的党派成见,组织动员洪门会员乃至整个华侨社会支援祖国抗战,为祖国抗战捐款捐物,坚持民主团结抗战,反对专制分裂投降,对中国抗战作出了一定的贡献。

第一节　抗战时期国民政府对美洲洪门的侨务工作

美洲洪门是近代美洲华侨中最有影响力的组织,不仅是美洲华侨安身立命的重要寄托,也是国内各种政治势力寻求政治支持与经济援助的首选对象。孙中山早期的革命活动中,洪门就是其重要的联络对象。1896年是孙中山第一次赴美寻求海外支援、宣传革命主张时,并不能得到洪门致公堂的理解和认同。为了更好地开展洪门工作,孙中山于 1904 年初在檀香山国安会馆加入洪门,被封以洪棍之职。随后,孙中山应旧金山致公堂邀请,到美洲大陆演说爱国主义、复国主义,并在洪门致公堂大佬黄三德的陪同下,周游美国各埠,动员华侨捐款。1904 年 5 月始,孙中山着手对致公堂进行改造,要求致公堂会员重新注册,修订致公堂章程。孙中山对洪门致公堂的改造,使之转变为一个具有一定民主化与革命化色彩的政治团体,也为洪门致公堂支持革命奠定了思想和组织基础。黄花岗起义失败后,孙中山再次前往美国。为了实现革命的共同目标、协调致公堂与同盟会之间的关系、减少两者的矛盾,孙中山要求同盟会全体会员加入致公堂。美加等国致公堂在宣传革命、筹集起义资金、举荐孙中山当选总统等方面都作出重要贡献。

中华民国成立后,一方面,革命党人仅以倾覆清室为满足,不愿意依靠会党和广大工农群众将革命进行到底;另一方面,会党居功自傲,与革命党争权,并时而在农村组织发动民众进行抗租、抗粮暴动,扩张势力,危及革命党人的统治秩序,以致革命党人掉转头来反对和镇压会党,两者关系破裂。① 在海外,在国内人士纷纷组团建党的大背景下,美国致公堂也不甘寂寞,几次向孙中山提出在国内组建洪门政党的要求,以提高其政治地位,并要求参与国内的政治活动。孙中山、胡汉民等革命党人认为致公堂是一种封建落后的组织,难以驾驭和改造,因而拒绝了这一要求,导致两者关系不和。1915 年,为了争取美洲致公堂加入中华革命党的反袁阵营,孙中山要求洪门组织归附中华革命党,但没有成功。1917 年,

---

① 蔡少卿:《中国近代会党史研究》,北京:中华书局 1987 年版,第 324—325、328—329 页。

致公堂大佬、旧金山致公堂总理黄三德提出在广东倡建五祖祠,又遭孙中山反对。① 1925年10月,中国致公党在美国旧金山成立,并推举孙中山的政治死敌——陈炯明为致公党总理,致使两者关系日益恶化。② 1936年,黄三德撰写《洪门革命史》,文中对孙中山多有攻击。③

九一八事变后,虽然国民党政府为了其统治权力的稳定,尽力压制国内民众的抗日救国运动,但也在海外华侨中开展了一定限度的抗日动员工作。特别是针对与国民党积怨较深的海外洪门,国民党政府也呼吁其在民族危亡之际,捐弃前嫌,团结一致,同御外侮。九一八事变不久,作为国民党海外部旧金山支部的舆论喉舌,《少年中国晨报》曾多次发表文章,呼吁洪门停止对国民党的舆论攻击,抛弃成见,团结抗战。该报1931年10月发表《敬告致公党人》,揭露中国宪政党与青年党的错误政治倾向和反动本质,希望致公党不忘历史,认清形势,不要与其勾结,而重新与国民党合作:

> 寇已深矣,国家已危如累卵,贵党乃昔日之老革命党,又曾受现代革命之洗礼,今日之卖国贼合作,以断送我大好河山耶?贵党与本党有数十年合作之历史,应抛弃成见,重新与本党合作,共负救国之工作,而不应为没有脑筋之卖国贼崔通约所愚,将贵党出卖于祸国、卖国之所谓宪政党及青年党也。④

随后,该报又发表《为国难当前敬告致公党全体党员》,动员致

---

① 参见陈昌福:《辛亥革命时期社会政治思潮与洪门致公堂的"改堂为党"——陈炯明、孙中山与中国致公党的建立》,上海中山学社主办:《近代中国》第14辑,上海:上海社会科学院出版社2004年版。
② 沈晓敏:《陈炯明与致公党》,《四川师范大学学报》(社会科学版)2004年第4期。
③ 参见黄三德:《洪门革命史》,美国洛杉矶1936年刊印。
④《敬告致公党人》,《少年中国晨报》,1931年10月6日。

公党所有成员在国难面前,抛弃前嫌,发扬洪门革命传统,团结一致,共赴国难。该报称:

> 致公党党员诸君:贵党乃推翻满清、复兴中华之老革命,曾与本党有密切之关系、合作之历史者也。今者,日贼侵占东省,又欲侵占沿海。国家危亡,有如累卵。此诚危急存亡之秋,凡我中华同胞,均应一心一德,共挽危局,"皮之不存,毛将焉附"?我中华民国如不幸而亡于日贼,则海内外同胞均将为亡国奴隶,尚有何党争之足云耶?故今日之事,纷争适以召亡,御侮始能救国。此乃海内外识者所共见,非记者个人之主张已也……我国今日,非所谓国难当前时期乎!日贼最恐惧者,为我全国同胞之团结;日贼最欢迎者,为我全国同胞之纷乱。日贼利于我国之乱,而不利于我国之治。奈何我亲爱同胞,尚不知一致团结,以共赴国难耶?①

七七事变后,为促进海外华侨抗日运动的发展,国民政府及国民党中央加大了侨务工作的力度,先后派要员赴海外进行指导和监督。七七事变后不久,国民政府选派"洪门老叔父"赵昱②为海外劝募公债委员、华侨宣慰大使,赴南洋、欧洲和美洲劝募公债。

---

① 《为国难当前敬告致公党全体党员》,《少年中国晨报》,1932年1月29日。
② 赵昱(1887—1975),广东新会人,1907年赴美半工半读,在美期间加入致公堂及同盟会。1911年协助致公堂和同盟会组织洪门筹饷局,随孙中山与黄芸苏、张蔼蕴等四人赴美各埠筹饷。民国成立后,共和虽告肇建,唯政海波澜,起伏无常,赵昱愤而回美,在《纽约民国公报》任笔政。至1922年,致公堂在旧金山举行大会,议决在上海筹建五祖祠,次年派昱回沪,并举其为筹集五祖祠总理,以为洪门之总机关。赵昱奉委后,即赴欧、美、澳、墨各地筹款。至1925年7月,上海海格路之五祖祠终告落成。祖祠建成后,赵昱专心堂务,旋被举为盟长。参见赵昱:《"双十节"之回顾》,《五祖祠开幕特刊》,1925年刊印,第19—20页;陈昌福:《司徒美堂与中国洪门民治党》,《上海市社会主义学院学报》2013年第6期。

1937年底,国民党中央又选派中央执行委员刘维炽"出洋宣慰华侨,并表明政府抗贼决心,与勉励侨胞努力购买公债,以厚政府抗贼力量"①。辛亥革命时期,赵昱受孙中山指令,在美国加入致公堂,以便动员美国致公堂支持革命。赵昱对美洲洪门比较了解,因此,其在美洲巡埠期间,主动拜访各地洪门,希望洪门捐弃前嫌,以民族大义为重,支持政府抗战。在赵昱海外巡埠期间,国民政府立法院院长孙科特修函给海外各埠致公堂大佬表示问候,并称:"(赵昱)现已由中央任为全国赈务委员会委员,令其放洋,肩此重任……弟念现代国家人民平日政见虽或少异,然在国难当前,莫不互释误会,团结御侮。贵堂对于民国肇造具有伟大勋劳。诸先生高瞻远瞩,对于中央抗战主张,当荷一致赞助。谨因赵先生沿途之便,特修芜函,托其代候□居,并致区区之意,敬祈鉴纳鄙忱。"②国民政府也积极动员国内洪门团体开展海外洪门的统战工作。在赵昱海外巡埠期间,位于上海的洪门总机关五祖祠也致函各国致公总堂、各埠致公分堂,希望各地洪门"能认清国家民族之利益,超越于一切任何团体及个人之上,化除成见,捐弃前嫌,一致团结,拥护之,爱国之,继续辛亥革命吾党输财出力之光荣历史……如赵昱大哥到达尊处,即希鼓吹全体昆仲踊跃争先,倾囊购买救国公债,以为全体首倡,而竟抗日图存之伟功"③。

1938年4月,刘维炽、赵昱等人来到纽约,纽约致公总堂在堂所内设筵欢迎。在欢迎会上,刘维炽讲述日本侵华之残暴,国民政府长期抵抗之决心,及前线作战将士之忠勇,盼洪门实行忠诚救

---

① 《刘专使维炽演说词》(一),《大汉公报》,1937年12月22日。
② 《中央政府不忘洪门功绩》(一),《大汉公报》,1938年5月11日。
③ 《上海五祖祠公函》(二),《大汉公报》,1937年11月24日。

国、义气团结、武侠除奸之信条,多购公债,厉行抗日救国工作。①在克利夫兰,该埠华侨抗日救国会假座安良工商会礼堂开全体华侨欢迎大会。赵昱发表演讲,希望"海外侨胞,务要各尽财力,尽量购买公债,救国即是自救"②。在旧金山,致公堂总部在会所开会欢迎赵昱,堂会人士参加者众。赵昱劝勉洪门人士尽力多购救国公债,奋起救国,增厚抗战实力,期收最后胜利。③ 1944年9月,国民政府行政院副院长孔祥熙赴美访问抵达纽约时,"因久闻海外洪门华侨散布各国,人数众多,向来努力救国,前者致力于革命,得以成立民国。抗战七年来,洪门华侨又加强组织,效力于祖国抗战,七年来如一日,厥功伟大",特设宴招待美国致公堂司徒美堂、吕超然等堂会重要人物,并特别慰问各国洪门。④

在动员美洲洪门支持中国抗战时,国民政府及其政要出于抗日民族主义的现实需要,将洪门历史上的反对异族入侵与当下的反对日本侵略整合在共同的政治语境中。1939年9月国民参政会第四次大会决议案谓:"海外侨胞向有洪门社会之组织,且有光荣历史,于此次抗战,赞助尤力,应如何抚慰侨情,加强组织之处,希望政府特别注意。"⑤国防最高委员会据国民参政会第四次大会决议案,令政府行政院核交主管机关办理有关事务,并谓"洪门社会之组织多在美洲,此次力助抗战,足见其国家民族思想之浓厚,允符当时设会之本旨,应即加以慰勉,希望再接再厉,共赴国难"。⑥

---

① 《纽约总堂公宴刘赵专员》,《大汉公报》,1938年4月8日。
② 《赵昱专员到美企城演讲》,《大汉公报》,1938年5月6日。
③ 《大埠华侨欢迎赵昱翁》,《大汉公报》,1938年6月6日。
④ 《孔院长招待司徒参政》,《大汉公报》,1944年9月12日。
⑤ 《国民参政会与政府慰勉美洲洪门人士》,《大汉公报》,1940年4月5日。
⑥ 《国民参政会与政府慰勉美洲洪门人士》,《大汉公报》,1940年4月5日。

前文所述刘维炽在纽约致公堂向堂会成员劝募公债时,也称赞"洪门团体三百年来革命救国之伟大"①。国民政府及其政要这种对洪门"反清复明"历史的叙述,同辛亥革命时期孙中山、陶成章等革命党人对秘密结社进行的民族主义叙述一样,正如学者孙江所说,虽然有一定历史传说为凭依,但根本上还是政治需要的产物,"历史记忆在现实政治斗争的需要下得以复活,与此同时,历史也在被重塑乃至改窜"。②

邀请洪门领袖回国考察,安排重要人物接见,给予其一定的政治身份和荣誉,提高其政治地位,一方面,是为了肯定洪门领袖支持祖国抗战的贡献,勉励他们领导美洲洪门人士输财出力,支援抗战;另一方面,洪门领袖政治地位的提升可扩大其在洪门乃至侨胞中的影响力,有利于其对洪门及侨胞的组织动员工作。在此方面,国民政府开展了大量工作。

长期担任致公堂总监督和安良堂总理的司徒美堂、阮本万等人,是美洲华侨社会众所周知的"传奇人物",数十年来热心国事,积极领导侨胞参与所有救国运动。九一八事变以来,他们极力主张抗日。"一·二八"淞沪抗战时,他们又奔走呼号,不遗余力。他们还因抗战宣传之需要,集资将美东致公堂喉舌《纽约公报》恢复改为日报,用作海外华侨抗战之喉舌。抗战全面爆发之后,他们瘁

---

① 《纽约总堂公宴刘赵专员》,《大汉公报》,1938 年 4 月 8 日。
② 孙江:《话语之旅:关于中国叙述中秘密结社话语的考察》,《中国学术》2004 年第 2 期,第 54 页。在天地会性质的研究上,目前海内外学者根据不同的材料已形成两个不同的学术流派,即会簿派和档案派。前者以会党内部带有神话传说性质的会书作为基本材料,认为天地会是明朝遗老等精英阶层组织的反清复明革命团体,持此观点的代表性学者有温雄飞、萧一山、赫治清等;后者主要根据清官方查获会党结社后进行审讯所形成的档案,认为天地会是城乡破产劳动者、江湖人士等组织的社会互助团体,持此观点的代表性学者有蔡少卿、秦宝琦等。

尽心力,从事一切筹饷募捐工作,数年如一日。① 国民党中央海外部部长刘维炽对于致公堂领袖司徒美堂、阮本万的抗战贡献表示高度赞赏,并代表蒋介石致函纽约致公堂,邀请司徒美堂、阮本万返国参政,共同参加救国工作,词意恳切。其原函称:"纽约致公总堂美堂、本万二位先生惠鉴:……先生等热心国事,出财出力,凡属国人,莫不佩仰。弟顷已将实情陈明蒋委员长,并请委先生等为行政院参议,将来遇有机会,再另委阮先生为粤省临时参议会议员,以酬雅意。业承准照。委员长对先生倍加推崇……"②

司徒美堂当选国民参政会参议,在侨胞中影响很大。1941年10月21日晚,他从纽约启程经旧金山回国时,就有纽约中华公所、筹饷总会、安良总会、致公总堂、凤伦堂、妇女新运会等各大侨团和报社代表,及各界男女侨胞百余人到纽约车站送行。③ 1941年冬,司徒美堂因被聘为国民政府华侨参政员之故,自美返港,几经曲折,终抵重庆,受到蒋介石夫妇的亲自接见,到访必迎,出则搀扶,送到"第三道门",据说这在当时是一种"殊荣"。④ 司徒美堂在《敬告侨胞与全美洲各国洪门昆仲书》中也提到:"及抵陪都后,又蒙中枢当局优渥待遇,殷切垂询海外情形,具见中央关怀侨胞之德意。"⑤1943年,国民政府鉴于司徒美堂和阮本万等洪门领袖之热心救国,又分别聘之为政府参议员、参政员等职。⑥ 他们回国参政,受到诸多国民党政要的接见。

---

① 《蒋夫人接见司徒美堂与阮本万夫妇》,《大汉公报》,1943年6月26日。
② 《刘维炽致纽约致公堂书》,《大汉公报》,1941年8月28日。
③ 《欢送美堂先生回国》,《大汉公报》,1941年10月22日。
④ 中国致公党中央研究室编:《司徒美堂》,北京:中国致公出版社2003年版,第240页。
⑤ 《司徒美堂翁敬告侨胞与全美洲各国洪门昆仲书》,《大汉公报》,1942年6月9日。
⑥ 《蒋夫人接见司徒美堂与阮本万夫妇》,《大汉公报》,1943年6月26日。

总之，战时国民政府通过"走出去，请进来"等方式，派遣政要到美洲侨社修复其与美洲洪门的关系，向洪门人士宣讲抗战，从事募捐，以及邀请洪门领袖回国参政，给予其一定的政治身份，激发了洪门及其领袖支援祖国抗战的爱国热情。

第二节 美洲洪门对中国抗战的贡献

国内社会精英与国民政府针对美洲洪门的具体工作，在一定程度上调动了洪门支援祖国抗战的积极性。实际上，九一八事变后，海外华侨倾全力于救国运动，美洲洪门也不甘落后，在洪门组织及其领袖的积极动员下，各堂会间能捐弃前嫌，团结一致，支持祖国抗战，堂界平日引发冲突的因素大多消失。各堂会也以民族利益为重，抛弃过去对政府的成见，本着救国救乡的宗旨，组织洪门人士为祖国抗战捐款捐物，支持政府抗战。

一、组织动员洪门会员乃至华侨支援祖国抗战

抗战期间，美国华侨对中国抗战贡献很大。[①] 据纽约侨领司徒美堂所言，自七七事变始至1941年底，仅纽约一城四年来捐款达

[①] 据公债劝募委员会海外劝募专员赵昱1938年9月发布的报告称，自其1937年9月出国以来，已近一年，足迹几遍全球。所过之地，除劝勉侨胞踊跃购债外，并以抗战救亡，勉励同胞。自1937年7月抗战事起，至该年年底为止，海外侨胞出钱最多者，则为捐输3 000万元之马来半岛。若以华侨平均出钱最多而论，则南非洲第一，菲岛第二，印度第三，美国第四。现时美国侨胞对于义捐与公债，奋力捐输，已至1 300万元，年底可达2 000万元。以72 000华侨努力至如此成绩，料可争到全球华侨捐输报国第一名矣。参见《赵昱翁详告各埠侨胞捐输救国情形》，《大汉公报》，1938年9月30日。

国币 5 000 万元,而一元献机运动,亦达美金 50 万元。① 八年全面抗战期间,纽约华侨每人定额捐款平均为 670—1 000 美元,仅此项捐款就在 1 400 万美元上下,另外公债和杂捐不计在内。② 这些成绩的取得是与洪门对其成员的组织动员工作分不开的。美洲洪门动员堂友乃至全侨抗战救国,主要有以下两种方式:发表救国宣言,号召会员捐款;集会演讲抗日救国大义,现场劝捐。

(一) 发表救国宣言,号召会员捐款

九一八事变后不久,面对日军大举侵略我国东北,旧金山致公堂总部所办的《公论晨报》以社论名义,发表该报总编辑崔沧海的《海外侨胞急起一致救国》一文,呼吁美国华侨"为今之计,暂请抛弃意见,彼此共起一大决心,先由本埠各界团体,克日组织整个救国大团体机关,俾作国内拒日之声援"。文章还针对侨胞的抗日救国运动提出十条有效可行的措施,主要有:"合电南京、广东两党府,请一致息争,共同对日";"请蒋介石暂辞主席职,统军北征日本,以平民气";"速行恢复后援会,图久远之组织,必俟日本撤兵道歉而后止";"函电各埠,努力筹款,源源接济国内以作后盾";"调查此间有代理日本航业贩运日本货物者,暂且决心停止,表示经济绝交";"凡侨胞男女荣旋祖国者,宜乘美国轮船";"凡有全美洲公私立之学校,速将日贼之阴谋卑劣每日讲演,输灌于男女儿童,誓复国耻";"组织露天演讲队,或派人游埠演讲,激励侨胞,发起国家观念";"对于海外日侨,仍施以礼,切勿暴动,免惹生事端";"切戒五分钟之热度,永久弗忘"。③

---

① 《司徒美堂谈洪门历史》,《大汉公报》,1941 年 12 月 27 日。
② 中国致公党中央研究室编:《司徒美堂》,第 65 页。
③ 崔沧海:《海外侨胞急起一致救国》,《公论晨报》,1931 年 9 月 22 日。

全加致公堂总机关为唤起会员乃至唤起救国意识,特发表宣言:

呜呼,昊天不吊,降祸中华,十六省之洪水未平,五千万之灾民正苦,华北战事,甫告解决,宁粤兵争,又欲寻衅,天灾未完,人祸继至,内乱迭起,外寇突来,今者倭奴,乘势侵掠,强据奉天,又占吉林,更向青岛、牛庄、塘沽、烟台、葫芦岛等,长驱直进,大肆吞噬,剽掠焚烧,残杀屠戮,官署、民房、兵工厂、飞机场、银行、商店与各重要机关,及各重大建筑,抢劫净尽,概行焚毁,难民逃避,飞机迫炸,尸骸遍地,惨不忍闻,种种凶残,不能尽述,噩耗传来,凡有血气,莫不悲愤。然而党府,一筹莫展,舍求盟会,半策全无,只有袖手旁观,徒托空言抗议。①

1931年10月,中国致公党驻古巴总支部发表宣言,一方面抨击国民党的一党专政,另一方面呼吁侨胞团结抗战:"今日贼蕞尔弹丸,貌诸小丑,逞其蚕食,肆彼鲸吞。本党兴亡有责,岂敢后人,敌忾同仇,应宣有众,惟是有不能已言者。慨自国民党施行党治,剥夺民权,暴恣寰中,毒遍天下,加以蒋氏政出独裁,只尊一己,行同专制,徒奉一人,对内既已离心,对外何由效死。今欲与日贼周旋,非先请蒋下野不可,尤非先行取消党治不可……以私则必争,争则必乱,乱则灾害频至,外侮纷乘,无可避免者。故自宁府私一国为一党,所谓以党治国之说,遂弄成无岁不争,无日不战,掷金钱于战争,耗军力于锋镝,政治不修,水旱不防,教育不兴,其结果,对内则为去年西北之旱灾,今年东南之水患,赤氛大炽,苍生倒悬;对外则为前线之日贼屠城……今本党对于此次应付日贼之主张,请

---

① 《全加致公堂总机关为时局宣言》,《公论晨报》,1931年10月8日。

我全侨致电宁府,促蒋下野,及取消党治,然后联合全国人民一致对日。"①

随着美国土生华侨人数的不断增长,致公堂也重视对这一群体的动员工作。《公论晨报》还专门针对该群体的特点发表文章,分析他们在美国生存之困境,劝告他们关心祖国命运,回国发展,积极投身抗日救国运动。该文称:"青年诸君乎,杀贼救国,今日为千载一时之良机矣。诸君平日锻炼体格,曾不让于美人。短小倭奴,尤非望尘所及。观于足球、角技种种比赛,孰优孰劣,众所共见……诸君具此大好身手,既可救国杀贼,还我山河,复能荣祖耀宗,自谋出路。倘能相偕同心,携手同行,一表男儿雄风,一表巾帼爱护,尚希从今日起,节衣缩食,锻炼体魄,置身行伍,作中国海外后备一劲旅,此其时乎!此其时乎!"②

"一·二八"事变后,由蒋光鼐为总指挥,蔡廷锴为军长的第十九路军在淞沪英勇抵抗日军侵犯,各界群众均表拥护和支持。海外侨胞也不例外。1932年2月3日,美国致公党与宪政党两党联合发表通告,一方面批评国民党政权的不抵抗政策导致祖国山河残破;另一方面也号召两党同志及爱国侨胞,积极捐款,援助抗敌将士。③ 同日,中国致公党美洲总部通告各埠洪门昆仲努力筹款,共救国难。其通告称:"拒敌守土,务固吾国,驱逐日贼,已为全国军民之责。吾人在海外不能执戈亲上前线,自当尽其力量,先筹款项,或慰劳军士,或购办飞机,或赈济战区难民,用途如何,由捐款者所自愿。本党与宪政党联合办理此事,前日已发布广告,各埠昆

---

① 《中国致公党驻古总支部宣传部宣言》,《大汉公报》,1931年10月10日。
② 《告美洲青年会、同源会青年其速起杀贼救国,千载良机》,《公论晨报》,1932年2月2日。
③ 《致公党宪政党紧要通告》,《世界日报》,1932年2月3日。

仲阅报者想已周知,务望相互劝告,各量其力之所能,尽国民一分子之责。"①

市作顿萃胜堂不仅带头捐款,还发表《为募款慰劳十九路军告旅美侨胞书》,动员旅美侨胞捐款援助十九路军抗日:

> 迩者捷报传来,尽驱日贼于沪滨,轰沉兽舰于吴淞,声震寰宇,薄海同欢。本分会同人,先为领导各界侨胞发起筹集慰劳费,以鼓励士气,现集得银四百零三元,除电费外,尽汇沪洋。区区微款,聊尽国人一分子而已,仍望各埠各团体各侨胞努力继起。侨胞乎,须知国之存亡,在此一举。我侨胞勉之。②

纽约致公总堂于1932年2月间筹募巨款,汇回蔡廷锴将军收,以为抗日救国军糈。9月又发布告示,先陈述日军侵略我国东北、民众自发组织义勇军抗日救国的情况,后号召洪门会众积极捐款,接济关外义勇军抗日饷糈。其通告云:"佥以我洪门致公堂之设立,系以救国为宗旨。际兹暴日横行,国势危殆,亟应挽救,免致沦亡,于是议决发部筹款,接济义勇军军糈,并先由本总堂捐助大洋一千元以为之倡。为此合行通告,仰所属美东十八致公分堂昆仲,一体知悉,见义勇为,慨助巨款,从速付来本总堂,以便汇回接济义勇军饷糈,借资杀贼救国,恢复失地,有厚望焉。"③

美国圣安东尼奥致公堂发表宣言,一方面揭露日本不断侵略中国,国民党则以高压手段打击抗日救国运动的罪行,一方面呼吁

---

① 中国致公党美洲总部:《通告各埠洪门昆仲努力筹款共救国难》,《公论晨报》,1932年2月3日。
② 《市作顿萃胜工商会为募款慰劳十九路军告旅美侨胞书》,《少年中国晨报》,1932年2月5日。
③ 《致公总堂筹款接济义勇军》,《世界日报》,1932年9月16日。

华侨团结一致,奋起抗日:"我亲爱的同侨,吾中华民族之黄帝子孙,果真懦弱者乎,果真无牺牲精神者乎!观之往事,决其将来,中国之中兴,必将有实现之一日。我亲爱的同侨,万众一心,毋贰其德,意见化除,共赴国难,务达到抗日救国之目的而后已。凡有降日卖国者,则极力铲除之,若主张抗日为职志者,一致拥护之,毋论其人在朝在野,为仇为友,其对于抗日表同情者,一致联合起来,与日贼决最后五分钟之胜负。人之爱国,谁不如我,本堂同人以抗日救国为前提,以民族生存为主义,五祖有灵,实凭式之。"①

全面抗战爆发不久,美东致公总堂宣传部就发表《洪门人士抗日救国之郑重宣言》:

在此国危势亟、寇深祸急之时,我洪门人士谨以万分诚意,切实郑重声言我四万万同胞兄弟姊妹之前,誓愿再接再厉,集中我五洲洪门全体义士,一心一德与我全国海内外爱国同胞一致,合力抵抗日寇,共救中国,一贯我洪门人士二百余年革命救国之主张。全国同胞,幸垂鉴之。②

1937年8月,位于旧金山的美国致公堂总部也发表《筹款救国宣言》:

我洪门人士,义当奋起,为抗敌后盾。溯我洪门团体,为中国数百年之革命始祖,爱护国家,向不后人,当本其革命救国之真精神,大声疾呼。望各地洪门团体,从速发起筹饷,以助军糈。事势急迫,不容少缓。且我本堂曾奉香港中央总部

---

① 《日贼侵占华北敬告同侨书》,《世界日报》,1935年7月6日。
② 美东致公总堂宣传部:《洪门人士抗日救国之郑重宣言》,《大汉公报》,1937年7月30日。

通告,筹集救国军费在案,此事亟宜及早进行。①

1938年8月,全墨洪门第八届恳亲大会筹办处成立并发表宣言,号召全墨洪门昆仲团结一致,奋力救国:"洪门服膺民族革命,功在国家,会员遍布五洲,受堂义熏陶,先烈之典型具在,爱护国家,始终不渝。参加救国工作,努力前驱,劝募公债义款,唯恐后人。今者全墨洪门第八届恳亲大会以十月十日召开于参迫咕埠致公总分堂,届时各埠代表荟萃一堂,岂唯谋堂务之进展,与联络而已?效力宗邦,尽国民天责,本夙昔之壮志,以贯彻报国之大愿,斯又可举以告我邦人、侨梓及我昆仲者三也。同人不敏,以樗栎之材,谬承重寄,自维浅陋,而国族在艰危之会,正我四万万五千万同胞风雨同舟,一心一德,抗战图存,复兴救亡之时者也。"②

1939年1月,旅美华侨统一义捐救国总会举行美金义捐。为配合救国总会的义捐活动,俊英工商总会、萃英工商总会、瑞端工商总会、秉公堂、协胜堂等旧金山各大堂会发布通告,要求所属会友遵照救国总会捐款章程鼎力认捐,以尽国民责任。③ 旧金山秉公堂劝捐通告如下:

> 为通告事。我国自全面抗战以来,已十八个月。本堂对于各项义捐,无不鼎力赞助,不敢后人。况当抗敌最严重时期,我人侨居海外,安居乐业,以视前线将士浴血抗战,战地难

---

① 《美国致公堂总部筹款救国宣言》,《世界日报》,1937年8月16日;又载《美国致公堂总部筹款救国宣言》,《大汉公报》,1937年8月27日。
② 《全墨洪门第八届恳亲大会筹办处成立宣言书》,《世界日报》,1938年8月18日。
③ 《俊英工商总会劝昆仲捐款救国》,《世界日报》,1939年1月27日;《萃英工商总会勉励昆仲捐款救国》,《世界日报》,1939年1月27日;《瑞端工商总会之通告》,《世界日报》,1939年1月27日;《秉公总堂劝勉手足捐款救国》,《世界日报》,1939年1月28日;《协胜总堂劝捐救国之通告》,《世界日报》,1939年1月28日。

民流离失所,我人实当节衣缩食,鼎力捐输,充实国家资源,聊尽国民责任。现旅美华侨统一义捐救国总会推销美金义捐,已积极劝销,仰我全体手足努力认购,幸毋迟疑观望,或顽抗规避。倘有故违,由救国总会照章处罚,各宜自重,毋贻后悔。①

1939年10月,全美洲洪门组织成立全洲性的洪门跨国组织——全美洲洪门总干部并发表抗日宣言:

> 我大汉中华民族自鼻祖轩辕至宋明,皆一本我民族自决之精神统治中国……及辛亥革命,武昌起义,大告成功。我洪门人士二百余年抵抗到底之革命目的卒能达到。我全个中华民族果获最后之胜利,而建立我五族共和之民主国家。共和肇造之后,我洪门革命团体以为功成身退,在海外者更以为我国族从此循民主正轨,臻国家之富强地位。不料廿余年来,执政者争权夺利,内乱频仍,东夷小丑,突来夺我国土,凌我国族,卢沟桥事变之后,狼子野心,全副暴露,自第一期抗战伊始,旅美洪门人士更进一步,号召全美洲洪门开代表大会,本年六月十五日在墨国召集大会,有十余国二百余埠三百余处之洪门统属堂党会社代表出席,当场一致通过力行洪门信条,重申立会结社之旨,拥护抗战,且决议成立全美洲洪门总干部于美国纽约,以为洪门人士统一内部集中力量,继续一贯其传统政策,努力作抗战救国集体行动之总机关。洪门总干部于今已尊章正式成立,用是略陈经过,发为宣言,昭告有众,所有抗战救国进行,及总干部政策俱谨遵全美洲洪门代表大会宣

---

① 《秉公总堂劝勉手足捐款救国》,《世界日报》,1939年1月28日。

言及议决案等,力求迅速实现,以期述绍先贤大汉中华民族革命之遗志,以达抗战救国最后胜利之目的。我洪门人士及我大汉中华民族之革命男女,其一致奋起,争取我民族最后胜利,驱逐倭奴,还我河山,民族更生,历史重光,洪门幸甚,国族幸甚。①

1940年3月,国内洪门及青红帮人士在重庆成立自强总会社,长江流域湘、鄂、赣、苏、浙等省青红帮设立分社,并联络上海并豫淮之红枪会与两湖之哥老会,以拥护抗战除奸为宗旨。加拿大洪门机关报《大汉公报》刊文介绍了国内洪门的这一动态,其意图很明显,即"冀我海外洪人,乘此时机,勿失政府之期望,慰勉之深心,当即起而响应国内输血、海外输财之勉言,勠力捐助抗敌军饷,倾囊筹助各种义款,以协同国内洪家兄弟作大团结拥护政府,杀彼倭奴,歼其傀儡,复我失地,还我山河,是可喜也"②。

1940年4月,屋仑华侨义捐救国分会以历次捐款及第三期美金义捐,尚有少数侨胞未捐及已捐而未缴款者,"有误救国工作,阻误结束时日",特函请该埠宁阳会馆、秉公堂、萃英工商会、萃胜工商会等七大团体加足力量,协同调查,务使于最短期间缴清捐款,结束已往各次捐款手续。萃英工商会特此发表通告:

> 现在我国抗战,情势占优,胜利之期,近在眉睫,凡属国民,均应再接再厉,努力捐输。本埠救国分会为筹募第三期美金义捐,屡见通告催收。查本会会员如数交清者,为数甚众。未缴足者,尚有少数,为此特行通告,凡棉〔绵〕力稍能者,务宜从速缴交,以尽国民天职。如的确心与力违,亦须及早具报。

---

① 《全美洲洪门总干部成立宣言》,《大汉公报》,1939年10月21日。
② 《国内洪人大团结拥护政府抗战除奸之可喜》,《大汉公报》,1940年4月4日。

救国分会调查员不日出发检查,若恃顽反抗,与调查员为难者,本会决不袒护。①

1940年10月,旧金山美洲大埠秉公总堂、驻美金门协胜总堂、金山大埠瑞端工商总会、正埠萃胜工商总会、三藩市萃英工商总会、美洲正埠合胜总堂等六大堂会联合发表通告,劝告各该团体所属侨胞响应旅美华侨统一义捐救国总会的决议,于限期内依章认捐。如有顽抗,决严行追究。其通告如下:

> 为通告事。查旅美华侨统一义捐救国总会,响应蒋委员长航空救国运动,前经议决筹募航空捐美金一百万元,并经本团体等一致赞助,各捐巨款在案。救国总会募捐大队现出发向全体侨胞劝募,定期十一月十日以前,为最后认捐截止期,为此特郑重通告所属各昆仲,一体遵照,依照救国总会募捐细则认捐,切勿迟延。如有恃顽抗捐,本团体等决不袒护,并一致拥护总会,严为查究,以维救国工作,而促航空救国运动成功。希各注意为要。②

事实上,堂会对一些破坏抗战救国工作的堂友给予了严厉处罚。如市连拿萃胜工商支会于1941年10月发布启事,事因其会员赵林光"不顾国体,立意破坏救国工作,胆敢常与敌人交易,行同汉奸,丧心病狂",遂召集全体会议,即席议决,将他革出会籍,以儆刁顽,而维纪律。③

作为美国堂会的领袖,司徒美堂也多次发表通电或声明,号召海外华侨及其洪门组织捐弃前嫌,支持国民政府抗战。1942年5

---

① 《屋仑七团体协助调查义捐》(三),《少年中国晨报》,1940年4月4日。
② 《六团体联合通告赞助航空捐》,《世界日报》,1940年10月31日。
③ 《革出会籍》,《世界日报》,1941年10月9日。

月,他发表《致洪门兄弟书》,"深望我洪门兄弟,念已往之光荣,思当前之天职,一德一心,共赴国难"①。1942 年 6 月他在《敬告侨胞与全美洲各国洪门昆仲书》中又说:

> 我旅美侨胞在过去期内,虽有门户之见,自抗战以后,涣然冰释,团结御侮,深明民族大义。美堂不能不为我洪门人士进一言。我洪门组织原为民族革命团体,在昔赞助孙中山先生革命与缔造民国,有卓著之勋劳。今日蒋委员长继承孙中山先生之革命事业,领导全国抗战建国,我洪门人士当以昔日之精诚,拥护蒋先生完成抗战胜利之大业,促进世界大同之理想。②

可见,自九一八事变以来,美国、加拿大、墨西哥、古巴等美洲国家洪门都行动起来,纷纷发表宣言,以民族主义话语号召美洲各地洪门会员乃至美洲华侨,以民族大义为重,团结一心,奋起抗日,踊跃捐输,以实际行动支援祖国抗战。

(二)集会演讲抗日救国大义,现场劝捐

在组织洪门人士捐款捐物、支持祖国抗战时,洪门团体积极利用洪门五祖、陈近南先师、万云龙大师等诞辰或起义结盟日,或是九一八事变、七七事变、双十节等纪念日,或是洪门恳亲会、新会员加盟仪式、春宴等场合,或是在祖国政要来美宣慰洪门华侨时,组织洪门成员聚会,出席演讲。集会上,洪门领袖多以洪门革命历史教育堂会成员,加强洪门人士的组织认同感,激发洪门人士的抗日

---

① 司徒美堂:《司徒美堂致洪门兄弟书》,致公党中央党务研究委员会编:《中国致公党历史文献和文史资料汇编(1904—1949)》,北京:中国致公出版社 2015 年版,第 83—85 页。
②《司徒美堂翁敬告侨胞与全美洲各国洪门昆仲书》,《大汉公报》,1942 年 6 月 10 日。

热情,并勉励其积极为祖国抗战献金。加拿大温哥华洪门鉴于日本侵华,即组立救国拒日会,并在洪门机关报,尽量宣传,一方面指责"宁粤党府各人,尽是媚日卖国奸贼,事前既秘密亲往召之来,事后并禁压民众抗贼运动,枪杀爱国抗贼学生,至倭贼如取如携,如入无人之境,锦绣山河,不几沉沦于宁粤党府各害国奸贼之手乎",另一方面则称赞"马占山将军其人,不中党毒,奋发雄心,拼命杀贼,一柱擎天",最后动员洪门人士当捐款集财以资助,组织捐款援助,从速电汇回马将军,以壮军心。①

美国山旦寸致公堂于1932年初举行庆祝元旦,及新旧职员交代典礼,全埠华侨殷商男女老少,共数百人,莅临会场。原主席伍勋仕宣布宴会旨趣,勖勉各昆仲及各侨胞,热心救国。新主席钟功祥也谓"现在国家危急存亡之秋,望我洪门叔父昆仲,务宜负起兴党救国之责任"等辞。②

1934年,著名的抗日将领蔡廷锴周游列国,到海外华埠宣讲抗日救亡的主张。波士顿致公堂领袖在致辞欢迎蔡廷锴将军时说:"将军乘槎海外,扩大救国宣传,借箸席前,细与侨胞筹画,人有偕亡之痛,谁不同情。辱订城下之盟,自当切齿。人心未死,国事可为。将欲唤醒黄魂,同舟风雨,以备重修劲旅,还我山河,则将军今日之远游,实救国之先声也。我洪门救国向具热诚,杀贼尤抱壮志,誓欲存楚,义不帝秦。素仰将军之为人,深合洪门之夙愿,素琴同调,流水知音。"③旧金山秉公堂假座杏花楼设宴款待蔡廷锴一行,并邀请各侨团侨领百余人赴会。该堂温学周致欢迎辞称:"窃

---

① 《洪门拒日会捐款犒马军》,《公论晨报》,1931年12月4日。
② 《山旦寸致公堂春宴纪盛》,《公论晨报》,1932年2月11日。
③ 《波城致公堂欢迎蔡将军》,《世界日报》,1934年9月25日。

维将军当淞沪驻节之日,正倭寇肆虐之时,倭寇毒比长蛇,贪如封豕,借劫夺三省之威,冀得陇而望蜀,乘我国内之纷争,故得寸而进尺。幸将军秉丹心救国之热诚,守土有责,立赤手抗日之决心,乱命推辞,上下一心,全军合德,仅凭二万孤军,抵御四倍强敌,指挥前线,督师闸北,卒使盐泽寒心,顿教野村丧胆……鏖战三十二日,歼敌数万名,世界为之震动,中外于以欢腾。足见将军智勇而绝伦,将士果敢而用命……历游各邦,到处欢迎开会;驾临藩市,莫不争睹丰仪;群伦爱戴,侨梓敬钦……所幸将军大声疾呼,黄魂唤醒,将军尤须领导四百兆群众,内除国贼,则四百兆群众必追随将军,外拒强寇,务期失地收回,共和恢复,措国家于磐石之安,登人民于衽席之上。此本堂同人欢迎将军之盛意也……秉公总堂同人敬献。"①

七七事变后,随着国内抗日运动的兴起,美洲洪门也加大力度,积极动员会员抗日救国。墨西哥可利市致公堂暨抗日后援会于1939年举行七七事变及抗日二周年纪念大会,主祭者为致公堂会长兼抗日后援会主任。会上,该堂会长发表演说称:"抗日后援会所属侨胞暨昆仲全体忠心爱国,自抗日以来踊跃输将,继续不懈,抗日物力,利赖殊多,殊堪嘉慰。现抗日胜利已愈接近,望侨胞暨昆仲全体发挥有加,百尺竿头更进一步,共图获最后之胜利。"纪念会还举行公祭以纪念殉难军民,及献金赈济难民,仪式隆重。②

1940年10月,旧金山致公党总部以夏历九月初九为该党先烈万云龙诞辰,特在礼堂布置,设筵数席于总部。席间司徒俊葱发表演讲说:"万云龙先烈为拒外而殉难,今日我国为拒外而战,吾人须

---

① 蔡廷锴:《蔡廷锴自传》下册,第371—372页。
② 《墨国洪人举行七七纪念》,《大汉公报》,1939年8月10日。

本前人之志,向拒外之途前进。在此国难当中,若有人施以妨碍拒外战线,破坏不分党派之团结力者,吾人决加反对,然同时务须加倍努力于拒外工作。"①

1941年9月21日晚,纽约致公总堂召开洪门大会,招收新进会员。入会者有不少青年英俊、热心爱国之士,其中有在美留学生,也有博士、硕士等专门人才。司徒美堂总监督及吕超然部长对新会员发表演讲时说:"洪门反清复汉,为民族革命之始祖,以忠诚救国,义气团结,义侠除奸为信条,创自康熙甲寅年间,迄今二百六十八年之久。历次革命,皆为主动,不惜重大牺牲,艰难奋斗,前仆后继。辛亥一役,克达目的,功在民国。卢沟难发,我国抗战四年,海内外洪门人士,许多亲赴前线杀敌,壮烈牺牲。后方民众,我洪门人士出财出力,亦居多数。又勉励各会员今后努力发展会务报务,多做抗战建国工作。"②1943年2月,美东致公总堂假座礼堂举行春宴,各会员依时出席。会长梅友启称:"借此良机,召集叔父昆仲交换救国意见,切实努力迈进,以继续我洪门民族革命团体未竟之工作,以期促进抗战胜利建国成功。"③1944年4月,美东致公总堂开宴会庆祝洪门先师陈近南诞辰。该堂借此机会重温陈近南创盟立会,首倡民族革命,以及洪门人士200余年之长期奋斗,推翻清社,建立中华民国的革命历史,重申洪门人士之政治立场,并在此日本入寇中原,全民长期抗战之秋,秉承洪门立会结社之宗旨,牢记革命先烈之遗训,继续奋斗,驱逐日人,争取胜利,践行忠诚救国之信条。④可见,在这些场合,洪门组织也利用了民族革命的话

---

① 《致公党纪念万云龙诞辰》,《世界日报》,1940年10月11日。
② 《纽约洪门大会志盛》,《大汉公报》,1941年9月22日。
③ 《纽约致公总堂春宴》,《大汉公报》,1943年2月22日。
④ 《纽约洪人之纪念会》,《大汉公报》,1944年4月22日。

语叙述,一方面,动员其成员积极支持中国抗战,另一方面,将自身打造成革命老党,获取其在战时华侨抗日救国动员中的资本,以争取其在侨社抗日救国动员中的领导权。

一些洪门领袖还奔走美国各埠,现场演说,组织华侨及其堂会捐款。安良堂领袖阮本万历来热心于抗日救国工作,事事站在前线,领导全侨,一致进行。抗战时期,他奔走美国数十埠,指导各地华侨及堂会的救国工作。① 1940年11月至12月,阮本万被华侨航空救国运动委员会陈庆云主任任命为劝捐代表,奔走新奥尔良、里士满、巴尔的摩等美东、美中、美南30余埠。他每到一埠,即与当地侨团及堂会联系,召集侨胞开会,并发表演讲。他在演讲时,"先把各地抗日会办理航空捐款情形详述外,复指出敌机滥炸祖国惨状,除非购机增强空军,不足复仇雪耻,且抗战步入我优敌劣之阶段,正是我操〈胜〉左券,深希侨胞坚持信念,鼎力捐款完成航空救国,复兴民族之伟业"②。

美国华侨对中国抗战贡献很大,也与其对美国华侨社会的组织动员工作分不开。从组织上来看,当时美国抗日救国团体很多,美国东部的抗日团体,隶属于纽约华侨抗日筹饷总会;美国西部的抗日团体,由旧金山市旅美华侨统一义捐救国总会管辖;美国中部的抗日社团,归芝加哥华侨抗日救国筹饷会统一指挥。这三大救国团体都有堂会人士担任重要职务。1937年11月7日,纽约唐人街召开华侨抗日救国筹饷总会成立大会,安良堂领袖司徒美堂、陈

---

① 《阮本万君在美京演讲》,《救国时报》,1938年12月15日。
② 《阮本万到纽阿连促进航空捐》,《美洲华侨日报》,1940年11月14日;《欢迎阮本万先生演讲大会》,《美洲华侨日报》,1940年11月29日;《保城侨胞欢迎阮本万先生》,《美洲华侨日报》,1940年12月5日。

光润被推选为主要负责人。① 芝加哥华侨抗日救国筹饷会主要负责人中,就有芝加哥安良堂首领梅友卓、协胜堂领袖李伟泮等人。美西的旅美华侨抗日统一义捐救国总会中,秉公堂领袖黄君迪也为负责人之一,萃胜堂主席陈敦朴则受侨众推举为监察委员会常务委员。②

实际上,洪门及其领袖在推动美洲华侨抗日救国团体的创建和发展中扮演了重要角色,而这与洪门在当地华埠中的重要地位直接相关。洪门吸收成员不受血缘、地域等关系的限制,因而发展较快。当时美洲各地华埠规模大小不一,发展有先有后,其组织体系也情况不同。一些华埠是以当地中华会馆为组织核心,有些华埠则以堂会为权力核心。特别是在圣路易斯、芝加哥、纽约等美国中东部华埠,安良堂和协胜堂势力强大。③ 在芝加哥的新唐人街,象征着安良堂势力和地位的是安良堂新大楼,它于1927年建立,当时花费50万美元,并很快被称为唐人街市政大楼。④ 实际上,芝加哥安良堂控制了唐人街的经济、政治和社会生活,不仅履行中华会馆通常的调解、慈善和法律职能,也将华人公众形象呈现给其他族裔,而于1904年建立的芝加哥中华会馆,在很长时期内都是有

---

① 任贵祥:《华侨与中国新民主主义革命:兼论民主革命时期华侨与中国共产党的关系》,北京:中国华侨出版社2006年版,第229页。

② 伍庄:《陈公敦朴略传》,美国加州大学伯克利分校族裔研究系图书馆藏,Yuk Ow Collection,AAS ARC 2000/70. 手写本,出版时间不详。

③ Adam McKeown, *Chinese Migrant Networks and Cultural Change*, Peru, Chicago, Hawaii, 1900 – 1936, p. 187; Huping Ling, "Governing 'Hop Alley': On Leong Chinese Merchants and Laborers Association, 1906 – 1966," *Journal of American Ethnic History* (Winter 2004); Huping Ling, *Chinese Chicago: Race, Transnational Migration, and Community Since 1870* (Stanford, California: Stanford University Press, 2012), pp. 144 – 171.

④《芝加哥湖光水色》,《申报》,1946年8月2日。

名无实的组织。① 在20世纪初的纽约,时人有云:"查安良会为美东最有势力之堂号,有财产三百余万,设学校两所。"②社团联盟性质的纽约中华公所,其1932年的增修章程中,有"常会"与"全体大会"两种。常会又称"议员会议",有议员45名,其中7名固定议员相当于当今之常务议员,由七大社团主席或代表组成,致公堂、安良工商会、协胜公会、金兰公所这4家堂会就占了4席,可见堂会介入中华公所领导阶层颇深,也可见堂会势力之大。③ 其中,致公堂与安良堂是两个互相协助、互壮声势的组织,华侨社团的大小活动,它们都有所涉及。致公堂和安良堂的集堂决议,往往"成为当地华侨所必须遵守的规矩。有些事情只要他们赞成,则凡事顺利;他们反对,则障碍丛生"④。

  随着19世纪末华侨社区内堂会势力的崛起,很多洪门首领同时也在其所属的地缘会馆、姓氏团体内担任职务,堂会成员也可能是其所属的地缘会馆、姓氏团体的成员。⑤ 担任萃胜堂主席的陈敦朴,同时也是美洲中华总会馆和宁阳总会馆的商董、美洲宁侨总公会的会长、至孝笃亲总公所的总理等。⑥ 在这样的情况下,可见从中国前往美洲宣讲抗战、为抗战募捐的政府要员和社会名流多依

---

① Adam McKeown, *Chinese Migrant Networks and Cultural Change*, Peru, Chicago, Hawaii, 1900-1936, pp. 213-214.
② 《洪门恳亲会代表之应酬》,《大汉公报》,1930年6月13日。
③ 吴剑雄:《海外移民与华人社会》,第290页。
④ 中国致公党中央研究室:《司徒美堂》,第239页。
⑤ Stanford M. Lyman, "Chinese Secret Societies in the Occident: Notes and Suggestions for Research in the Sociology of Secrecy," *Canadian Review of Sociology*, Volume 1, Issue 2 (May 1964), pp. 79-102.
⑥ 伍庄:《陈公敦朴略传》,美国加州大学伯克利分校族裔研究系图书馆藏,Yuk Ow Collection, AAS ARC 2000/70。

靠堂会力量开展抗日宣讲和募捐活动。如抗日英雄蔡廷锴在从事抗日反蒋活动失败后流亡海外，宣传抗日救国。蔡廷锴将军来到美国，司徒美堂组织华侨举行了盛大的欢迎活动。为防止有人加害他，致公堂领袖司徒美堂派专人迎接并布置保卫，亲自陪同蔡游历美国十多个大城市，进行抗日救国的宣传活动。① 于斌主教曾任中华全国公教进行会总监督，抗战期间，被聘为国民参政会参政员，曾前后8次前往欧美国家，到处发表演说，争取国际上的同情和援助，也到华社进行抗战宣传。1939年3月及6月，于斌主教前往纽约，在纽约致公堂的组织下开展抗日救国宣传活动。② 可见，这些社会名流在侨社中开展劝募活动，得到了堂会的倾力支持，包括活动场地的提供、到会华侨的组织安排、接待宴请等。实际上，在纽约、芝加哥等地，洪门及其领袖主导了当地华埠的救国募捐活动。

洪门也积极参加与支持其他侨团组织的筹捐活动。如1942年7月，芝加哥华侨新运妇女工作委员会就假座安良工商会举行游艺筹赈大会。全场游艺以白话剧最具特色。入门之大救济箱收入1 200余元，堂会领袖谭赞、梅友卓等人，各捐50元，为最多者。此次募捐，总共得美金12 596元，不独打破该埠侨界历年各游艺会收入记录，且为全美各华侨妇女会一次筹赈成绩最高者。③ 1945年3月，纽约华侨衣馆联合会在会所举行代表大会，美东致公堂领

---

① 任贵祥:《司徒美堂与抗日战争》，《史学月刊》2004年第11期，第58页。
②《纽约洪门欢宴来往名流》，《大汉公报》，1939年3月29日;《于斌主教在美演讲》，《申报》，1939年6月6日。据该报载，安良工商会感于救灾急如救火，当场立汇3 000美金回国，办理急赈。
③《芝城妇女会筹赈之成绩》，《大汉公报》，1942年7月3日。

袖吕超然等人受邀莅临指导,发表抗日演讲。① 可见,美洲华侨其他团体举办的抗日救国活动,洪门及其领袖也积极参与,并大力支持。

抗战期间,美洲洪门领袖积极奔走呼吁,将整个美洲的洪门人士组织动员起来。当时全美洲 22 国有洪门机关 500 余处,会员十余万人。为组织美洲洪门人士团结抗战,1939 年 7 月,全美洲洪门各堂代表相聚在墨西哥首都,召开全美洲洪门代表大会,重申民族革命之宗旨,宣言维护抗战到底。为统一全美洲洪门组织,以为抗战后盾,会议决定成立全美洲洪门总干部于纽约。② 这是继南洋华侨筹赈祖国难民总会之后的又一个跨国性华侨救国组织。美洲洪门总干部把分散在美洲各地华侨堂会的力量统一组织起来,团结在抗日救国的旗帜下,打破堂会界限,结束了美洲堂会长期堂号林立、互不团结的局面,使美洲华侨堂会抗日救国工作进入了一个新的历史阶段,奠定了美洲华侨堂会抗日阵线的基本格局。1939 年 10 月,全美洲洪门总干部假座美东致公总堂举行成立典礼。各国洪门机关电函致贺,贺函"如雪片纷纷驰来,可见各国洪门人士热诚维护总干部,团结其伟大力量,重振其革命精神,统一意志,采取集体行动,以全力为祖国抗战之后盾也"③。抗战后期,堂会领袖司徒美堂还奉蒋介石之命,以"宣慰美洲华侨"名义,并以全美洲洪门总干部总监督身份,花费 3 万多元旅费,分赴南美洲十余国,对堂会及华侨进行抗日宣传,备受华侨各界人士的热烈欢迎。④

---

① 《衣联会开代表大会 洪门代表莅会演讲》,《大汉公报》,1945 年 3 月 26 日。
② 《国民参政会与政府慰勉美洲洪门人士》,《大汉公报》,1940 年 4 月 5 日。
③ 《洪门总干部成立纪盛》,《大汉公报》,1939 年 10 月 18 日。
④ 中国致公党中央研究室编:《司徒美堂》,第 240、244 页。

二、为祖国抗战捐款捐物

美洲洪门支持祖国抗日的义举较早。早在1920年4月,安良工商会就在纽约召开全美代表大会,出席会议代表来自芝加哥、新奥尔良等地的安良支堂,主要讨论抵制日货问题。美国华商与中国国内华商一样,自山东问题发生以来,也开展抵制日货运动。两天会议的讨论结果是决定继续抵制日货,直到日本放弃在山东的特权。会议还决定,任何安良堂成员,一旦违犯抵制日货的规定,恢复与日本的贸易,将遭到严厉处罚。① 九一八事变后,旧金山五洲致公总堂主席胡维琳、总监司徒俊葱积极发动各地致公党党员、洪门人士,及广大侨胞参与抗日救国活动。淞沪抗战爆发不久,司徒美堂等堂会大佬就联合纽约各侨团组织成立了"纽约华侨抗日救国会",开展抗日救国活动。

1931年底,为援助马占山将军在东北的抗日斗争,加拿大洪门总机关,以日军残暴,强占中国国土,杀戮中国人民,本国家兴亡匹夫有责之义,抱扫除异族压迫之旨,组织拒日会,更以马占山将军孤军拒日,械尽援绝,是以发起演剧筹款慰劳,聘定大罗天名班在华人戏院开演《救国红颜》爱国侠剧,加插舞瑞狮、演国技等,并发表宣言。② 此次演剧筹款于12月20日正午12点开戏,各界人士,鱼贯而至,楼上楼下,座无虚位,楼梯隙地,鹄立无余,计有4 000余众,极形庆闹,为演剧以来所未有之热烈景象。③

加拿大汝利慎(纳尔逊,Nelson)华侨拒日洪门协进会成立以

---

① "Chinese Merchants Find New York a Tame City," *New York Tribune* (Apr. 28, 1920).
② 《洪门拒日会演剧筹赈慰劳马将军宣言》,《大汉公报》,1931年12月18日。
③ 《洪门拒日会演剧筹款慰劳马将军盛况》,《大汉公报》,1931年12月21日。

来,得各侨热心爱国,慨捐大款,资助杀敌,计共捐得加银927.3元,即由峃尾疏银行电汇大洋3 000元,即加银874.6元,由上海中国银行转交蔡廷锴将军收,为犒师之用。汝利慎、始罗、老市仑(罗斯兰,Rossland)、卡市碌(卡斯洛,Kaslo)四埠洪门保卫团捐银100元,汝利慎致公堂捐银25元,各华侨捐银多者三五十元,少者一二元。①

1932年2月初,纽约致公堂元老们在安良堂主持召开干事会,作出三项决定,即以致公堂名义呼吁支持在上海坚持抗日的中国军队;迅速成立洪门筹饷机构,发动募捐;组织华侨青年航空救国。② 1932年春节,纽约安良堂联合当地侨团举行春节舞龙。舞龙队伍从勿街安良堂总部出发,敲锣打鼓让人们知道舞龙就要开始。四名华人姑娘水平地托起一面旗子走在游龙队伍的前面,很多华侨从窗户将银币和纸币扔在旗子里。有很多2角5分和5角的硬币蹦出来,掉在人行道上,5元和1元的纸币有些用红纸包起来,有些是散状地飘下来。勿街62号有一所历史悠久的公立学校,现为华人补习场所,游龙队伍在该建筑前进行了最后一次舞龙。华人公立学校教育委员会主席要求龙具停一会,以便人们捐助更多。他敦促华侨强化战斗精神,抵抗日本侵略到生命的最后一刻,为上海无家可归的难民捐出他们的所有。这几天舞龙得到的所有资金都用于救济工作。舞龙游行持续到下个星期五晚。③

1932年3月,纽约致公堂还聘请民众乐班演剧,劝请各界侨

---

① 《汝利慎埠华侨拒日洪门协进会汇款犒师》,《大汉公报》,1932年3月10日。
② 北京市政协文史资料研究委员会、广东省政协文史资料研究委员会编:《回忆司徒美堂老人》,北京:中国文史出版社1988年版,第223页。
③ "CHINATOWN MERRY IN NEW YEAR FETE," *New York Times* (Feb 8, 1932).

胞,及该堂昆仲,踊跃购票观剧,以筹募抗日救国军需。① 此次筹款共得美金1 204元。该堂会长李培圣等人邀请华商总会、抗日会筹饷总局、安良工商会、协胜公会、金兰公所代表,同到纽约广东银行监视,将筹得之款,汇归祖国应需。②

旧金山萃胜工商会同人感于"十九路军蔡、蒋、戴三师长,率领健儿,奋勇杀贼,尽军人卫国之责",特召集会议,当场议决,助军饷一万元。③ 芝加哥安良堂自愿资助飞行家234名到飞行学校练习,预备练习两个月后,即回国服务。④ 波士顿安良工商会同人鉴于日本入寇中国,轰炸残杀,惨无人道,莫不气愤填胸,大有不踏破三岛亦不休之概。但深知飞机为现代战争之利器,无飞机不能侦察敌情,追击敌机,炸毁敌垒,是以该会特召集职员会议,一致议决进行筹款,决定购买战斗机炸弹机各一架,运回中国,交政府收,以资杀敌之用。⑤

美洲洪门的抗战救国行动得到十九路义勇军的赞许。旧金山五洲致公总堂曾获得十九路军总指挥蒋光鼐、军长蔡廷锴、淞沪警备司令戴戟嘉许状。⑥

全面抗战开始后,在国民政府的组织动员下,美洲洪门的筹捐

---

① 《纽约致公总堂演剧筹饷》,《公论晨报》,1932年3月12日。
② 《纽约致公堂电汇军饷》,《公论晨报》,1932年3月23日;《纽约致公堂汇款救国救民》,《大汉公报》,1932年3月24日。
③ 《萃胜工商会助军饷一万元》,《公论晨报》,1932年2月17日。
④ 《安良堂出资训练飞行人材》,《公论晨报》,1932年2月25日。
⑤ 《波城安良工商会筹款购飞机》,《少年中国晨报》,1932年3月17日;《波城安良会筹购飞机救国》,《公论晨报》,1932年3月18日。
⑥ 此嘉许状原件由厦门市致公党老党员王起鹍收藏,并刊登在中国致公党网站上,http://www.zg.org.cn/zthd/2015nzt/jnkz70zn/hwsy/201506/t20150603_23990.html。

活动进入一个新阶段。如萃胜堂主席陈敦朴自九一八事变后,积极为祖国抗战捐款。卢沟桥事变后,其受侨众推举为旅美华侨统一义捐救国总会监察委员会常务委员,不及一年间,就推销救国公债数百万元。① 纽约致公总堂于 1937 年 8 月 26 日召集大会,筹募抗日军饷,全体对于抗日捐饷,一致赞助,议决成立"美东纽约致公总堂抗日救国筹饷总局",首由致公总堂捐大洋 2 000 元,各议员当场捐大洋 1 100 元。司徒美堂捐大洋 200 元,梅友启、陈光耀等 5 人,每人 100 元。伍锐勋等每人 50 元。②

洪门大多以团体名义组织捐款。在美国中部的圣路易斯,卢沟桥事变后,安良工商会主席周錬梓(Joe Lin)号召圣路易斯华侨为祖国抗战捐款。尽管圣路易斯华侨大多数是洗衣馆和餐馆的工人,饱受经济危机的煎熬,但他们为中国抗战这个神圣事业捐款的热情很高。当时圣路易斯共有 350 位华侨,大多数比较贫穷,然而所有人都尽力而为。圣路易斯安良堂 1944 年的记录显示,它在战时共筹集了 35 000—50 000 美金支持祖国抗战。很多人捐款数达 500—1 000 美金,而当时大多数华侨每月才 30 美元薪金。③

安良堂康涅狄格州支堂尽管成员不到 100 人,但他们仍然严阵以待,随时准备为祖国抗战捐资或献身。全面抗战爆发后不久,该堂就召集会议,动员堂友捐款。出席会议的成员响应支堂号召,当场捐资 1 400 美金。会议结束后,一些成员被分派该州各地巡访该堂成员,进行劝捐。估计捐助祖国抗战的资金达到 3 000 美元。

---

① 伍庄:《陈公敦朴略传》,美国加州大学伯克利分校族裔研究系图书馆藏,Yuk Ow Collection, AAS ARC 2000/70。
②《致公总堂筹饷抗日救国》,《世界日报》,1937 年 9 月 4 日。
③ Huping Ling, "Governing 'Hop Alley': On Leong Chinese Merchants and Laborers Association, 1906-1966," *Journal of American Ethnic History* (Winter 2004).

该堂首领黄陆(Wong Luck,音译)还希望得到纽约总堂的指令,召集人员回国参加战事。①

1940年3月24日,芝加哥安良工商会为祖国难民请命,举行春节同乐会,准备各种游艺,借筹义款,俾资救济。据载,参加游艺会的各界男女侨胞及西人士女如期而来,冠盖云集。中西游艺,共设35部,游艺种类,应有尽有。散会后,由救国会派员核计各部所收义款。入门口大救济箱两个共银809.8元,插花银1 952.53元,酒水凉水部225.6元,各游艺部收入1 861.85元,合共收入4 849.78元。统计筹得美金5 000元,折合国币7万元有奇。②

秉公堂是美西的一大重要堂会。抗战期间,该堂凡有活动,无论大小宴会必节约支出,捐款救国。会员在互祝健康的同时,祝愿抗战早日胜利是当时宴会必不可少的结语。卢沟桥事变后,秉公总堂就开会决定,根据秉公堂第六届恳亲大会议决的办法捐款救国。当时的会议记录载:"现因倭寇肆虐,迭侵我国,蹂躏我城市,惨杀我同胞,并我东北四省,继犯我平津,压迫我淞沪。凡有血气之伦,莫不义愤填膺,灭此然后朝食。惟是战端一开,军需为重。我人旅居海外,未能效命前线,尤当尽匹夫之责,议决根据民国十四年列届恳亲大会议案办理,由本埠总堂及各埠支堂在月结部尾存款项下,无论若干,提出五成(存款一元即捐五角),用美洲秉公堂名义捐救国军费,以纾国难,而尽国民天职。"③会后不到一个月的时间,同年9月18日的秉公总堂例会记录中,即可看到总堂对捐款救国行动和战事的焦虑与急切。会议记录写道:"国难当前,凡

---

① "$ 3 000 Asked For Chinese By On Leong," *The Hartford Courant* (Sep 8, 1937).
② 《芝城安良工商会游艺筹赈会盛况》,《少年中国晨报》,1940年4月3日。
③ 《美洲秉公堂》,旧金山:美洲秉公总堂2012年编印,第37页。

属国民应尽一己之义务,议决在总堂和支堂月结部尾存款项下提出五成捐助军费,亦即通告各支堂查照办理在案。查当时各部尾存款统计为一万二千余元,提出五成,当有国币二万元,是以用美洲秉公堂名义认购救国公债二万元,聊尽国民天职。惟是现在各支堂已将部尾存款寄到者为数无几,而国难严重,岂宜迟滞,特于是日召集会议磋商筹款办法,议决暂由四、五、三房所存之款二千余元移借应用外,未敷之数由各叔父挪借,先行呈缴统一救国会。"①该堂于1938年2月至3月间两次开会讨论捐款襄助祖国空军购买飞机一事。该堂负责人黄君迪总理等人认为:"购机为救国之要务,义不容辞";"莫论各社团认捐多少,本堂势必认捐过额,以表爱国热诚"。② 1940年8月,陈庆云将军奉蒋介石之命,赴美推动华侨航空救国运动。旅美华侨统一义捐救国总会自响应航空救国运动,议决筹募航空捐美金100万元以来,各团体纷纷开会,认捐巨款。李氏总公所、萃胜工商总会及溯源总堂等三团体已各认捐美金5 000元。美洲秉公堂召集职员会议,议决捐助航空捐美金一万元,以示提倡,并已正式报告救国总会。此为截至当时止,认捐额之最巨者,足为各界之首倡。③

秉公堂除上述的特别捐外,还将总堂及各埠支部每月所收入之公益费按月捐出。据载:"全美秉公堂同人对于一切慈善公益事业,莫不力予赞助。此次我国全面抗敌,曾一再捐输巨款,以助杀贼。讵敌人愈弄愈凶,轰炸非武装地带,残杀我无辜妇孺,其惨无人道之行为,实为世界所罕见。凡我侨胞,莫不切齿,思有以灭此

---

① 美洲秉公总堂编:《美洲秉公堂》,第37页。
② 美洲秉公总堂编:《美洲秉公堂》,第38页。
③《三凡市秉公堂义助航空捐一万元》,《美洲华侨日报》,1940年8月29日;美洲秉公总堂编:《美洲秉公堂》,第39页。"三凡市"即"三藩市"。

暴日,然后朝食。奈以远适异国,无路请缨,现虽未能效力疆场,亦未可卸救亡之责。特召集同人会议,佥以救国救民,责无旁贷,爰议决由本年元月起,将该总堂及全美各埠支部递月所收入之公益费,按月尽行捐出,以半数捐作救国义捐,半数捐作救济伤兵难民之用,至停战时为止。现该堂已将元月份收入之公益费美金七百八十四元一毫,交到统一义捐救国总会接收,由该会轮值处发回收据。"①

全美协胜公会恳亲大会是协胜堂的最高权力机关,主要讨论协胜总堂及支堂有关楼业、偏业、迁埠、选举、财务等重大堂务。在协胜堂一年一度的恳亲大会记录中,也有大量关于捐助抗日救国金的议案。1937年9月全美协胜公会恳亲大会的议案中,就有这样的议决:"当以美洲协胜统一部恳亲大会名义,助捐抗日救国金大洋一万元。该款由各分会担负,限于开会后两个月内筹集,交统一财政员转致纽约中国银行转交祖国政府。"②1939年全美协胜公会恳亲大会也有这样的议决:"以统一部名义筹捐国币一万元,为寄回政府救济难民之用,内寄广东赈济会款五千元,寄中央慈善救济会款五千元。"③1940年9月的全美协胜公会恳亲大会讨论旧金山总领事来函劝捐航空购机捐款案,最后议决,由纽约、企城、贝市(博伊西,Boise)等堂分摊派款共1 950元,并通过捐款救济祖国难童案,以恳亲大会代表团名义,捐国币13 000元,为救济祖国难童

---

① 《全美秉公堂将公益费捐出》,《世界日报》,1938年3月5日。
② 《全美协胜公会第十九届恳亲大会轮值企城分会开会议案录》(1930),美国加州大学伯克利分校族裔研究系图书馆藏,AAS ARC CA-27。
③ 《民国廿八年全美协胜轮值纽约开第廿一届恳亲议案录》(1939),美国加州大学伯克利分校族裔研究系图书馆藏,AAS ARC CA-27。

之需。会上,很多协胜公会代表捐款。① 1941年的全美协胜公会恳亲大会决议筹捐大洋一万元,以救济祖国难民。此款由各分会摊派,直付国民政府财政部。② 1942年全美协胜公会恳亲大会的议案中,决议以恳亲大会名义,筹捐救济祖国难侨国币一万元。③ 由此可见,为祖国抗战筹款,已成为抗战期间全美协胜公会恳亲大会的一项重要议题,且大多代表都积极赞成关于捐助中国抗战的议案,并为祖国慷慨解囊。

据侨务官员陈汝舟所载,八年来旅美侨胞之捐输当在5 000万美元以上。捐款最多之侨团,为安良工商会、协胜公会、秉公堂、萃胜工商会等。个人捐款最多者是周崧、巫理堂、梅友卓、赵宝光、陈宗宏、陈国仁、陈文楼、陈正珀、陈祚昌、陈兆琼、司徒美堂、阮本万等。④ 可见,堂会捐款数额在所有侨团中是最多的,以个人论,也有司徒美堂、阮本万等。

美洲洪门一方面组织成员进行抗日救国运动,捐款捐物,不遗余力;另一方面,也积极参加当地华侨救国筹捐运动。1943年5月在波士顿召开的全美安良工商会恳亲大会,也以努力救国为中心。经代表讨论,大会决议汇国币155万元,指定为救济祖国各地难民及慰劳之用,并鼓励各会员服从所在地抗日筹饷救国捐输议决案,

---

① 《民国廿九年全美协胜轮值金门第廿二届恳亲议案录》(1940),美国加州大学伯克利分校族裔研究系图书馆藏,AAS ARC CA-27;《协胜恳亲会中救国捐款二千元》,《美洲华侨日报》,1940年9月22日。

② 《民卅年全美协胜开第廿三届恳亲大会议案录》(1941),美国加州大学伯克利分校族裔研究系图书馆藏,AAS ARC CA-27。

③ 《民国卅一年美洲协胜轮值缅城开第廿四届恳亲大会议案录》(1942),美国加州大学伯克利分校族裔研究系图书馆藏,AAS ARC CA-27。

④ 陈汝舟:《美国华侨年鉴》,第393页。

加倍努力,努力捐款。①

在被美国华侨称为金山二埠的萨克拉门托市,当地华侨救国筹赈会的账簿中,有很多关于秉公堂捐款的记录。如《金山二埠华侨救国筹赈会进支数目第二次结束报告表》就记录了当地侨团和商铺等在 1940 年 10 月 15 日至 1941 年 12 月 31 日期间的捐赠数目,《金山二埠华侨救国筹赈会进支数目第三次结束报告表》记录了 1943 年当地侨团和商铺等春节献金的数目,《金山二埠华侨救国会民国三十三年举行七七献金征信录》记录了该年各侨团和商铺等献金数目。在此三次报告表中,秉公堂分别捐款 150 元、300 元、20 000 元,为各团体之首。② 1942 年 6 月,西雅图中华会馆与华侨救国后援会曾联衔通告举行"七七"五周年纪念大会,鼓励华侨献金,希望筹得善款 10 万元,以为救济伤兵难民之用。结果到 7 月 16 日结束,共得 159 800 元。献金最多者有秉公保良堂、同业联合堂各一万元,合胜堂、至孝笃亲公所各 5 000 元。③ 从上述案例中可见,秉公堂、合胜堂等堂会就积极参加当地中华会馆等侨团组织的救国捐款。

除捐款外,堂会为祖国抗战还作出其他贡献。如旧金山洪门致公总堂领袖谭护在卢沟桥事变后,在张发奎的部队服役,一年后全家回到美国。他通过致公堂组织了一所航空学校训练美国华侨

---

① 《美安良工商会恳亲大会汇救济费百五十五万元》,《大汉公报》,1943 年 5 月 10 日。
② 《金山二埠华侨救国筹饷会征信录》(1947 年 9 月),美国加州大学伯克利分校族裔研究系图书馆麦礼谦档案室藏。
③ 《舍路埠之华侨献金成绩》,《大汉公报》,1942 年 7 月 28 日。1915 年,俄勒冈州之砵仑保良堂,华盛顿州之舍路保良堂并入秉公堂,改称砵仑秉公保良堂和舍路秉公保良堂。秉公堂原有组织,仍沿用美洲秉公总堂或某埠秉公堂名义至今。参见美洲秉公总堂编:《美洲秉公堂》,第 15 页。

子弟,以备将来到中国空军服务。在致公堂黄君迪的支持下,谭护筹集了足够资金,挑选50名华侨子弟到航校接受训练。其中25人学习飞行,另25人学习飞机机械修理。这些学员完成一年的学业后,都回国在空军服役,担任飞行员和修理工。①

三、坚持民主团结抗战,反对专制分裂投降

战胜日本侵略者,需要以国共两党合作为基础的抗日民族统一战线作保障,调动全国各党、各派、各民族的抗战积极性,为此,必须坚持民主团结抗战,反对专制分裂投降。事实上,早在九一八事变后不久,南北美洲致公堂宣传部就发表宣言称:"为今之计,日寇乘机而恣残暴,是而可忍,孰不可忍! 事急至此,救亡固当御寇;而欲共同御寇,则不能不从速取消党治;不取消党治,则不能挽回民心而振作士气,如是可由各团体一致主张,号召全国,速开真正国民会议,重树五色国旗,党府如果悔罪觉悟,吾人可恕其既往,与民更始,合力共拒日寇,宁为玉碎,不为瓦全。一方面誓与之经济绝交,以断其财源,一方面与之决心死战,以显我雄心,五祖有灵,实式凭之,洪门有众,掬诚宣言。"②在旧金山中华总会馆召集华侨全体开对日大会时,致公总堂提议:"实行民权,恢复民主共和,重开国会,团结众心,合力拒日。"③致公党还拟定以下救亡标语:"制止党阀内争,一致对日。废除党治训政,一致对日。恢复民主共

---

① Eve Armentrout-Ma, "Short Biography of Mr. taam Wu, Head of the Chee Kung Tong," *Annals of the Chinese Historical Society of the Pacific Northwest*, 2 (1984), pp. 159 – 164.
② 《南北美洲致公党宣传部紧急宣言》(续),《公论晨报》,1931年9月24日。
③ 《金门致公总堂在全侨对日大会之提案》,《公论晨报》,1931年9月25日。

和,一致对日。拥护五色国旗,一致对日。团结各党各派,一致对日。"①致公党总部全体党员也发表紧急宣言,批评国民党一党专政,专制独裁,"年来辱国丧权于外,敛财罔民于内",并号召"我洪门人士,皆秉忠心义气,以救国保民,设立共和政府,使凡我国民,均享平等自由为唯一之宗旨,凡有专制,无论一人专制,或一党一派之专制,共认为共和之障碍,誓不能容,是必扫荡无遗"。②旧金山致公总堂还分别致电南京蒋介石、北京张学良、广州陈济棠,称"公等日事内争,一党专政,自召日寇,亡国在即,罪无可辞。希速觉悟,废党治,开国会,挽回民心,对日决战,以盖前愆,吾党誓为后盾"③。

1932年1月,旧金山致公党举行新旧职员交代礼,新任主席李韵琴、副主席胡维琳,及职员朱逸庭、崔通约等相继发表演说,大意谓致公党"纯然为革命政党,应持正我革命宗旨,努力救国。国民党搅到国家将亡,犹不知觉悟,一味以党治国,一面媚日卖国。国家是我全中国人民所有,非国民党之私有物,万不能任其为所欲为。当此存亡危急之秋,应即起而挽救,本党从此整理党务,奋振精神,从速做救国工夫"④。

1932年2月3日,中国致公党美洲总部通告各埠洪门昆仲努力筹款,共救国难,但同时指出:"吾人今次筹款,系帮助爱国军人,断不帮助独揽党治包办亡国之党府,请各昆仲认定此目的,坚持此主张,庶几有用之财,不致虚掷于无用。如党府觉悟,能取消党治,从吾人之主张,吾人自当拥护之,此为国家危急,共弃前嫌,一致起

---

① 《致公党之救亡标语》,《公论晨报》,1931年9月26日。
② 《致公党总部全体党员紧急宣言》,《公论晨报》,1931年9月26日。
③ 《南北美洲致公党部通电》,《公论晨报》,1931年9月27日。
④ 《致公党新旧职员交代》,《公论晨报》,1932年1月4日。

见,以国家为前提,办法亦如是也,特此通告,望各勉力。"①

可见,美国洪门在开展抗日救国运动的同时,也在极力抨击国民党一党专政的体制。

1936年1月2日,国民党政府在上海逮捕主张抗日的全国各界救国联合会领袖沈钧儒、章乃器、邹韬奋、李公朴、沙千里、王造时、史良等七君子,激起了海外华侨的义愤。1月28日,美洲致公总堂盟长伍锐勋等300余人联名发出《旅美华侨告海外同胞书》的通电:"电传抗日七领袖被捕,至为骇异,国难日亟,正宜全国一致抗日,今乃自毁长城,不胜惶惑。请立释七领袖,并惩办陷害主犯,以示抗日决心。"②

绥远战事爆发后,纽约致公总堂以南京国民党政府召集伪国民代表大会,剥夺人民公权,又以国事危急,特召集全体职员会议。该堂以日军官率领满蒙匪军寇绥,情形严重,傅作义能拒敌守土,特议决致电声援;同时致电南京国民党政府,督促其出兵,对日抗战,及号召全国民众,共同抗日。③

卢沟桥事变不久,美东致公总堂就发表《洪门人士抗日救国之郑重宣言》,表明洪门的抗日主张。④ 这份宣言旗帜鲜明地表达美国洪门人士对民主、团结与抗日此三者关系的基本认识和态度。其对政府的抗日支持,是建立在民主团结原则的基础之上。实际

---

① 中国致公党美洲总部:《通告各埠洪门昆仲努力筹款共救国难》,《公论晨报》,1932年2月3日。
② 转引自陈昌福:《抗日战争与中国致公党》,《上海市社会主义学院学报》2005年第5期,第61页。
③ 《纽约致公总堂召集救国会议》,《世界日报》,1936年10月24日。
④ 美东致公总堂宣传部:《洪门人士抗日救国之郑重宣言》,《大汉公报》,1937年7月30日。

上,九一八事变发生以后,司徒美堂即为主张抗战最坚决的一人,当时他就主张取消党治,以团结各党派共组抗战政府,加强抗战力量。他在香港发表言论时认为,建立自由独立的新中国,非集中全国各种人才协作努力不为功,并郑重地说:"我当尽量坦白向当局讲话,我几十年来一向主张民主,主张全国各党各派团结,我绝对不怕什么困难,我一定会尽最大的努力,使祖国进步。"①而在美国华侨抗日救国运动中,针对国民党海外部个别党员"借一党恃势操纵全民团体""借一党包办,强奸民意,以私误公"这一独断专行的做法,旧金山致公党总部代表司徒俊葱认为其违背了义捐总会"联合全体华侨,不分党派,不论姓氏,不问老幼,不限乡邑"这一建会宗旨,因而发表声明,辞去该会执事一职,并得到旧金山致公党总部的支持。②

1941年初,当抗战进入战略相持阶段后,国民党顽固派悍然制造"皖南事变",严重破坏国共团结合作抗战的大好局面。面对国民党顽固派制造皖南事变所造成的不利抗战的严峻形势,司徒美堂、阮本万等人忧心忡忡,心急如焚,遂代表全美洲十万洪门分别致电国共两党领导人,极力调解两党纠纷。该电文先说明团结抗战的重要性,即"我中国全国抗战,我四万万五千万同胞,人人须要出财出力,甚至出命,团结一致,以争取整个国族之生存,万不容任何党派各自为战,各自为政,更不容任何党派互相倾扎〔轧〕,贻误抗战,以至亡国",同时指出"因国共两党争夺领导地位,分裂祖国,以致沦人民及子子孙孙于万劫不复之绝境"的危害性,最后提出解

---

① 《欢迎司徒美堂先生》,《大众生活》1941年第29期,第686页。
② 《大埠洪门公函照录》,《大汉公报》,1943年10月2日。

决当前国共纠纷的具体方案。①

　　1945年2月,针对国内国民党军事上的腐败、政治上的一党专政、经济上的衰落与通货膨胀等等,美国《纽约公报》、加拿大温哥华《大汉公报》、多伦多《洪钟时报》、古巴《开明公报》等十家华侨及洪门报刊联合发表《美洲华侨报界对国事主张》,并由全美洲洪门总干部吕超然部长在纽约致电国民党蒋介石、共产党毛泽东、民主政团同盟张澜、保卫中国同盟宋庆龄等党派领袖,要求国民政府开放党禁,一切爱国党派皆享合法地位,以巩固团结统一,振奋士气民心;国民党应宣布结束一党专政,还政国民,同时组织政治会议,成立联合政府;改善政治、军事、经济、外交,召集国民会议,制颁宪法。认为唯有如此,才能解决内政之纠纷,民族之危机。②

　　1945年3月,司徒美堂又因"联军不断胜利,我国反丧师失利,国共内讧,谈判中断,友邦责备日甚,侨情惊恐",再致电蒋介石和毛泽东,"电请国共两党,顾全大局,停止党争,并愿以洪门致公党第三者地位调停国共,共谋团结,俾今年十一月之国民大会,全国各党各派以平等立场,一致遣派代表出席参加筹办,从速制定宪法,颁布施行,奠定万年之邦基,实现真正之民主"。③

　　美国华侨堂会及其领袖一方面坚持民主,反对专制,坚持团结,反对分裂;另一方面,也坚持抗战,反对投降。1938年底,在日本侵略者威逼利诱之下,国民党内部亲日派汪精卫集团公然叛国投敌,并在南京建立汉奸政权,这对全国抗战的局面破坏极大。为此,必须严厉声讨汪精卫叛国投敌行为,肃清其叛国行为在国内外

---

① 《全美洲洪门总干部致国共两党调解纠纷电文》,《大汉公报》,1940年1月17日。
② 《美洲华侨报界对国事主张》,《大汉公报》,1945年2月10日。
③ 《美堂翁电国共领袖》,《大汉公报》,1945年3月24日。

的负面影响,坚持抗战,反对投降。在这场轰轰烈烈的声讨运动中,美国洪门也利用其舆论工具大肆讨伐汪精卫的叛国逆行。驻美金山致公堂总部得知汪精卫离重庆后在外发表狂言,"竟敢主张接纳倭相近卫不利于我国之言和原则",于是该堂同人特趁元旦新历职员举行交接之便,即席召集临时紧急会议,决定发电致重庆国民政府。其电文称:"顷据报载,汪精卫发表主和谬论,实碍抗战前途,希即置汪于法,以平侨愤。"①得克萨斯州山旦寸埠致公分堂因汪精卫擅离重庆,发表狂言,主张接纳近卫之"议和"原则,决定致电政府,声讨"主和"分子,拥护抗战到底政策。② 墨西哥致公总分堂发文声讨汪精卫的叛国投敌罪行,表明自己拥护祖国抗战的坚定立场:

> 汪逆精卫,背叛中央,通敌主和,扰乱抗日阵线,近复组织所谓新政权,屈膝倭廷,签订卖国协定。测其用意,无非欲促成偏安之局,为仇国之附庸,以偿其伪主席之滋味。本总分堂向持救国主义,为民族生存而奋斗,坚定意志,拥护抗战到底,誓与汉奸不两立,力锄奸宄,以予卖国贼之重大打击,为此相应函达,敬者察照是荷。谨致国民政府林主席蒋委员长暨行政各机关长官。③

1940年4月,旧金山致公党总部以夏历三月二十一为该党先烈陈近南诞辰,举行庆祝。该党总监督司徒俊葱宣布宴会旨趣,并谓际此国难当中,"凡我洪门人士均须磨利眼光,审别'汉奸'与'奸徒'两种人物,勿为汉奸诱惑,而做卖国勾当;更勿为奸徒诱惑,而

---

① 《大埠洪门总部致电讨汪》,《大汉公报》,1939年1月14日。
② 《山旦寸埠致公分堂电讨汪逆》,《救国时报》,1939年2月9日。
③ 《驻墨致公总分堂公文照录》,《大汉公报》,1940年2月24日。

污辱洪门光荣历史。其有受虚荣所蔽者,甚或假借洪门名义,向奸徒献媚,尤须严防。深望洪门中具有资望之长者,摒弃此等奸伪之徒,起而统率群伦,继续进行抗战救国工作"。①

抗战期间,随着日本侵略的日益加深,洪门组织本身也发生了分化,既有抗日的洪门团体,也有为虎作伥的汉奸组织,如所谓的"中华洪门联合会"就是这样一个汉奸组织。② 1940 年 1 月,更有帮会分子陈直中受汪精卫汉奸集团指使,"在广州假冒五洲华侨致公堂总干部筹备会会长名义,向海外散发传单,企图淆惑华侨视听,破坏筹饷抗日阵线,妄倡和平运动"。得知这一消息后,以美国堂会领袖司徒美堂、阮本万、吕超然等人领衔的美洲洪门总机关——驻纽约全美洲洪门总干部在报纸上发表通告,并致电重庆国民政府主席林森、军委会委员长蒋介石转全国政府机构、社团、报馆、全国同胞,重申美洲洪门的抗日立场。通告声称"我洪门立会,宗旨光明,为民族革命之先河,有二百余年之历史,本'忠诚救国,义气团结,义侠除奸'之信条,贯彻始终",并再次强调 1939 年夏天在墨西哥召开的全美洲洪门恳亲大会的决议,即"集中我全美洲三百余处大小洪门机关十余万会员之力量,拥护国民政府抗战到底,并议决在纽约成立本总干部以资号召",同时强烈抨击陈直中"认贼作父,出卖国家,甘为傀儡,屈膝倭奴"的汉奸卖国行径,以及"散布谬论,玷污洪门华侨名义"的阴谋,要求政府"严厉对付汪贼及其败类外,并电请政府下令通缉陈直中等汉奸,正明典形〔型〕,俾我国上下咸知我洪门人士忠肝义胆,不中奸计,且本洪门

---

① 《致公党总部庆祝陈近南诞辰》,《世界日报》,1940 年 4 月 30 日。
② 《中华洪门联合会成立纪念特刊》,1934 年版,转引自郭绪印:《洪帮秘史》,上海:上海人民出版社 1996 年版,第 284 页。

信条,势必肃清奸贼"。①

墨西哥致公总分堂也发表通告,痛斥陈直中、陈晋卿等人冒用洪门名义,甘作汪精卫汉奸政权的傀儡,并重申该堂代表墨西哥全国 70 余家致公堂分支机构支持政府抗战的立场:

> 自汉奸陈直中、陈晋卿等由广州市冒用五洲洪门总干部名义,发出拥汪通电,及一切主和之谬论,令人发指。本总堂以该无耻之徒,卖国求荣,竟借名义,淆乱视听,除声罪致讨之外,敢请下令通缉,以正法纪。同人等仍本国家至上、民族至上之原则,况乎洪门秉持卫国安民之主旨,率领属内七十余处之机关,极力拥护抗战,为政府后援。②

总之,九一八事变后,特别是七七事变爆发后,随着中华民族危机的不断加剧,鉴于美洲洪门在美洲侨社中举足轻重,国内社会名流和国民政府对其非常重视,开展了大量的侨务工作。战时国民政府开展积极有效的侨务工作,通过"走出去,请进来"等方式,派遣国民政府政要到美洲侨社修复其与美洲洪门的关系,向洪门人士宣讲抗战,从事募捐,以及邀请洪门领袖回国参政,给予其一定的政治荣誉,激发了洪门及其领袖支援祖国抗战的爱国热情。国民政府及社会精英针对美洲洪门的具体工作,在一定程度上调动了洪门支援祖国抗战的积极性。美洲洪门以民族利益为重,本着救国救乡的宗旨,抛弃过去对政府的成见,组织动员堂会成员乃至整个华侨社会支援祖国抗战,为祖国抗战捐款捐物,坚持民主团结抗战,反对专制分裂投降,对中国抗战作出了一定的贡献。

---

① 《驻纽约全美洲洪门总干部通告》,《大汉公报》,1940 年 1 月 26 日;《驻纽约全美洲洪门总干部通电除奸》,《大汉公报》,1940 年 1 月 30 日。
② 《驻墨中国致公总堂通告》,《大汉公报》,1940 年 2 月 19 日。

第八章　战时美洲华侨的救乡运动

鸦片战争后，在西方列强坚船利炮的威逼下，中国被迫打开国门，闽粤等省沿海民众纷纷出洋谋生。华侨在国外打拼的同时，也与远方的家乡保持密切联系。侨乡是海外华侨的精神支柱。正是因为想让家乡亲人过上富足的生活，华侨才能在举目无亲的异国他乡艰苦创业；也正是由于华侨与家乡的密切联系，华侨才能潜移默化地影响着侨乡的经济、社会、文化等。

在抗日战争这一特殊时期，随着日本侵略中国的加深，中华民族危机日益严重。鉴于战时我国经济拮据，财政入不敷出，国民政府制定了各项侨务政策，积极动员华侨力量，支援祖国抗战。在国家遭难的同时，侨乡社会也因受战争及自然灾害的影响，侨汇不通，物资供应不足，遭遇严重饥荒。在此危难之际，海外华侨一方面积极声援祖国抗战，另一方面也踊跃捐款救乡。本章以这一时期广东侨乡出版的侨刊乡讯及美洲华侨出版的华文报刊为核心资料①，特别是侨乡

---

① 本章收集与利用的资料主要为侨刊乡讯和华文报纸。特别是这一时期在美洲出版的华文报纸，如美国的《世界日报》《少年中国晨报》《美洲华侨日报》《先锋报》及加拿大的《大汉公报》等，刊登了很多战时来自广东有关侨乡战况、战祸和灾荒的报道，侨乡官民的劝捐函电、书信等，以及美洲华侨救亡团体的章程、宣言、通告等诸多有价值的史料，而这些资料迄今仍未被利用。

官民的劝捐函电、书信等,以及美洲华侨救亡团体的章程、宣言、通告等诸多有价值的史料,从广东侨乡与美洲侨社的联系和互动中,以及侨社的组织体系中,考察广东侨乡官民动员海外华侨救济家乡的方式和话语表达,以及美洲华侨开展救乡运动的情形、机制与效果,以图丰富我们对华侨抗战史乃至华侨史的认识。

第一节 战时广东侨乡的战祸与灾荒

广东沿海地区民众出洋之风由来已久。鸦片战争后,在西方资本主义的冲击下,中国传统小农经济逐渐解体,广东许多青壮年男子纷纷冒险出国,寻求出路,有些到美洲等地打拼谋生。19世纪后期以来,由于华侨汇款增多,广东侨乡的金山庄(钱庄)、金银铺、杂货店、布匹百货铺、酒楼饭店等纷纷出现,以商业为中心的新圩镇不断增加,侨乡社会经济形态由此发生了较大变化,侨乡人民的生活水平也得到显著提高。但一些侨乡民众平时仰仗侨汇生活,不事农业生产,这样导致了侨乡生产落后。如在台山,"全邑不独无特殊生产,即如寻常日用必需品,而无一堪以自给自足者。所需货物,非仰给于外洋,则取资于邻县,而人口繁多,消费量大,当在平时,日夜穷舟车运输力,源源运入,乃克接济"①。因此,一旦出现天灾人祸,侨乡就会遭遇严重后果。

1937年7月,日本制造卢沟桥事变,开始大举侵华。1938年9月,日军为了封锁中国的海上交通线,同时策应武汉会战,决定进攻华南地区。同年10月,日军攻陷广州,随后派兵向附近南海、番禺、中山、顺德等县进犯。日军所到之处,几无一寸净土。1940年

---

① 《长期战中台山经济自决之方法》,《风采月刊》1940年第7期。

日军进占新会，每陷落一乡，则"入村后先行将全村逐户搜查，见贵重财物，则纳置私囊"，"遇女人则狂肆兽欲，男子则拉充苦役"，同时令村民缴交粮食，"以充军需"。① 台山更是五次遭日军陷落。1941年"三三之役"，台山第一次沦陷，日军侵驻台城，由于县当局情报不灵，仓促通知疏散，"有不少市民未及走避，匿居室中，财物亦多未搬迁，日兵三五成群，汉奸不分昼夜，在城中骚扰，撬铁闸，锄墙脚，入店户，大施劫掠"，商店和住户几乎被洗劫一空。② 日军所及之处，奸淫焚杀，惨绝人寰，一些"走避不及，及在留守铺户者，辄为敌所害，或遭枪杀，或被刀伤，甚至以火焚毙"。③ 此种情况在广东其他各地屡见不鲜。

日军实施的种种暴行，给广东人民带来了极大损失。1939年初，日军进犯顺德后，极尽烧杀抢掠之能事，各乡均受日军蹂躏，损失惨重，总计被敌骚扰者共51乡，房屋被毁多间，财产损失达数千万元。④ 三水沦陷后，"乡民皆出逃澳港或邻乡暂住"，房屋也被贼匪焚毁，且"适为战事中心，田地亦多不能耕种"，故不少人被饿死。⑤ 1944年7月，日军攻陷台山，蹂躏三社，制造了骇人听闻的"三社惨案"。据载："查敌人抵步后，即分头焚劫，将逃避不及之人，肆意屠杀，又将各村放火焚烧，计被杀男女五百人，被焚屋宇五百余间，诚台山有史以来之浩劫，亦为三社空前之凶灾也。"⑥ 在八

---

① 《倭寇蹂躏新会惨状续志》，《世界日报》，1940年3月3日。
② 刘达之：《抗战八年的台山》，出版者不详，1946年版，第14—15页，广东中山图书馆藏。
③ 《四邑再次失陷损失续详》，《世界日报》，1941年11月25日。
④ 《顺德各乡损失之调查》，《世界日报》，1939年2月10日。
⑤ 《三水沦陷区饥民之惨状》，《世界日报》，1940年5月13日。
⑥ 《敌陷台山蹂躏三社惨状》，《世界日报》，1944年10月16日。

年全面抗战中,仅台山一县,侵扰日机"总计达 373 架次,先后在台山各圩市、乡村共行凶 139 次,投弹 859 枚,炸死 355 人,炸伤 464 人,炸毁厂房、铺户 554 间"①。其境况惨不忍睹。就整个广东省而言,在长达八年的全面抗战中,仅日机袭粤而造成的人口伤亡(包含轻伤、重伤、死亡)共计 29 266 人,房屋损失达 252 545 间,公有财产直接损失达国币 782 504 602.76 元,间接损失亦达国币 100 619 213.7 元。② 可见,日军的空中轰炸和陆路侵袭都给广东侨乡造成巨大损失。

广东地处沿海,原是自然灾害多发的省份,旱灾、水灾、风灾等频繁发生。抗战期间,广东地区除被日本侵略者蹂躏外,还遭遇严重的自然灾害,其中 1941 年的水灾、1943 年的旱灾,均为民国时期广东同类灾害中最严重的。1941 年,揭阳、丰顺、普宁等县大水,受灾地区达 40 县,"其中以西江之高要、高明等县,东江之揭阳等为最重",一些地方农作物多化为腐草,收获不及五成,同时霍乱盛行。③ 1943 年春,广东省旱灾极为严重,入夏后,又由旱转涝,8 月间,"陆丰、台山、阳春、信宜、新会、恩平等县又发生风灾,田禾悉遭吹毁倒没,颗粒无收,饿殍载道"。④ 在整个抗战时期,广东地区各种自然灾害频繁发生,致使农作物收成锐减,同时日军又对广东地区实行经济封锁,使得货物来往受阻,造成广东地区物资紧缺,物价高涨,这给处在日本铁蹄之下的民众生活带来了巨大影响。

---

① 刘达之:《抗战八年的台山》,第 3 页。
② 张中华主编:《日军侵略广东档案史料选编》,北京:中国档案出版社 2005 年版,第 503—519 页。
③ 李文海等:《近代中国灾荒纪年》,长沙:湖南教育出版社 1993 年版,第 547 页。
④ 广东省文史研究馆编:《广东省自然灾害史料》,广州:广东科技出版社 1999 年版,第 74 页。

战时的一系列天灾人祸造成广东地区米荒严重,粮价飞涨。尤其是四邑地区,粮食向赖外埠接济,但因战时交通梗阻,运输不易,故米价高涨不已。① 在台山,"自中山沦陷后,四邑河道梗塞,各货来源稀疏",而"港纸连续价高,影响物价,日益飞涨"。② 在开平,"自太平洋战事爆发,香港、南洋群岛相继沦陷,交通益形梗塞,物价狂涨,言之殊足令人惊叹,如米价每包涨至四百余元,其他各物亦莫不贵逾十百倍以上"。③ 新会也因沦为战区,交通梗阻,故物价飞涨,米荒严重。④

随着战时侨乡物价的飞涨,很多侨眷只好将家中首饰、旧衣拿来出售,换成现金。一些精明的商人便利用这一时机大开故衣店,专事收买旧衣,贱买贵卖,因此旧衣市场兴旺。⑤ 更有甚者,变卖住屋,或拆卸铁柱、铁门,以换取粮食,暂时维持生计,苟延残喘。⑥ 而一般贫苦百姓却只能采掘野菜、土茯苓、勒竹米、蕉树头等充饥,在艰难困苦中挣扎。在恩平的沙湖、牛江、君堂等地,甚至出现食人肉的惨象。有的农民因食野菜太久,肠脏不好,到夏收时一下食过饱,致穿肠而死。⑦

战时侨乡的苦难,最凄惨的是很多妇女为求生存,竟狠心将自己的孩子抛弃,或遗弃于当众之处,以待人领养;或卖给他人,以换取食物果腹。但在这种自身性命难保的情况下,弃婴或鬻婴也只

---

① 《四邑米荒未易解决》,《世界日报》,1940 年 2 月 15 日。
② 《荻海市物价》,《风采月刊》1940 年第 8 期。
③ 《开平茅岗上洞公函照录》,《大汉公报》,1942 年 10 月 16 日。
④ 《新会米荒日见严重》,《世界日报》,1940 年 5 月 25 日。
⑤ 陈山石:《从饿乡台山归来》,《大汉公报》,1942 年 12 月 8 日。
⑥ 《救济茅岗难民款接复函》,《大汉公报》,1943 年 2 月 13 日。
⑦ 郭学德、郭彦森、席会芬:《百年大灾大难》,北京:中国经济出版社 2000 年版,第 125 页。

是为了"开个活口",免得都饿死,于是,"道旁荒野之饿莩,及被遗弃之婴儿,呱呱待救者",经由当地公所"雇工掩埋,及收拾杂婴送往救济所者不少"。① 即便有收容难童的天主教堂和美国传教士开办的难童救济院,仍有不少难童饿毙,这些救济院"天天都挑出一担又一担收容后死亡的童尸"。② 更有为人夫、为人父者,"将妻女带往阳江及下四府,发卖与该地富农为妾侍、劳工者",如经数月而觉得不合意,还可"辗转贩卖"。③ 当时阳江城的南强旅店就曾挂出这样的招牌:"本店新到大批台山金山婆,分上中下三等,任君选择,价钱面议。"④但这些难民即使逃离了侨乡,也依然逃不过饿毙的命运。

第二节 战时广东侨乡的救灾动员

如此严重的战祸和灾荒,致使广东侨乡民众生产生活受到极大影响。为了保护侨乡民众的安全,广东官民纷纷行动起来,积极应对。首先,为防范日军侵略,增强广东国防建设,广东当局联合各界人士于1937年11月成立了广东人民购机抗敌筹募委员会,动员民众筹款购机,以图巩固广东空防。购机筹募委员会制定了有关章程和奖励办法,鼓励人民积极捐款,为购机抗敌作出贡献。⑤

---

① 《救济茅岗难民款接复函》,《大汉公报》,1943年2月13日。
② 广东台山华侨志编纂委员会编:《广东台山华侨志》,香港:香港台山商会有限公司 2005年刊印,第116页。
③ 《台山米贵人贱恶耗》,《大汉公报》,1942年8月19日。
④ 《台山县华侨志》,第168—169页。
⑤ 关于抗战时期广东民众捐款购机的情况,参见唐富满、欧阳湘:《抗战时期广东捐款献机运动述论》,《抗日战争研究》2013年第2期。

各县当局为加强县域自卫能力,也动员本县民众组织自卫队和联防委员会,防范与抵御日军侵略。如台山各区,"为应付非常时期,加强御侮自卫力量起见,因有抽调壮丁,征集枪械,组织自卫队之策动"①。台山各区乡士绅,为集中民众武力,以谋自卫起见,还成立全县联防委员会,规划全县联防事务,"并通布各区征编壮丁自卫队,及征集公私枪弹,拨交壮丁之用"。② 其次,鉴于广东沦陷后粮荒严重,饿殍载道,侨乡官民又成立难民救济分会、粮节会等组织,动员侨乡民众热心捐助。但对于战祸与灾荒严重的侨乡人民来说,无论是购机购械,还是救济米荒,资金筹措都很困难。1938年旅港中山侨商组建同乡济难会,并发表宣言时,就指出中山县内资源枯竭,而不得不求援海外邑侨的原因:"因为我们鉴于邑内的同胞,一方面遭受敌人摧残的极大损失,一方面对于国难的捐输,复已有相当的担负。回顾县属资源,已达于山穷水尽的地位,所以我们就换一个方向到海外的邑侨那里,请求帮助。"③实际上,对于广东侨乡来说,自晚清以来,海外华侨已与广东侨乡形成密切的联系和互动,并通过制度化的跨国网络参与到侨乡的文教、经济、社会等各项事业的建设中来。因此,在战时侨乡遭遇如此严重的战祸与灾荒时,侨乡官民自然将目光投向外洋,纷纷向侨胞寄发募捐信,或派人专赴海外侨社募捐,积极动员海外侨胞参与到这场史无前例的救乡运动中来。

一、广东侨乡官民的华侨动员

抗战时期,广东侨乡主政一方的省长、县长、乡长等地方主要

---

① 《台山组织自卫队》,《世界日报》,1938年2月4日。
② 《台山成立联防委员会》,《世界日报》,1938年2月4日。
③ 《旅港中山侨商组同乡济难会》,《少年中国晨报》,1938年6月25日。

官员，负有守土保民、救济灾黎之责，因此他们设法利用自己的身份和名望，写信致外埠同乡会馆，恳请他们出面，组织当地邑侨捐款购机，或购置自卫队所需的武器设备，或担负自卫队的工饷，或救济米荒。广东军政长官余汉谋及吴铁城等多次致函旅美华侨统一义捐救国总会，希望其组织动员美洲各埠侨胞筹款购机，共同担负起御侮救亡的责任。1938年2月，余、吴两人致函救国总会时称，日军敌机疯狂轰炸广州市区，"土焦尸积，无复人世"，为与日军抗争，保存家乡，只有购机。而购机所需款项甚重，固需请海外华侨"积极筹募，以固空保民"，因"事关救国救乡，危急存亡，千钧一发"，故望侨胞"鼎力提携，广为筹募，务使巨款迅集，源源汇寄"，能够使广东的空防建设早臻完备，"以达惩暴保民、恢复国土目的"。①

在动员侨胞捐款以加强侨乡自卫能力时，侨乡各县长、乡长等也纷纷致函美洲华埠，劝募华侨鼎力相助。1941年1月，台山黄启光县长写信给纽约台山宁阳会馆主席，请求邑侨捐款，承担自卫队员的薪饷。该函称："吾邑自去岁江会沦陷后，自卫队加强训练，编成之常备队与后备队为数不少……第每月所需经费，除省拨外，不敷甚巨，须赖我等筹措维持养之，颇感困难，尚祈向我邑侨劝导捐助，接济饷糈，罔使窘乏，借固乡土，拜赐尤多。"②南海里讴乡乡长致函旅外昆仲，诉说日军蹂躏地方之暴行，家乡民众"为保护乡土计，率领自卫队，及各保壮丁，起而抵抗"，但无奈资金紧张，"若不借旅外昆仲捐助款项，无以购置，而应抗战"，因此，希望"旅外昆仲，大启金裹，努力捐输，集腋成裘"，资助乡民添置枪支弹药进行

---

① 《余吴两主任飞函总会》，《世界日报》，1938年2月17日。
② 《台山黄县长来函照录》，《美洲华侨日报》，1941年1月28日。

自卫,从而保全乡土。①

在动员侨胞救济侨乡米荒时,侨乡地方官也不得不致函海外,请求侨胞慷慨解囊,赈济难民。南海县长致函旅外同乡,将家乡民众生活凄苦的窘况传达给海外华侨,希望能依赖群力,解救灾黎于水火。② 台山县长多次致函旧金山宁阳总会馆,请求邑侨援救家乡。1940年3月,县长黄启光致函驻美宁阳总会馆并转各埠邑侨,报告台山米荒,吁请宁阳总会馆发动各埠邑侨"捐集巨款,购运洋米,赶办平粜,以维民食"。③ 开平沙冈乡乡长张质生向美洲族侨呼吁施赈时称:"欲言救济,无从着手。呼天不应,吁地不闻。与其坐而待亡,聊且苟延残喘,一线曙光,惟望美洲空邮可达,电汇可旋。或云挹彼注此,难救鲋鱼困涸辙,然而云霓大旱,虽知涓滴亦甘霖,况我美洲侨胞桑梓情殷,仁慈德溥,掷五块之美元,易百金之国币,众口嗷嗷,如待哺之鸟鸟。燃眉急急,甚切望于洋蚨。"④

在动员海外侨胞开展救乡运动时,广东侨乡民间社会及其旅外人士也积极行动起来。广东民间普遍存在的宗族⑤,在平时与海外宗亲会保持着密切联系和互动。为了应对日益严重的米荒,侨乡宗族本着同族昆仲相互援助的亲情伦理,以宗族集体或族首名义撰写信函,向远在海外的宗亲会发出求助信号,期望海外族侨能尽手足之情,慷慨解囊,赈济家乡米荒。开平关氏全族绅耆代表写

---

① 南海里讴乡乡长:《快邮代电》(1941年10月22日),美国加州大学伯克利分校族裔研究系图书馆麦礼谦档案室藏,AAS ARC 2000/80, Carton 95。
②《南海新旧县长之公函》,《世界日报》,1940年3月9日。
③《台山县长电报米荒》,《世界日报》,1940年3月16日。
④ 罗达全、张秀明、刘进编:《侨乡文书抗战史料选编·五邑侨乡卷》上卷,第51页。
⑤ 关于近代广东宗族的情况,参见[英]莫里斯·弗里德曼著,刘晓春译:《中国东南的宗族组织》,上海:上海人民出版社2000年版。

给加拿大关陇西总堂的信函,"极言米荒严重,着为迅募巨款,以资接济",希望海外族侨"关怀桑梓","鼎力输将","全族男妇,延颈以待"。① 台山马氏族务委员会电函温哥华马氏金紫总堂,倾诉家乡的惨状,"谓其旅加族侨,设法筹款,汇归救济贫苦无食之灾黎"。② 可见,战时广东侨乡宗族在救乡运动中扮演了重要角色。

侨乡官民应对战时灾荒而成立的难民救济分会、赈济会、粮荒救济会等救乡组织也致函海外,呼吁侨胞捐款救乡。台山淡村乡赈济会致函旧金山淡溪房乡亲时,报告日军蹂躏该乡详情,及造成生命财产之重大损失,侨乡民众在战祸面前无能为力,而不得不恳求海外侨胞广为救济。据报告称:"在本乡欲筹款项,则十室九空,无从着手,非借外洋兄弟之力量,广为劝捐,无以充实自卫能力,无以救济本乡父老昆弟、男妇诸姑姊妹。万恳台等本已往关怀桑梓之热诚,乐力捐助,并通函各埠族侨,一致解囊捐金,俾得本乡之穷而无告者,苟延残喘,则拜赐多矣。"③

韶关、重庆、香港等埠或为战时行政中心,或为广东对外移民、贸易的枢纽,聚集着不少来自广东各邑侨乡的政界、商界等人士。他们为了彼此感情联络,信息沟通,守望相助,以地缘为纽带,建立了诸多移民会馆或同乡会组织。为了促进侨乡的经济建设和社会发展这个共同目标,这些地缘组织与海外华侨的同邑会馆也保持着密切联系。随着战时侨乡战祸与灾荒的不断加剧,这些同乡会以减缓灾情、解救乡梓为目的,纷纷致函美洲各地同邑会馆,向当地乡亲述说家乡的战祸与灾荒,希望他们能尽桑梓之情,积极援助

---

① 《关姓向族侨募赈米荒讯》,《大汉公报》,1940年6月18日、19日。
② 《卡城马族侨胞捐款救乡》,《大汉公报》,1942年6月15日。
③ 《淡村乡赈会报告倭寇蹂躏详情》,《世界日报》,1941年12月3日。

侨乡。台山旅渝同乡会致电美洲各埠邑侨时称："邑内米荒日趋严重,饿殍载道,凄惨情形,有加无已","特电恳请迅捐巨款,汇归救济,以苏民命"。① 台山旅韶同乡会致函海外侨胞时也称"惟政府力量有限,自救独赖邑人",号召"上下内外同心协力,急谋济援",希望海内外邑侨共同救济邑内灾民。② 战时旅居广东临时省府韶关的台山、新会、恩平、开平、鹤山、赤溪这六县人士组织了六邑旅韶救乡会。鉴于太平洋战争爆发后,"港澳被敌侵占,海外交通已告断绝,华侨汇款深感困难,内地经济益形枯竭",该会致函海外,称"当前急务,在在需财","请海外六邑侨胞捐款团体,本同仇敌忾之心,以造福乡邦为己任,继续加紧募捐,并将赈款直接汇回本会,以济灾黎"。③

香港是广东移民出入境的集散地,也为大量粤籍移民与归侨的定居地,因此,各地缘会馆组织较为发达。这些同乡会作为侨乡与海外侨胞联系的桥梁和纽带,在侨乡官员的倡议和推动下,利用其内外联络的优势,组建全球性的救乡组织总部。如旅港中山侨商在该县政府的推动下成立了"中山海外同乡济难总会",而在海外邑侨集中的华埠设立济难分会。其在成立宣言中谈到在香港设立总会的缘由："一为便利和海外同乡的联络计,二为便利海外汇归款项计,三为便利采购救济物品计,则香港实在是个最为适合的地方,于是就决定在'香港中山侨商会会所'设立这个'救济会'的总会。"④为动员海外侨胞赈款救乡,这些组织纷纷发函至海外同邑侨团,请求募捐。新会旅港商会致电旧金山冈州保安总堂时称:

---

① 《台山旅渝同乡会快邮代电》,《大汉公报》,1942年1月15日。
② 《台山旅韶同乡快邮代电》,《大汉公报》,1943年8月28日。
③ 《旅韶六邑同乡救乡会快邮代电》,《美洲华侨日报》,1942年6月3日。
④ 《旅港中山侨商组同乡济难会》,《少年中国晨报》,1938年6月25日。

"金山大埠冈州保安总堂,请即转各埠同乡,敌犯本邑,军民勇抗,难民遍地,请即电款救济。"①香港台山商会也致函旧金山台山宁阳总会馆,报告内地惨遭敌机狂炸,难民遍地,请求汇款赈济。② 侨港惠阳商会致函纽约惠州工商会时,先是诉说日军侵犯东江所造成的惨状,继而向邑侨劝募:"办理善后,需款尤巨,自非扩大募捐,未足以收救济之效,所冀海外侨团善长仁翁,念乡邦之浩劫,慷慨解囊,悯民众之流离,踊跃捐助。"③香港开平商务公所主席黄棣珊还专程赴美进行募捐,希望侨胞为家乡设立联防委员会进行接济,以维持地方治安。④ 可见,香港的诸多广东各邑同乡会在动员美洲华侨参与救乡时,发挥了重要的联络作用。

可以说,在战时的华侨动员中,广东侨乡官民上下一致,形成了一个完整的组织动员体系,即以官府为主导,以民间宗族和会馆为主体,向美洲华侨开展了声势浩大的信息传播与舆论宣传。从信息传播方式来看,广东侨乡在动员美洲华侨参与救乡运动时,主要是向海外侨团或侨胞寄发函电。这些信函有的是以个人名义撰写,大多为政府官员,带有公务性质;有的则以团体名义撰写,如宗族、同乡会等,属于民间行为。广东侨乡也向海外寄发侨刊乡讯,告知侨胞侨乡灾情,以图侨胞能伸出援助之手。以《新宁杂志》⑤为例,抗战时期,其报道的内容主要是关于台山的抗战、灾荒以及各

---

① 《新会旅港商会电请助赈》,《世界日报》,1939年4月8日。
② 《香港台山商会为难民呼吁》,《世界日报》,1939年4月21日。
③ 《纽约惠州工商会接香港惠阳商会报敌占东江惨状》,《美洲华侨日报》,1941年4月8日。
④ 《开平邑侨欢迎黄棣珊君》,《世界日报》,1939年8月17日。
⑤ 新宁为台山县旧称,1914年改为现称。抗战时期,《新宁杂志》在海外共设代理31处,其中位于美洲的就有旧金山、萨克拉门托、纽约、洛杉矶、波士顿、温哥华、维多利亚、多伦多等埠22处。参见《告白》,《新宁杂志》1939年第33期。

地华侨捐款的情况,也刊登很多侨乡官民写给海外华侨的求援信函。办刊者通过侨刊乡讯将家乡的战况、灾情传递给海外华侨,希望他们及时知晓侨乡的战祸与灾荒,积极捐款救乡。1939 年的一期《新宁杂志》刊登启事称:

> 溯本杂志出版以来,已逾三十载矣,一纸风行,全球遍及,荷蒙海内外阅者诸君爱护,纫佩弗谖。自我国全面抗战展开后,新闻日增,本志因而加多篇幅,每页加多行数,俾得多载时事,以应阅者之需求。所有新闻,悉心采辑,务求翔实,并期简要。凡我侨胞,务宜购阅,庶几对于乡土情形无少隔阂也。①

另外,派员到美洲各华埠巡游演说,将家乡灾情直接明了地传递给当地侨胞,激起他们对日军侵略的愤慨,以及对家乡人民的同情,从而激发侨胞捐款救乡的热情,是一种更有效的动员方式。如1938 年初,广东购机筹募会派陈同昶、麦英俊二专员前往美洲各华埠巡游劝捐。陈麦二人利用当地侨团的组织力量,召集华侨,发表演说,鼓励侨胞积极输将,捐款救乡。② 1939 年间香港开平商务公所主席黄棣珊赴美募捐,以接济开平联防会费用等,即属于这种方式。派人亲赴美洲,走入侨社现场演讲与劝捐,尽管效果较好,但因当时落后的交通条件限制,耗费较大,所以这种动员方式并未成为一种主要方式。

---

① 《本社启事》,《新宁杂志》1939 年第 19 期。
② 《陈麦两专员抵埠详情》,《世界日报》,1938 年 3 月 4 日;《救国总会欢迎陈麦两专员》,《世界日报》,1938 年 3 月 14 日;《屋仑华侨救国会欢迎陈麦两专员》,《世界日报》,1938 年 3 月 19 日;《陈麦二专员到美慰问侨胞并协商筹款购机》,《先锋报》,1938 年 5 月 5 日。

二、广东侨乡官民动员华侨的叙事逻辑与话语表达

从广东侨乡官民写给海外的劝捐信函可以看出,这些信函的表达内容和叙述逻辑主要有以下几个方面:首先是痛陈日军侵略侨乡之残暴,及给民众生命财产造成的重大损失,以激起海外侨胞对日本侵略者的愤慨;其次是极力倾诉侨乡民不聊生,饿殍载道,百姓生活之惨状,以激起侨胞对侨乡民众生活境况的同情;再次是表达国内上下一致、军民团结以抵御日本侵略者、保家卫国的决心,大力宣扬前方将士英勇抗战的事迹,以激励海外侨胞捐款御敌的斗志;然后是高度赞扬华侨爱国爱乡的传统,塑造侨胞家国同构的意识与认同;最后呼吁海外侨胞慷慨解囊,努力捐输,保卫侨乡,救济灾民。

1938年6月,中山县县长张惠长在致函海外华侨时,基本按照上述话语和叙事逻辑动员侨胞捐款购械,以增强侨乡防卫力量。原函称:

> 自抗战军兴,敌机敌舰,即集结沿海,滥施轰炸,惨杀无辜。亡县之祸,迫于眉睫。际此国家民族危急存亡之秋,哀我邑黎不仅有沦为民族之忧,即田园庐墓,亦有朝不保夕之势。今幸全县民众在党政军领导之下,精诚团结,而有抗日自卫团之组织,计已增编至九大队。此辈忠心爱国分子,虽抱抗战牺牲之决心,而缺乏军实之运用。目前饷糈已由当地人士负责筹拨。关于军实之征集,势难竭泽而渔。矧自抗战军兴,我县民众,负担公债与战时设备等费,不下百余万金,何有余资补充军实。顷者我粤各县旅外人士,有纷起募集军实,保卫乡土之举。侧闻仅台山一县,已集资百万。其爱护宗国之忱,诚足令人起敬。我邑侨胞,足迹遍天下,赞助公益,素具热诚,而桑

梓观念,又特别浓厚。仝人等怀乡邦之危亡,痛敌寇之残虐,谨代表全县民众,借申呼吁,所望我旅外侨胞,踊跃输将,俾民众武力,得以充实,庶增强其杀敌御侮之心,以巩固我祖宗田园庐墓之所在,他日倭氛扫净,铁岭无尘,何莫非我侨胞之助也。①

1938年6月,广州市市长曾养甫致电旧金山总领事馆,并转美洲各党部、侨团、报馆、侨胞时,报告敌机空袭、轰炸广州市区造成的惨况,并劝募侨胞购机抗敌。他在信函中指出:"我侨胞亲戚骨肉,祖宗庐墓,咸在家乡,同罹浩劫,噩耗纷传,遥知痛念","惟日寇能毁灭粤人物质,决不能灭粤人抗战精神;能残杀粤人生命,决不能灭杀粤人同仇敌忾",为抵御日机侵袭,现广东正购机增强空防,"所望我侨胞,益皇义愤,共申天讨,壮海外之声援,作国内之后盾;更望分途组织,募集巨款,源源汇寄,充裕资源"。②

在动员海外侨胞捐款救乡时,广东政府官员如何塑造侨胞的侨乡认同,树立侨胞救乡的责任意识,以及如何协调与处理华侨救乡与救国的关系,是值得考察的重要问题。实际上,余汉谋、吴铁城等广东最高军政长官寄函致海外侨胞,一方面痛陈日本侵略者进犯广东,蹂躏侨乡的事实,激发侨胞"为争取国家民族之独立自由"的顽强奋斗精神;另一方面又指出,广东为"华南国防前线,屏障中枢",因此,"救粤即所以救全国"。③ 陈同昶、麦英俊二专员前往美洲华埠动员侨胞捐款购机时,指出保卫广东的重要性,即"国难中之大大咽喉,亦为我国抗战之唯一出路",只有购机与日军进

---

① 《中山县政府致旅外邑侨书》,《少年中国晨报》,1938年6月24日。
② 《曾养甫电请侨胞助款购机》,《少年中国晨报》,1938年6月13日。
③ 《余吴两主任飞函总会》,《世界日报》,1938年2月17日。

行抗战,才能保全祖国、保护家乡;①"粤防巩固,则抗日生命线长保,最后胜利可期,故侨胞之捐款购机,不仅为救乡,且为救国"②;"保粤即以保国,救己即以救乡"③。可见,陈麦二人在华埠演说时,特别强调"保粤即以保国"的理念,希望海外侨胞念及祖国与家乡民众的安危,鼎力相助,积极筹款,以作购机之用,进而巩固广东国防,方能救国救乡。④

台山联防会全体委员暨各乡长、绅耆联名致函外洋各埠宁阳会馆,请各地邑中侨商捐资购械,以保家乡。原电先是历数日机日舰侵略台山的罪行,及造成侨乡险象环生的境况,并认为"倭寇之逞其野心,肆其狼暴,不过恃其器械精、飞机多耳;我邑人之任其残暴,未与之抗者,则以无抵御之军器",最后劝告侨胞说:"忖思我邑侨虽身居异国,而父母妻子,室家财产,咸在乡间。值此危急存亡之秋,岂忍漠视,而不思所以持其危、扶其颠者。素仰我邑侨诸公,夙具热忱,凡属邑间慈善公益,已尽力输将,而捐资购械,以保国卫家,吾知其必更努力踊跃也。将得厚集巨金,多备兵器,使吾邑壮丁,足与暴日抗衡,而国家赖安。吾邑数十万民众,皆拜邑侨之赐也。国难当头,慄慄危惧,临电不胜迫切待命之至。"⑤

可见,作为广东的地方官员,在国难深重,侨乡战祸又在不断蔓延时,他们既负有守土保民、救济侨乡灾黎之责,又要维护国家抗战大局,落实战时的国家侨务政策,因此,他们在动员侨胞捐款

---

① 《屋仑华侨救国会欢迎陈麦两专员》,《世界日报》,1938年3月19日。
② 《救国总会欢迎陈麦两专员》,《世界日报》,1938年3月14日。
③ 《陈麦二专员到美慰问侨胞并协商筹款购机》,《先锋报》,1938年5月5日。
④ 《陈麦两专员抵埠详情》,《世界日报》,1938年3月4日;《陈麦二专员到美慰问侨胞并协商筹款购机》,《先锋报》,1938年5月5日。
⑤ 《台山电请邑侨捐资购械自卫》,《世界日报》,1938年3月15日。

救乡时,一方面以"亲戚骨肉,祖宗庐墓,咸在家乡"的话语来强化华侨的情感归属和侨乡认同;另一方面,他们又尽力塑造华侨"救乡即是救国"的意识,将华侨的救乡运动统一到救国运动中来,以此协调华侨救乡与救国的关系。

第三节　美洲华侨救乡运动的情形、机制和成绩

近代以来,美洲侨胞凭借其"勤苦耐劳、忠诚笃实之特性",能够在激烈的西方社会中生存,但多是做一些低贱的工作,如经营餐馆、洗衣馆、杂货铺一类,因此,美洲华侨的经济地位,大都"属工人及中小商人阶级,鲜有大企业及大商人"。尽管华侨所从事的大多是西人不愿做的苦力,但还是遭到"一部分西人之嫉忌",鼓煽排斥之风时起,故海外侨胞常处在艰难的环境之中。[①] 由于居住国的排华政策,华侨难以融入当地社会,再加上他们总希望能在挣得足够的钱,使家人过上富足的生活之后衣锦回乡,落叶归根,所以,尽管华侨身在国外,却始终都有内向之心,并与家乡保持密切联系。抗战时期,在国难深重、侨乡战祸蔓延时,美洲华侨一方面开展大规模救国运动,另一方面,也响应侨乡的号召,踊跃捐款救乡。

一、组织动员

美洲华侨开展救乡运动,首先得益于侨社良好的组织系统。近代美洲侨社主要有三种类型的侨团,即地缘性会馆、姓氏公所和

[①] 邝炳舜:《美洲华侨概况及抗战以来爱国运动报告书》(1941年春),加州大学伯克利分校族裔研究系图书馆麦礼谦档案室藏,AAS ARC 2010/1,Carton 14。

堂会。① 华侨人口较多的侨社,一般都在这几类侨团基础上组建代表全侨的中华会馆。另外,一些较大的侨团都在旧金山或纽约建立一个协调性很强的总部,而在其他地区成立分支机构,这样就形成侨团的全国性或全洲性组织网络,且通过制度化的恳亲大会来加强它们之间的联系。各侨团全国性或全洲性组织网络的建构,有利于广东侨乡与美洲侨社的联系和互动,也便于美洲侨社救亡运动的统筹开展。实际上,抗战时期,美洲各埠都在这些侨团的基础上成立各种抗日救亡团体。这些团体在组织结构上大致分为三种类型:第一种是在华侨人口众多的华埠,以当地侨团为基础成立救国总会,在其他华埠成立救国分会。这种救国团体属于全侨性质,而不是某邑界、姓界或堂界为国内某项筹款任务而临时组建的机构。据不完全统计,抗战期间美洲此类救国团体达156个。② 最具影响者,有旅美华侨统一义捐救国总会、纽约全体华侨抗日救国筹饷总会、芝加哥华侨救国后援会、墨西哥华侨抗日后援总会等。

第二种救亡团体是各侨团在其组织内部组建的附属机构。如美国有葛仑中华会馆筹饷救国委员会、驻美宁阳总会馆筹赈台山

---

① 关于地域会馆的组织和功能,可参见 Otis Gibson, *The Chinese in America*, pp. 333 - 345; William Hoy, *The Chinese Six Companies*; Him Mark Lai, *Becoming Chinese American*; Yucheng Qin, *The Diplomacy of Nationalism*; 刘伯骥:《美国华侨史》,第 149—212 页;刘伯骥:《美国华侨史续编》,第 157—216 页。关于姓氏公所的组织和功能,可参见 Victor G. & Brett de Bary Nee, *Longtime Californ'*, pp. 64 - 65; Rose Hum Lee, *The Growth and Decline of Chinese Communities in the Rocky Mountain Region* (New York: Arno Press, 1978), pp. 226 - 228; 刘伯骥:《美国华侨史》,第 213—224 页;刘伯骥:《美国华侨史续编》,第 247—251 页。关于美国华侨堂会的情况,可参见芝加哥总领事馆:《美国华侨之"堂"的概况》,《外交部公报》1936 年第 9 卷第 1 期,第 423—429 页;《美国华侨之"堂"的概况》(续),《外交部公报》1936 年第 9 卷第 3 期,第 425—436 页。

② 李春辉、杨生茂主编:《美洲华侨华人史》,第 712 页。

难民委员会等,加拿大有域多利洪门拒日协进会、渥太华洪门救国协进会、域云两埠台山总分会馆筹救邑内米荒及难侨劝捐处等。此类救亡团体中,有些是根据祖国抗日救亡运动的具体任务,而组建的临时性机构。1938年4月,旧金山宁阳总会馆受台山县政府暨邑绅之命,组建驻美台山邑侨筹款购械抗日委员会。其在成立宣言中说明其成立缘由时称:"本县政府即组立各乡镇联防委员会,人心一致,同御外侮,惟制梃不足以挞秦楚,非坚甲利兵,无以歼尽倭奴。同侨等迭接台山县政府暨邑内乡绅,函催筹款协助饷械事宜,此筹捐购械抗日会所由组立也。"①旧金山宁阳总会馆还根据台山灾情的变化,先后成立了筹赈台山米荒委员会、筹赈台山难民委员会、筹赈台山饥荒委员会等组织。② 纽约宁阳会馆也组建了救济台山难民委员会等。③ 其他各埠宁阳会馆也纷纷响应,组建类似的救乡团体。一些姓氏团体也在组织内部建立临时性的救乡机构。

第三种是各地华侨为侨乡某项具体任务而组建的独立团体。美洲华侨在听闻家乡米荒的消息之后,纷纷行动起来,在当地同邑华侨或侨团的推动下成立诸如救乡会、济难会,或募捐委员会等独立组织,为家乡民众募款赈荒。1939年,旧金山恩平侨胞在南平公所召集邑侨全体大会,"公决组织旅美恩侨救乡会,进行筹款,救济

---

① 《旅美台山邑侨筹款购械》,《世界日报》,1938年4月23日。
② 《宁阳总会馆筹赈台山米荒》,《世界日报》,1940年5月15日;《宁阳会馆筹赈台山难民》,《世界日报》,1941年3月15日;《台山宁阳总会馆筹赈台山饥荒委员会简章宣言》,《世界日报》,1943年6月1日。
③ 《纽约台山宁阳会馆筹款救济台山难民委员会简章》,《美洲华侨日报》,1941年4月15日。

恩平难民"。① 旧金山新会侨胞召开全体邑侨大会,组织新会邑侨筹赈委员会,专门负责筹款赈济家乡。② 罗省新会邑侨也成立南加州新会邑侨筹赈处,向侨胞筹款,赈济家乡难民。③ 旅美开平工商团体总会在得知"邑属米荒待赈甚急"后,迅即召集邑侨大会讨论办法,当场议决组织"旅美开侨筹赈米荒募捐处",专责办理筹赈事宜。④ 这些团体为某项具体筹款任务而临时组建,随着筹款期限结束,筹款任务完成,这些团体也自行停运。

为了规范侨社的筹款救乡运动,这些新成立的团体还制定组织章程和募捐细则。位于旧金山的驻美台山邑侨筹款购械委员会的简章包括定名、宗旨、组织、会址、捐款、罚则、用途、贮款、褒奖等若干条。该会"以筹款购械、协助台山各乡镇联防委员会抗日工作为宗旨";"以驻美台山宁阳总会馆与余风采总堂全体商董为委员,共同组织之,并奉台山县政府命为旅美邑侨筹款总机关";"本会假借驻美台山宁阳总会馆为办事机关";"凡属台山邑侨,年达十八岁以上者,每人额捐美金二元,多多益善";"凡有恃顽抗捐者,照章惩戒,并罚美金十元。各社团、各姓团体不得为之袒护,仍将其姓氏、里居与抗捐罪状登报公布之"。⑤ 旅美开侨筹赈米荒募捐处简章规定:"本处以筹款赈济开平米荒为宗旨";"本处职员,由开侨大会公推募捐委员一百名,复由募捐委员互选职员组织之";"凡属旅美开平邑侨年满二十一岁以上者,每人额捐美金二元,多多益善,妇孺

---

① 《旅美恩侨组织救乡会》,《世界日报》,1939 年 4 月 9 日。
② 《新会邑侨筹赈难民》,《世界日报》,1939 年 5 月 1 日。
③ 《罗省新会邑侨筹赈难民》,《世界日报》,1939 年 6 月 2 日。
④ 《请开平邑侨注意》,《世界日报》,1940 年 6 月 23 日。
⑤ 《台山邑侨筹款购械》,《世界日报》,1938 年 4 月 24 日。

则听其自由乐捐。凡捐美金五元以上者,一律登报表扬之"。① 纽约台山宁阳会馆救济台山难民委员会章程规定:"本会以向邑侨筹款救济邑内难民为宗旨";设执行部委员 31 名,设募捐、文书、财政、交际、调查、核数六科职员办事,监察部委员 66 名;"凡本会所属之邑侨年满十八岁者,每人额捐美金二元,多捐益善。妇孺及贫病者听其自由认捐。如有应[捐]而不捐者,过期则征收加倍,本会馆永远向其人追收。凡捐款者向经手收款人取回收条为据"。② 其他救乡团体也制定类似的组织简章和捐款办法。

可见,这些救乡团体大多制定了组织简章及募捐办法,规定了组织宗旨和组织架构、侨胞最低额捐数目和方式、义款的存蓄和汇寄手续、捐款奖惩条例、捐款期限等,目的在于保证筹款的顺利进行。

二、思想动员

思想动员是华侨救乡动员的重要一环。如何将侨乡的战祸与灾荒及时有效地传递给美洲广大华侨,让侨胞认识到捐款救乡是他们义不容辞的责任,继而采取实际的捐款行动,这对美洲侨领、侨团、侨报来说,是必须考虑的一个重要问题。面对战时家乡民众的凄惨遭遇,美洲各华文报馆、侨领、侨团等纷纷行动起来。华文报刊及时向当地华侨报道家乡的战祸与灾荒,刊登广东官民的劝捐信函,鼓励华侨踊跃捐款救乡。据统计,战时美洲有华侨报纸 20 余家,主要分布在美国旧金山、纽约、芝加哥等地,及加拿大、古巴、

---

① 《旅美开平筹赈米荒募捐处宣言》,《少年中国晨报》,1940 年 6 月 20 日。
② 《纽约台山宁阳会馆筹款救济台山难民委员会简章》,《美洲华侨日报》,1941 年 4 月 15 日。

第八章 战时美洲华侨的救乡运动

秘鲁等国。① 这些报纸虽分属不同的政治派别或团体,如《大汉公报》由加拿大温哥华洪门致公堂创办,《少年中国晨报》在战时由国民党海外部旧金山支部控制,《世界日报》由中国宪政党主办、以美国致公堂为后盾,纽约的《先锋报》《美洲华侨日报》由侨社的左翼人士创办,但其服务的读者都是美洲侨胞,因此为了满足华侨的需要,这些报刊一般都设有社论、祖国新闻、广东新闻、美国新闻、国际新闻、华埠新闻,以及副刊、广告等栏目。由于广东四邑地区是美洲华侨的重要来源地,故这些报纸有专门版块报道四邑乡情。抗战时期,这些华文报纸都以抗战救国为主要报道内容,具体来说,涉及中日战况、中国政府的抗战主张与决策、侨乡的战祸与灾荒、侨社的救国救乡活动等。《世界日报》在1938年2月就刊登《加紧保卫广东》的社论,指出日本侵略广东所造成之惨况,广东局势之严峻,广东战略地位之重要,号召华侨要集中力量保卫广东,增强广东的国防力量。② 更有文章报道侨乡民众英勇抗日的具体事例,如台山少妇余玉霞,不仅"促其夫从军杀贼",更在其夫殉国之后,感叹"报国有志,无门可入,与其偷生而目睹暴日之侵凌,毋宁殉夫报国于地下","乃决与夫共存亡",而"服毒自杀",③以此来激励华侨抗日救国的斗志。《大汉公报》号召华侨捐款救乡时称,"解囊输将,以成长期捐助",而"被赈济之人,得到实惠,可望减少死亡率,所谓救人一命,胜造七级浮屠,而被救者得获再生之恩,施恩虽不望报,但被救者对施救者,当感激于无穷,而施救者亦功德

---

① 邝炳舜:《美洲华侨概况及抗战以来爱国运动报告书》(1941年春),美国加州大学伯克利分校族裔研究系图书馆麦礼谦档案室藏,AAS ARC 2010/1,Carton 14。
② 一呼:《加紧保卫广东》,《世界日报》,1938年2月19、20日。
③《台山少妇义烈殉夫》,《世界日报》,1938年6月3日。

无量"。①

侨社各救亡团体在组织侨胞捐款时,一般都通过华文报纸、唐人街公告栏或各种集会,发表筹款宣言、通告或者演讲,向侨胞进行思想动员。《大汉公报》在一篇社论中论述"救国"与"救家"这两者的不可分割性:

> 侨胞乎!国仇家恨,公私忧劳,国以家为本,家赖国以存。吾人固宜促政府谋侨汇之利便,以苏民困,同时尤宜加紧救国之努力,促成抗建之成功,庶能彻底解除民生之苦疾,斯则救国与救家,其非二而一之工作者乎!②

旅美华侨统一义捐救国总会接到广东军政当局的函电后,遂召集会议,决定向侨胞募款购机,先是发表购机筹款宣言,树立侨胞"购机所以抗敌,救乡即为救国"的意识,希望侨胞在此国难当头之际,"怀乡梓切肤之痛",对于筹款购机一事,义当踊跃赞助。③ 救国总会为催促各埠侨胞同时开展捐款起见,又分函通告各埠救国分会、各埠中华会馆及各抗日救国团体,组织侨胞筹款购机,"以增厚抗敌力量,救粤救国,一举并利","尚望全美各地社团侨胞,共怀乡梓安危,一致奋起,踊跃筹募,庶几巨款立集,空防巩固,保我祖宗庐墓,造福邦家"。④ 救国总会随后召集该会职员及募捐队员约200人,举行出发募捐前的全体总动员。救国总会主席、募捐队主任邝炳舜在动员会上历述广东在国防之重要地位,保卫广东即所

---

① 《台山饿殍多席卷肉葬讯》,《大汉公报》,1944年3月31日。
② 《救国与救家》,《大汉公报》,1942年8月12日。
③ 《旅美华侨统一义捐救国总会为购机抗敌筹款宣言》,《世界日报》,1938年2月15日。
④ 《旅美华侨统一义捐救国总会通告各埠进行购机筹款》,《世界日报》,1938年2月15日。

以维护抗战生命线,与侨胞关系莫大,希望侨胞"尤宜各尽力量,巩固空防,盼全会同事,募捐队员及侨胞有始有终,合作到底,从速完成预定四十万元之目的,以尽救乡救国之两重责任"。① 墨西哥参渭华侨抗日后援总会发表购机筹款宣言时,指出日军进犯广东、轰炸城市、杀害同胞的罪行,因而议决"筹募广东购机义捐",并"恳请侨胞本着爱国爱乡的精神,大解金囊,努力输将",力求筹得巨款,汇寄广东政府,用以购机抗敌。② 驻美宁阳总会馆筹捐购械抗日会发表宣言,向邑侨呼吁,"国家兴亡,匹夫有责","国本在家,家本在身",希望邑侨"大解仁囊,慷慨义捐,俾集血汗之金钱,购置杀贼之利器,救乡救国,胥于是赖"。③

针对美洲侨胞中,"或因有敌氛深入,家乡被炸,慨家室之散逃,故园之非旧,心志灰冷,无意捐输者","或因家人婢仆,早经迁徙,得到安全,无须顾虑,不欲多捐者","或因江门失陷,咽喉被握,救济之款,恐难输入内地为虑者","或因对于捐款用途,发生怀疑者",纽约台山宁阳会馆在通告中,也详细向这些华侨一一劝解,最后希望他们明了侨乡情况,踊跃捐输。④

1940年5月,宁阳总会馆筹赈台山米荒委员会也发表通告,呼吁邑侨踊跃捐款,赈济家乡米荒。此通告称:

> 我至爱之邑侨乎,妇孺啼饥号寒之悲声,吾人忍听之乎!老弱辗转沟壑之惨状,吾人忍见之乎!壮者铤而走险,黠者投作顺民,吾人能任之乎!强寇入境,庐墓丘墟,吾人能安之乎!

---

① 《救国总会消息汇志》,《世界日报》,1938年2月20日。
② 《墨国参渭华侨抗日后援总会为广东购机筹款宣言》,《世界日报》,1938年6月24日。
③ 《旅美台山邑侨筹款购械》,《世界日报》,1938年4月23日。
④ 《纽约台山宁阳会馆告全体邑侨书》,《世界日报》,1939年4月27日、28日。

是故于此赈济米荒而不尽责任者,即是见死而不救,遇国难而不肯赴。我邑侨平素深明大义,岂有甘冒此大不韪乎!且区区数元之金,以致十元百元,力逮者视之,直如九牛一毛,而嗷嗷待哺之乡人得之,不啻玉液琼浆矣。①

纽英仑台山华侨所组织的筹赈会在接到台山县长黄启光的快邮及纽约、旧金山两地宁阳会馆来函后,"即召集会议,佥以值此抗战紧张,军粮民食,最关重要。况台山为我人田园庐墓、父母妻子兄弟亲朋所在地,既闹米荒,尤不能坐视不救,应与各埠同时举办捐款,以尽恭敬桑梓之义,而尽救国救乡之责"②。

1940年5月,墨西哥芝省莫追先打罅埠隆镇同乡济难会鉴于日军侵犯中山,县域失陷,人民"惨遭浩劫,备受凌辱",特发函呼吁侨胞捐款筹赈家乡灾民:"凡我同乡,应如何自爱自动,以卫国救乡为天职,尽最大之责任与努力,毋负列祖列宗之期望,保守先人遗业,维护此光华灿烂之祖国,可爱之家乡。吾人责任与义务,既如上述,则旅居是邦之各同乡,尤应闻风兴起,慨解义囊,接济家乡守土战士,施赈受难同胞,内外一致,扩展救国救乡运动。"③

旅美开平工商团体总会呼吁邑侨捐款筹赈家乡米荒时,亦发出通告称:"窃思吾人虽寄身海外,而心系宗邦,生于斯,长于斯,谁无父母,谁无妻子,谁无亲戚故旧,岂忍令其颠连困苦,挨饥号寒,坐视而不援手乎?素仰邑侨诸君,热心慈善,慷慨为怀,救人一命,胜造七级浮屠,定能大解金囊,以苏涸辙鲋鱼,出生民于水深火热

---

① 《宁阳总会馆筹赈台山米荒委员会告旅美邑侨书》,《世界日报》,1940年5月22日。
② 《纽英仑台侨筹赈会通告》,《少年中国晨报》,1940年5月20日。
③ 《墨国芝省莫埠隆镇同乡济难会筹赈》,《少年中国晨报》,1940年5月19日。

之中,又岂仅阖邑难民感恩戴德,即同人等亦拜赐多矣。"①随后又以旅美开侨筹赈米荒募捐处名义发出通告,希望各埠开平邑侨能够"就地举行募捐",全力输将,尽快筹集赈灾之款,汇寄给家乡灾黎以解燃眉之急。②

1941年春,日军又对四邑地区进行侵袭,致使侨乡民众生命财产损失严重。芝加哥广海同乡会接到家乡来函后,遂召集会议,动员乡侨筹捐。该会在《为广海筹款救济敬告区侨》中呼吁:

> 莽莽神州,弥天烽火,堂堂黄胄,满目腥风。望大地之战云,苍生何厄!听中原之刁斗,黔首可哀!惟是铁马纵横,必无完土。钢驼惨淡,惟有泪痕。古人云:兵燹凶年,人民有琉璃锁尾之忧,何况倭贼所过,其祸有甚于洪水猛兽者乎!今年三月三号,倭贼侵占我乡邑,广海地方,被其蹂躏尤甚。民众惨被杀戮,见者伤心,闻者流泪。吾人生斯长斯,孰能恝然忘情,怆怀桑梓,父老昆弟何堪!笃念枌榆,田园庐墓所系。③

1943年春,由于天灾人祸,台山等地侨乡米荒严重,广东侨乡官民纷纷来函呼吁华侨施赈。驻美台山宁阳总会馆经全体大会之公决,组织"筹赈台山饥荒委员会",详订章程,并发表宣言,动员台山侨胞踊跃捐款。其宣言称:"我邑侨海外安居,乡思难忘,或有父母妻儿之亲,或为宗族通家之好,解衣推食,义不容辞。况民生之安定,正士气之所寄,是则对台邑饥荒之抢救,亦不啻尽一己战时之努力,大解仁囊,责无旁贷,多多益善,同襄厥成。"④

---

① 《开侨筹赈米荒告邑侨书》,《世界日报》,1940年6月21日。
② 《请开平邑侨注意》,《世界日报》,1940年6月23日。
③ 《芝城广海同乡会召集会议》,《少年中国晨报》,1941年5月28日。
④ 《台山宁阳总会馆筹赈台山饥荒委员会简章宣言》,《世界日报》,1943年6月2日。

总的来说,在动员华侨捐款时,这些救亡团体纷纷发出宣言、通告,或组织现场演讲,描述家乡受灾情况,高度赞扬华侨爱国爱乡的高尚情操,并承转侨乡官方"救乡即是救国"的话语,以激励华侨全力输将,解救家乡灾黎。

三、募捐方式与机制

在开展救亡运动时,美洲华侨创造了各种募捐方式,有按人头之额捐,有利用插花、售章、开彩、演剧、塞球、义卖、游艺、书画展览、名人演讲等方法筹款,又有各种献金,如元旦献金、国庆献金、七七献金。此外,尚有各种婚丧庆悼之献金,如结婚献金、寿辰献金、生子生女献金,丧葬亦有节约献金,可谓应有尽有,筹款方法层出不穷。就华侨开展救乡运动而言,主要有以下几种方式:

最低额捐　美洲华侨救亡团体根据侨乡的筹款任务,尽量筹集更多善款,但又要顾及华侨的经济承受能力,让华侨乐于捐助,以保证募捐运动的顺利开展,这对侨社救亡团体来说是一个值得认真考虑的问题。实际上,大多数救亡团体都采用最低额捐办法,一般是斟酌侨胞的收入水准,规定在一定期限内,每一侨胞应捐之最低额数。这种捐款,属于义务性质。凡是达到一定年龄的华侨,都必须在规定的期限内,完成这一捐款,这是战时美洲侨团的一种主要筹款方式。在筹款购机、购械、购米等救乡运动中,救亡团体都明确规定每位华侨的最低捐款数。如砵仑中华会馆议决购机捐款,规定"凡属广东侨民,过十八岁者每人额捐美金六元",以一个月为期,多多益善。① 古巴华侨募捐购械会规定,旅古台山邑侨,

---

① 《砵仑筹款购机》,《世界日报》,1938 年 3 月 22 日。

"最低限度要捐国币五元,即古银一元五角"①。域云两埠台山总分会馆筹救邑内米荒及难侨劝捐处也发布通告,要求"每一台侨,额捐坎币二元"②。诸如此类,不胜枚举。

最低额捐相当于人头捐,此种捐款办法有两大缺陷,即"一为富裕者易于敷衍,照所定最低额数塞责了事;一为经济困难,无力照规定之额数捐输"。为补救额捐之缺陷,侨社救亡团体需要劝勉经济稍裕者多捐,并设"评捐委员会","如认为所捐之数与其经济能力相较,尚应增加,即由评捐委员会评定相当数额,请其照捐。如不照捐,救国会固不强迫,但彼本人常须顾虑社会制裁,影响其社会及商业地位,而自动加捐"。③ 如芝加哥华侨救国后援会为筹募第二期粤省购机费,开会决议此期筹款办法。会议决定,每一侨胞,至低限度,额捐美金10元,另组织估计委员会,评估各商号、餐馆、衣馆,及经济稍优裕之侨胞所应缴纳之款。该会主席梅友卓代表估计委员会报告该委员会所拟定各商号侨胞所应负担之捐额,"在场之被评估者,经当众认可"。④ 对于那些年老贫弱而无力照额捐输者,救亡团体则多设有审查委员会,订定减免章则,经过一种简单而确实之证明,即可由审查委员会分别予以减免。但有一原则,无论何人,必须履行捐输义务,无力捐输,须请求减免,否则视为有意规避救国捐责任,不免受处罚。⑤

---

① 《台山邑侨募购械款》,《世界日报》,1938年11月29日。
② 《域云台山总分会馆通告》,《大汉公报》,1942年8月18日。
③ 邝炳舜:《美洲华侨概况及抗战以来爱国运动报告书》(1941年春),美国加州大学伯克利分校族裔研究系图书馆麦礼谦档案室藏,AAS ARC 2010/1,Carton 14。
④ 《美中后援会筹款购机会议》,《世界日报》,1938年5月5日。
⑤ 邝炳舜:《美洲华侨概况及抗战以来爱国运动报告书》(1941年春),美国加州大学伯克利分校族裔研究系图书馆麦礼谦档案室藏,AAS ARC 2010/1,Carton 14。

美洲华侨救乡团体一般在确定最低额捐数后,即选派人员组织募捐队,确定各分队出发时间和路线,沿门向华埠各商户各华侨劝捐。1938年2月,旅美华侨统一义捐救国总会决定向侨胞募款购机,特成立购机抗敌筹款募捐队,以邓祖荫为正主任,郭有之、李立生为副主任,共有"旅、美、华、侨、统、一、义、捐、救、国"10队,每队有队员20人。另有妇女队,下有若干分队。① 募捐队有时需要乘车到邻近华埠募捐。如总会统字队队长陈笃周等人结束尾利允(马里斯维尔,Marysville)募捐手续,即驾车前往柯化(奥罗维尔,Oroville)、市连拿埠、挖慎委利等埠,向侨胞劝捐购机款。②

实际上,华侨对捐款救国救乡,人心不一,"国难虽严重,而冷血泯心之徒视若无睹者有之,乘此世变而另谋自利者更有之,是以或造谣破坏,或出言不善,或蓄意抗捐,或拖延不纳,各埠有之。有一于此,即影响全局"③。救亡团体一般在捐期结束时通过审查委员会,检查那些漏捐、逃捐或不捐的华侨。如1938年4月,救国总会全体募捐队员共200余人齐集中华会馆,由募捐队主任邓祖荫宣布出发检查意义及办法,各队随照指定区域分别出发站岗检查。全华区各街口均布满募捐队员。凡侨胞经过,逐一查询已否认捐购机款。如未见佩带襟章者,必详细追问索阅收条,无故不捐者,即带回总会查究。④ 救国总会还发布通告,要求侨胞返国须照缴购

---

① 《旅美华侨统一义捐救国总会购机抗敌筹款募捐队全体职员表》,《世界日报》,1938年2月19日。
② 《柯化埠侨胞捐购机款八百余元》,《世界日报》,1938年3月8日;《市连拿侨胞捐购机款五千余元》,《世界日报》,1938年3月18日;《挖慎委利分会劝募购机成绩》,《世界日报》,1938年3月18日。
③ 刘伯骥:《美国华侨史续编》,第579页。
④ 《总会募捐队昨出发检查》,《世界日报》,1938年4月25日。

机款,方能出口。该会派调查员到旧金山口岸随时注意检查外,并分函西雅图、洛杉矶等口岸抗日救国会一致办理。① 对于不按规章捐款的华侨,救亡团体则按照规章予以处罚,以确保侨胞履行捐款职责,侨团能完成筹款任务。如救国总会查悉华侨黄沾不但拒绝捐款,且向募捐队员多方侮辱,出言不逊。募捐队当即将其带回总会,加以严厉惩戒,后黄沾照章捐 6 元外,照缴罚款 1 元 5 毫,始告无事。②

总之,救亡团体为完成筹款任务和目标,一方面通过思想动员,激发侨胞爱国爱乡的情怀,让侨胞自觉履行捐款义务;另一方面也需要树立组织权威,对少数逃捐者予以惩罚。作为侨社的民间组织,救亡团体何以拥有组织权力而对逃捐者进行惩罚? 对此,我们可从救亡团体的组织结构及其与侨乡社会的关系中予以考察。前文已述,很多救亡团体是建立在华埠侨团基础之上的。作为华侨生存适应于美国社会的产物,这些侨团一方面为移民提供了社会联谊、慈善救济、组织保护、纠纷调解等服务,成为排华时期华侨在美生存适应的重要依托;而另一方面,它们也因此将其所属移民牢牢控制在自己手中,形成华侨社团的封建特权,在成员的就业、迁徙、谋生等方面握有很大权力。1903 年,梁启超在《新大陆游记》中提到旧金山华侨根据原籍地组建会馆时指出:华侨团体"皆有强制的命令的权力。凡市中之华人,必须隶属。各县之人,隶属于其县之会馆,全体之人,皆隶属于中华会馆,无有入会、出会之自由"③。由于近代侨社中团体权力很大,很多救亡团体都考虑到这

---

① 《救国总会之通告》,《世界日报》,1938 年 6 月 3 日。
② 《救国总会惩戒黄沾》,《世界日报》,1938 年 4 月 28 日。
③ 福建师范大学历史系华侨史资料选辑组编:《晚清海外笔记选》,第 205 页。

一情况,吸收这些侨团中的主要负责人到救亡团体中任职,以便更好地推动救亡工作。如旅美华侨统一义捐救国总会监察委员会常务委员黄君迪、陈敦朴都是侨社的重要侨领,在堂界、姓界、邑界侨团中都有很高职位。黄君迪是秉公堂总理、黄江夏堂主席、台山宁阳会馆及中华总会馆的商董;①陈敦朴是萃胜堂主席、至孝笃亲总公所总理、美洲宁侨总公会会长、美洲中华总会馆和宁阳总会馆商董。②纽约华侨抗日救国筹饷总会成立时,安良堂领袖司徒美堂等被推选为主要负责人。③实际上,华埠大多数侨团都积极支持救亡团体的募捐工作。1937年8月24日,芝加哥安良工商会与协胜公会这两大堂会联合发表布告,要求所属会员遵照芝加哥华侨救国后援会章程捐款。④芝加哥中华会馆也发出通告,表示遵行美中芝城华侨救国后援会为广东购机捐款的章程,对于借端违抗者,则"合众对付"。⑤

由于近代美国华侨落叶归根的意识浓厚,都有"富贵不还乡,如锦衣夜行"的思想观念,有一种在亲人和邻居面前露富、摆阔气、争脸面的心理,他们在美国打拼,忍辱负重,就是要一朝衣锦还乡,提升其在侨乡的地位,所以特别注重侨乡社会对其的评价。救亡团体也注意到这一点。一方面,侨乡社会需要依赖海外侨团力量动员侨胞捐款救乡;另一方面,这些侨团也利用侨乡官府的权威,

---

① 美洲秉公总堂编:《美洲秉公堂》,第38页;《台山县华侨志》,第268—269页;黄朝琴:《朝琴回忆录之台湾政商耆宿黄朝琴》,台北:龙文出版股份有限公司2001年版,第57页。
② 伍庄:《陈公敦朴略传》,美国加州大学伯克利分校族裔研究系图书馆藏,Yuk Ow Collection,AAS ARC 2000/70。
③《纽约全体华侨抗日救国筹饷总会成立》,《先锋报》,1937年11月11日。
④《芝城安良工商会协胜公会联合布告》,《三民晨报》,1937年8月24日。
⑤《芝城中华会馆之布告》,《世界日报》,1938年5月28日。

对侨胞的捐款行为予以奖惩。纽约台山宁阳会馆救济台山难民委员会章程规定:"团体、房口、商号或个人,凡捐款美金五元以上者,登报表扬之。捐三十元以上者,除登报表扬外,由本会馆呈请台山县政府给予奖状,以资表扬。"对以下华侨作相应处罚,即"过期而后捐款者,依照定额,加倍征收";"凡有恃顽抗捐者,一经调查属实,按其情节之轻重,集众处罚之。倘仍不遵,则将其姓名、里居与抗捐罪状,登报公布,并呈台山县政府备案,以昭惩戒";"如有未捐私逃回国者,本会馆将逃捐者姓名、里居备文呈请台山县政府追缴额捐,并罚缴美金六元"。① 其他侨团也有类似的通告,要求其成员响应救亡团体的募捐号召,按照相关规定履行自己的捐款职责。此种奖惩办法,意在维持海外救亡团体之权力,使其能在长期抗战中筹募捐款、源源接济,确有很大帮助。

演戏筹款　演戏筹款也是战时较为常见的一种筹款方式。在组织侨胞为广东购机捐款时,一些侨团通过组织演戏向华侨募集善款。纽约筹饷总会为"募集巨款,购置防空高射炮及飞机,以御日贼",决定于1938年元月初由侨界妇女演戏筹款,同时"组织人员向华埠各社团及各商店沿门劝销戏券"。② 费城华侨抗日救国会为响应广东当局筹款购机,开演《血染卢沟桥》爱国剧。③ 墨京华侨抗日救国后援会为筹款购机,在戏院举行游艺大会,并将售票所得,移作购机之用。④ 墨京华侨乐班剧员亦自发演剧筹款,剧目为

---

① 《纽约台山宁阳会馆筹款救济台山难民委员会简章》,《美洲华侨日报》,1941年4月15日。
② 《纽约筹饷总会出发为广东空防募捐》,《先锋报》,1937年12月13日。
③ 《美洲侨胞纷纷筹款购机抗日》,《先锋报》,1938年1月6日。
④ 《墨京开游艺会筹款购机》,《世界日报》,1938年9月9日。

《戚继光新子灭倭奴》。①

在组织侨胞捐款赈济侨乡难民时,一些救亡侨团也通过演戏、歌舞等形式向华侨募款。美京全体华侨抗日救国会在听闻四邑惨遭敌军轰炸后,特准许四邑同侨举办演戏筹款,急救家乡。② 保地磨抗日会继起响应,"蒙小非非女士偕同一班剧员及纽约中国音乐社到埠",举办表演,筹款赈济四邑难民。③ 温哥华宁侨会馆在筹赈期内发动舞狮募赈游艺大运动,先后参与游艺运动的工作人员达750余人,该地各团体机关、各学校员生均参加。④ 此种事例,不胜列举。组织演戏、歌舞等文艺活动,多是通过上演爱国抗日节目,激发侨胞的爱国爱乡情怀,使侨胞能在观戏的娱乐中受到民族主义教育,从而进行实际的捐款救乡行动。

捐献楼业 抗战时期,在美洲华侨的救乡运动中,还涌现出侨胞捐楼购机的事例。屋仑富商邝沛,鉴于日军轰炸家乡,残杀祖国同胞,因此向屋仑救国分会报告,愿"捐楼宇一座,以为购机杀贼之用"。邝沛所捐之楼宇,经屋仑分会商定价格,定为一万美元,并发行彩票一万张,向侨界推销,将所得之款,尽作购机之用。⑤ 其所印就之彩券,"券面印有彩楼之说明,券背印有彩楼之图形,印工精巧,一目了然"。侨胞认购十分踊跃,"预定每日购一券者有之,每个星期购一券者有之,更有当白鸽票每日买两券者,有作宵夜及看戏每日买一券者"。⑥

---

① 《墨京华侨乐班之义举》,《世界日报》,1938年7月9日。
② 《美京决定演戏筹款救四邑》,《美洲华侨日报》,1940年12月17日。
③ 《保地磨抗日会演戏筹款志盛》,《美洲华侨日报》,1941年1月30日。
④ 《旅加拿大台山侨胞募款救邑难》,《新宁杂志》1941年第14期。
⑤ 《邝沛君捐楼一座购机》,《世界日报》,1938年3月1日。
⑥ 《救国楼业彩券出售》,《世界日报》,1938年3月20日。

"仅三天时间,已售出彩券六千张有奇。"①更有劝销员前往邻近各埠销售。女界募捐队顾问朱伯元夫人为前锋,所到各处,多已购买,但侨胞见该妇女队如此热心救国,且不远千里而来,皆解囊再买。② 经侨胞的共同努力,彩券仅两个月就全数售罄,得美金一万元,合国币39 000余元,而邝沛也因此成为"全美华侨个人捐助购机款之最多者"。③

另外还有其他方式的捐款。旧金山美洲中华学校学生爱国热诚,特节省一切不必要消费,贮得国币1 100元,并将款缴交总会,作为购机款。④ 旧金山陈颍川总堂将迎来送往的宴费移作购机捐款。⑤ 墨国参迫咕致公堂,"乃乘该堂楼业廿年纪念,柬邀同侨,声明贺仪全数用赈伤兵难民"。该堂蒙各界惠来贺金,并于宴席举行筹捐,又得魔术家邝子明报效演技,售券入座,共得墨银1 593.9元,用以赈济广东伤兵难民。⑥ 侨界有名的机器师缪天民,曾发明造面机器,且善修理各种机件,颇为侨界称道。缪君为广东筹款购机,愿报效其一月收入为购机费,"其办法即将其一月间代客修理机器之收入,除材料费外,一律捐出为购机款。经报告救国总会接纳,由总会设一箱于该店,由顾客将应交之修理工金,全数投入箱中,俟一月期满,由总会派员前往开箱收款"。⑦

---

① 《各界踊跃购买楼业彩券》,《世界日报》,1938年3月24日。
② 《屋仑女界第四队售彩楼券成绩》,《世界日报》,1938年4月14日。
③ 《邝沛楼业彩券依期开彩》,《世界日报》,1938年5月14日;《屋仑救国分会楼业开彩》,《世界日报》,1938年5月16日。旅美华侨统一义捐救国总会在1940年4月编印的《第一、二期购机捐征信录》也显示邝沛为购机捐款最多者。
④ 《救国总会消息汇志》,《世界日报》,1938年3月21日。
⑤ 《陈颍川总堂将迎送宴费捐助购机》,《世界日报》,1938年3月12日。
⑥ 《墨国致公堂汇寄赈款》,《世界日报》,1938年6月25日。
⑦ 《救国总会消息汇志》,《世界日报》,1938年2月23日。

四、募捐成绩

在美洲侨团、侨领、侨报的积极动员下，美洲华侨纷纷行动起来，踊跃捐款救乡。就捐款救乡的主体来说，既有个人捐赠，也有团体或商业机构的捐助。一些侨领带头踊跃多捐，如旧金山中兴公司总理周崧为广东购机捐国币11 000元，其所创办的中兴公司又捐国币2 000元。① 台山马尾湖村李道轸热心公益，自七七事变以来，"自动每星期捐英币五元，始终未尝间断"，在闻得中山石岐、前山相继失陷后，"特在满地可埠发起组织筹募赈济会，并即自动慨捐国币10 000元，以为首倡，同时督领店中各伴，努力捐助"。②

有些是以团体名义捐赠的。秉公堂于1938年2月至3月间两次开会讨论捐款襄助广东空军购买飞机一事。该堂负责人黄君迪总理等人认为："购机为救国之要务，义不容辞"；"莫论各社团认捐多少，本堂势必认捐过额，以表爱国热诚"。③ 陶园酒家伙伴为广东购机共捐国币2 500元。④ 砵仑中华学校为响应中华会馆倡议，举行募款购机，进行全校学生总募捐。⑤ 溯源总堂暨原宗公所开会决议捐购机款国币1 500元。⑥

一些华埠因侨社组织动员有效，成绩颇佳。如萨克拉门托华侨总计共723人为广东购机捐款，第一期捐款就捐国币26 580元，

---

① 《救国总会消息汇志》，《世界日报》，1938年2月23日。
② 《邑人李道轸捐款万元救济本邑粮荒》，《新宁杂志》1940年第26期。
③ 美洲秉公总堂编：《美洲秉公堂》，第38页。
④ 《陶园伙伴捐购机款二千五百元》，《世界日报》，1938年2月19日。
⑤ 《砵仑中华学校捐款购机》，《世界日报》，1938年3月31日。
⑥ 《溯源总堂捐购机款千五百元》，《世界日报》，1938年3月14日。

每人平均捐款 260 元,①远超过旅美华侨统一义捐救国总会规定的 20 元(或 6 美元)的最低额捐。斐匿救国会为粤省购机募款,向该埠华侨募捐。第一期共计 203 人捐款,共捐款国币 7 275 元。此次募款购机,虽与第三期义捐接近,而该埠侨胞"不独无难色,且热烈输将,诚以粤省空防,为全国安危所系"。②

美洲华侨的救乡运动主要是根据广东侨乡战况和灾荒的发展情况进行的。抗战前期,广东侨乡的抗日救乡运动多侧重于购机购械,加强广东的国防建设和自卫能力。美洲华侨为广东购机筹款的成绩,目前还未看到相关的统计数据。笔者根据相关数据可作以下估算。旅美华侨统一义捐救国总会第一期购机捐共计收得美金 179 503.29 元,第二期共收美金 66 500.64 元,两次总共在美金 246 000 元以上。③纽约华侨筹饷总会响应广东人民购机运动,筹捐美金 238 100 元,西雅图中华会馆汇国币 27 000 元。④美中芝城华侨救国后援会先后举办两期筹募粤省购机费,第一期筹得 7 万国币,第二期筹款目标为国币 20 万元,两期共折算美金 8.18 万元。⑤此四团体共捐美金约 58 万美元。结合当时美洲华侨的分布情况与经济状况,估计美洲华侨实际捐款数可能在 80 万美元左右,或国币 260 万元左右。

根据唐富满关于抗战期间广东献机捐款的研究,1937 年底至 1939 年的献机捐款运动中,广东人民购机抗敌筹赈委员会共收到

---

① 《二埠捐购机款二万余元》,《世界日报》,1938 年 3 月 7 日。
② 《斐匿救国会募款购机》,《世界日报》,1938 年 3 月 18 日。
③ 《旅美华侨统一义捐救国总会第一、二期购机捐征信录》,"弁言",1940 年 4 月刊印。
④ 刘伯骥:《美国华侨史续编》,第 578 页。
⑤ 《美中后援会筹款购机会议》,《世界日报》,1938 年 5 月 5 日。

捐款 829 万国币，其中海外汇款有 542 万国币，①除去少量的英镑和法郎外，作者所推算出的美洲华侨 260 万国币的捐款，应该是比较可靠的。1930 年至 1940 年间，南洋华侨人口总数为 761.1 万，其中粤籍华侨占 70%，这样南洋地区粤侨总数为 532.77 万人。②如包括美洲及澳洲、非洲、欧洲等地少量的粤侨在内，二战时期全球粤侨人口总数大约为 560 万，而美洲华侨人数不过 22.5 万，只占海外粤侨总数的 4%，但在此次捐款购机运动中，其捐款数几乎占海外捐款总数的一半，从此足见美洲华侨捐款之成绩，及侨社组织募款之成效。

美洲华侨筹赈家乡灾荒也取得不错的成绩。以台山为例，截至 1940 年 9 月 15 日，台山县府收到美洲邑侨救济该县粮食捐款为国币 211 126 元，港币 19 757 元，美金 3 667 元。其中由旧金山驻美宁阳总会馆筹捐赈济台山米荒委员会组织的为期两个月的筹款就筹得 20 万元国币。③ 后筹赈米荒展期结束，宁阳总会馆又筹得 10 万元国币，合前四次共汇国币 30 万元。④ 据不完全统计，自 1941 年"三三"之役起至 1942 年 1 月底止，台山、开平、新会等六邑

---

① 参见唐富满、欧阳湘：《抗战时期广东捐款献机运动述论》，《抗日战争研究》2013 年第 2 期。实际上，广东人民购机抗敌筹赈委员会收到的华侨捐款只是华侨捐款的一部分。1938 年 10 月广州失守后，旅美华侨统一义捐救国总会等侨团则将此后募集的购机款汇中央财政部转交中央航空建设协会总会。
② 崔丕、姚玉民等译：《日本对南洋华侨调查资料选编(1925—1945)》第 1 辑，广州：广东高等教育出版社 2011 年版，第 137—138 页。
③ 《旅外邑侨捐款救济本县粮食原函公布》，《新宁杂志》1940 年第 35 期；《宁阳总会馆续汇赈款二万元》，《世界日报》，1940 年 7 月 16 日。《新宁杂志》此处所刊华侨捐款有误。根据《新宁杂志》此间公布的旅外邑侨捐款救济本县粮食原函，其所列华侨捐款救济该县粮食一览表所有数字都为实际捐款的 100 倍。
④ 《宁阳会馆筹赈米荒续汇十万元》，《世界日报》，1940 年 10 月 30 日；《宁阳会馆筹赈米荒结束》，《世界日报》，1940 年 12 月 28 日。

地区共收到美洲华侨捐款为 47.44 万国币。① 另外,"三三"之役后,温哥华台山侨胞在短短一个月内就募款 15 万元,赈济家乡。②

笔者对 1938—1945 年间《世界日报》《美洲华侨日报》《大汉公报》《新宁杂志》等相关资料进行整理,并根据朱斯煌编著《民国经济史》中的历年上海国外汇兑市价表③及张公权所著《中国通货膨胀史》中 1941—1945 年期间外汇汇率与内地物价水平表④所列出的国币兑美元及港币的汇率,按汇款时间所对应的汇率一一换算成国币,然后将此间捐款数据相加,得出抗战期间美洲华侨救乡捐款总数约为 3 800 万国币。除捐款购机、赈济米荒、救济难民外,这些捐款还用于侨乡购械、难民垦殖等方面。

从美洲华侨捐款救乡的行动中,不难看出华侨对于家乡亲人的关心和责任感,而家乡所遭受的战祸与灾荒也与祖国命运紧紧相连,国破家亦不复存在,因此,华侨在救乡的同时也表现出强烈的爱国之情。一些侨团在救济款的分配上,也体现了华侨"救国不忘救乡""救乡即是救国"这种家国同构的思想。美东安良工商会在汇款救济难民时,就做到了有国有家,面面俱到。⑤

第四节　美洲华侨救乡运动之实效与评价

总的来说,在战时广东侨乡的大力动员下,在美洲侨社的积极

---

① 《旅韶六邑同乡救乡会快邮代电》,《大汉公报》,1942 年 6 月 1 日。
② 《旅加拿大台山侨胞募款救邑难》,《新宁杂志》1941 年第 14 期。
③ 朱斯煌等:《民国经济史》,上海:银行学会 1948 年编印,第 522—523 页。
④ 张公权:《中国通货膨胀史(一九三七——一九四九年)》,北京:文史资料出版社 1986 年版,第 33 页。
⑤ 《安良工商会年会热心救济》,《美洲华侨日报》,1941 年 4 月 5 日。

组织下,美洲华侨踊跃捐款救乡,取得了不错的成绩。但不可否认的是,这种作用还是有限的。就四邑地区来看,自1939年侨乡发生米荒后,美洲华侨一直致力于筹款救乡运动,但直到1943年,四邑仍然饥荒严重,台山甚至出现了人吃人的惨状,至1944年,台山饥荒甚至更为恶劣,"弃婴、弃孩遍野,满路啼哭,惨不忍闻"。① 美洲华侨的捐款救乡运动,至多是从外部减缓侨乡灾荒的程度,而未能从根本上解决灾荒问题。究其原因,我们首先应将侨乡地方的战祸与灾荒置于战时国家这一大背景下分析。战时侨乡的命运是国家命运的直接反映,毕竟广东侨乡是中国的一部分,侨乡的历史命脉与国家紧密相连。日本发动全面侵华战争后,由于近代中国积贫积弱,南京国民政府难以抵御日军侵略,致使全国大部分地区都处于日本侵略者铁蹄之下,广东地区也未能幸免,多次遭受日军的蹂躏,战乱与灾荒随之而至。美洲华侨认识到国破家也不复存在,因此在开展救乡运动的同时,也积极捐款救国。实际上,八年全面抗战中,美洲华侨的救乡捐款折算成美元约为1 000万,而其救国捐款则达美元6 915.6万,②约为前者的7倍。

另一方面,侨乡的吏治腐败,也影响了华侨捐款的态度和效果。国民政府吏治腐败,在战争与灾荒面前也丝毫没有体谅侨乡民众的疾苦,反而催赋迫租,大大加剧了饥荒的程度。在台山,人民痛苦尚未得到缓解时,粮官仍下乡征收粮食,并且"所用之斗,竟较普通为大,达一斗一斤余",而"这些多余的谷,肯定入了粮官的口袋"。③ 台山县长陈子和自上任以来,"措施谬妄,操纵粮食,贪赃

---

① 刘伯骥:《美国华侨史续编》,第584—587页。
② 华侨革命史编纂委员会编:《华侨革命史》下册,第660页。
③《骇人听闻的台山政治近况》,《大汉公报》,1944年6月5日。

枉法,走私资敌,以致县政黑暗,粮荒严重,饿殍载道,盗匪蜂起"。①不仅如此,连华侨所汇的救乡款也存在迟滞或被克扣的情况。国民政府在战时对外汇进行统制,强制性地压低美元兑换国币比价,且因战时交通运输困难,侨眷们从银行拿到的也往往是些无法兑现的本票。即使能够兑现,各地金融机构在交款时,竟然有每百元扣手续费30元的事,简直与抢劫无异。②

在美洲华侨与广东侨乡的联系和互动中,美洲华侨并不是被动的捐款机器。鉴于侨乡的吏治腐败,美洲华侨充分利用捐款人的权力,规定义款使用的程序和范围,希望自己的救乡善款能够用于实处。驻美宁阳总会馆筹赈台山饥荒委员会制定的简章就规定,捐得之款,"先汇回省政府主席,派员会同台山县赈济会及县长为赈济邑内各区饥荒之需,并请台山旅渝同乡会刘维炽、马超俊等同乡选员回台,协同省政府、台山赈济会及台山县长施赈,务使普遍救济全邑,分区办理。此款不得移作别用"③。纽约台山宁阳会馆要求台山县政府"严厉追查,使历年所有捐款,点滴归公,不容私人之侵蚀","每次捐款,如何支销,用余存款,如何保管,详为公布"。④

一些侨胞也发表言论,认为要完成抗战建国的任务,使国家跻于富强之列,国民安享自由与和平之幸福,"唯有动员全国之人力物力,再接再厉,不惜牺牲,斯则全民精神力量之激扬,实为个中之

---

① 《台山旅渝同乡会宣布台山县长陈子和六大罪状》,《大汉公报》,1943年12月1日;《台山李平舞弊实情》,《大汉公报》,1944年1月14日。
② 光然:《为侨汇事向中国银行进言》,《大汉公报》,1942年8月25日。
③ 《台山宁阳总会馆筹赈台山饥荒委员会简章宣言》,《世界日报》,1943年6月1日、2日。
④ 《纽约台山宁阳会馆告全体邑侨书》,《世界日报》,1939年4月28日。

要素,而激发全民精神之道,当非浅薄之宣传或苛刻之待遇所能为功者,必须显示权利与义务之平衡,大公无私,群众乃能对领导者发生信赖,亦步亦趋,渐泯个人利害,同致胜利之果"。①

另一方面,近代美洲华侨通过各种捐赠和投资,参与侨乡的各项建设,对侨乡发展作出了巨大贡献,因此,他们凭借自己的经济实力和社会影响,积极参与到侨乡的公共事务当中。针对战时侨乡的吏治腐败及其造成的恶果,他们常以个人或团体的名义,通过寄发信函给广东当局,要求惩治家乡的贪官污吏。旧金山宁阳总会馆曾电请广东省主席李汉魂,望其能"切实查明前台山县长陈灿章及赈济会举赈舞弊的真相",②随后通电广东省及台山县两政府,请求"严办土劣李颂勋等"。③ 加拿大域多利与云高华台山宁阳总会馆也通电广东省政府,请严办土劣,以儆将来,而除民害。④

美洲华侨也通过媒体发表言论,抨击侨乡的吏治腐败。《大汉公报》多次揭露四邑地方土劣官绅不顾人民利益,将用来赈济灾荒的粮食囤积居奇而从中获利,造成四邑地区粮价极高,民不聊生。《抗战与吏治》一文指出,台山县长陈子和,"身为父母官之县长,竟忍将省府拨与救济及由邻县购办调节之米石,高价出卖,中饱私囊",置百姓于不顾,实在是"百万台民之罪人"。⑤《为灾难侨眷请命》一文指出,"台山于三年之内,三易县长,无一不劣,黄启光固曾以失地之贪官被黜,陈灿章亦以贪污舞弊见弃,现在的陈子和又被

---

① 《救国与救家》,《大汉公报》,1942 年 8 月 12 日。
② 《宁阳总会馆请粤主席查明台山办赈舞弊电》,《世界日报》,1943 年 1 月 30 日。
③ 《宁阳会馆请办土劣》,《大汉公报》,1944 年 2 月 9 日。
④ 《台山会馆电请严办豪劣》,《大汉公报》,1944 年 3 月 1 日;《台山会馆呈文李汉魂请严办奸劣官绅商》,《大汉公报》,1944 年 3 月 11 日。
⑤ 《抗战与吏治》,《大汉公报》,1943 年 1 月 5 日。

台山旅渝同乡会控以六大罪状",致使台山人民一直处于水深火热之中。①

不仅如此,美洲华侨身在国外,受西方民主思想影响较多,因此针对国民党的一党专政,提出要对祖国政治进行改革,从根本上解决侨乡的吏治腐败及其所造成的灾祸。《大汉公报》连载南洋侨领陈嘉庚的言论,痛陈国民党的独裁统治。②《世界日报》亦刊文指出中国政治积弊太深,因为"我国政治素为官僚式政治","只有官官相惠,只能为少数人谋福利,为一党一派谋福利,断不能为全体人民谋福利",所以欲彻底澄清政治,只有以全体人民之政治意志代替只代表少数人或小集团的政治。③ 针对台山的吏治腐败问题,纽约一华侨发表文章指出,"假如一党专政不结束,政府不是由人民产生,则在今日这种状况之下,腐化政治便绝对无法消灭",台山四年之内,四易县长,而无一不劣,更足以证明中国的政治机构非彻底改革不可了。④ 可见,这些文章都一针见血地指出侨乡政治腐败的根源所在,这也是侨乡战祸与灾荒形成的根本原因。保卫侨乡,挽救侨乡,仅仅依赖华侨的捐款是不行的,还必须对中国政治进行彻底的改革,废除国民党的一党专政,代之为人民民主政治,这样才能澄清吏治,民族国家才能得到振兴和发展,也只有这样,侨乡才能远离战祸与灾荒。

总的来说,抗战时期,日军对华南沿海的狂轰滥炸,及随后几次在广东沿海的登陆,严重影响了广东侨乡人民的生产生活,人民

---

① 《为灾难侨眷请命》,《大汉公报》,1943年11月24日。
② 《痛陈一党专政之非》,《大汉公报》,1941年10月22、23、24、25日。
③ 《粤省米荒感言》,《世界日报》,1939年4月15日。
④ 《从台山的三次沦陷说到必须彻底改革中国的政治》,《大汉公报》,1944年10月19日。

死伤无算,屋宇焚圮者,日以千计。侨汇中断,侨乡人民赖以生存的经济来源受阻,同时又遇上自然灾害,农作物收成锐减,粮荒严重,民众无家可归,饿殍载道。在此严重的战祸与灾荒面前,侨乡各级政府及民间社会积极行动起来,成立购机抗敌筹募委员会、自卫队、救济分会等组织,并通过侨刊乡讯、信函等向华侨说明家乡战祸和灾荒情况,以期海外乡亲能伸出援手,解救处于水深火热之中的乡民。面对日军的侵略及侨乡官民的求援,美洲各侨团认识到"救乡即是救国",纷纷成立救乡组织进行募捐。很多团体还制定组织章程,规定捐款办法和奖惩条例。美洲广大华侨在救亡团体的有力动员下,鉴于"亲戚骨肉,祖宗庐墓,咸在家乡",痛感日军侵略之残暴,"救国不忘救乡",慷慨解囊,为侨乡的国防建设和难民赈济作出了应有的贡献。海外华侨的一系列救乡行动对于缓解侨乡灾情起到了一定的效果,但并不能从根本上解决侨乡的战祸与灾荒。保卫侨乡,挽救侨乡,仅仅依赖华侨的捐款是不行的,还必须对中国政治进行彻底的改革,在救乡的同时须加紧救国。

结　语

20世纪三四十年代日本帝国主义发动的侵华战争,致使中华民族危机空前严重。为救亡图存,全国各党派各族人民团结一致,奋力抵抗日本侵略。为动员海外侨胞支持中国抗战,国民党中央及南京国民政府对中央和地方侨务机构加以健全和完善,制定了很多法规和条例,并通过侨务委员会、外交部及其驻外使馆、国民党海外部等组织机构,及有关侨刊,对华侨进行大量的抗日宣传和组织工作,号召侨胞出钱出力,支援抗战。华侨虽身处异国他乡,但仍是中华民族的一部分,也是国民一分子。在祖国生死存亡的危急关头,在全国各民族人民同仇敌忾、视死如归的精神感召下,在南京国民政府及社会各界的有效动员下,广大侨胞本着爱国爱乡的情怀,继承清末反封建帝制的革命精神,纷纷投入到这场声势浩大的抗日救国运动中,在居住国开辟抗击日本侵略的海外战场,掀起以支援祖国抗日战争为中心的爱国高潮。他们或捐款捐物,或抵制日货,或开展航空救国,或从事国际宣传,为祖国抗日战争的最后胜利,乃至世界人民反法西斯的胜利,作出了重要贡献。

就抗战时期的侨情来看,战前华侨在海外谋生,绝大多数以务工、务农为主,此外还有不少经商和从事服务性工作者。在南洋,华侨主要从事零售商业,少数经营小型轻工业、中小锡矿和中小种植园。在美洲,华侨以经营餐馆、洗衣馆及杂货业为多,到抗战期间,大部分侨众已进入丰衣足食之境界。但总体而言,海外华侨除极少数资本较为雄厚者外,大多经济状况较之当地主流社会不甚理想,多数处于贫困状态。不过,华侨居留地区多为资本主义国家,或者是已经纳入资本主义市场的各属殖民地,经济社会发展水平普遍较高,故华侨经济状况普遍要比国内民众富裕。关于华侨的经济情况,以抗战前期估算,全世界华侨的资本总额约达国币500亿到700亿元。① 其中,南洋华侨资本最为雄厚。② 南洋华侨资本远多于美洲华侨,主要原因在于南洋华侨移民历史悠久,其在西方殖民者与当地土人之间的中间商角色,也为其积累资本创造了条件,而美洲华侨在当地社会经济地位普遍不高,属于边缘角色。但从抗战时期美洲华侨的捐款总额来看,其与南洋华侨相比却毫不逊色,主要因为在抗战初期美洲华侨遭到当地主流族群的排斥,而内聚力较强,故各救国团体对华侨的组织程度较高。太平洋战争爆发后,日本南侵,南洋沦陷,造成南洋华侨经济财产损失巨大,不少华侨在南洋无法生存而不得不回到国内,成为需要政府救济的难侨。但美洲华侨在抗战后期,随着国际关系的变动,族群关系的改善,美洲华侨就业的范围不断扩展,其经济地位明显提高,从而拥有更多的收入为祖国捐赠。

从回国参战或服务于战时国内后勤工作来说,南洋各地华侨子弟组成的"南洋华侨机工回国服务团"成绩最为突出。这些华侨机工从南洋各个地区先后回到了祖国,奋战在条件险恶的滇缅公

---

① 参见《华侨先锋》第2卷第1期;《西南实业通讯》第4卷第4期。
②《海外华侨战时损失有关资料》,中国第二历史档案馆藏,一八(2)/208。

路上,为保证国际援助物资及时运到祖国前线,付出了极大的牺牲。此外,菲律宾、缅甸、吉隆坡等地侨胞组织华侨义勇工程队、救护队、回乡服务团等参与战地救护并配合作战。而美洲华侨则主要致力于航空救国,通过组建航空救国团体、兴办航空学校、筹款购机、回国服务等方式将航空救国运动推至顶峰,为捍卫我国领土和领空、打击侵华日军作出了重大贡献。

由于南洋华侨所在地大多为英、法、荷等国殖民地,南洋华侨与远在西欧的宗主国关系疏远,且这些殖民国家在战时自身难保,所以在国际宣传与国民外交方面,南洋华侨的发挥余地不大。但美洲华侨所在的居住国情势则大不一样,特别是战时美国华侨,美国的强国地位使得其地位更加凸显。抗战时期,美洲华侨各团体、各侨领及普通侨众为中国抗战开展舆论宣传,联合西人举行纠察运动,举办规模盛大的"一碗饭"运动,取得了巨大的反响,不仅为国内战场筹集了巨额资金,而且更有力地宣传了中国抗战的正义性,驳斥了日本侵略者的虚假宣传,在一定程度上弥补了中国政府外交的不足,改变了一些美国人的对华态度,为国际上孤立日本帝国主义、为中国赢得国际舆论同情、争取美国援助、壮大中国抗战实力,发挥了独特作用。美洲华侨在抗战时期开展的国民外交工作,是其支持祖国抗战的一种重要方式,这种方式以及所取得的成效,也是南洋华侨无法比拟的。

作为华侨社会中一种特殊的组织形式,秘密结社在南洋各地遭到殖民地政府的严厉打击和取缔时,美洲洪门却作为一种合法的社团,本着救国救乡的宗旨,抛弃过去党派成见,组织动员洪门会员乃至整个华侨社会支援祖国抗战,为祖国抗战捐款捐物,坚持民主团结抗战,反对专制分裂投降,对中国抗战作出了一定的贡献。战后美洲洪门大佬司徒美堂为何成为美洲华侨的一面旗帜,中国致公党为何成为代表华侨的政党,我们都可以通过美洲洪门及其领袖司徒美堂在抗战中的经历和贡献找到答案。

海外华侨通过捐款捐物、回国参战等方式,表现出对祖国命运的高度关切,其对中华民族的认同超越了对宗乡社群的认同,体现了华侨"国家兴亡,匹夫有责"的强烈爱国主义精神。美洲华侨爱国主义的形成与发展,与战前华侨在美洲受到当地国排斥的悲惨命运有关,与日本侵华所造成的中华民族的空前危机有关,当然也与自19世纪末美洲华侨民族意识的开始形成有关。美洲华侨民族意识在20世纪前期不断发展,主要是因为南京临时政府、北洋政府、南京国民政府等历届政府护侨政策的确定和强化。特别是抗战时期,以南京国民政府为主体的社会各界,针对日本帝国主义对中国领土的不断侵略,及其所造成的空前民族危机,积极通过侨刊乡讯、对外广播、华文报刊、侨社公共活动等来阐发民族主义话语,一方面以领土、主权与人民为话语要素,揭露日本的侵华罪行,激起华侨对日本侵略者的愤怒和对祖国人民的同情,塑造华侨的领土主权观念与国民身份意识,构建华侨与祖国人民的共同命运意识;另一方面又超越民族国家的领土主权边界,运用华侨与祖国间存在的血缘、文化等纽带关系,塑造华侨的中华民族认同,推动华侨支持祖国抗战建国大业。南京国民政府及社会各界的民族主义话语的宣传,及时有效地向华侨传达祖国抗战信息,通过政治和文化的手段塑造华侨的祖国认同,从而在情感和思想上动员华侨为祖国抗战捐输、抛家舍业、投身于祖国抗日战场,这是抗战时期美洲华侨爱国主义形成的重要因素。

太平洋战争爆发后,中国与美国、加拿大、古巴、巴西、墨西哥等美洲国家结盟,极大地改变了美洲华侨的生存环境。中国在世界反法西斯战争中所作出的巨大牺牲和重要贡献,也得到世界反法西斯国家的认可。在战争后期,随着排华法的取消,美洲华侨积极支持居住国政府的反法西斯战争,主流社会也改变了往昔对华侨的看法和态度,过去许多对华侨关闭大门的工厂和技术部门敞开了大门,很多华侨生平第一次找到了跟他们所学专长有关的职业,与美洲人民并肩作战,反对共同的敌人。美洲华侨在这场为民主和自由而战的战争中,既为祖国抗战作出巨大牺牲,也为居住国反法西斯战争作出一定贡献,赢得了美洲社会的高度评价,这有利于美洲华侨与当地社会的融合,有助于其在美洲的长期生存和发展。

参考文献

一、史料

1. 未刊资料

《第十九路总指挥部收入抗日慰劳金报告书》,美国加州大学伯克利分校族裔研究系图书馆麦礼谦档案室藏,抗日战争卷。

洪门总机关、美洲金山致公总堂:《五洲洪门第三次恳亲大会续订致公堂根本章程》(1923年10月10日),加拿大大不列颠哥伦比亚大学图书馆藏,the Chung Collection。

《海外华侨战时损失有关资料》,中国第二历史档案馆藏,一八(2)/208。

《金山二埠华侨救国筹饷会征信录》(1947年9月),美国加州大学伯克利分校族裔研究系图书馆麦礼谦档案室藏。

邝炳舜:《美洲华侨概况及抗战以来爱国运动报告书》(1941年春),美国加州大学伯克利分校族裔研究系图书馆麦礼谦档案室藏,AAS ARC 2010/1,Carton 14。

美国旧金山合胜堂编:《全美合胜堂重订根本章程》(1946),美国加州大学伯克利分校族裔研究系图书馆麦礼谦档案室藏。

《美国协胜堂恳亲大会议案录》(1931—1949),美国加州大学伯克利分校族裔研究系图书馆藏,AAS ARC CA-27。

美洲金山致公总堂:《洪门致公堂重修根本章程》,加拿大温哥华《大汉公报》报社1918年4月承印。

南海里讴乡乡长:《快邮代电》(1941年10月22日),美国加州大学伯克利分校族裔研究系图书馆麦礼谦档案室藏,AAS ARC 2000/80, Carton 95。

《侨胞购买公债救国义捐登记证》,美国加州大学伯克利分校族裔研究系图书馆麦礼谦档案室藏。

伍庄:《陈公敦朴略传》,美国加州大学伯克利分校族裔研究系图书藏,Yuk Ow Collection, AAS ARC 2000/70。

朱安祺口述:《抗战期间华侨子弟返国投效空军纪实》,美国加州大学伯克利分校族裔研究系图书馆麦礼谦档案室藏。

2. 报刊资料

美国旧金山《世界日报》(1909.11—1969.9)

美国旧金山《少年中国晨报》(1911—1991)

美国旧金山《中西日报》(1900—1945)

美国旧金山《大同日报》(1922.1—1923.5)

美国旧金山《公论晨报》(1930.9—1932.6)

美国芝加哥《三民晨报》(1930—1940)

美国纽约《救国时报》(1938.8—1939.6)

美国纽约《先锋报》(1932—1938)

美国纽约《美洲华侨日报》(1940—1945)

加拿大温哥华《大汉公报》(1915—1945)

上海《申报》(1872—1949)

《东方杂志》

《华侨半月刊》

《华侨周报》

《海外月刊》

《华侨战士》

《华侨动员》

《华侨先锋》

《现代华侨》

《抗战华侨》

《外交部公报》

《国外情报选编》

《侨务月报》

《秘鲁华侨对日宣战筹饷总会征信录》第1期,秘鲁华侨对日宣战筹饷总会1933年编印。

《加拿大云高华中华会馆报告书》,温哥华:云高华中华会馆1938年编印。

美国旧金山溯源总堂原宗公所:《方振武将军游美国大埠纪念录》,旧金山:旧金山溯源总堂1936年刊印。

《美洲龙冈亲义总公所恳亲大会特刊》,旧金山:旧金山龙冈亲义总公所1951年编印。

纽约中华公所编:《纽约中华公所特刊》,纽约:纽约良友印刷公司1995年版。

檀香山抗战剧团八一三纪念日《抗战文艺特刊》,火奴鲁鲁:新中国报1940年刊印。

《余武溪总公所旅美昆仲第二次恳亲大会始末记》,旧金山:旧金山余武溪总公所1926年编印。

《昭伦联义总公所第一届恳亲大会特刊》,旧金山:美洲昭伦联义总公所1942年编印。

中国国民党中央执行委员会西南执行部党务年刊,《海外党务组周年工作概况》,1932年。

3. 文集及汇编资料

北京市政协文史资料研究委员会、广东省政协文史资料研究委员会编:《回忆司徒美堂老人》,北京:中国文史出版社1988年版。

蔡廷锴:《海外印象记》,香港:东雅印务公司1935年版。

蔡廷锴:《蔡廷锴自传》下册,哈尔滨:黑龙江人民出版社1982年版。

陈翰笙主编:《华工出国史料汇编》第 1 辑(三),北京:中华书局 1985 年版。

陈翰笙主编:《华工出国史料汇编》第 1 辑(四),北京:中华书局 1985 年版。

陈翰笙主编:《华工出国史料汇编》第 7 辑,北京:中华书局 1985 年版。

陈汝舟:《美国华侨年鉴》,中国国民外交协会驻美办事处 1946 年刊印。

陈匡民:《美洲华侨通鉴》,纽约:纽约美洲华侨文化社 1950 年版。

戴鸿慈:《出使九国日记》,长沙:湖南人民出版社 1982 年版。

福建师范大学历史系华侨史资料选辑组编:《晚清海外笔记选》,北京:海洋出版社 1983 年版。

冯自由:《革命逸史》(1—6 册),北京:中华书局 1981 年版。

冯自由:《中华民国开国前革命史》,桂林:广西师范大学出版社 2011 年版。

冯自由:《中国革命运动二十六年组织史》,上海:上海三联书店 2014 年版。

耿素丽等编:《民国华侨史料汇编》《民国华侨史料续编》《民国华侨史料三编》,北京:国家图书馆出版社 2011—2018 年版。

广东省档案馆等编:《华侨与侨务史料选编》,广州:广东人民出版社 1991 年版。

广东省立中山图书馆编:《近代华侨报刊大系》(2 辑 60 册),广州:广东经济出版社 2015 年版。

广东省社会科学院历史研究室等编:《孙中山全集》(1—11 卷),北京:中华书局 1981—1986 年版。

广东省政协文史资料研究委员会编:《孙中山与辛亥革命史料专辑》,广州:广东人民出版社 1981 年版。

广州市政协学习和文史资料委员会主编:《广州文史资料存稿选编》第 10 辑,北京:中国文史出版社 2008 年版。

黄三德:《洪门革命史》,美国洛杉矶 1936 年刊印。

黄遵宪:《黄遵宪集》下卷,天津:天津人民出版社2003年版。

蒋介石:《蒋委员长抗战书告辑要》,南京:正中书局1939年版。

李盈慧编:《官方公报中的华侨史料》,南投:国立暨南国际大学历史学系2002年版。

梁启超:《新大陆游记》,北京:社会科学文献出版社2007年版。

林云谷:《动员华侨问题》,重庆:重庆励记启文印刷所1938年刊印。

罗达全、张秀明、刘进编:《华侨书信抗战史料选编·五邑侨乡卷》,广州:广东人民出版社2016年版。

刘萍、李学通编:《辛亥革命资料选编》第5卷,北京:社会科学文献出版社2012年版。

全国政协文史资料委员会编:《文史资料存稿选编》第25辑,北京:中国文史出版社2002年版。

《台山县华侨志》,江门:台山侨务办公室1992年编印。

陶行知:《陶行知全集》,成都:四川教育出版社2005年版。

屠汝沫编:《旅美华侨实录》,上海:华丰书店1924年版。

致公党中央党务研究委员会编:《中国致公党历史文献和文史资料汇编(1904—1949)》,北京:中国致公出版社2015年版。

中国第二历史档案馆编:《南京国民政府外交部公报》5,南京:江苏古籍出版社2000年版。

中国致公党中央文史委员会编:《中国致公党文件选编》(上下册),北京:中国致公出版社1995年版。

中国致公党中央研究室编:《司徒美堂》,北京:中国致公出版社2003年版。

中国社会科学院近代史研究所、中华民国史研究室主编:《中国致公党》,北京:文史资料出版社1981年版。

《中华文史资料文库》第19卷,北京:中国文史出版社1996年版。

4. 英文报刊资料

ProQuest Historical Newspapers(报刊数据库)

California Chinese Press

5. 其他英文资料

Hoy, William, *The Chinese Six Companies* (San Francisco: The Chinese Consolidated Benevolent Association, 1942).

Leong Gor Yun, *Chinatown Inside Out* (New York: Barrows Mussey, 1936).

Yung, Judy, *Unbound Voices: a Documentary History of Chinese Women in San Francisco* (Berkeley: University of California Press, 1999).

Yung, Judy, et al (eds.), *Chinese American Voices: From the Gold Rush to the Present* (Berkeley: University of California Press, 2006).

Victor G. & Brett de Bary Nee, *Longtime Californ': a Documentary Study of an American Chinatown* (Stanford, Calif.: Stanford University Press, 1986).

Wong Kin, *International Chinese Business Directory of the World* (International Chinese Business Directory Co, INC, 1913).

二、专著与论文

1. 中文专著

彼得·邝:《新唐人街:当代美国华人社区》,北京:世界知识出版社 2002 年版。

蔡少卿:《中国近代会党史研究》,北京:中华书局 1987 年版。

潮龙起:《美国华人史(1848—1949)》,济南:山东画报出版社 2010 年版。

潮龙起:《移民、秩序与权势:美国华侨堂会史研究》,广州:暨南大学出版社 2019 年版。

陈昌福:《致公往事》,上海:中国致公党上海市委员会 2017 年刊印。

陈依范著,郁怡民、郁苓译:《美国华人》,北京:工人出版社 1985 年版。

费孝通:《乡土中国 生育制度》,北京:北京大学出版社 1998 年版。

华侨革命史编纂委员会编:《华侨革命史》,台北:正中书局 1981 年版。

黄慰慈、许肖生:《华侨对祖国抗战的贡献》,广州:广东人民出版社1991年版。

简建平:《中国洪门在加拿大》,中国洪门民治党驻加拿大总支部1989年刊印。

邝治中:《纽约唐人街:劳工与政治,1930—1950年》,上海:上海译文出版社1982年刊印。

李春辉、杨生茂主编:《美洲华侨华人史》,北京:东方出版社1990年版。

李东海:《加拿大华侨史》,台北:中华大典编印会1967年刊印。

李朴生:《五十年来的华侨与侨务》,台北:华侨协会总会1997年刊印。

黎全恩、丁果、贾葆蘅:《加拿大华侨移民史(1858—1966)》,北京:人民出版社2013年版。

刘伯骥:《美国华侨史》,台北:黎明文化事业股份有限公司1976年版。

刘伯骥:《美国华侨史续篇》,台北:黎明文化事业股份有限公司1981年版。

麦礼谦:《从华侨到华人:二十世纪美国华人社会发展史》,香港:三联书店有限公司1992年版。

美国三邑会馆史编委会编:《旅美三邑总会馆史略(1850—2000)》,旧金山:美国三邑会馆1999年刊印。

《美洲秉公堂》,旧金山:美洲秉公总堂2012年编印。

任贵祥:《华侨第二次爱国高潮》,北京:中共党史资料出版社1989年版。

任贵祥:《海外华侨与祖国抗日战争》,北京:团结出版社2015年版。

《三邑总会馆简史(1850—1974)》,旧金山:美国三邑会馆1975年编印。

[美]史扶邻著,丘权政、符致兴译:《孙中山与中国革命的起源》,北京:中国社会科学出版社1981年版。

[荷]施列格著,薛澄清译:《天地会研究》,上海:上海文艺出版社1991年版。

[美]宋李瑞芳著,朱永涛译:《美国华人的历史和现状》,北京:商务印书馆1984年版。

［加］魏安国、詹森等著，许步曾译：《从中国到加拿大》，上海：上海社会科学院出版社1988年版。

吴剑雄：《海外移民与华人社会》，台北：允晨文化实业股份有限公司1993年版。

王起鹍：《海外洪门与中国致公党》，香港：中国文化出版社2017年版。

王秀惠：《种族歧视与性别：二战前美国大陆男性华人之经历》，台北：允晨文化实业有限公司2006年版。

吴景超著，筑生译：《唐人街：共生与同化》，天津：天津人民出版社1991年版。

于仁秋：《救国自救：纽约华侨衣馆联合会简史，1933—1950's》，香港：三联书店有限公司2003年版。

庄政：《国父革命与洪门会党》，台北：中正书局1981年版。

曾瑞炎：《华侨与抗日战争》，成都：四川大学出版社1988年版。

中国抗日战争史学会、中国人民抗日战争纪念馆编：《海外侨胞与抗日战争》，北京：北京出版社1995年版。

2. 英文专著

Chan, Sucheng (ed.), *Entry Denied: Exclusion and the Chinese Community in America, 1882–1943* (Philadelphia: Temple University Press, 1991).

Chan, Sucheng, *Chinese American Transnationalism: the Flow of People, Resources, and Ideas between China and America during the Exclusion Era* (Philadelphia, PA: Temple University Press, 2006).

Chen, Shehong, *Being Chinese, Becoming Chinese American* (Urbana: University of Illinois Press, 2002).

Chen, Young, *Chinese San Francisco, 1850–1943: a Trans-Pacific Community* (Palo Alto: Stanford University Press, 2000).

Chinn, Thomas W (ed.), *A History of the Chinese in California* (San Francisco: Chinese Historical Society Of America, 1973).

Chinn, Thomas W., *Bridging the Pacific: San Francisco Chinatown and its People* (San Franscisco: Chinese Historical Society of America, 1989).

Kuhn, Philip, *Chinese Among Others: Emigration in Modern Times* (Lanham: Rowman & Littlefield Publishers, 2008).

Lai, Him Mark, *Becoming Chinese American: a History of Communities and Institutions* (Walnut Creek, CA : AltaMira, 2004).

Ling, Huping, *Chinese St. Louis: from Enclave to Cultural Community* (Philadelphia: Temple University Press, 2004).

Ling, Huping, *Chinese Chicago: Race, Transnational Migration, and Community Since 1870* (Stanford, California: Stanford University Press, 2012).

Liu, Haiming, *The Transnational History of a Chinese Family: Immigrant Letters, Family Business and Reverse Migration* (New Brunswick: Ringers University Press, 2005).

McKeown, Adam, *Chinese Migrant Networks and Cultural Change, Peru, Chicago, Hawaii, 1900 – 1936* (Chicago: The University of Chicago Press, 2001).

Peffer, George Anthony, *If They Don't Bring Their Women Here: Chinese Female Immigration before Exclusion* (Urbana : University of Illinois Press, 1999).

Pfaelzer, Jean, *Driven Out: The Forgotten War Against Chinese Americans* (New York: Random House, 2007).

Paul C. P. Siu, *The Chinese Laundryman: a Study of Social Isolation* (New York : New York University Press, 1987).

Tong, Benson, *Unsubmissive Women: Chinese Prostitutes in Nineteenth Century San Francisco* (Norman: University of Oklahoma Press, 1994).

Wong, K. Scott, *Americans First: Chinese Americans and the Second World War* (Cambridge, MA : Harvard University Press, 2005).

Yung, Judy, *Unbound Feet: a Social History of Chinese Women in San Francisco* (Berkeley: University of California Press, 1995).

3. 英文论文

Calavita, Kitty, "Collisions at the Intersection of Gender, Race, and Class: Enforcing the Chinese Exclusion Laws," *Law & Society Review*, Volume 40, Number 2 (2006).

Culin, Stewart, "Chinese Secret Societies in the United States," *Journal of American Folk-Lore*, III (January—March, 1890).

Lee, Rose Hum, "Social Institutions of a Rocky Mountain Chinatown," *Social Forces*, Vol. 27, No. 1 (1948), pp. 1 - 11.

Li Anshan, "Survival, Adaptation, and Integration: Origins and Evolution of the Chinese Commmunity in Jamaica (1854 - 1962)," in Andrew Wilson (ed.), *The Chinese in the Caribbean* (Princeton: Markus Wierner, 2004).

Lyman, Stanford M, "Conflict and the Web of Group Affiliation in San Francisco's China Town, 1850 - 1910," *Pacific Historical Review*, Vol. 43, No. 4 (Nov., 1974), pp. 473 - 499.

Ma, Eve Armentrout, "Urban Chinese at the Sinitic Frontier Social Organizations in United States' Chinatowns, 1849 - 1898," *Modern Asian Studies*, Volume 17, Issue 1 (February 1983), pp. 107 - 135.

索　引

A

安良工商会　125，127，152，153，192，371，390，391，393，395—397，400，440，447

奥克兰　4，18，68，75，109，156，197，204，205，344，351

B

巴拿马　16，28，46，70，73—76，105，111

秘鲁　9，16，17，21，33，35，50，52，67，70，72，74，118，119，122，123，160，430

必珠卜　4，192，218

秉公堂　63，149，156，380，382，385，389，397—401，440，444

波特兰　4，63，67，155，160，198，200，204，206，323，344，352，353

砵仑　4，184，323，331，334，336，338，340—343，347—349，352，354，358—360，364，365，401，436，444

C

蔡廷锴　97，99，111—113，115，126，128，135，138—142，145，171，217，331，332，377，378，385，386，391，394，395

陈纳德　355，356

陈树人　120，169，171，173，230，231，244，258，331

萃胜工商会　156，382，395，400

萃英工商会　156，382

索 引

D

《大汉公报》 3,39,71,88,89,96,97,103,106,181,224,234,238,262,264,267,370—374,377,379,382,384,386,387,390—395,400,401,404—410,414,415,419,420,431,432,437,446—451

抵制日货 1,5,83,84,86—89,91,92,104,106,107,113,122,124,157,162,172,173,178,189,208,210,211,278,281,284,288,289,291,319,321,333,393,453

底特律 4,40,140,160,206,293,346,351

东北义勇军 113—118,246

F

方振武 128—130,135,141,142,145

飞虎队 355—357

冯执正 161,179,180,235,296

G

共同体 6,213,226,233,235,237,240—242,246

古巴 9,16,17,21,29,33,35,46,47,50,67,70,71,73,74,76,97,114,132,137,159,160,162,206,290,332,376,384,406,430,436,456

关德兴 201,202,303

广源轮 318

广州 10,13,18,37,41,42,50,61,78,80,112,117,132,133,146,157,165,170,171,221—223,233,243,246,248,258,317,329,332,334,337,343,346,352—354,358—360,364,365,403,408,409,411,413,417,424,445,446

国民党海外部 2,3,16,71,73,163—165,182,215,216,368,405,431,453

国民外交 4,6,82,85,88,92,189,207,264,269,270,272—279,282,297,298,300,301,316,324,455

H

航空救国 1,4,6,101,120,138,189,325,327—331,333—354,357,359,361,362,364,365,383,388,394,398,453,455

洪门 3,4,6,61—67,74,139,158,

165,306,327,366—375,377—396,400—409,428,431,455,456

华盛顿　14,64,75,84—86,112,125,126,133,135,140,155,199,206,235,308,323,342,350,351,401

华文报刊　3,6,71,96,115,215,223,268,410,430,456

J

蒋介石　77,97,98,100,123,125,135,161,164—166,171,191,225,234,237,238,243,246,247,251,253,256,263,274,281,310,315,318,329,373,375,392,398,403,406,408

九一八事变　5,77,78,84,87,92,97,113,119,122,124,134,137,138,145,159,164,177,212,215,218,223,242,250—254,270,325,334,338,340,361,366,368,372,374,375,384,393,396,402,405,409

旧金山　3,10,11,13,18,19,23,24,30,35,36,40—42,44,49,52—56,59,60,62—64,66—68,71,73—75,78,79,81,93,98,99,106,108,109,111,112,115,116,124,129,130,133,140,141,146—151,155,157,159—161,165,168,175,176,179,181,182,186,187,192,194—199,201,204,206—210,231,235,271,272,274,281,283,284,287,291,293,297,299,301—303,306—308,310—316,318,319,321,325,327,328,330,334,338,339,341—344,351—354,362—364,367—369,371,373,375,379,380,383,385,386,388,393,395,397,399,401—403,405,407,418—421,424,427—431,434,439,443,444,446,450

旧金山大中华戏院　108,115

旧金山世界博览会　298

旧金山中华会馆　54,55

旧金山中华总商会　80,106,284,286,293

K

开平　3,12,13,19,21,51,73,352,414,418,420—422,429,434,435,446

邝炳舜　17,18,35,70,130,151,157,160,183,189,190,193,194,206—208,286,287,295,319,

341,362,426,430,432,437

L

领土 6,78,79,82,90,95,100,101,114,141,186,212—220,223,224,226,233,239,240,242,250—252,261,268,283,325,336,363,455,456

刘维炽 165,235,236,274,370,372,373,449

旅美华侨统一义捐救国总会 17,148—151,157,159,161,177,181,182,190,193,196,198,203,206,207,209,235,237,274,276,281,285,286,288,293,294,298,301,302,304,309,311,312,317,319,320,380,381,383,388,396,398,417,427,432,438,440,443,445

旅美西南华侨抗日救国联合会 154

旅美中华航空学校 341,343,344,352,353

罗省 4,94,108,122,160,191,192,195,197,215,216,272,287,288,297,322,323,331,333,335,338,339,342,348,363,429

洛杉矶 4,18,30,54,64,67,94,107,108,160,197,204,206,297,318,322,331,333—336,338,339,341,342,344,346,348,349,351,362,364,368,421,439

M

马占山 5,92—97,217,246,265,385,393

满地可 5,54,444

美京 78,85,86,125—127,134—136,160,199,200,279,280,283,285,362,388,442

美京华侨抗日后援会 125,126,134

美中芝城华侨救国后援会 151—153,180,191,204,440,445

美洲华侨航空学校 341—343,347,349,352—354,358—360,364,365

蒙特利尔 5,14,20,40,66,146

民族主义 2,5,6,211—216,218—220,223,226—228,233,237,239,240,242,243,248,249,257,262—265,267,268,371,372,384,442,456

墨西哥 5,9,16,17,21,25,28,31—33,35,45,47,50,52,67,70,73—76,89,90,104,112,114,132,151,160,175,184,206,216,242,281,294,297,384,386,392,

407—409,427,433,434,456

墨西哥未市卡利全侨拒日救国后援会 118

墨西卡利 21,50,52,204

N

宁阳总会馆 19,52,390,418,421,427—429,433—435,440,446,449,450

纽英仑 86,87,160,434

纽约 1,3,14,18,20,24,30,39—42,44,53—55,61,63,64,66,67,73,75,84,85,95,101,102,106,109,110,112,116,117,119,121,123,126—129,132—136,138,139,143—145,153—155,157,159,160,174—176,186,202,204,206,207,210,218,219,221,222,242,272,276,277,280,286—289,291—293,297,301,306,316,327,333,334,336,341,342,344,346,347,351,352,360,369—375,381,387—395,397,399,406,408,417,421,427,428,430,431,433,434,440—442,445,449,451

纽约华侨抗日救国会 108,109,112,127,128,341,393

纽约华侨衣馆联合会 1,41,60,346,391

纽约全体华侨抗日救国筹饷总会 154,202,203,427,440

纽约致公总堂 370,373,378,387,394,396,404

纽约中华公所 54—56,84,85,95,108,110,116,119,121,127,128,133,135,153,341,342,373,390

P

排华 4,5,8,11,13,14,17,22—34,39,40,47,48,53,60,62,90,105,118,228,426,439,457

匹兹堡 4,64,204,346,352

Q

七七事变 5,77,142,145,147,158,159,170,173,177,192,197,210,220,271,318,366,369,374,384,386,409,444

侨刊乡讯 2,3,6,7,212,215,243,268,410,421,422,452,456

侨务委员会 2,16,70,120,148,163,164,170—173,208,220,225,237,244,263,282,287,453

侨乡 3,7,52,58,220,221,223,346,410,411,413—428,430,

431,433,435,436,439,440,442,445,447—452

全美洲洪门总干部 381,382,392,405,406,408

S

萨克拉门托 36,68,84,141,150,155,162,185,187,189,193,194,196,200,203,205,206,308,401,421,444

三藩 3,73,81,93,99,149,183,255,284,295,303,305,307,314,317,319,321,338,339,345,383,398

《三民晨报》 3,72,152,153,174,178,179,181,280,440

三邑 10,13,19,21,42,51,52,61,98,146,349

沙加缅度 64,107,160,350

《少年中国晨报》 3,71—73,79,81—84,86,88,90,92,151,157,160—162,175—177,180,181,183—185,188,200,204,205,216,218,223,224,231,235,242,243,245,251,253,255,256,264,265,272,274,294—297,300,301,303,305,312—317,338,368,369,378,383,395,397,410,416,420,424,429,431,434,435

舍路 4,102,185,272,401

十九路军 5,97—100,103—106,108,109,111—114,118,120,139,141,331,332,350,360,364,377,378,395

《世界日报》 3,29,30,32,44,47,48,71,73,80—85,93—96,98,100,102,104—106,108,110—122,124—132,134,136,139—142,148—150,154—156,158,159,161,168,175,177,179—182,184,186—188,191—193,195—204,206,209—211,219,221,222,237,271,272,276,281—286,288,290—293,298,299,303,306,309,312,319—323,330,332,335—339,341,342,347,349,351,352,362,363,377—381,383,385,387,396,399,404,408,410,412,414,416—419,421,422,424,425,428,429,431—447,449—451

市作顿 5,94,200,378

司徒美堂 129,133,140,369,371—375,383,384,387,388,390—394,396,400,405,406,408,440,455,456

斯托克顿 5,94,200,206,315,351

四邑 13,21,60,61,146,412,414,431,435,442,448,450

宋美龄 175,176,198,355

孙中山 65,181,221,230,236,252—254,325—329,333,337,359,360,366—370,372,384

T

台山 3,13,19,21,51,140,165,222,223,243,342,348,411—421,423,425,427—431,433—437,440—442,444,446—451

檀香山 17,20,39,66—69,71,72,74,76,98,112,155—157,165,172,186,206,272,326,327,334,350,360,367

堂会 49,50,52,53,61—64,146,149,153,197,367,371,372,374,380,383,384,386,388—393,395,397,400,401,406,408,409,426,440

陶行知 136,142—145,185

W

《万国寄信便览》 35,50

汪精卫 98,123,161,180,181,183,184,266,406—409

维多利亚 5,14,20,21,27,52,54,58,66,70,132,158,421

末市卡利 21,90,104

温哥华 3,5,14,20,54,64,66,70,75,88,89,96,118,122,132,146,158,168,224,385,406,419,421,431,442,447

温哥华华侨拒日救国会 89,122

屋仑 4,73,83,84,109,157,195—198,204,206,304,314,364,382,383,422,424,442,443

吴铁城 165,171,221,261,417,424

X

西雅图 4,30,54,63,64,67,155,157,160,204,206,323,342,344,351,401,439,445

《先锋报》 3,71,72,123,125,129,132,135—137,145,153,154,159,162,178,276,278,280,282,289—291,293,410,422,425,431,440,441

香港 1,10,13,28,42,49,80,133,139,170,201,351,360,379,405,414,415,419—422

协胜公会 125,153,192,390,395,399,400,440

新靓就　201,202,303,305,306

《新宁杂志》　3,243,248,421,422,
442,444,446,447

Y

"一·二八"事变　97,98,100,330,
331,350,377

"一二·九"运动　133,135

"一碗饭"运动　6,200,297,300—
303,305—312,314,316,317,
324,455

衣联会　1,41,60,61,127,153,
280,391

于斌　174,391

域多利　5,57,428,450

云高华　5,89,168,224,450

Z

赵昱　369—371,374

芝加哥　3,13,14,18,20,30,39,
41,54,57—59,63,64,67,75,87,
98,117,121,127,132—134,140,
152,153,157,159,160,174,203,
204,206,272,297,316,327,328,
331,333,341,342,344,346—
348,351,352,363,364,388,389,
391,393,395,397,426,427,430,
435,437,440

芝加哥中华会馆　87,121,389,440

致公堂　51,62,64—66,71,74,76,
125,127,138,142,153,162,327,
366—373,375—379,385,386,
390,391,394,395,401,402,
407—409,431,443

智利　16,17,22,35,48,338

中国致公党美洲总部　377,378,
403

中国驻金山总领事馆　149,301

中华民国国民抗日救国总会　130,
132,149

中华文化　257—260,263

周崧　109,198,328,400,444

驻美华侨拒日救国后援总会
79,131

后 记

我于2015年才对华侨与抗日战争这个领域产生兴趣。那年为抗日战争胜利70周年,中国政府及各部门都重视这一逢十的纪念。时国务院侨办主办、暨南大学华侨华人研究院承办了"海外华侨与中国抗日战争与世界反法西斯战争"国际学术研讨会,我当时提交了一篇《美国华侨堂会与中国抗战》的文章。2013年及2016年,我争取了两次赴美访问的机会,利用共计五个多月时间专程到美国华侨史料最为集中的机构——加州大学伯克利分校族裔研究系图书馆收集相关资料。加州大学伯克利分校族裔研究系教授王灵智先生邀请我赴美访学,族裔研究系图书馆主任Lillian Castillo-Speed女士、余慧子女士,东亚图书馆的薛燕馆长、何剑叶女士等人为我查阅资料提供了热情服务和便利。2018年初,南京大学历史系张宪文先生主持"抗日战争专题研究"丛书项目,邀请我撰写华侨与抗日战争部分,我欣然同意,接受此一任务。

在书稿即将出版之际,我衷心感谢上述为此书资料收集、出版等提供便利和帮助的先生和女士。在书稿写作过程中,我的研究生张秋菊、朱媚、高金歌等同学为我摘录和整理了部分资料,吕霞、何洪明、陈惠扬、吴俊青、邓玉柱参与了书稿的部分撰写工作,在此对他们付出的劳动表示诚挚的感谢！书稿交付后，江苏人民出版社孟璐编辑为本书的编辑校对做了大量工作，在此也表示衷心的感谢！

  由于本人学疏才浅，水平有限，估计书中存在不少错误和遗漏，望各位读者不吝赐教指正！

潮龙起

2020年10月于暨南园